21世纪经济管理类精品教材

【第2版】

现代质量管理学

主　编　苏　秦
副主编　张涑贤

Modern Quality Management

清华大学出版社
北　京

内 容 简 介

本书在全面论述现代质量管理原理的基础上，结合国内外最新成果，以全面质量管理为基础、卓越绩效模型架构为主线，系统介绍了现代质量管理的基本理论和方法。全书内容共分为八章，包括质量概述、质量管理体系及其评价、领导与战略计划、顾客满意与顾客关系管理、人力资源管理、过程质量控制、质量测量与分析以及现代质量管理发展应用等内容。

本书力求系统性、实用性和先进性相结合，可作为普通高等院校经济、管理类本科各专业学生的教材使用，也可作为相关人员的参考读物和培训用书。

图书在版编目（CIP）数据

现代质量管理学/苏秦主编. —2版. —北京：清华大学出版社，2013.1（2023.9重印）

21世纪经济管理类精品教材

ISBN 978-7-302-30597-2

I. ①现… II. ①苏… III. ①质量管理学-高等学校-教材 IV. ①F273.2

中国版本图书馆CIP数据核字（2012）第266324号

责任编辑：杜春杰
封面设计：康飞龙
版式设计：文森时代
责任校对：王 欣 赵丽杰
责任印制：宋 林

出版发行：清华大学出版社
网 址：http://www.tup.com.cn，http://www.wqbook.com
地 址：北京清华大学学研大厦A座 **邮 编：**100084
社 总 机：010-83470000 **邮 购：**010-62786544
投稿与读者服务：010-62776969，c-service@tup.tsinghua.edu.cn
质量反馈：010-62772015，zhiliang@tup.tsinghua.edu.cn

印 装 者：三河市龙大印装有限公司
经 销：全国新华书店
开 本：185mm×230mm **印 张：**26 **字 数：**503千字
版 次：2005年11月第1版 2013年1月第2版 **印 次：**2023年9月第10次印刷
定 价：69.80元

产品编号：043618-03

第2版前言

《现代质量管理学》自2005年出版以来，深受广大师生的欢迎。为适时追踪当前质量管理学科发展的新趋势，并总结本学科领域理论与实践研究的新成果及其应用，特对本教材进行修订。

本次修订对教材结构和内容进行了必要的调整和补充。修订以后教材体现了以下特点：1. 以卓越绩效模型的架构为主线组织教材内容，增加了领导与战略计划、人力资源管理等章节；2. 注重质量管理原理的实际应用，每章后面都增加了新的案例分析；3. 突出质量管理理论的系统性和前沿性，更新了现代质量管理所面临的环境以及现代质量管理发展应用的内容；4. 对教材的章节安排进行了调整，使教材的结构更加紧凑，同时不失内容的完整性；5. 对既有内容详细修订及勘误，使教材的质量进一步提高。

修订以后全书内容共分为八章，包括质量概述、质量管理体系及其评价、领导与战略计划、顾客满意与顾客关系管理、人力资源管理、过程质量控制、质量测量与分析以及现代质量管理发展应用等。

本次修订由西安交通大学管理学院苏秦教授担任主编，西安建筑科技大学张涑贤副教授担任副主编，参加编写的还有西安交通大学管理学院的李乘龙、杨阳、王洁、寇阳、祝跃华等。具体分工如下：第一章由苏秦、杨阳编写，第二章由苏秦、李乘龙编写，第三章由张涑贤、寇阳编写，第四章由苏秦、寇阳编写，第五章由张涑贤、祝跃华编写，第六章由苏秦、祝跃华编写，第七章由苏秦、张涑贤、李乘龙编写，第八章由苏秦、王洁、杨阳、李乘龙编写。

在本次修订过程中，广泛参考并引用了国内外多种同类著作、教材和教学参考书，在此向国内外的有关著作者表示感谢。

由于时间仓促，加之编者水平有限，修订之后也难免有不足和疏漏之处，竭诚希望使用本书的读者提出宝贵的意见。

苏　秦

2012年8月

第 1 版前言

质量管理是一门交叉性边缘学科，它涉及现代企业管理、产品管理控制、产品设计与制造技术、现代测试技术、技术经济学、管理信息系统、概率论及数理统计等多门学科。

本书在全面论述现代质量管理原理的基础上，结合国内外的最新成果，以全面质量管理为基础，以质量战略、质量控制、质量改进为主线，系统介绍了现代质量管理的基本理论和方法。结构上力求系统性、实用性和先进性相结合；选材上以管理原理为主，全面反映现代质量管理的最新进展并符合未来发展趋势；内容上关注服务业、软件业、高等教育等质量管理应用领域的特点；撰写方式上力求新颖，强调案例分析。

本书的特点是：1．突出质量管理理论的系统性和前沿性；2．强调质量管理的中国实际应用案例；3．传统企业质量管理扩展到供应链质量管理，突出供应商质量管理和顾客满意管理的重要性；4．在关注制造业的同时，更多地关注服务业、软件业、流程性材料生产行业中质量管理的应用；5．强调质量改进的系统方法；6．在介绍传统质量管理技术方法的基础上强调应用一些通用软件（如 Excel 等）在 SQC 中的应用。

全书共分为九章，包括绪论、质量管理的基本原理、质量管理体系及评价、供应商管理、过程质量控制、顾客满意与顾客关系管理、质量测量与分析、质量改进及现代质量管理发展应用等内容。

本书由西安交通大学管理学院苏秦教授任主编，编者分工如下：第一章、第二章（崔艳武、苏秦），第三章（姜鹏），第四章（苏秦、徐翼），第五章（徐翼），第六章（苏秦、仝国明），第七章（张弛），第八章（李钊、苏秦），第九章（苏秦、李钊）。

本书在编写过程中，曾广泛参考并引用了国内外多种同类著作、教材和教学参考书，由于篇幅有限，将主要参考文献附在书后，在此向国内外的有关著作者表示感谢。

由于时间仓促，加之编者水平有限，书中难免存在不足和疏漏之处，竭诚希望使用本书的读者提出宝贵意见。

苏　秦

2005 年 4 月

目　　录

第一章 质量概述

本章内容要点

- 质量概念及其发展：质量的基本概念；质量相关术语；现代质量理念及质量的意义
- 质量管理及其发展：传统质量检验思想；统计质量管理；TQM；现代质量管理的发展现状及我国质量管理发展历程
- 质量先驱的质量观：戴明、朱兰、克劳士比等质量大师的质量哲学
- 制造和服务的质量：制造产品质量的构成；服务质量管理；制造产品质量与服务质量的对比
- 现代质量管理面临的环境：全球化进程的加剧；顾客需求复杂多变；服务型制造模式；注重信息的质量

第一节 质量的概念

一、质量的基本概念

“质量”一词并不是工业时代的产物。据考古研究显示，早在远古的石器时代，人类就有了质量观念，并对所制作的石器工具进行简单的检验。后来，随着人类社会的进步，人们对“质量”的理解不断加深，对其重视程度也逐渐提高，发展到今天，质量观念已经深入到各行各业工作人员的内心。

如今，质量作为产品的一种本质特性，既是生产管理活动所追求的目标，也是管理活动效果评判的标准。全面、准确地理解质量的内涵，掌握质量概念的实质并使其融入到企业自身的基础架构中，对企业开展质量管理工作、进行企业经营决策和提高经济效益都具有非常重要的意义。

（一）从数量到质量

起初，在生产力不发达的条件下，社会经济仍处于卖方市场阶段。当时的观点是以生产为导向，企业能生产出什么样的产品，顾客就购买什么样的产品，顾客基本上没有太多选择的余地。这一时期，企业生产强调的是数量而不是质量。而企业间的竞争，也仅仅是通过价格来争取顾客，并不强调质量的重要性。在这种情况下，企业主要考虑的是如何使生产规模最大化，从而求得利润最大化。

但随着经济进一步迅猛发展，同行企业之间的竞争越来越激烈。产品种类的丰富，使得消费者选择产品的余地大大增加。产品在市场上的竞争也逐步由价格竞争转为质量竞争。此时，消费者更愿意接受物美价廉的产品，产品质量的重要性开始得到了企业和消费者的共同关注。产品质量能否满足顾客的需要，直接影响着企业的效益。整个世界经济的发展趋势是由数量型经济向质量型经济转变。

（二）质量相关术语

1．质量（quality）

由前所述我们可以看出，质量的定义从不同的角度有不同的表述形式。国际标准化组织（ISO）在其国际标准ISO9000—2005中将质量定义为“一组固有特性（3.5.1）（对应于ISO9000—2005中文版内容，以下类同）满足要求（3.1.2）的程度”。

注1：术语“质量”可使用形容词如差、好或优秀来修饰。

注2：“固有的”（其反义是“外来的”）就是指在某事或某物中本来就有的，尤其是永久的特性。

2．过程（process）

过程是“一组将输入转化为输出的相互关联或相互作用的活动”。

注1：一个过程的输入通常是其他过程的输出。

注2：组织（3.3.1）为了增值通常对过程进行策划并使其在受控条件下完成。

注3：对形成的产品（3.4.2）是否合格（3.6.1）不易或不能轻易地进行验证的过程，通常称之为“特殊过程”。

输入包括人员、资金、设备、设施、技术和方法，产品是过程或活动的结果。产品和服务的质量最终是要由过程或活动来得到保证。

3．程序（procedure）

程序是为进行某项活动或过程（3.4.1）所规定的途径。

注1：程序可以形成文件，也可以不形成文件。

注2：当程序形成文件（3.7.2）时，通常称为“书面程序”或“形成文件的程序”。含有程序的文件可称为“程序文件”。

4．产品（product）

产品被定义为“过程（3.4.1）的结果”。

注1：有下述四种通用的产品类别：

- 服务（如运输）；
- 软件（如计算机程序、字典）；
- 硬件（如发动机机械零件）；
- 流程性材料（如润滑油）。

硬件，通常是有形产品并具有计数的特性（可以分离，可以定量计数）。

软件由信息组成，通常是无形产品并可以方法、记录或程序的形式存在。

流程性材料，通常是有形产品，其量具有连续的特性。

注 2：服务是在供方（3.3.6）和顾客（3.3.5）接触面上需要完成的至少一项活动的结果，并且通常是无形的。例如：

- 在顾客提供的有形产品（如维修的汽车）上所完成的活动；
- 在顾客提供的无形产品（如对退税准备所需的收入声明）上所完成的活动；
- 无形产品的交付（如知识的传授）；
- 为顾客创造氛围（如在宾馆和饭店）。

注 3：质量保证（3.2.8）主要关注预期的产品。

二、质量概念的发展

质量概念是在历史发展过程中产生的。随着时代变迁，质量概念也在不断地补充、丰富和发展。大体上，近半个世纪以来，人们对质量概念的认识经历了以下三个阶段。

（一）符合性质量

早期的质量概念非常简单，就是产品符合其设计要求，达到产品的技术标准。这种符合性质量观，表述比较直观、具体，要么是，要么非。它的不足之处在于只是从生产者的立场出发，静态地反映产品的质量水平，而忽视了最重要的另一方面——顾客的需求。

（二）适用性质量

随着市场竞争的日趋激烈以及人们生活水平的日益提高，企业发现很多产品即使符合了设计要求，达到了技术标准，却不一定能为顾客所接受。于是，在 20 世纪中叶，美国著名质量管理专家约瑟夫·朱兰（Joseph M. Juran）就提出了“适用性质量”的概念，其定义为“质量是一种适用性”。这一定义可分解为以下四点：设计质量、质量一致、可使用性和现场服务。设计质量涉及市场调查、产品概念及设计规范；质量一致包括技术、人力资源及管理；可使用性则强调可靠性、维修性及物流支持；现场服务包括及时性、满意度及完整性。只有满足了这四个条件，才能体现适用性质量观的内涵。但总的来说，适用性质量概念的判断依据是顾客的要求。这一表述跳出了生产者的框框，把对质量的评判权交给了顾客，具有动态意识，适应了时代发展的潮流。这是质量概念认识上的一次飞跃。

（三）全面质量

20 世纪 90 年代后，阿曼德·费根鲍姆（Armand V. Feigenbaum）、菲利浦·克劳士比（Philip B. Crosby）等一批著名专家不约而同地提出“全面质量”的新概念，并逐渐被人们认同。所谓全面质量，不仅指最终的产品，同时包括与产品相关的一切过程的质量，涵盖产品的整个寿命周期，具体包括工作质量、服务质量、信息质量、过程质量、部门质量、人员质量、系统质量、公司质量及目标质量等。整个过程要求组织中的全体员工参与，包括设计部门、采购部门、生产部门、人事部门和运输部门和销售部门等。关于全面质量的详细内容将在下面作具体阐述。

三、全面质量及其原则

（一）全面质量的定义

全面质量管理（total quality management，TQM），是现代工业中一种科学的质量管理方法。从系统理论出发，以最优生产、最低消耗、最佳服务使用户得到满意的产品质量为目的。它用一定的组织体系，科学的管理方法，动员、组织各个部门的全部职工，在产品质量形成的所有环节上，对影响产品质量的各种因素进行综合治理。

实际上，全面质量的概念已经出现很长一段时间。早在 20 世纪 50 年代，美国通用电气公司质量经理费根鲍姆就认识到综合的质量措施的重要性，并且提出了“全面质量控制”（total quality control）这一术语。后来，随着不同行业开始认识到质量所涉及的领域之广，在 20 世纪 70 年代，“全面质量”（total quality）概念由费根鲍姆正式提出，并迅速地被接受和认可。

全面质量是一个以人为中心的管理系统，它致力于在持续降低成本的基础上不断提升顾客的满意度。全面质量是一个综合的系统方法，而非一个孤立的领域或项目，是高层战略的组成部分。它横跨所有的职能和部门，涉及所有的员工，从高层到底层，并前后延伸至供应链和顾客链。全面质量强调学习和适应不断的变化是企业成功的关键所在。

不论是何种定义，都可以看出与传统的狭义质量管理相比，全面质量管理的特点就在于“全”——管理的对象是全面的；管理的范围是全面的；参加管理的人员是全面的；管理的方法是全面的。这是一种更加“以人为本”的管理思想，其目的是以持续降低的成本，持续增加顾客满意度。表 1-1 中，详细罗列了全面质量管理与狭义质量管理的异同。

表 1-1　狭义质量和全面质量的比较

要　素	狭 义 质 量	全 面 质 量
对象	提供产品（包括服务）	提供的产品及所有与产品有关的事物（附加服务）
目的	本组织受益	本组织及所有相关方受益
相关者	外部顾客	内部和外部顾客
包含过程	与产品提供直接相关的过程	所有过程
涉及人员	组织内部与质量直接有关的人员	组织内所有人员
相关工作	组织内部有关职能和部门	组织内所有职能或部门
培训	以质量部门的人员为主	组织内所有人员

从表 1-1 中的对比情况来看，全面质量的理念更集中地反映了现代经济生活中人们所追求的价值观：顾客对企业提供的产品是否满意体现了顾客的价值观，企业是否能提供顾客满意的产品则体现了企业的价值观，二者尽可能完美地统一起来将各相关方（即顾客、业主、员工、供方和社会）的利益连接在一起，这正是全面质量这一概念的实质与核心所在。在这里有一点需要重点强调，虽然全面质量包括了系统、方法和工具，但是全面质量的基础与本质是其理念本身，因为系统是可以改变的，方法和工具也是可以改变的，而其理念却是始终保持不变的。

（二）全面质量的原则

一般来说，全面质量是基于以下三个基本原则来实施的。

（1）聚焦于顾客和利益相关者。

（2）强调企业中每个成员的参与和团队合作。

（3）以持续改进和学习所支撑的过程导向。

尽管这些原则看上去十分简洁，但它们与传统的管理实践截然不同。从历史上看，企业很少用心去了解外部顾客的需求，更不用说内部顾客了；生产系统由经理和专业人员控制、指挥着，工人们只是被告知去做什么和如何做，很少被问及他们的意见，根本不存在什么团队合作；质量保证只是通过生产后的检验来对之加以控制，并且一定程度上的浪费和差错是可以接受的；质量上的改进通常都是来自技术上的突破，而不是持续改进的成果。然而在全面质量的方式下，企业积极地去识别顾客的需求和期望，通过开发员工队伍的知识和经验来将质量融入工作过程中，并持续不断地改进企业的每一个方面。

1．聚焦于顾客和利益相关者

顾客是质量的首要判断者。顾客在购买和接受服务的过程中，许多因素都会影响到顾客对价值和满意度的感知。为此，企业的努力绝不可能只局限于使产品符合规范、减少次品和差错或者处理顾客投诉上，还必须能够设计出能真正让顾客欣喜的产品，并能够快速应对市场和顾客需求的变化。只有贴近顾客的企业才知道顾客需要什么，通过顾客对其产品的使用，预测顾客尚未表述出来的需求，开发出强化顾客关系的新方法。

企业认识到，为了满足或超越顾客的期望，企业必须充分理解顾客价值的构成，并确定能够生产出促使顾客满意及促进顾客忠诚的产品和服务特性。且内部顾客在保证质量方面，与购买产品的外部顾客同样重要，因为企业员工的工作才是与最终产品相关联的。

利益相关者之中，员工和社会是其最为重要的代表。一个企业的成功更依赖于其雇员和合作伙伴的知识、技能、创新以及激励。因而，注重全面质量的组织必须展示出其对于雇员的承诺，为其提供足够发展和成长的机会，提供足够的薪酬或其他的认可与奖励措施，分享知识和经验，并鼓励创新。

2．参与和团队合作

朱兰认为，日本在质量方面取得快速成就的原因之一，就是日本的经理们能够充分运用员工的知识和创造力。当经理们赋予员工一定的决策权力，给他们充分发挥的自由和鼓励时，企业注定会拥有更好的过程和更优质的产品。因为在任何组织中，最理解某个岗位、最清楚如何改进产品和过程的人，就是实际从事该项工作的人。但只有良好的意愿还不足以实现员工的参与。管理者必须通过建立系统和程序，保证其能够有效运行，并努力使之成为企业文化的组成部分，才能产生更好的效果。

团队合作是全面质量的另一个要素。团队合作重点关注顾客以及合作伙伴间的关系，鼓励共同发现问题，尤其是那些跨职能、跨层级、跨组织的问题。现在，企业采用体现团队合作和充分授权的自我管理团队，已经成为员工参与的有效途径。这样能够使得企业的核心能力与合作伙伴的优势有效互补起来，从而产生共赢效应。

3．过程导向和持续改进

（1）过程导向。过程指的是一组将输入转化为输出的相互关联或相互作用的活动。如今企业之中几乎所有活动都会涉及跨越部分边界或组织边界的业务过程。此时，传统的依据组织结构图建立起来的自上而下的结构形式不再适用，横向的、扁平化的组织形式更利于跨职能、跨部门的协作实现。

（2）持续改进。持续改进的内容十分广泛，既包括那些细小的、逐步的改进，也包括那些突破性的、巨大而快速的改进。具体来说，持续进行的改进可以是以下形式的任何一种。

① 通过新的和改进的产品与服务来增加价值。

② 减少差错、缺陷、浪费以及相关的成本。

③ 提高资源的利用率和使用效果。

④ 在解决顾客投诉和提升新产品方面，提高响应速度，缩短周期时间。

过程导向能帮助企业更好地理解上述四种改进行为之间的协同效应，认清问题的根源所在，从而促进改进持续进行。而真正的改进取决于“学习”，也就是要通过实践和结果之间的不断反馈，来理解变革为什么能够成功，并树立新的目标和方法。学习是一个循环的过程，企业需要不断地学习，以达到持续改进的目的。一般来说，学习过程由四个阶段构成：制订计划；执行计划；评估进展情况；根据评估的结果进行修正。尽管这四个步骤看起来比较简单，但要理解这一过程背后的理念，就必须理解和综合全面质量中的众多概念和原则，如持续的改进和学习应当成为组织日常工作的常规组织部分，要求企业中的每个人的参与，并在不同部分及层级间实施，同时也要重视经验、机会在组织中的交流和共享。

第二节 质量先驱的质量观

质量管理作为一门独立的学科，能够发展到今天这个水平，包含了不计其数献身于质量管理的前辈们的努力。从研究质量规律的专家到致力于质量改进的实践者，每个人都做出了自己应有的贡献。但是在质量管理领域，戴明（Deming）、朱兰、克劳士比，以及费根鲍姆、石川馨（Kaoru Ishikawa）等几位学者的研究对质量管理这门学科的发展产生了深远的影响，直接改变了世人对质量的看法，他们被尊称为质量大师。

一、戴明——现代质量管理之父

威廉·爱德华兹·戴明（William Edwards Deming）是质量管理的先驱者，被人们誉为“现代质量管理之父”。

戴明最重要的经历在于其在 20 世纪 50 年代为日本工业界担任讲师和顾问，并对日本的质量管理做出了巨大贡献。至今，以戴明的名字命名的“戴明品质奖”仍是日本品质管理的最高荣誉。1980 年，由美国广播公司播出“日本能，我们为什么不能”节目后，戴明的管理理念在美国刮起了一阵质量革命的旋风，大幅提高了美国制造业的生产力与竞争地位。戴明一系列学说与成果对国际质量管理理论和方法始终产生着异常重要的影响。

（一）戴明的基本质量观

1．戴明的质量定义

与别的质量巨匠不同，戴明从来没有对质量下过一个精确的定义。在他的晚年著作中，他曾这样写道，“如果一种产品或服务对别人有所帮助，并且能够持续占有一个不错的市场份额，那么可以说它们拥有质量。”

2．减少变异

戴明强调通过减少生产和设计过程中的变异性来改进产品和服务的质量。在他看来，不可预测的变异是影响产品质量的主要因素。统计技术是不可缺少的管理工具。减少变异可以使系统获得可预测的稳定产出。戴明的两个经典的实验——红珠实验与漏斗实验正是来表明，当不能正确认识系统中的变异时可能导致的危害以及由此引发的错误决策。

3．持续改进

戴明有一句颇富哲理的名言：“质量无须惊人之举”。言外之意是说，质量是通过任何可能的、细小的改进来达到的，而不是用“惊人之举”追求一步到位的高质量。通过持续的质量改进，提高生产效率，降低生产成本，进而以较低的价格和较高的质量获得顾客满意，从而保持市场份额，为社会提供更多的工作岗位。

戴明提出的质量改进连锁反应如图 1-1 所示，他特别强调高层领导对质量改进有不可推卸的责任。

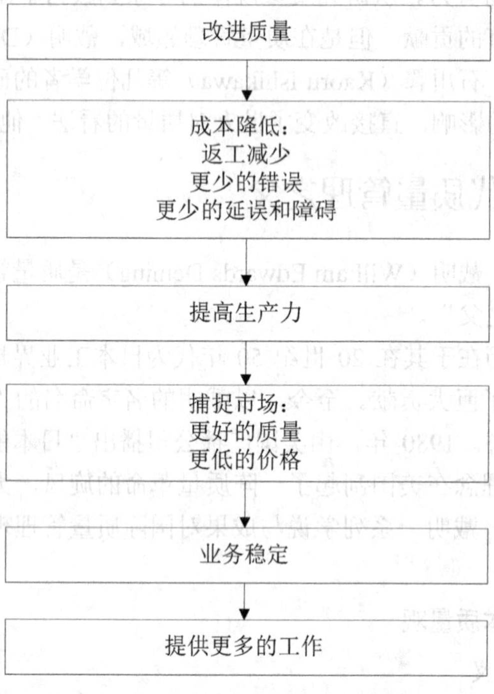

图 1-1　质量改进连锁反应图

4．戴明环（PDCA 循环）

戴明最早提出了“PDCA 循环”的概念，又称其为“戴明环”。PDCA 由计划（plan）、执行（do）、检查（check）和处理（action）的四个英文首字母所组成。PDCA 循环是全面质量管理的科学工作程序，在质量管理中，PDCA 循环得到了广泛的应用，并取得了很好的效果，因此有人称 PDCA 循环是质量管理的基本方法。PDCA 循环按照以下四个阶段、八个步骤来进行。

（1）计划阶段。根据顾客的需求来制定企业的质量目标、方针、计划、标准和要解决的质量问题，并确定相应的措施和方法。具体可分为以下四个步骤。

第一步：分析质量现状，找出问题。在分析时要强调用数据说话，运用统计分析表、排列图、直方图、控制图等统计分析工具来分析和发现质量问题。

第二步：分析产生质量问题的各种原因和影响因素，即人员、设备、材料、工艺方法、检测方法和环境等因素。

第三步：在上一步的基础上，找出主要影响因素和原因。

第四步：针对主要原因，制订措施计划。

（2）执行阶段。就是运作措施计划中的具体内容。

（3）检查阶段。根据计划与目标，检查计划的执行情况和实施效果，并及时总结计划执行过程中的经验教训，明确效果，找出问题。检查中也可能发现原先制订的计划所存在的问题。

（4）处理阶段。对检查的结果进行处理，对成功的经验加以肯定并予以标准化，或制定作业指导书，便于以后工作时遵循；对于失败的教训也要总结，引起重视。这一阶段包括以下两个步骤。

第一步：总结经验教训，对原有制度和标准进行修正，以防止同样的问题再次出现。

第二步：对于没有解决的问题，应在下一个 PDCA 循环中解决。

全面质量管理要求质量改进工作应该是持续进行的。所以，PDCA 循环会被不断地应用，每一次应用都是在前一次改进基础上的超越，产品质量将跃上一个更高的水平。PDCA 循环有以下几个明显的特点，如图 1-2 所示。

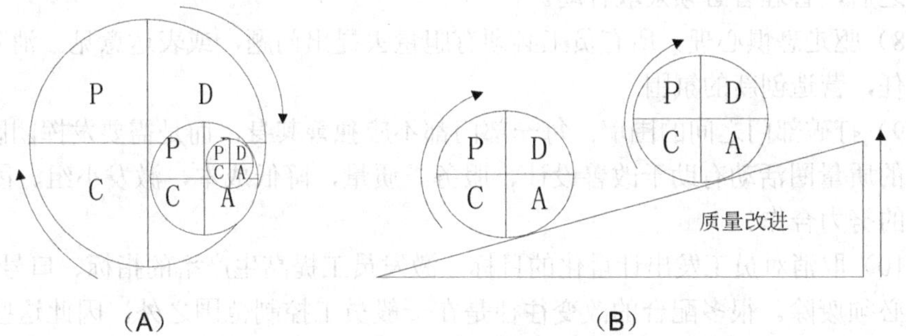

图 1-2 PDCA 循环特点示意图

（1）周而复始。PDCA 循环的四个过程不是运行一次就完结，而是周而复始地进行。

（2）大环带小环。类似行星轮系，一个公司或组织的整体运行体系与其内部各子体系的关系，是大环带动小环的有机逻辑组合体。

（3）阶梯式上升。PDCA 循环不是停留在一个水平上的循环，不断解决问题的过程就是水平逐步上升的过程。即：不断转动，逐步提高。

（二）戴明的质量管理十四点

戴明的“十四点要诀”（Deming's 14 Points）是20世纪全面质量管理（TQM）的重要理论基础。戴明的质量管理十四点的全称是“领导职责的十四条”。这是戴明针对美国企业领导提出来的。具体内容分述如下。

（1）创造产品与服务改善的恒久目的。最高管理层必须从短期目标的迷途中归返，转回到长远建设的正确方向。也就是把改进产品和服务作为恒久的目的，坚持经营，这需要在所有领域加以改革和创新。

（2）采纳新的哲学。绝对不容忍粗劣的原料，不良的操作，有瑕疵的产品和松散的服务。

（3）停止依靠大批量的检验来达到质量标准的行为。检验其实是等于准备有次品，检验出来已经太迟，且成本高而效益低。理解检验的目的是改进流程并降低成本。

（4）结束单纯靠价格标签选择供应商的做法。在原材料、标准件和零部件的采购上不要只以价格高低来决定对象，要有一个全面的考虑。

（5）持续改进生产及服务系统。无论是采购、运输、工程、维修、销售、分销、会计、人事、顾客服务及生产制造中的哪一个活动，都必须降低浪费和提高质量。

（6）建立现代的岗位培训方法。培训必须是有计划的，且必须是建立于可接受的工作标准上，必须使用统计方法来衡量培训工作是否奏效。

（7）建立并贯彻领导方法。督导人员必须要让高层管理者知道需要改善的地方。当知道之后，管理者必须采取行动。

（8）驱走恐惧心理。所有员工必须有胆量去提出问题，或表达意见。消除恐惧，建立信任，营造创新的氛围。

（9）打破部门之间的围墙。每一部门都不应独善其身，而是需要发挥团队精神。跨部门的质量圈活动有助于改善设计、服务、质量，降低成本，激发小组、团队及员工之间的努力合作。

（10）取消对员工发出计量化的目标。激发员工提高生产率的指标、口号、图像、海报都必须废除。很多配合的改变往往是在一般员工控制范围之外，因此这些宣传品只会导致员工的反感。虽然无须为员工定下可计量的定额，但公司本身要有这样的一个目标：永不间歇地改进。

（11）取消工作标准及数量化的定额。定额把焦点放在数量上，而非质量上。计件工作制更不好，因为它鼓励制造次品；取消目标管理，代之以学习流程性能及如何加以改进。

（12）消除妨碍基层员工工作畅顺的因素。任何导致员工失去工作尊严的因素必须消除。消除此类障碍，使员工找回以工作为荣的感觉，增加员工的自我成就感与自我满足感。

（13）建立严谨的教育及培训计划。由于质量和生产力的改善会导致部分工作岗位数目的改变，因此所有员工都要不断接受训练及再培训。一切训练都应包括基本统计技巧的运用、鼓励教育及员工的自我提高。

（14）为实现转变采取行动。创造一个能推动以上 13 项实施的管理组织，为实现转变采取行动。

（三）渊博知识体系

随着戴明博士对质量的不断认识，他的质量哲学也在发生着变化。他提出了“渊博知识体系”（Profound Knowledge System），将以上管理十四点的潜在基础加以系统化。“渊博知识体系”包括四大部分，彼此相互关联：对于系统的认识；有关变异的知识；知识的理论；心理学。具体内容分述如下。

1．系统（systems）

系统是指组织内部可以共同作用，从而促使组织实现目标的各项职能或活动的总和。一个系统必须有目标，没有目标就构不成系统。任何系统的所有元素必须共同作用，系统才会有效。系统也必须加以管理。系统各部分之间的相互依赖愈高，就愈需要彼此之间的沟通与合作，而同时整体性的管理也愈重要。事实上，正是由于管理者未能了解各组成部分的依赖性，采用目标管理才造成了损失。戴明强调管理者的工作是达到系统的整体优化。虽然公司各部门都各有职责，但其产生的效果不是相加的，而是相互影响的。某一部门为达到本身的目标而独行其是，或许会影响到另一部门的成果。

2．变异（variation）

渊博知识体系的第二个组成部分是对统计理论和变异的基本理解。变异是无处不在的，生产系统也不例外，它可能产生于生产过程的各个环节。消除生产过程中的波动变异，使其可以预测，获得稳定的产出，是戴明质量观的重要思想。变异可以分为两类：源自偶然性因素的变异和源自必然性因素的变异。第一类变异占总变异的 80%～90%，它们是系统的自然属性，虽然个别现象是随机的，但是总体表现具有统计规律性；第二类变异来源于系统的外部干扰，通过合适的统计工具，可以很容易地判断出来，并加以消除。

仅受偶然性因素控制的系统通常处于稳定状态。管理者在尝试改善结果的时候，通常会犯两类错误，且这两者的成本都很高。这两种错误如下所示。

错误 1：把源自偶然性因素的变异，误认为源自必然性因素而做出反应。

错误 2：把源自必然性因素的变异，误认为源自偶然性因素而没有做出反应。

过程或许是在统计管制状态下，也可能不是。如果在统计管制状态下，则未来可能的变异将可预测，成本、绩效、质量以及数量，也都可以预测，这种情形为稳定状态。如果过程不稳定，则称之为不稳定状态，其绩效无法预测。

3．知识的理论（theory of knowledge）

戴明强调任何认识都具有理论性，实践本身并不能产生理论。仅仅模仿成功的案例，而不借助理论真正地理解它，有可能会造成重大损失。以经营管理的工作为预测：任何理性的计划，无论多么简单，都会包含对状况、行为、人员绩效、程序、设备或原料的预测。理论引领我们作出预测，没有预测，经验与范例也不能指导我们什么。理性的预测有赖于理论，而预测可增进知识。企业取得持续不断的成功所运用的具体方法深深扎根于理论之中，管理者有责任学习并应用这些理论。

4．心理学（psychology）

心理学有助于我们了解他人，以及人与环境，顾客与供应商，管理者与属下等任何管理系统之间的互动。每个人都各不相同。管理者必须体察到这种差异，并且利用这种差异，让每个人的能力与性格倾向发挥到极致。然而这并非等于将人员排等级。

戴明的渊博知识体系中，并没有过多的新知识。戴明的贡献在于将一些基本概念创造性地联系起来，他认识到这些不同学科之间的协调作用，并将它们发展成为一个完整的管理理论。

二、朱兰——质量三部曲

约瑟夫·朱兰（Joseph M. Juran）是世界著名的质量管理专家，他的《朱兰质量控制手册》（*Juran's Quality Control Handbook*）一书的出版为他赢得了广泛的国际威望，该书也被称为当今世界质量控制科学的“圣经”。随后，朱兰又建立了朱兰学院，更促进了他的观点的广泛传播。如今朱兰学院已成为世界领先的质量管理咨询公司。

（一）朱兰的适用性质量

朱兰认为，质量的本质内涵是“适用性”，而所谓“适用性”（fitness for use）是指使产品在使用期间能满足使用者的需求。朱兰认为质量不仅要满足明确的需求，也要能够满足潜在的需求。这一思想使质量管理范围从生产过程中的控制，进一步扩大到产品开发和工艺设计阶段。

（二）质量三部曲

1．质量计划

质量计划是指实现质量目标的准备程序。质量计划的制订应首先确定内部与外部的顾客，识别顾客需求，然后将顾客需求逐步转化为产品的技术特征、实现过程特征及过程控制特征。

2．质量控制

质量控制指的是对过程进行控制，以保证质量目标的实现，包括选择控制对象、测量时间性能、发现差异并针对差异采取措施。

3．质量改进

质量改进的目的在于发现更好的管理工作方式。朱兰的质量改进理论包括：论证改进需要，确定改进项目，组织项目小组，诊断问题原因，提供改进办法，以及证实其有效后采取控制手段使过程保持稳定。这一部分朱兰重点指出“所有质量改进都应当一个项目一个项目地进行，没有其他捷径可走”。

（三）质量螺旋

朱兰博士提出，为了获得产品的合用性，需要进行一系列的工作活动。也就是说，产品质量是在市场调查、开发、设计、计划、采购、生产、控制、检验、销售、服务和反馈等全过程中形成的，同时又在这个全过程的不断循环中螺旋式提高，所以也称为质量进展螺旋（quality loop）。由于每项环节具有相互依存性，全公司范围内符合要求的质量管理需求巨大，高级管理层必须在其中起到积极的领导作用。

（四）80/20 原则

朱兰尖锐地提出了质量责任的权重比例问题。他依据大量的实际调查和统计分析提出，企业产品或服务的质量问题，追究其原因，只有 20%来自基层操作人员，而另外 80%的质量问题是由领导责任引起的。

三、克劳士比——零缺陷之父

菲利浦·克劳士比（Philip B. Crosby）也是世界著名的质量管理专家，对世人有卓越贡献及深远影响，被尊为“本世纪伟大的管理思想家”、“品质大师中的大师”、“零缺陷之父”、“一代质量宗师”。 在半个多世纪的质量管理文献中，克劳士比是这个领域内被引用得最多的作者之一。克劳士比的著作被公认为质量与管理科学中最好的著作。他于 1979 年创立了克劳士比学院并出版了脍炙人口的质量管理著作《质量免费》。他之所以受到商界的普遍欢迎，是因为他能够以通俗易懂的词汇来讲述晦涩而枯燥的质量管理思想。后来，他还以这种风格出版了《质量无泪》等书，从而为自己树立起质量管理大师的地位。

克劳士比的经典理论在于其提出了“零缺陷”的口号：第一次就把事情做对。对待错误，即使是微不足道的差错，也绝不放过，一定要消除原因，避免其再次出现。“零缺陷”要求企业员工把“一次做对”和“次次做对”作为工作质量的执行标准。他认为“质量是免费的，但它不是礼物”。

（一）质量管理的绝对性

1．质量即符合要求

对于克劳士比来说，质量既存在又不存在，在他的质量哲学里没有不同的质量水平或质量等级，质量的定义就是符合要求而不是好。同时，质量要求必须可以明确、清晰地表达。如果企业想让员工第一次就把事情做对，组织必须清楚地告诉员工事情是什么，并且通过领导、培训以及营造一种合作的氛围来帮助员工达到这一目标。

2．质量就是要预防

预防产生质量，而检验并不能产生质量。在错误出现之前就消除错误成因，检验只是在过程结束后，把坏的和不好的从里面挑选出来，并不能完全促进改进。预防发生在过程的设计阶段，包括沟通、计划、验证以及逐步消除出现异常发生的几率。通过预防产生质量，要求资源的配置能保证工作正确地完成，而不是把资源浪费在问题的查找和补救上面。

克劳士比还认为，培训、纪律、榜样和领导同样可以起到预防质量问题的作用。因此管理层必须下决心持续地致力于营造以预防为导向的工作环境。

3．工作标准是零缺陷

工作标准必须是零缺陷，而不是“差不多就好”。“差不多”的质量态度在克劳士比方法中是不可容忍的，而零缺陷的工作标准，则意味着任何时候都要满足工作过程的全部要求。它是一种认真地符合要求的个人承诺。

直到现在，在很多企业的诸多管理者当中仍然普遍存在着这样一个态度，即错误是不可避免的，并且是企业日常经营活动中很正常的一部分，人们应该学会如何与它为伍。实际上，正是管理层这样的态度造成了绝大多数管理上的问题。克劳士比相信，没有理由假设某些事情能不符合要求。他强调，必须要改变管理层对质量的认知和态度。质量改进过程的终极目标是零缺陷或“无缺陷”的产品和服务，即让质量成为习惯。

零缺陷并不仅仅是一个激励士气的口号，更是一种工作态度和对预防错误的承诺，即对错误“不害怕、不接受、不放过”。零缺陷并不意味着产品必须是完美无缺的，而是指组织中的每个人都要有决心第一次及每一次都符合要求，而且不接受不符合要求的东西。

4．质量的衡量标准是“不符合要求的代价”

不符合要求的代价是浪费的代价，是不必要的代价。质量成本不仅包括那些明显的因素，如返工和废品的损失，还应包括诸如花时间处理投诉和担保等问题在内的管理成本。通过展示不符合项的货币价值，可以增加管理者对质量问题的注意，从而促使他们选择时机进行质量改进，并且这些不符合要求引发的成本可以作为质量改进取得成效的见证。

这些基本原则帮助管理层以质量改进为核心，更重要的是，帮助他们完成从克劳士比所称的“传统的智慧”（指认为质量提升必然伴随着成本上升的观念）到质量和成本并不互相影响这一认知的转变。根据克劳士比的理论，当质量上升时，成本是降低的。因此，质量是没有经济成本的。

（二）质量改进的基本要素

克劳士比把质量改进的基本要素看作是由三个独特的管理行动组成的：决心、教育和实施。当管理层了解到需要通过交流和赞赏以促进变革所需的管理行动时，决心就会表现出来。此外，每位员工也都应了解质量改进的必要性，通过培训和教育帮助他们理解自身在整个质量改进过程中所应扮演的角色，掌握防止问题发生的知识和技能。

克劳士比使用“6C”来表示变革管理的六个阶段。

第一个阶段，或第一个 C 是领悟（comprehension），它表明理解质量真谛的重要性。这种理解必须首先始于高层，然后逐渐扩展到员工。没有理解，质量改进将无从实施。

第二个 C 是承诺（commitment），它也必须开始于高层，管理者制定出“质量政策”以昭示自己的心迹。

第三个 C 是能力（competence），在这个阶段的教育与培训计划对系统地执行质量改进过程是至关重要的。

第四个 C 是沟通（communication），所有的努力都必须诉诸文字，成功的经验都要在组织内共享，以使置身于公司中的每一个人都能够完整地理解这个质量目标。

第五个 C 是改正（correction），主要关注于预防与提升绩效。

第六个 C 是坚持（continuance），它强调质量管理在组织中必须变成一种生活方式。坚持是基于这样一个事实，即第二次才把事情做对既不快、也不便宜。所以，质量必须融入到所有的日常经营活动之中，通过质量改进过程管理，让质量成为一种习惯，成为人们做人做事的一种方式。

四、其他质量管理专家

（一）费根鲍姆——全面质量管理

阿曼德·费根鲍姆（Armand V. Feigenbaum）1920 年出生于美国纽约市，先后就读于联合学院和麻省理工学院。1951 年毕业于麻省理工学院，获工程博士学位；1942—1968 年在通用电气公司工作；1958—1968 年任通用电气公司全球生产运作和质量控制主管，并于1968年创建通用系统公司并担任总裁。他因1961年在其著作《全面质量管理》中提出全面质量管理而出名，并在1961—1963年担任美国质量协会的主席一职，后被选为国际质量科学院（IAQ）理事会的创始主席。1988年费根鲍姆被美国商务部长任命为美国马可姆·波里奇国家质量奖项目的首届理事会成员。1992年费根鲍姆入选美国国家工程学院，他发展了“全面质量控制”观点，提出“质量并非意味着最佳，而是客户使用和售价的最佳”。

费根鲍姆是全面质量控制的创始人。他主张用系统或者全面的方法管理质量，在质量过程中要求所有职能部门参与，而不局限于生产部门。这一观点要求在产品形成的早期就建立质量，而不是在既成事实后再做质量的检验和控制。他的质量观可以在以下三个质量步骤中得到体现。

（1）质量第一。管理层的注意力应该放在制定合适的计划上面，而不应该仅仅放在对不合格项的处理纠正上。管理者要对质量保持持续的关注并做出努力。

（2）现代质量技术。由于传统的质量部门只能解决系统中10%~20%的问题，这样，为了满足未来消费者的需求，从办公室人员到工程技术人员，应协同一致地采用新的技术去改进系统的表现。

（3）组织承诺。组织全体人员应得到持续的培训和激励，鼓舞员工的士气和增强质量意识，并且认识到组织的每一项工作都影响着组织的最终产品的质量。

20世纪60年代，日本人将全面质量管理这一概念作为他们的活动基础，并将之命名为“公司范围的质量管理”。费根鲍姆还传播了“隐形工厂”的概念，它指的是由于劣质而浪费掉的那部分工厂产能。他的许多观点在当代认识中延续了下来，成为美国马可姆·波里奇国家质量奖准则中的关键要素。

（二）石川馨——质量控制圈之父

日本能够在战后迅速崛起，除了有戴明、朱兰等人的理论指导，在日本质量圈中，还有一位大师功不可没，他就是石川馨（Kaoru Ishikawa）。石川馨于1939年在日本东京大学工程系毕业，1947年获聘为东京大学的助理教授，1960年晋升为教授。他的《质量控制》（*Quality Control*）一书获得了“戴明奖”、“日本Keizai新闻奖”和“工业标准化奖”。石川馨活跃于戴明及朱兰访日后，协助翻译两位学者的著作。石川馨个人对于品质管理则强调良好的数据收集及报告，因此发展出“石川馨图”，用于表达产品流程。1968年出版了一本为质量控制小组成员准备的非技术质量分析课本《质量控制指南》（*Guide to Quality Control*）。1972年其质量控制教育项目获美国质量控制协会“格兰特奖章”。他是日本质量控制小组的奠基人之一，被誉为“质量控制圈”（Quality Control Circles）之父。

1．基本质量思想

（1）质量，始于教育，终于教育。

（2）了解顾客需求是质量改进的第一步。

（3）当质量监督检验不再是必需的生产环节时，质量控制才达到理想的状态。

（4）治标更要治本。

（5）质量控制是企业所有员工的责任，并贯穿于所有环节。

（6）不要将目的与手段相混淆。

（7）质量优先，关注长期利润。

（8）高层管理者应明白质量问题的产生并不都是下属的责任。

（9）没有分布信息的数据是不可信的。

（10）企业中95%的质量问题可以通过简单的分析工具加以解决。

（11）质量圈。石川馨提出，在公司内部一个单独部门中由非监督人员和领导人组成团组，自发地去研究如何改进他们工作的有效性。

2．石川馨图

“石川馨图”又叫因果图，也称为鱼刺图、特性要因图等。它是利用“头脑风暴法”，集思广益，寻找影响质量、时间、成本等问题的潜在因素，然后用图形形式来表示的一种十分有用的方法，它揭示的是质量特性波动与潜在原因的关系。我们将在后面的章节作详细介绍。

3．广义的质量概念

石川馨对质量的概念也有许多重要的观点。他认为质量反映顾客的满意程度，顾客的需要和要求是变化的，因此质量的定义也是不断变化的。高质量就是满足顾客不断变化的期望。在谈到质量定义时，他认为，狭义的质量的含义指产品质量；广义的质量包含工作质量、服务质量、信息质量、过程质量、部门质量、人员质量、系统质量、公司质量和目标质量等。这个广义的质量概念就是全面质量的概念。

（三）休哈特——质量改进的奠基人

沃尔特·阿曼德·休哈特（Walter A. Shewhart）1891年生于美国伊利诺伊州，1917年获得加州大学伯克莱分校的博士学位。20世纪20年代他是AT&T 贝尔实验室的一名统计员。

休哈特被认为是质量改进的奠基人，现代过程改进都建立在休哈特所提出的过程控制概念的基础上。他在1931年出版了《产品生产的质量经济控制》，该书描述了减少过程可变性的统计过程控制方法的轮廓，预言生产率将会随着过程可变性的减少而得到提高，这在20世纪50年代得到了日本工程师的验证。

休哈特的过程控制思想使日本企业界的质量管理模式发生了变化。不断提高的生产率和市场份额使日本企业逐渐开始统治世界市场，直到美国和欧洲的企业对日本的挑战做出反应，把质量管理放在组织应有的位置上。

（四）田口玄一——田口方法

田口玄一（Genichi Taguchi）出生于 1924 年，曾担任日本企业的顾问，这期间他开发了田口方法，并于 1951 年出版第一本书介绍直交表（orthogonal arrays）。1960 年，他获得“戴明品质奖”，1980 年，田口玄一的田口方法被引入美国的 AT&T 贝尔实验室，并在 1982 年担任日本标准协会的顾问。由于田口方法接受度和利用率的提高，它对改进质量的作用与戴明方法以及石川馨的全面质量控制概念同样重要。质量改进工作开始于休哈特在统计过程控制方面和戴明在改进质量方面的努力，而田口方法是他们的工作的继续。田口方法建立了确定可控产品或服务设计因子与过程输出之间功能关系的基础，提供了一种通过优化可控因子调整过程均值的方法，开发一个检验过程中随机噪声与产品或服务变异之间关系的程序。

田口的质量定义：理想质量是指用来确定产品或服务质量水平的一个参考点，它可被表述为一个目标值。如果一个产品（或一项有形服务）在其设计的寿命期内被合理使用，能表示出预期的功能且没有副作用，则该产品达到了理想质量。由于服务的产生和消费同时进行，所以其理想质量是一个有关顾客感知和满意度的函数。田口根据服务未得到如期满足所造成的社会损失来衡量服务质量。

质量损失函数：田口玄一认为任何与目标规格的差异都会导致社会损失，每份产品和服务都应该最精确地达到它的预设值。

稳健性设计：它是指被设计的产品和服务应该先天无缺陷且具有高质量。田口玄一设计了一个实现稳健性设计的三阶段过程，即概念设计、参数设计和容差设计。他提出“产品质量首先是设计出来的，其次才是制造出来的”。

五、各种质量哲学的比较

戴明、朱兰和克劳士比的哲学体系为质量管理提供了基本原则。尽管这三种质量哲学中许多思想都是共通的，但是其间仍然存在着一些差异。其没有正确或者错误之分，企业应该根据自身的特殊情况，适当选择加以施行。

（一）主要质量理论之间的比较

首先，他们对质量概念的理解与定义是不同的。戴明从未对质量下一个定义或加以准确描述；而朱兰提出了适用性质量的概念；克劳士比则认为，质量既存在又不存在，质量的定义就是符合要求而不是好或不好。

其次，对于如何改进企业的质量水平，戴明提倡的是一种企业甚至全社会范围内的广泛文化变革。他强调，质量管理制度的施行应采取“强制”手段，要求普遍性的接受，彻底改变员工的行为与认知。因此，戴明要求企业必须进行重大的变革来推动企业的质量管理运动。与戴明“疾风暴雨”的观点相反，朱兰和克劳士比的质量管理计划被设计成以最小的风险配合企业当前的战略业务计划，质量改进的方法与现存的组织结构十分吻合，企业无须进行大的调整。

第三，克劳士比提倡“零缺陷”，鼓励组织内的全体人员都应做好本职工作，力求实现完美，第一次就把事情做对。但是戴明与朱兰认为，大多数的缺陷是由工人控制之外的设计低劣的制造系统引起的，管理者要承担更大的责任，劝诫生产线工人制造完美毫无意义。

第四，与朱兰、戴明不同的是，克劳士比的质量哲学更偏重于行为理论，他更强调改变企业文化、管理者与员工的态度以及管理与组织流程等，而不是统计技术的运用。

（二）权变观点

权变理论（contingency theory）认为，不存在任何一种企业经营理论或方案可运用于所有情况，管理者应该采用针对主要环境变量的质量战略。例如，不同使命的公司，它们可能采用不同的方式来服务顾客。有的可能将个性化服务融入到与顾客的互动之中，而有的则可能强调运用电子数据交换界面与顾客互动。同样是强调使顾客满意，但是由于采用不同的方法和策略来完成顾客服务，这中间就产生了差异。

既然存在多种方法可用来改进质量，那么将重点放在一些基础性问题上将会是最好的方式。例如，公司的核心优势是什么？公司的竞争力在哪里？何处需要改进？竞争对手正在做哪些改进？公司的组织架构如何？一旦这些问题有了答案，便能对企业进行更深入的了解。以企业认知为基础，加上对各种质量改进主要方法的理解，便可选出适合本企业的观点、哲学、概念和工具来，以形成企业改进的基础。

权变理论的关键在于对质量方法的理解，对企业实际的了解，以及这些方法在企业中的创新应用。因此，最佳的战略是在权变基础上将质量哲学和方法应用于企业。管理者需要对有关质量的问题作出正确决定，即应考虑不同质量专家所提出的概念和方法，进而选出对自己有意义的那一部分。

（三）集成的观点

本节中列举的各种质量理论之间虽然存在诸多差异，但是集成的观点认为与其将重点放在差异上，倒不如从中找出其共同的主题和信息。它尝试从中提炼出经常发生的质量主题，以求将各质量理论的核心变量和独特观点加以考虑，在企业改善绩效时为其提供参考。

如表 1-2 所示，将戴明、朱兰、克劳士比、田口玄一、石川馨和费根鲍姆曾经论述过的变量进行整理，就可以利用集成的思想来调和诸多质量理论之间的差异。

表 1-2　质量改进内容变量

变　量	戴明	朱兰	克劳士比	田口玄一	石川馨	费根鲍姆
领导力	√	√	√		√	√
信息分析	√	√			√	√
战略规划		√	√			√
员工改进	√	√	√			√
产品和服务的质量保证	√	√		√	√	
顾客在质量中所扮演的角色	√	√				
质量部门的角色	√	√				√
环境特征和限制	√					√
哲学驱动	√	√	√	√	√	√
质量突破		√				
基于项目/团队的改进		√	√	√	√	

尽管存在着一些差异，但是我们应该看到，这些质量先驱对质量的追求方向是一致的。他们对质量的重要性比任何人都要清楚，提倡对质量永无终止地改进，为现代质量理论做出了巨大贡献。

第三节　组织中的全面质量

一、制造领域的质量管理

（一）产品质量的形成过程

产品质量是如何形成的？人们已经意识到，质量不是检验出来的，从某种意义上讲，检验是对资源浪费的容忍。那么，产品质量能否被认为是生产出来的呢？试想，如果产品设计和开发与市场的实际需求有所偏离，或者产品的销售导向和售后服务不尽人意，那么即使生产过程完全满足符合性要求，从顾客的立场来看，这样的产品也不能让他们满意。

显然，产品质量是产品实现全过程的结果。产品质量有一个产生、形成到实现的过程，在这一过程中的每一个环节都直接或间接地影响到产品的质量。在 ISO 质量标准中，将质量的产生和形成过程分为 12 个阶段，用一个首尾相接的环表示，称为质量环。作为一个产品质量系统，系统目标的实现取决于每个环节质量职能的落实和各个环节之间的协调。12 个环节构成一个循环，产品质量的提高是在一轮又一轮的循环中不断改进的。在整个产品的寿命周期中，要实施全过程的质量控制。实际上，由于硬件、流程性材料、软件和服务产品类型的不同，质量形成过程及控制要求也不同，质量环也就不同。图 1-3 所示为制造产品的质量环。

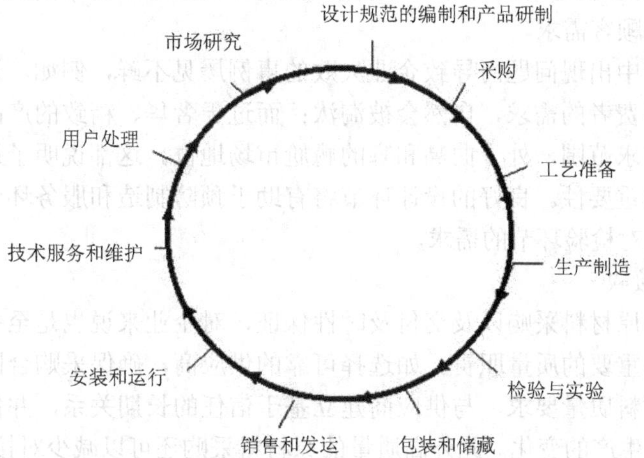

图 1-3　制造产品的质量环

（二）制造系统质量环节分解

制造业作为传统产业，相关的质量保证体系已发展得较为完善了。许多经典的质量管理理论的主要研究对象也都是制造业中的产品。当代企业正向着由顾客驱动的组织的转变，这一点在制造业中也引起了根本的改变，尤其在产品设计、人力资源管理和供应商关系方面所发生的改变特别明显。例如，产品设计活动将市场营销、工程技术和生产运营活动紧密地整合在一起；而在人力资源管理方面，授权给员工，使其收集和分析数据，作出关键的运营预测并承担持续改进的责任，从而将对质量的责任从质量控制部门转移到生产现场；此外，供应商在产品设计和生产制造中充当着合作伙伴的角色。下面以制造业中产品的形成过程为依据，将制造系统中的关键职能环节逐个分解，研究质量在每一个环节中关注的焦点。

1. 营销和市场调研

与以往相比，今天的营销人员要承担更多的质量责任。他们不只是要努力宣传自己的产品，收集和分析消费者的需求与期望也是他们的职责。他们需要及时了解顾客期望的产品以及愿意为此支付的价格。如果企业产品不符合顾客的要求，销售人员应通过收集顾客反馈让设计和技术人员意识到这些问题。这些信息将有助于企业在其内部资金与技术的约束条件下做出最优的选择和决策。

2．产品设计与开发

制造产品一般都要求具有如下一些质量属性：性能、特征、可靠性、一致性、耐用性、可维护性、美观性以及感知质量。这些属性大多是通过产品设计而满足的。这一环节的主要职能是为产品及其生产过程开发设计出技术规格与参数，以满足在营销活动中所确定的顾客需求。

在设计环节中出现问题而导致企业失败的事例屡见不鲜，例如，过于简单的产品由于满足不了消费者的需求，自然会被淘汰；而过于奢华、精致的产品，则有可能超出了消费者的需求范围，处于曲高和寡的尴尬市场地位。这都说明了设计环节在获取制造业质量中的重要性。良好的设计环节将有助于预防制造和服务环节中的缺陷，并且降低生产系统对检验环节的需求。

3．采购与接收

质量合格的原材料采购以及交付及时性保证，对企业来说也是至关重要的。采购部门承担着相当重要的质量职责。如选择可靠的供应商，确保采购合同符合设计开发部门规定的原材料质量要求，与供应商建立基于信任的长期关系，并保持密切沟通以应对各种设计与生产的变化。此外高质量的原材料采购还可以减少对接收检验的需求。而原材料的接收则要求确保接收材料是合格的。特别是对于现今快速多变的生产系统，许多企业减少了库存，对原材料的质量提出了更高的要求。

4．生产计划与调度

为了满足顾客的订单要求以及预期需要，企业要规划短期和长期的生产计划与调度计划，以保证企业的生产流程可以连续、顺利地进行，在合适的时间和地点配备合适的人选、设备与原材料等。我们经常可以看到拙劣的生产安排导致工期紧迫而出现质量问题的情况发生。同样，在生产计划调度方面，技术工具和方法的有效改进，如准时生产制（JIT）等，也有效地提高了产品质量并节约了成本。

5．制造与装配

这一环节的主要任务是生产出合格的产品。作为设计与工艺部门的下一流程，一旦进入生产环节，任何缺陷都是不可接受的。因为事后的检测和纠正措施都是要花费成本的。如果出现问题，就要通过检测来发现并消除问题产生的原因。为了保证生产系统的稳定性，精确的测量设备与熟练掌握测量技术工具的员工都是不可缺少的。在每一个生产环节，无论是操作人员还是专门的检验人员都要尽力收集和分析生产系统的信息，以便及时作出必要的调整。

6．设备检修与校准

在生产与检验中使用的设备与工具，必须得到适当的维护与校准。失修的机器可能生产出不合格的产品，而未得到校正的检验设备提供的是不正确的系统信息。这些都导致了产品的质量问题。

7. 成品检验

成品检验可以获得生产系统的信息，去发现和消除系统中可能存在的问题，还可以避免不合格品进入市场。如果可以保证产品的质量是合格的，这种检验的必要性将大打折扣。要记住无论在什么情况下，成品检验都应被视作一种收集有助于质量改进信息的手段，它的目的并不是检测出不合格品。

8. 包装、运输和存储

在产品离开生产线后，如何在包装、运输、存储中保护产品的质量，就是这一环节应该承担的质量职责。包装错误、运输损坏以及存储导致的产品质量问题并不少见。

9. 安装运行和服务

顾客在获取商品后，为了正确地使用商品，必须得到相应的指导，这需要安装人员的帮助。而一旦发生问题，良好的售后服务是必不可少的。事实上，顾客对产品质量的感知与顾客忠诚度的建立在很大程度上依赖于售后服务的质量。正是因为如此，许多企业在售后服务方面建立起了和产品质量要求一样严格的标准。

10. 财务和会计

财务职能负责筹措资金，控制资金的使用，分析投资机会，确保公司的运营符合成本效益原则。

11. 其他的生产辅助职能

除了与生产制造直接相关的环节，还有其他一些生产辅助职能也对质量有着重要的意义。如从总体管理、财务会计到人力资源管理及法律服务等。

显而易见，质量是系统中每一个人的职责。制造系统是一系列活动的集合，或者是一条顾客链，每一个环节都是下一个环节的服务提供者。以顾客为中心的质量哲学指出企业不仅要关心自身的制造质量水平，更要密切关注组织中所有可以满足顾客期望的行为。组织中的所有人、所有环节都必须加入到提高质量的行动中来。

二、服务领域的质量管理

制造企业中的质量管理，经过长期的研究和实践，通过控制生产流程和标准化作业，已经形成了较为成熟的控制体系。随着经济结构的转型，消费者对服务业的要求愈加严格。迫于竞争和生存的需要，服务业要适应不断变化的市场环境和变幻多样的顾客需求，必须把服务质量的管理作为企业经营的核心和重点。但由于服务自身的特殊性，服务业质量的控制相对制造业要困难得多。下面将通过服务业的一些特点，指出服务领域质量管理的特性。

（一）服务的特征

二战后，服务业得到了迅猛的发展。典型的服务业包括房地产、娱乐、餐饮、财务、服务、旅游和咨询等。由于服务的范围太广，很难精确界定其内容，所以迄今为止也未形成一个被普遍接受的权威定义。在ISO9001—2008标准中，服务的定义是“在供方和顾客接触面上需要完成至少一项活动的结果，并且通常是无形的”。尽管对服务的定义存有争议，但我们可以通过与制造业的对比观察到服务具有的特性。

1．无形性

无形性是服务的主要特征。与制造业提供的是有形产品不同，组成服务的要素以及服务系统的产出等很多都具有无形的性质。当然大部分服务也都包含有形的成分，如快餐店的食物，但对顾客而言，在这些有形载体外所包含的无形的服务与效用才是他们最关注的。其次，不仅服务本身是无形的，甚至消费者获得的利益也可能很难觉察到或仅能抽象表达。

2．顾客的需求和标准难以识别和衡量

在服务业中，服务产品的合格标准是由顾客决定的，而每个顾客的标准又是各不相同的。但评价服务质量都有一些共同的重要维度，如时间、时效性、完整性、礼节、一致性、便利程度和准确度等。顾客对服务的感知质量正是来源于对这些维度的不同感受。很明显，不同的顾客在这些维度上的感知程度是不可能完全一致的。这也造成了对服务产品合格与否判断的困难。

3．生产与消费的不可分离性

在制造业中，从产品的设计、开发到加工、运输和销售，产品的生产和消费之间存在着明显的中间环节。而服务的生产和消费则具有不可分离的特征，也就是说，服务的生产与顾客的消费是同时进行的。服务人员直接与顾客接触，他们给顾客提供服务的过程，也是顾客消费服务的过程。

4．差异性

服务业是以人为主体的行业，包括服务决策者、管理者、提供者和消费者，由于人类个性的存在，服务的构成成分及其质量水平是经常变化的。服务的差异性表现在两个方面，一方面由于服务提供人员自身因素的影响，即使是同一服务人员，其在不同的环境下所产生的质量水平也可能不尽相同；而不同的服务人员在同样的环境下，提供同一种服务的质量结果也会存在一定的差别。另一方面，由于顾客直接参与服务的生产和消费过程，不同的顾客自身条件的差异也会直接影响服务的质量和效果。

5．高定制性和个性化

制造行业除了顾客专门的定制要求，其制造产品一般来说都是完全相同的。而顾客对服务产品的定制化要求比制造业要高的多。例如，医生、律师、保险代理人等面对不同的顾客，必须要采取不同的服务方式，提供个性化的服务产品。因此，用统一的技术参数来衡量这些服务是不适当的。

6．不可存储性

由于服务的无形性，以及服务的生产和消费的同时性，服务不具备有形产品那样的存储性。例如，在运输行业中，春运时飞机票价暴涨，而平时飞机票价却打折颇多，飞机客运能力的不可存储性表露无疑。

（二）服务质量管理的关键要素

许多服务型组织，如航空公司、银行、酒店等，都有完善的质量体系。服务质量同样可以比照制造业来观察其特殊性，如酒店管理中客房的构成、服务交易速度、信息准确性等。然而，管理无形的质量特性要困难得多，因为这通常依赖于员工的表现和行为。当然，这种依赖并不意味着这些因素在制造业中不重要，而是它们在服务业中具有特殊的重要性。关于服务质量的具体内容将在第八章中详细讲述，但这里仍要特别指出服务质量中的两个关键要素：雇员和信息技术。

1．雇员

在制造业与服务业中，能让企业继续生存的，都是顾客。前面已经介绍过，服务业中顾客与员工有着大量的直接接触。对于服务业，行为是质量的特征之一。在人与人之间接触产生的每项交易中，人与人之间的相互交流非常重要。服务人员与顾客良好的交往，是服务组织保留顾客的重要条件。但是却很少有人认识到这种接触的重要性，包括服务人员自己。我们在很多服务场所都可以发现，服务人员只有在没有顾客来打扰他们的时候感觉最愉快，却忘记了取悦顾客是他们最重要的职责。

但是即使在服务业中，也不是所有人都有机会与顾客接触。那些有机会见得到顾客的人，我们称之为直接服务人员。顾客对服务产品质量的感知往往首先来源于对这种接触质量水平的感知。许多顾客对于产品或服务的意见，是根据他们所看见的人、接触到的结果形成的。在这方面犯下了更为严重错误的是组织的管理者们。在许多企业中，那些第一线的服务人员，如促销员、餐厅侍者和柜台接待等，他们与顾客有最多的接触，获得的报酬却最少，素质要求很低，得不到培训机会，以及几乎没有什么决策权等。这些有机会见得到顾客的人，并没有受到管理者的重视与应有的监督。

很多研究者已经多次证明，服务人员的工作满意度与顾客满意度成正比关系。有一句商业谚语更为直接地说出了事实，“如果我们关心自己的员工，他们将会关心我们的顾客。”道理是这样的浅显，为什么不去这么做呢？很多服务企业在这方面已经做得很好。例如，美国的联邦快递公司将“人、服务、利润”作为自己的经营信条，一切决策都要以这三条为基础进行评估，其中的“人”就是指员工。公司制定了一系列的计划来激励员工，取得了相当高的顾客满意度。在1990年，联邦快递成为第一家获得美国国家质量奖的服务业组织。要想获得高质量的服务员工，管理者需要对服务人员进行恰当的激励，有效地识别出顾客满意程度与服务人员努力之间的关系。管理人员还应该向服务人员进行分权与职责的分配，使他们有更多的职权和更大的责任感为顾客服务。此外，培训也是特别重要的，培训可以使服务人员具有足够的能力和技巧来与顾客有效沟通，处理好顾客事务。

2．信息技术

信息技术包括数据的收集、计算、处理以及其他将数据转化为有效信息的手段。服务速度是顾客对服务质量感知的另外一个重要来源。随着竞争加剧，顾客对服务产品的速度要求越来越高。服务组织还需要处理大量的顾客信息和事务，如银行业等。这样一来，信息技术的合理使用就变得对服务组织特别重要。当沃尔玛凭借其先进的信息网络使得其在零售行业中一枝独秀时，我们不应该感到惊奇。当信息技术可以为顾客提供更快捷和更准确的服务时，信息技术就可以成为服务企业获取竞争优势的一种利器。

信息技术的使用减少了服务业中劳动力的密集程度。例如，银行中的自动柜员机、电话自动服务系统等，甚至代替了一些传统职位。这些技术的应用降低了服务出错的几率，并会提高服务速度。但是也有一些顾客抱怨，当他们面对冷冰冰的机器时，没有享受到其中的乐趣。专门的调查也已经证实，在一些服务行业中，过多信息技术的采用导致的人际交往的减少确实会降低顾客满意度。这也使我们更加明白服务行业中顾客需求的多样性和互斥性。因此，当一个服务企业在谋求采用先进的计算机网络作为自己的竞争优势时，必须权衡它的利弊。

（三）服务质量与制造质量的异同

1．服务质量与制造质量的相同点

对制造业和服务业而言，顾客均是其核心，且顾客需求是设计的主要输入因素，无论是服务质量还是制造质量，顾客都是其唯一的评价者。因此无论是制造业还是服务业，在进行产品和服务设计时，都必须以顾客为核心，以最大限度地满足顾客需求为目标，不断提升自身产品和服务质量，不断提升顾客满意度。

2．服务质量与制造质量的不同点

（1）服务质量比制造质量更难评估。制造业的产品是有形的产品，因此其质量可以通过测量许多具体指标（如高度、宽度、质量等）来进行评估，只要对各种指标制定统一的标准，符合一定标准的产品即被认为达到了一定的质量水平。但这些在服务业中却是很难实现的。由于服务的无形性，顾客对服务质量的评价一般比较主观，除了响应时间等时间性指标，很难找到其他具体指标可以对其进行测量。顾客一般用经验、信任、感受和安全等方面的语言描述服务，方法十分抽象，很难评价一项服务的好坏，并且由于顾客个性存在差异，不同的顾客可能对同样的服务有不同的评价标准，因此造成难以制定统一的服务质量评价标准，使得服务质量相比制造质量更加难以评估。

（2）服务质量比制造质量更难保证。由于制造业产品的生产和消费过程不是同时发生的，因此制造业的产品可以在生产完之后进行质检，保证合格的产品才可以进入市场，不合格产品直接进行回收；如果产品在投放市场之后发现质量问题，还可以通过收回返修的方式予以弥补，改善产品质量。例如，近年频繁发生的汽车召回事件，在发现汽车存在质量问题时，通过及时地召回返修，使质量得以改善。但服务业所提供的服务却是具有生产和消费的同时性，因此很难对其服务过程进行监控。一旦服务过程出现质量问题，将直接影响到顾客的满意度，并且可能无法修复，因此服务业要想保证质量，必须保证第一次就把事情做好，做好事前和事中质量控制。

（3）服务质量比制造质量更难使顾客获得事前感知。对制造产品，顾客在购买之前，可以通过观察其外观，触摸其质感，嗅闻其气味，有的甚至可以对产品进行试用等方式对其质量进行初步感知，从而决定是否购买。但大多数情况下，顾客却很难在购买服务之前对服务的质量进行感知，而只能根据他人的知识和经验以及企业的广告宣传等方式来初步判断服务质量，决定是否购买，这就极有可能造成消费者心理上的误导，造成盲目购买。

（4）服务质量比制造质量出现质量问题后更难解决。消费者在发现制造产品的质量问题时，可以凭借票据和产品要求企业进行退换货并获得相应的赔偿；但由于服务具有不可存储性，企业为消费者提供服务之后，服务就立即消失，因此购买劣质服务的消费者通常无货可退，无法要求企业退款。

第四节　现代质量管理面临的环境

一、全球化进程加剧

经济全球化是当代世界经济的重要特征，也是世界经济发展的重要趋势。经济全球化有利于生产资源和生产要素在全球的重新配置，有利于资本和产品的全球性流动，也有利于科技的全球性扩张。经济全球化主要表现为贸易自由化、生产国际化和金融全球化。其中，金融全球化是经济全球化的重要表现和关键环节，与贸易自由化和生产国际化紧密相关，三者共同构成经济全球化的具体内容。

科学技术的发展也是推动经济全球化不断深入的另一动力。例如，技术手段的进步减少了传统贸易模式中对部分资源的依赖；随着信息技术和电子商务的发展，传统国际贸易的交易过程也发生了深刻的变化，许多交易环节都开始通过网络进行；运输成本的降低推动了经济全球化和企业间分工合作的深化发展；技术进步也带来了全球商品和服务需求的增加。

（一）外包业务的盛行

外包（outsourcing）最初是作为企业的一个战略管理模型被提出的。在讲究专业分工的 20 世纪末，企业为维持组织竞争核心能力，将组织的非核心业务委托给外部的专业公司，以降低运营成本，提高品质，集中人力资源，提高顾客满意度。如今，随着经济全球化和企业间分工合作的不断发展，外包业务也不断发展成为企业的一种全球性活动。

外包业是新近兴起的一个行业，为企业动态地配置自身和其他企业的外部资源提供了一种高效的手段。但在这样一种动态的环境和结构下如何确保质量，将成为企业未来需要面对的一个严峻问题。

（二）资源与环境的挑战

经济的快速发展必然引起对自然资源特别是能源的巨大需求。近年来，我国能源消费增长迅猛，且这种消费需求继续增长的趋势在未来较长一段时间仍将保持下去。如果我国重复发达国家以往走过的发展道路，那么能源对于我国的经济发展的作用也将更加明显。

人类对于资源的获取与开发确实造就了社会的飞速发展与进步，但在这一过程中也打破了自然界的平衡与稳定，导致了一系列环境问题的产生。例如，不合理的破坏性开采自然资源导致了资源的枯竭；大量废弃物的肆意排放污染了环境；自然环境遭到了破坏，导致生态失衡，这些问题都会严重阻碍企业的发展。

现今的企业要面对的质量管理压力远比过去大得多。企业的领导者需要不断审时度势来进行本企业质量管理系统的调整。例如，随着 ISO14000 标准的颁布，企业的竞争不仅是产品性能、质量等方面的竞争，也是绿色产品、绿色制造与环境保护水平之间的竞争，以赢得政府与顾客的青睐。这就要求企业把环境因素纳入企业的质量管理之中，在产品、生产、服务和活动的各个环节建立完善的环境管理体系，对环境因素进行控制。只有当企业的质量管理体系、环境管理体系都健全、有效并追求相同的目标时，才能够持续提供高质量的产品和服务。

二、顾客需求复杂多变

当前顾客的消费需求和能力与以往相比有了新的特点。例如，随着社会进步以及经济发展，消费者的整体经济水平有了显著的提高，正因如此，顾客消费的期望与选择也发生了变化，且经济状况的改善会使本身具备差异的个人之间，具有更多样和复杂的消费需求。其中最主要的需求变化在于消费者对产品的需求也开始以满足自我需要为中心，呈现出个性化与多样化的特点。整个社会文化也都在鼓励这种尊重个人的价值取向。如果企业不能够及时调整来主动适应顾客的这种需求变化，将很难在竞争激烈的市场中取得一席之地。这需要企业及时把握顾客的各种需求，以顾客为中心，来进行产品设计、开发与生产的安排。

当前，随着微博（microblog）、博客（blog）、维基百科（wikipedia）、RSS（really simple syndication）等新型网络媒体的普及，用户拥有了比以往更大、更便捷的参与和互动的空间。通过这些平台和工具，用户可以发布信息、分享经验，包括照片、视频、音乐、观点以及对这些内容的感知。由于交流上的便利与快捷，在线的网络群体变得越来越流行，并且随着不断的发展，这些群体逐渐依照兴趣进行分类，使得关于某一话题的想法、意见、经验等都在一定范围内进行分享与交流，且这些内容也能够被迅速地传播到更大的范围中去（Chesbrough，2006）。对于这些社区的关注能够为企业带来利益，而且社会媒体信息更关注于顾客的视角，企业可以通过这些有用的信息来提升企业的绩效。更重要的是网络群体中顾客的信息能够更加开放和直白（Woodcock 等，2011）。

但由于消费者的需求本来就是捉摸不定与快速变化着的，当企业根据顾客的需求变化对生产系统进行不断调整以响应这种变化的时候，如何在这样一个不断变化的系统中保证产品的质量便成了一个问题。众所周知，传统的经典质量管理理论一直都在强调生产系统的“稳定”，消除变异与波动，保持这种稳定是质量管理人员们一直在努力追求的。当企业为了适应顾客需求变化必须快速地对质量管理系统进行调整，变化成为必须面对的频繁现象时，质量管理理论因为对于“稳定”的强调正面临着尴尬。在新形势下如何使质量工作可以紧随市场的变化，为顾客提供个性化产品的同时又保持企业质量工作整体上的稳定，是我们将要长期面对的两难抉择。

三、服务型制造模式形成

服务型制造是服务与制造相融合的先进模式，使传统制造产品向“产品服务”转变。在服务型制造系统中，制造企业和服务企业以产品的制造和服务的提供为依托，向客户提供覆盖从需求调研、产品设计、工程、制造、交付、售后服务到产品回收及再制造等产品服务系统全生命周期的价值增值活动，实现低成本、高效率的产品制造，为顾客提供基于制造的服务。

服务型制造模式希望通过生产性服务、制造服务和顾客参与的高效协作，融合技术驱动型创新和用户驱动型创新，实现分散化服务制造参与的高效协作，以及分散化服务制造资源的整合和价值链各环节的增值。

生产模式的变革，向原有的质量管理方法提出了一些新的问题。例如，在敏捷制造模式的企业中，其核心能力是“精于变化的能力”。作为敏捷企业，为了适应市场环境不断变化的需求，必须不断重组其经营过程，而重组就是要不断地根据实际需求，采取灵活多变的组织结构、柔性的生产过程等达到敏捷性的基本要求。敏捷企业中的质量管理具有很强的动态性、离散性和实时性的特征。而对于国际通行的 ISO9000 质量标准体系，从其本质来说，是一个相对稳定的质量管理体系。该质量标准体系虽然为敏捷企业提供了标准的程序化管理，但是它忽视了敏捷企业特别看重的人的因素与团队协作精神，并且很难适应敏捷竞争、快速多变的市场需求。因此仅依靠 ISO9000 体系的建立来进行敏捷企业的质量管理是不够的，必须结合企业自身特点，将 TQM 和 ISO9000 体系进行有机的融合，来解决质量管理工作中出现的新问题。

由上可知，随着制造模式的变革，企业的质量管理工作也必须作出相应的调整。无论在理论上还是实践中，这样的探索都是刚刚起步。

四、信息质量受到关注

信息技术的高速发展，是当今时代的重要特点。企业内部由于信息系统（ERP）的应用实现了内部信息高度集成，计算机与网络技术使得质量管理系统可以实现自动化与智能化，进一步提高了产品的质量水平，产品的质量控制正一步步向零缺陷的方向前进。质量管理的水平正随着技术工具的更新向前所未有的高度迸发。利用网络技术，企业可以更迅速地获得更多的顾客信息，更好地满足顾客个性化的需求。

但是，随着信息的渗透而引发的变革也为质量管理工作提出了巨大的挑战。产品信息、库存信息、销售信息、物流信息和客户信息等种类纷繁且庞大复杂的信息，它们本身的质量如何保证、企业如何选取与使用等都是亟待解决的问题。

信息质量问题最早是从数据质量发展而来的。事实上早在 20 世纪 70 年代，就有美国学者提出了数据质量的概念。朱兰也在早期对于高质量的数据给出如下描述：“能够满足企业运营、决策制定以及计划安排的使用”。此外，高质量的数据还被认为能够准确描述其所指向的现实世界的构成。除了数据外部使用所带来的问题以外，如今计算机以及大型服务器的使用已经变得非常普遍，移动数据处理设备的使用也变得越来越平常，数据量正呈现出爆炸性的增长趋势，此时数据内部的一致性问题也变得越来越突出。例如，政府部门使用大型计算机修复民众个人信息中的姓名拼写错误，同时对民众进行实际追踪，针对其是否搬家、死亡、入狱或其他可能造成生活变化的情况进行数据信息的更新；企业方面，尤其是对于企业的营销活动来说，更加注重其客户数据的质量。但对于任何行业、任何用途的数据来说，其质量的保证都是一个重要的属性。一份行业研究表明，美国经济中由于数据质量问题所带来的成本每年约为 6 000 亿美元（Eckerson，2002）。

目前关于数据质量更多的研究围绕如何准确描述数据的众多属性从而有效评价数据质量而进行。虽然有关数据质量的国际标准 ISO8000 出台，但关于数据质量的诸多属性目前还没有一个统一的标准，但通常来说都要求数据的准确性、合适性、时效性、完整性以及相关性。而对于这些属性的具体含义各学者之间也没有一个统一的共识（Wang 等，1993）。

数据质量在信息系统中也具有非常广泛的应用，并且随着信息系统在商业应用方面的普及信息质量的概念逐渐取代了数据质量。虽然信息质量的定义目前也没有一个确定的描述。但如今企业各个方面都已经无法脱离网络与信息的力量而存在了，从数据仓库（data warehousing）到商务智能（business intelligence），再到客户关系管理（customer relationship management，CRN）以及供应链管理（supply chain management，SCM）等。而面对网络时代给质量管理工作带来的机遇与挑战，与其他学科一样，质量管理理论也正在酝酿革命性的突破。

思考题

1. 简述质量概念及其发展。观察并思考当前企业、消费者、政府对质量的看法分别是什么。叙述你自己的质量定义。

2. 质量管理经过了哪几个发展阶段？每个阶段都有什么特点？

3. 评论“如果价格不比别人低，质量就得超过别人”。说出你的理由。

4. 考虑如何将戴明的质量管理十四点应用到你熟悉的一个组织中。你认为其中的哪些要点会与组织现行的运作思想产生大的冲突？

5. 朱兰质量三部曲包括那些内容？它对于大学的含义是什么？

6. 总结克劳士比的质量哲学。它与戴明、朱兰哲学有何不同？

7. 解释制造业与服务业的区别以及它们各自的质量含义。

8. 针对服务业的特征列举服务质量的特点与难点。

9. 现代质量管理正面临着什么样的机遇和挑战？针对每一种挑战举一个你自己体验、感受或经历的例子。你认为传统的质量管理理论应该如何应对这样的环境？

案例讨论

案例 1-1　在质量中求生存，求发展——海尔的质量管理

青岛海尔集团原本是一个生产电动葫芦的集体小企业，通过争取才获得我国最后

一个生产冰箱的定点资格。但经过多年的发展蜕变，海尔如今已经形成了七大门类三千多个规格的产品系列，并已把发展范围伸向金融和生物工程。那么，海尔集团成功崛起的主要原因是什么？那就是完善的质量管理。

1. 高科技开发是产品质量的基础

海尔集团清楚地意识到质量对于企业发展的意义，从创业开始，就紧紧地抓住质量这个纲，以质量立厂，以质量兴厂。海尔人创业二十多年来，紧紧盯住世界高科技领域的最新目标，把握世界家电高科技发展的趋势，始终把重视科技发展作为企业的重大经营方针之一，在一切企业行为中，把科技当作头等大事来抓。

1984年12月，海尔抓住改革开放的有利时机，拜德国利勃海尔公司为师，引进了利勃海尔家电生产的先进技术与经验，高起点地开始了创业历程。以后，他们又引进了先进的生产线，集中了强大的科研攻关队伍，边引进，边消化，边开发，边创新，走出了一条高科技、高创汇、高附加值的名牌道路，不断地以众多高科技、高质量的产品给予消费者一个广阔的选择空间。一台台填补国内空白并具国际尖端技术的新产品相继在海尔问世。

2. 严格的经营管理是产品质量的保证

海尔在生产经营中始终向职工反复强调一个基本观点：用户是企业的衣食父母。在生产制造过程中，海尔人始终坚持“精细化，零缺陷”，让每个员工都明白“下道工序就是用户”。这些思想被职工自觉落实到行动上，每个员工都将质量隐患消除在本岗位上，从而创造出了海尔产品的“零缺陷”。海尔空调从未发生过一起质量事故，产品开箱合格率始终保持在100%，社会总返修率不超过4‰，大大低于国家的规定标准。这种成绩正是海尔严格管理的结晶。产品质量是创造名牌的基石。海尔为了抓好产品质量管理，制定了一套易操作的以“价值券”为中心的量化质量考核体系，行使“质量否决权”。简单地说，干一件得一分钱的活，如果干坏了一件则罚一元钱，即干坏一件等于白干了100件，并即时兑现。“质量否决权”的管理方式在每一位员工心里深植了“质量第一”的观念。在生产中，员工把每一道工序都想象成用户，产品依次流转，质量层层把关，环环紧扣，保证出厂的都是全优的产品。

正是这种“零缺陷”的质量管理，使得海尔产品的消费“投诉率为零”。海尔人虽然不在产量上争第一，却都在质量上争第一。海尔空调用 5 年的时间，几乎囊括了国家在空调器上所设立的全部奖项。

3. 完善的星级服务是产品质量的根本

高质量的产品，还必须有完善的服务。尤其是现代管理中，完善的服务更是成为产品质量的重要组成部分。可以说，没有好的服务，就谈不上有好的产品质量。海尔人正是基于这种认识，在同行业中首家推出海尔国际星级一条龙服务，为消费者提供与其质量和信誉相符的服务。如果想购买一台海尔冰箱，或者老冰箱更新，只需打一个电话，从型号选择、现场功能演示，直到送货上门、跟踪服务，海尔实行一条龙全过程星级服务。如果购买一台海尔空调，压缩机包修 5 年，比国家规定高出两年，终身保证服务；即买即安，24 小时服务到位；定期回访用户，实行全国质量跟踪；提供热情、详尽的技术咨询服务，保证一试就会；免费送货，免费安装，免收材料费。购买海尔洗衣机，能享受到真诚的售前、售中、售后服务。

海尔用圆满的服务，带走用户的烦恼，留下海尔的真诚。当美国优质服务科学协会在全球范围内收集用户对海尔产品的不满意见时，最终结果竟然是零。美国人不禁惊呼：海尔人的服务意识将为全球服务行业树立起典范。海尔集团成为亚洲第一家也是目前唯一一家荣获国际星级服务顶级荣誉——五星钻石奖的家电企业，张瑞敏总裁也因此成为美国优质服务科学协会有史以来第一个被授予“五星钻石个人终身荣誉奖”的中国人。

振兴民族工业，挺进国际市场，海尔产品依靠卓越的质量，为争创国际名牌打下了基础。从 1990 年开始，海尔先后通过 ISO9001 国际质量保证体系认证和美国 UL、德国 GS 等一系列产品安全认证，在 102 个国家、地区注册商标 406 本。海尔冷柜在 1996 年 10 月同行业率先通过了由世界著名认证机构 DNV 组织的 ISO9001 国际认证，取得了通向国际市场的通行证，成为全世界的合格供应商。海尔产品的“零缺陷”质量已经得到并将继续得到国际市场的验证。海尔将在未来的国际化进程中，给中国民族企业交出一份满意的答卷，给世界家电工业开辟出更为广阔的前景。

（资料来源：六西格玛品质网，http://www.6sq.net/thread-72626-1-1.html.）

思考题：

1. 海尔集团所奉行的质量哲学与哪个质量学家的理论相似？相似的部分有哪些？
2. 海尔人是如何践行他们的质量哲学的？

案例 1-2　格力电器——董事长直接管质量

企业要发展，必须要有好的产品质量，而要得到好的产品质量，首先企业领导要具有强烈的质量意识。格力空调董事长朱江洪特别重视产品质量，在格力电器流传着这样的“警语”：格力员工有两怕，一怕违反“格力电器总裁令”，因为违反“格力电器总裁令”中的任何一条者，立即开除；二怕董事长下生产线，公司董事长朱江洪亲自下生产线，一旦发现质量问题，不是罚款就是辞退。

在格力的领导体系中，如果说总裁董明珠是一个外交官，那么低调而执著的董事长朱江洪更像是一个“法务部长”。朱江洪亲自起草“总经理十二条禁令”，对生产过程中最容易发生问题的操作制定了几乎不近人情的规定，任何员工只要违反其中的一条，一律予以辞退。

1994 年，朱江洪在意大利进行用户调查，一台正在试运行的空调发出哗哗的响声，意大利客人自然把矛头指向了朱江洪。面红耳赤的朱江洪亲自拆机检查，罪魁祸首居然是一块没有粘紧而搭落在风叶上的海绵！

回国后，执拗的朱江洪立即起草了“总经理十二条禁令”。是年，一位曾经被评为先进个人的员工，因为违反了禁令第八条“严禁违反制冷系统防尘防水操作规范”，尽管同事一再为他求情，最终他还是没能继续留在格力。经过几年的调整，格力“总经理十二条禁令”已经发展为“总裁十四条禁令”，其后，格力电器总裁董明珠又进行了相应的补充，重新制定了“格力电器总裁令”。由于企业领导的重视，格力上下形成了一种人人抓质量的良好氛围，产品质量得到了极大的提升。

企业发展壮大后，公司专门设置一个副总裁管质量，其他领导成员也把关心质量当作自己义不容辞的职责。公司每次召开质量分析会和质量管理例会，所有公司领导都要参加。当生产进度与产品质量发生矛盾时，进度服从质量。

在领导的重视下，格力基层的群众性质量管理活动开展得如火如荼。截至目前，格力在群众性的质量活动中共取得了多个国优、轻工部优、省优、市优的好成绩。为了普及质量管理活动，格力还进行了大规模普及培训；此外格力还进行了大规模 QC 小组注册，群众性质量管理活动以细胞分裂的方式增长。

格力电器高层领导还非常重视质量管理活动人才的培养。每年公司都会选派若干 QC 小组骨干进行脱产培训，这些受训人员均通过考试获得广东省 QC 诊断师的资格，其中不少人还获得了全国 QC 诊断师资格。

实践证明，全员参与是格力空调产品质量稳步提高的源泉，只要全体员工都树立了高品质的质量意识，通过开展群众性的质量管理活动，充分发挥人的创造力，从设计、原材料采购、制造等多方面着手，一定能在质量管理上取得新的进展，造出最好的空调奉献给广大消费者。

（资料来源：新浪博客，http://blog.sina.com.cn/s/blog_6711b2910100mlec.html.）

思考题：

1. 格力公司的“总裁十四条禁令”是否是过于严酷而不近人情？质量管理行为是否应该如此？

2. 格力公司的最高管理者在企业质量管理方面所扮演的是怎样的角色？这对于企业产品质量的提升有何作用？

3. 试依据全面质量管理的原则，解释为什么说全员参与是格力空调产品质量稳步提高的源泉？

本章参考文献

1．（美）James R. Evans，James W. Dean．全方位质量管理[M]．吴蓉，译．北京：机械工业出版社，2004．

2．（美）James R. Evans，William M. Lindsay．质量管理与质量控制[M]．焦叔斌，译．北京：中国人民大学出版社，2010．

3．（美）W. Edwards Deming．戴明论质量管理[M]．钟汉清，戴久永，译．海口：海南出版社，2003．

4．苏秦，张涑贤．质量管理[M]．北京：中国人民大学出版社，2011．

5．张公绪．新编质量管理学[M]．北京：高等教育出版社，2003．

6．孙林岩．服务型制造：理论与实践[M]．北京：清华大学出版社，2009．

7．维基百科，http://en.wikipedia.org/wiki/Data_quality．

第二章　质量管理体系及其评价

本章内容要点

质量管理相关术语；质量管理发展过程；质量管理理论
质量管理组织形式；沟通方式与渠道；基于全面质量的组织重构；质量文化
ISO9000 质量管理标准；核心标准；质量管理体系要求；质量认证
美国马可姆·波里奇国家质量奖；欧洲质量奖；日本戴明品质奖；中国全国质量管理奖

第一节　质量管理及其发展过程

一、质量管理相关术语

（一）质量方针

“由组织的最高管理者正式发布的该组织总的质量宗旨和方向。”

注 1：通常质量方针与组织的总方针相一致，并为制定质量目标提供框架。

注 2：ISO9000 标准中提出的质量管理原则可作为制定质量方针的基础。

质量方针是组织在一定时期内在质量方面的行动纲领，是组织经营方针的重要组成部分。它由组织最高管理者制定并通过适当、有效的方式在组织内各层次进行沟通，要求能使全体员工理解并实施。质量管理八项基本原则是制定和贯彻质量方针的理论基础。

质量方针应具有相对稳定性，其内容应体现组织满足要求和持续改进质量管理体系有效性的承诺，需要在贯彻中不断评审其适用性，同时也必须为适应组织内外部环境的变化及时进行修订。

（二）质量目标

“在质量方面所追求的目的。”

注 1：质量目标通常依据组织的质量方针制定的。

注 2：通常组织需要对自身的相关职能和层次分别规定质量目标。

质量目标是动员和组织员工实现质量方针的具体体现，是企业经营目标的重要组成部分。质量目标应在组织内不同的层次进行分解和展开，总的质量目标是各层次质量目标制定的依据，各层次质量目标是实现总的质量目标的保证。

质量目标应切实可行、可测量，且富有挑战性，并与质量方针保持一致，以利于评价和改进质量目标。质量目标的制定、实施和评价应随着组织内外环境的变化而不断地进行。组织应依据质量目标实现的程度评价组织质量管理体系的有效性。

表 2-1 为兴海饭店质量方针和质量目标的相互关系。

表 2-1　兴海饭店质量方针和质量目标关系表

质 量 方 针	质 量 目 标
关注顾客的需求	顾客满意率≥90%
确保四星标准	服务质量达标率≥90% 清洁卫生达标率≥90% 设施完好率≥95%
营造温馨家园	服务承诺兑现率≥95%
坚持持续改进，实现不断创新	QMS 有效运行，年内实现 ISO14000 质量体系认证

（三）质量管理

“在质量方面指挥和控制组织的协调活动。”

注：在质量方面的指挥和控制活动，通常包括制定质量方针、质量目标、质量策划、质量控制、质量保证和质量改进。

质量管理包括制定质量方针、质量目标，为实现质量目标实施质量策划、质量控制、质量保证和质量改进等全部活动。除质量管理外，组织的生产、财务、营销等经营过程本身也存在着质量活动。因此，质量管理是构成各项管理的重要内容，只有与各项管理融为一体，才能实现其自身目标。质量管理职能需要通过建立、实施、保持和持续改进质量管理体系来实现。

（四）全面质量管理

“一个组织以质量为中心，以全员参与为基础，目的在于通过让顾客满意和本组织所有成员及社会受益而达到长期成功的管理途径。”

所谓全面质量（TQ），是指除了产品质量外还包括过程质量、体系质量。全面质量管理是对一个组织进行管理的途径之一。全面质量管理的基本特点是：以全面质量为中心，以全员参加为基础，对质量环的全过程进行管理，即“三全管理”，使顾客及其他相关方满意。全面质量管理取得成功的关键是得到组织最高管理者强有力的支持，对全员进行教育和培训，以及全员的积极参与。

（五）质量策划

“质量管理的一部分，致力于制定质量目标并规定必要的运行过程和相关资源，以实现质量目标。”

质量管理是通过运作质量管理体系而实现的，因此质量管理体系的策划是关键，它包括过程、产品实现、资源提供和测量分析改进等诸多环节的策划。质量策划与质量计划是有区别的。质量策划强调一系列活动谋划，而质量计划是质量策划的结果，是其书面表现的形式之一。

（六）质量控制

“质量管理的一部分，致力于满足质量要求。”

质量控制的目标是确保产品、体系、过程的固有特性达到规定的要求，围绕着规定的质量标准使质量形成过程保持受控状态，即持续、稳定地生产合格品，找出生产不合格品的原因，及时进行纠正，以预防不合格现象再次发生。

质量控制的方式有统计过程控制、技术控制、自适应控制等。质量要求随时代进步而不断变化，因此质量控制的内容和方法也具有动态性，应不断地完善和改进。

（七）质量保证

“质量管理的一部分，致力于提供质量要求会得到满足的信任。”

对顾客要求的产品质量的保证，只是质量保证的基础，其核心是提供足够的信任。质量保证可分为内部质量保证和外部质量保证。内部质量保证是对组织的管理者提供信任，使其确信组织的质量管理体系有效运行；外部质量保证主要是向顾客提供信任，展示组织具备持续满足其要求的能力。

质量保证的方法可包括：组织的自我合格声明，提供体系或产品的合格证据，外部的审核合格结论，以及国家质量认证机构提供的认证证书等。

（八）质量改进

“质量管理的一部分，致力于增强满足质量要求的能力。”

注：要求可以是有关任何方面的，如有效性、效率或可追溯性。

质量改进的目的在于增强组织满足要求的能力，是在现有基础上的提高和创新。由于质量要求涉及体系的有效性、过程或体系运作的效率或原因、产品的可追溯性等各个方面，因此，质量改进的对象、途径和方法也不尽相同。一般而言，质量改进应进行必要的策划，确定拟改进的项目，制订实施计划，采取相应措施，评价改进的效果等。

二、质量管理发展过程

质量管理从产生到发展至今已走过了漫长的道路，可谓是源远流长。按照时间维度我们可以将质量管理发展历史大致划分为三个时期。

（一）20 世纪以前的质量检验思想——传统质量管理阶段

人类历史上自有商品生产以来，就开始了以商品成品检验为主的质量管理方法。根据历史文献记载，我国早在 2400 多年以前，就已有了青铜刀枪武器的质量检验制度。这个阶段从开始出现原始的质量管理方法，一直到 19 世纪末资本主义的工厂逐步取代分散经营的家庭手工业作坊为止。这段时期受家庭生产或手工业作坊式生产经营方式的影响，产品质量主要依靠工人的实际操作经验，靠手摸、眼看等感官估计和简单的度量衡器测量而定。工人既是操作者又是质量检验、质量管理者，且经验就是“标准”。因此，有人又称之为“操作者的质量管理”。这些质量标准基本上还是实践经验的总结。

（二）20 世纪的质量管理

1．质量检验阶段

工业革命后，机器工业生产取代了手工作坊式生产，劳动者集中到一个工厂内共同进行批量生产劳动，于是产生了对正式的企业管理和质量检验管理技术的需要。由于生产规模的扩大以及职能的分解，为了保证产品的正确生产，独立的质量部门承担了质量控制职能。检验工作是这一阶段执行质量职能的主要内容。质量检验所使用的手段是各种各样的检测设备和仪表，它的方式是严格把关，进行百分之百的检验。大多数企业都设置专职的检验部门和人员，有人称它为“检验员的质量管理”。从 20 世纪初到 40 年代，质量管理水平一直处于这个阶段。

这种检验有其弱点。其一，它属于“事后检验”，无法在生产过程中起到预防、控制的作用，一经发现废品，就是“既成事实”，一般很难补救；其二，它要求对成品进行百分之百的检验，这样做有时从经济性角度考虑并不合理，有时从技术上考虑也不可能（如破坏性检验），在生产规模扩大和大批量生产的情况下，这个弱点尤为突出。

2．统计质量控制阶段

从 20 世纪 40 年代初到 50 年代末，以美国休哈特、戴明为代表，提出了抽样检验的概念，最早把数理统计技术应用到质量管理领域。此时运用数理统计方法，从产品的质量波动中找出规律性，采取措施消除产生波动的异常原因，使生产的各个环节控制在正常状态，从而更经济地生产出品质优良的产品。最先是在美国国防部，其后在民用工业上得到应用。这一阶段的特征是数理统计方法与质量管理的结合。由于采取质量控制的统计方法给企业带来了巨额利润，第二次世界大战后很多国家都开始积极开展统计质量控制活动，并取得成效。利用数理统计原理，预防生产出废品并检验产品质量的职责，由专职检验人员转移给专业的质量控制工程师承担。这标志着将事后检验的观念转变为预测质量事故的发生并事先加以预防的观念。

但是这个阶段过分强调质量控制的统计方法，忽视其组织管理工作，使得人们误认为“质量管理就是统计方法”，而专业的数理统计方法理论比较深奥，因此质量工作成了“质量管理专家的事情”，对质量管理产生了一种“高不可攀、望而生畏”的感觉。这在一定程度上限制了质量管理统计方法的推广与普及。

3．全面质量管理阶段

二战以后，社会生产力迅速发展，科学技术日新月异，质量管理的理论出现了很多新的发展。最早提出全面质量管理概念的是美国通用电气公司质量控制主管费根鲍姆。1961 年，他的著作《全面质量管理》出版。他在其著作中对全面质量管理的论述是：“全面质量管理是为了能够在最经济的水平上，并考虑到充分满足用户要求的条件下进行市场研究、设计、生产和服务，把企业内各部门研制质量、维持质量和提高质量的活动构成一体的一种有效体系。”该书强调执行质量职能是公司全体人员的责任，应该使企业全体人员都具有质量意识和承担质量的责任。而戴明、朱兰等美国专家在日本的努力则真正掀起了一场质量革命，使得全面质量管理运动思想最先在日本蓬勃发展起来。20 世纪 80 年代以后，全面质量管理的思想逐步被世界各国所接受，并在运用时各取所长。

随着人们在实践中对全面质量管理理论的丰富，全面质量管理的概念也得到了进一步的发展。虽然不同行业应用的全面质量管理方法会有所差异，但是它们具有共同的基本要素：以顾客为关注点；授权与团队合作；持续改进和学习；以事实为管理依据；领导与战略策划。全面质量管理的内涵如表 2-2 所示。

表 2-2　全面质量管理的内涵

涵盖范围	所有活动，包括服务与行政
错误的处理	预先防范错误发生
责任归属	每一成员均对质量负责
利益来源	持续改进各种工作的质量，建立质量管理系统，减少工作的错误与浪费
对顾客的看法	对内在或外在顾客，均强调整体输出过程的顺利
质量改进	长时间的，顾客导向，组织学习
问题解决的重心	工作团队满足并且解决顾客的问题
考核	重视与改善有关的事实，以事实为根据的绩效考评
员工的特性	将员工视为管理的内部顾客
组织文化	集体努力，跨部门合作，鼓励授权，顾客满意，追求质量
沟通方式	下行、平行、斜向、多向沟通
意见表达与参与方式	正规程序，QC 小组，态度调查
工作设计	质量，顾客导向，革新，宽广的控制幅度，自主化的工作范围，充分授权

续表

培训项目	广泛技能知识、跨部门业务、诊断问题与解决问题的相关知识，生产力与品质
绩效评估	团队目标由顾客、其他平级部门以及领导三者共同考核，强调质量与服务
薪资制度	以团队为基础发放工资与奖金以及非金钱性质的表扬
卫生医疗与工作安全	安全问题，安全计划，保健计划，员工互助
考评升迁与职业生涯发展	由同部门员工考评，解决问题的能力，以团体表现决定升迁以及不同部门的水平式职业生涯途径

（三）21世纪的质量管理

回顾质量管理的发展历史，可以清楚地看到，人们在解决质量问题中所运用的方法、手段是在不断发展和完善的。而这一过程又是同社会科学技术的进步和生产力水平的不断提高密切相关的。同样可以预想，随着新技术革命的兴起，以及由此而提出的挑战，人们解决质量问题的方法、手段必然会更为完善、丰富。知识创新与管理创新必将促进质量的迅速提高。传统的质量管理，包括全面质量管理都是在相对稳定的市场环境下实施的，企业只要能够保证控制某部分市场就能使自身保持长久的竞争力。而在现在的信息化时代，信息“穿透”了所有的领域，产品技术寿命缩短，企业及其所依附的市场环境都处在不稳定之中。在多变的环境中，质量管理的重点不只是维持，更重要的是创新。

1．质量管理的创新

朱兰博士说：“21世纪是质量的世纪。”这是一种战略的思维。质量因素的复杂性、质量问题的严重性及质量地位的重要性，在多变的环境中尤为突出。

当今世界产品的技术含量如此之高，可供选择的空间如此之大，广告如此之多，使消费者很难做出最佳的选择。战略决策的前提是科学的预测。开放系统的营销体系中，顾客是企业功能的外延，企业不仅要满足顾客今天现实的需求，更重要的是要预测其明天的期望。

顾客理念内部化已是一种潮流。顾客是产品和服务的接受者，审视世界上卓越的公司无不是顾客理念内部化。顾客理念内部化对于回归生产运作规律、构筑基于协调、沟通智商的企业文化有着重要的作用。

不仅如此，从基于“信息不对称”的“货比三家”的市场法则，到选择优秀的供方参与质量的开发，形成“共生共荣”的命运共同体，进而形成“供方—企业—顾客”的质量创新循环，也是企业质量战略的重要选择。

2．质量管理的融合与回归

近几十年来，科学技术的发展又向人们展示了自然组织的更深层次的根本统一，与科学技术的交叉融合相关联。管理也展示了交叉、渗透及融合的新趋势。

信息技术的发展使得效率不一定产生于分工，而有可能产生于整合之中。由顾客主宰的买方市场环境制约着企业的生存和发展。满足顾客的需求和期望，是企业各种职能管理的共同目标。管理是整合资源的动态活动，整合淡化了管理的职能边界，融合是必然的发展趋势。质量管理的发展历史已经展现了这种趋势。在推行 ISO9000 质量管理体系的过程中，人们已经提出了各种管理体系的整合。这些优秀的管理模式倡导的内容已经远远超出了传统质量管理的范畴。美国质量协会（ASQ）2002 年提出了质量功能的分散和集成，指出：“质量知识的载体和工具将适用于更广泛的组织及其更多类型的人员，所以现在要定义谁，以及什么机构从事质量专业已经变得更加困难。现在的质量人员，往往不是在一个质量部门从业，而是分散在组织的多个部门。”“质量专业正在变成管理集成的一个部分。”以市场为指导的质量经营将把质量管理从内涵至外延推向一个新的世界。

3．质量管理的国际化

以信息技术和现代交通为纽带的经济全球化的潮流正在迅猛发展，各国经济的依存度日益增加，从 20 世纪后期开始，人们对质量管理的国际化尝试就从未停止过。

随着国际贸易的迅速扩大，产品和资本的流动日趋国际化，随之产生的是国际产品质量保证和产品责任问题。1973 年在海牙国际司法会议上通过了《关于产品责任适用法律公约》，之后欧洲理事会在丹麦斯特拉斯堡缔结了《关于造成人身伤害与死亡的产品责任的欧洲公约》。同时，旨在消除非关税壁垒，经缔约国谈判通过的《技术标准守则》对商品质量检测合格评定、技术法规等方面作了详尽的规定。1994 年 3 月签订的《世界贸易组织贸易技术壁垒协定》（WTO/TBT）提出了成员国应遵守的原则，包括“协调原则”、“透明度原则”、“采用国际标准和国际准则的原则”以及“等效相互承认原则”等。

由于许多国家和地方性组织相继发布了一系列质量管理和质量保证标准，制定质量管理国际标准也就成为一项迫切的需要。为此，经理事会成员国多年酝酿，国际标准化组织（ISO）于 1979 年单独建立质量管理和质量保证技术委员会（TC176），负责制定质量管理的国际标准。1987 年 3 月正式发布 ISO9000~9004 质量管理和质量保证系列标准。该标准总结了各先进国家的管理经验，并将之归纳、规范，发布后引起世界各国的关注与贯彻。标准的适时更新（如 2008 年对 ISO9001 标准的修订）也适应了国际贸易发展需要，满足了质量方面对国际标准化的需求。随着技术法规、标准以及合格评定程序等的国际化，对企业以及整个经济市场的行为规范、制约引导作用将会变得越来越强。

三、质量管理相关理论概述

现代质量管理在其产生和发展的历程中，不断吸收和借鉴了现代科学技术、应用数学及管理科学等的内容，其理论日趋完善，实践日益丰富，已形成了比较完整的理论体系，包括质量检验理论、质量控制理论、质量保证理论、质量监督理论和生态质量管理理论等。

（一）质量检验理论

1．基本概念

质量检验是指对产品的一种或多种特性进行测量、检查、试验、计量，并将这些特性与规定的要求进行比较，以确定其符合性的活动。质量检验的目的是判断被检产品是否合格，决定接收还是拒收，同时也为改进产品质量和加强质量管理提供信息。

质量检验的职能包括：鉴别职能、保证职能和报告职能（详见本书第七章）。

2．质量检验的过程

质量检验的功能是通过质量检验过程形成的。质量检验的过程包括：定位（define）、测量（measure）、比较（compare）、判断（determine）、处置（act）和改进（improve）等六个步骤，详见表 2-3。

表 2-3　质量检验的过程

质量检验过程	描　述
定位	质量检验的手段及相关资源的配备均与拟检验的目标有关，必须依据质量特性确定质量检验的类型及实施的方法
测量	测量包括监视、试验和验证，即对产品质量特性进行具体的观察得到观测的结果
比较	比较是指将所测量的结果与检验的依据进行对照
判断	判断受检的质量特性是否符合要求，作出合格与否的结论
处置	处置是指对于合格品予以放行、转序、出厂以及接受等，对于不合格品作出返修、返工、让步接收或报废处置，并及时反馈质量信息
改进	改进是指分析检验结果，评价产品实现过程，提出改进方向和途径

质量检验的上述过程构成一个完整的运行体系，即质量检验体系是质量管理体系的有机组成部分，从而实现检验所具备的鉴别、保证和报告的职能。

3．质量检验的方法体系

质量检验的方法体系详见表 2-4。

表 2-4　质量检验的方法体系

职能分类	技术分类	管理分类
检验 试验 监视 验证 确认 审核 评审	理化检验： 度量衡 光学、热学 机械、电子 化学检验： 常规化学分析、仪器分析 重量分析、光学分析 滴定分析、色谱分析 质谱分析 微生物分析 感官检验： 味觉、嗅觉、听觉、视觉、触觉	按检验方式： 自检 互检 专检 按检验对象的数量： 抽检 全检 免检 按产品形成阶段： 进货检验 过程检验 成品检验

4．质量检验过程和职能的改进与创新

质量检验的过程和职能随着产品质量概念的发展而变化，也随着生产技术发展的水平不断完善、改进和创新。

（1）检验过程的集成化。随着生产过程的自动化、智能化的飞速发展，以及检验和测量技术的不断创新，检验过程的集成化程度明显加强。自动生产、自动检验、自动判断及自动反馈可以在很短的时间内一次完成，大大提高了生产效率。

（2）检验准则的国际化。经济的全球化、生产过程的跨国化，必然出现检验准则的国际化。广泛地采用国际标准及所涉及的法律法规，是提高国际竞争力的重要方面。

（3）检验手段的现代化。作为检验手段的测量、监视和试验设备是一个国家技术水平的重要标志，是产品创新和技术创新的物质基础。未来发展趋势可归纳为“六高、一长、三化”，即高性能、高准确度、高灵敏度、高稳定度、高可靠度、高环境，长寿命，微型化、智能化、网络化。需要注意的是，管理过程的科学化是其手段现代化的重要补充，二者缺一不可。

（4）检验职能重心的转移。由于技术的高速发展以及企业在质量管理上的不断努力，检验中“把关”职能的作用在变得越来越小，呈现逐步弱化的趋势；而由于产品的技术寿命日益缩短，技术创新对信息提出了更高的要求，信息的传递、反馈加速，强化了报告和预防的功能。

（5）提高检验人员的综合素质，优化人员结构。检验职能的转变、检验手段的现代化对检验人员提出了更高的要求。在某种意义上讲，检验结果的观察和测量取决于检验人员的“感觉”。检验过程能否科学、准确地实现预期的目标，关键在于检验人员的素质。

随着质量的内涵不断地拓展和深化，从“符合性”、“适用性”到“顾客及相关方满意”，质量评价的主体在逐渐地发生变化。传统的“专检、互检及自检”（三检）体制与供方、顾客及相关方评价体制相结合，已成为一种趋势，以适应“供应链”的复合性检验体制以及“检验人员”的结构多元化的要求。

（二）质量控制理论

广义上的质量控制就是组织确立系统过程的质量目标、监测系统质量过程状况以及纠正质量过程偏离质量目标的质量管理活动。

1. 质量控制的原理

一般地，组织往往是多任务、多目标系统，因此对于组织系统中的质量过程的控制必然要求对相关的系统内部过程网络加以控制，以协调组织系统各部分的功能，最终达到组织的质量目标。组织的质量控制也是基于三点基本原理：① 质量控制就是控制和协调系统质量过程以及系统的输入和输出；② 确定系统质量过程输出的控制标准；③ 纠正系统质量过程实际输出与控制标准之间的偏差。

2. 质量控制的类型

质量控制的类型如表 2-5 所示。

表 2-5　控制的类型

控制类型	特　　点
目标控制和过程控制	为了确保组织的目标以及为此而制订的计划能够得以实现，预先确定标准或目标，以此测量、监视和评价组织活动，并对偏差进行修正，最终实现组织的预期目标。现代质量管理理论突出强调控制影响目标的过程因素的重要性，从对组织目标控制转向对组织实现目标的过程控制，即从控制结果转变为控制过程
反馈控制和前馈控制	反馈控制是质量控制的基本过程。实质上与物理系统、生物系统和社会系统中控制的基本过程是相同的，即系统将偏离标准的变异信息输出通过反馈输入进行自我控制，并引发纠正措施。有效的质量控制系统必须有一定的预测未来的能力，并以未来为控制参照系进行质量控制过程。由此，产生了质量控制过程的前馈控制
全面控制和重点控制	对组织系统的所有过程进行全面的控制，同时又对重点过程进行控制，包括对重点过程中主导因素的控制
程序控制、跟踪控制和自适应控制	程序控制是以预先设定的程序为标准对过程进行控制。跟踪控制是以控制对象预先设置的先行变量为标准对过程进行控制。自适应控制是以系统前期状态参数为系统当期控制依据的动态过程控制

续表

控制类型	特　　点
内部控制和外部控制	内部控制是指发出控制信号的信号源、控制过程和控制结果都局限在系统之内的控制过程。外部控制是指控制信号的输入来自系统外部，作为控制过程的结果输出系统之外的控制过程
统计控制、技术控制和管理控制	统计控制是基于统计理论的控制，技术、管理控制即采用技术与管理手段的控制。一个完整的控制过程往往是三者的有机结合

3. 统计过程控制理论

统计过程控制的理论依据是产品质量统计观点。从物理意义上讲，过程总体包括已加工的、正在加工的以及待加工的产品。从过程总体抽取样本，只能从已加工部分中实现，而对总体过程的控制，实际上是着眼于待加工部分的质量的稳定与合格，因此，就统计理论而言，统计控制理论实质上是从样本分布（已知信息）推断总体的分布状况。样本的分布与总体的分布既有内在的联系，但又不完全相同。但是，由于大数定律的作用，在样本含量足够大时，计量型的样本分布总是趋于正态分布。

产品质量的统计观点认为产品质量的波动性是客观存在的，而生产过程中所采用的公差制度，就是对这种波动性的承认和运用。过程控制的目标就是使质量特征值的波动保持在某个规定的范围内。产品特征值的波动是由 5M1E（5M：人、机器、材料、方法、测量，1E：环境；六要素只要有一个发生改变，就需要重新计算）波动造成的。从管理的角度出发，可以将造成质量变异的因素分为两种不同性质的因素，即偶然性因素和系统性因素。前者特点是数量多，大小方向随机，对产品质量的影响比较小，并且是不可避免的；后者的特点是因素的数目不多，但对产品质量的影响很大，在一定条件下可以发现并消除。统计理论证明，如果只存在偶然因素过程状态，那么产品质量特征值的波动服从典型的概率分布；如果过程中除了存在偶然性因素引起的波动外，还存在系统性引起的异常波动，则过程的波动就会偏离某种典型的概率分布。

统计过程控制的具体运用主要是控制图法及抽样检验。控制图的作用是控制生产过程的质量，抽样检验的目的则是控制产品生产出来后质量能否达到所规定的验收标准。统计过程控制理论产生的背景是 20 世纪的规模生产。规模生产孕育了统计技术，统计技术也为其创造了高效益。21 世纪，市场需求变得多样化、个性化，单件、小批的生产方式给统计技术的应用带来困难。但是信息技术的广泛应用又给统计技术的应用带来了新的机遇。例如，以往多元统计控制问题，其复杂的运算一般只停留在演示的水平上，而今已进入了实用阶段。

实践表明，由于随机现象的普遍性，统计控制思想作为一种理论思维，必将与时俱进，融入现代的管理思想中，继续指导人们的管理实践。

（三）质量保证理论

1．质量保证的产生和发展

质量保证作为质量管理的一部分，致力于提供质量要求会得到满足的信任。由于现代产品的性质和特征与传统产品相比发生了本质的变化，顾客不可能依据自身的知识和经验对产品的质量是否满足其要求做出充分准确的判断，因此逐渐形成了由产品供方向市场及其利益相关方提供产品质量满足顾客要求的信任保证。

最早制定和实施质量保证标准的是美国军方。20 世纪中叶，军事科技和工业技术迅速发展，武器装备系统集成度越来越高，生产过程日益复杂，许多产品的质量问题往往在使用过程中才暴露出来。因此，1959 年美国国防部发布了 MIL-Q-9858A《质量大纲要求》，针对供应商的质量管理体系提出要求。随后美国在军品生产方面的质量保证活动取得成功，在世界范围内产生了很大的影响，致使一些工业发达国家开始纷纷效仿。在 20 世纪 70 年代末，许多国家先后制定和发布了一系列用于民用生产的质量管理和质量保证标准。当今世界，经济全球化进程日益深入，各国间的经济交流与合作规模不断扩大，自然产生了质量保证的国际化标准。

由此可见，质量保证的产生和发展主要取决于三个方面：科学技术的发展、市场需求的变化及经济的全球化。现代科学技术，特别是现代信息技术的飞速发展，不仅使现代产品发展成为系统集成式的复杂产品系统，而且带动了国际贸易和商务活动的空前发展。随着经济一体化程度的越来越紧密，国家间的地理边界已经不是阻碍国际经济贸易活动的主要障碍，而社会、政治、经济和文化的因素成为影响和左右国际、国内经济活动的主要因素。在此进程中，国家间经济竞争日趋激烈，国际分工日益深化。一些发达国家依靠其技术和经济方面的优势地位，通过制定本国高门槛的市场准入制度，制约了发展中国家产业竞争力的发展，其重要的手段就是“标准”。也正因为如此，才促使国际标准化运动在全世界范围内被广泛接受和认可，借以打破阻碍建立公正的国际经济新秩序的壁垒。国际产品质量认证制度就是其中的一部分。

企业要保证长期、稳定地生产满足顾客要求的产品，仅仅依靠产品的设计、制造和使用过程中的技术、工艺标准和规范来保证产品质量是远远不够的，必须对整个产品寿命周期内产品质量的产生、形成和实现的全过程，实施系统性的有效控制和质量保证。其基本方式就是建立并有效运行质量管理体系，并以此向市场公示其信用。

2．质量保证的模式

最初的产品质量保证就是对于实物产品的性能（质量）符合规定要求的承诺，即组织保证向顾客提供“合格产品”。判断合格与否的依据可以是厂商标准、行业标准或国家标准。其特点是产品质量以特定等级的质量标准衡量，只有合格与不合格两种状态。这是质量保证的初级形式，主要体现为“保证质量”的产品技术规范。即便如此，在市场经济发展初期产品短缺的卖方市场中，处于被动地位的消费者还是很难享受到真正意义上的质量保证。

随着市场经济的发展，尤其是买方市场形成后，市场竞争越来越激烈。为了争夺消费者，人们开始认识到即使产品能够全部达到技术规范的要求，也未必能满足顾客越来越高的质量要求，并赢得顾客的信任。因为技术规范不可能照顾到所有的使用要求和顾客期望，规范中规定的质量要求在很多情况下只是一种“代用质量”，而不是产品在使用环境下的真正质量。此外，企业也不能保证在经过一系列规范过程后就能够发现产品在设计和生产过程中的全部缺陷。所以，产品的概念逐步扩展到产品质量形成系统，即在实物产品或实际服务的基础之上，还包括了从顾客需求识别到产品售后服务等一系列附加范围。相应地，质量的概念已经从产品性能达到要求的符合性质量，发展到产品的整个系统过程能够满足顾客、相关方需求的质量，所以质量保证的范围也扩展到从产品质量的产生和形成一直到产品质量实现的全过程。质量保证成为建立在系统性质量管理体系基础之上的组织承诺和信用公示。

质量保证这种组织承诺和信用公示的最终目的是赢得顾客的信任。顾客的信任可以分为几个层次：对产品信任、对产品质量形成系统信任，对企业品牌的信任和忠诚以及对企业信誉的赞同。所以，现代意义上的质量保证体现在企业的市场信誉层次上，就是顾客对组织信任的升华，是企业文化对消费者的感召和同化，是“消费者是上帝”的经营理念的真正实现。在当前绿色环保生态消费观念日渐成熟的市场环境下，质量保证不能仅仅停留在产品质量形成系统本身的质量管理体系有效运作的组织承诺和信用公示的层面上，还要满足顾客在当前绿色消费的时代要求，因此质量保证的模式面临创新的要求。

（四）质量监督理论

在市场经济环境下，特别是在不完全的市场经济条件下，作为买卖双方争议和行为的评判，质量监督作为一种功能随之产生和发展起来。

1. 质量监督的概念

质量监督是指为了确保满足规定的要求，对产品、过程或体系的状况进行连续的监视和验证，并对记录进行分析。

质量监督的对象是产品、过程或体系，以及作为这些对象的行为主体的组织（如生产、销售及相关方等）。监督的实施者是顾客或以顾客的名义进行监督的人。由于受监督的对象随着环境或时间的变化而变化，所以质量监督应是持续的或以一定频次进行的。质量监督的方式和手段包括监视、验证以及与其相关联的设施、活动和由制度、法规等形成的机制。质量监督建立在信息的收集、分析、整理、传递和反馈的循环过程中。

由于存在不公正的市场环境，在市场交易中双方的信息不对称，使得总有一方因为获取信息不完整而处于劣势。生产者和销售者可能“以次充好”，以假冒伪劣产品欺骗消费者，低质量产品将会驱逐高质量产品，导致真正好的产品卖不出去，好的企业倒闭、破产，出现“劣币驱良币”的现象。加之现实中标准或规定存在问题，并且判定权又在生产者和销售者手中，常常使消费者处于被动地位而受损失。因此，质量监督作为“确保满足规定要求”的制衡作用的客观需求是十分明显的。

2. 质量监督的类型

质量监督可以从不同的角度进行分类，如表 2-6 所示。

表 2-6　控制的类型

项　目	分　类
监督范围	内部监督、外部监督
监督主体	国家监督、社会组织监督、消费者监督
监督时间	事前监督、事后监督
监督方式	行政监督、技术监督、法律监督、舆论监督

3. 质量监督的方式和途径

（1）建立和完善买方市场机制。在买方市场条件下，“买者有选择，卖者有竞争”，并形成比较完整的法律法规体系，与卖方市场环境相比，具有完善的质量监督功能。

（2）建立有效的质量监督体系。建立四个层次不同行为主体的质量监督体系：一是质量监督人格化，即任何与产品生产、销售相关的人都有质量责任；二是质量监督法人化，即任何产品的生产、销售企业都要对质量负责；三是质量监督职能化，即政府与社会各类质量监督部门应有质量监督的责任；四是质量监督社会化，即各类民间机构和消费者都有权监督产品质量。

（3）法律监督。法律监督是上述质量监督体系建立和实施的基础，必须依法授权，依法定责，建立市场公平竞争的机制。

（4）技术监督。一是用技术手段监督，依据科学的检测方法和先进、精确的检测设施以及准确的检测结果来评价监督对象，用科学的数据说话；二是对技术水平监督。计量与监视设备是技术监督的手段，其水平和精度是技术水平评价的基础。保证受检产品符合标准的要求，显然标准的水平决定了其质量的水平。与行政监督相比，质量的技术监督具有客观性、准确性和稳定性的优点，所以应成为我国质量的国家监督抽查制度的主体。

（5）质量认证制度。质量认证制度是解决由信息不对称所产生的“逆向选择”行为的一种有效途径。通过质量认证可以证实生产者所传达的信息的真实性和准确性。

质量认证制度在证实真实引导消费的同时，客观上产生警示和惩戒的作用。

（6）生产许可证制度。生产许可证制度从 1984 年实施以来，一直是我国产业结构调整和提高产品质量的有力措施，是强制性质量监督和管理的重要手段。实践表明，生产许可证制度对于现阶段我国转型期的市场环境是必要的，收到了一定的效果。但随着我国经济的逐步开放将呈弱化的趋势。

（7）消费者协会等社会组织的监督。一个成熟的买方市场，必然培育出理性的消费者。消费者协会是由消费者组织依法成立的保护消费者合法权益的社会团体，具有一定的权威性和公正性，是世界上大多数国家都普遍实行的一种社会质量监督形式。

4．质量监督展望

经济全球化背景下的质量监督，至少有以下两方面的发展趋势：全面实施市场准入制度和建立完善的质量监督机制。

（1）建立市场准入制度体系。制度的实质是为规范人们的活动和相互关系而设定的一些制约。其主要作用是通过建立一个人们相互作用的稳定结构来减少不稳定性。

市场准入制度也称市场准入管制，是国家通过制定关于市场主体和交易对象进入市场的有关法律法规以规范市场秩序，营造良好的竞争环境的活动。就产品质量的市场准入制度而言，它通过建立技术法规、标准及合格评定程序等，构筑“技术屏障”，保护消费者的利益，引导、激励和督促生产者和消费者建立自律机制，以不断提高产品质量。

（2）质量监督机制的建立和完善。质量监督机制是通过组织、法律法规、程序等形成的客观制约，迫使生产者、销售者在其生产经营活动中自我约束、自我完善及自我改进。市场监督机制类似于生态循环机制，如草原上的草被、羚羊与狮子间的共生共存关系。市场越混乱，行政的干预就必然越强，而权力涉足市场，为“权力寻租”提供了条件，就会滋生腐败，而要根治腐败最终又必须依靠市场。因此，从机制的角度来看监督，重点不仅是消除违规的混乱现象，更重要的是根除产生混乱的原因，培育完善的市场运作机制。

（五）生态质量管理理论

1．生态质量管理理论的基本概念

生态质量管理是在经济与社会可持续发展战略的理论框架内，研究既满足消费者的需求，又满足生态环境可持续发展要求的质量管理理论和方法。在这里，称这种质量观念为“生态质量”（EQ）；称这种质量管理的理论和方法为“生态质量管理”（EQM）；称在这种质量管理思想指导下形成的质量管理体系为“生态质量管理体系”（EQMS）。生态质量管理是面向生态型循环经济，基于理想的生态工业模式（见图 2-1）的质量管理理论和方法的研究。

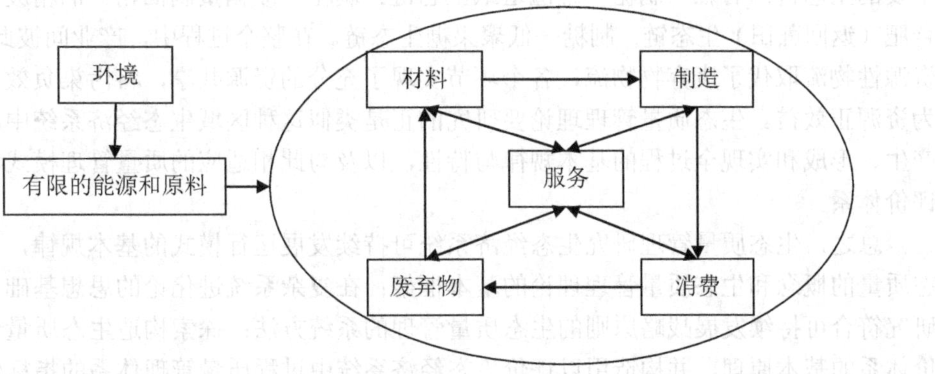

图 2-1 理想的生态工业模式

生态型循环经济是遵循自然生态系统的物质循环和能量流动规律重构的经济系统。一个理想的工业生态系统应该和谐地纳入自然生态系统的物质能量循环利用过程，是以产品清洁生产、区域循环经济和废弃物高效回收利用为特征的生态经济发展模式。

生态质量管理理论将质量作为"自然—社会—经济"这样一个不断演化的复杂生态经济系统内部的系统过程加以研究。

2．生态质量管理理论要点

生态质量是一种"立体的"质量观。质量职能不仅要在产品的整个生命周期的时序上展开，而且要在"自然—社会—经济"系统的三个维度上展开，以生态经济系统最大化功率为原则，综合规划质量的产生、形成和实现的生态经济系统中的"过程网络"体系。所以，生态质量管理是基于"自然—社会—经济"宏观和中观的生态经济系统模式，侧重研究系统中微观质量的产生、形成和实现过程机制的质量理论。

生态质量管理理论的要点可以概括如下：① 生态质量管理是系统综合的质量管理；② 生态质量管理是全过程的质量控制；③ 生态质量管理是循环控制的质量管理；④ 生态质量管理是技术与管理相结合的质量管理；⑤ 生态质量管理理论提倡产品质量服务功能实现模式的创新；⑥ 生态质量管理提倡理性消费，注重生态伦理与生态文化在质量管理过程中的作用。

3．生态产业实践与生态质量管理

当今一些发达国家和发展中国家正在或将要在某些生产领域进行产业重组，探索构建一种高效、有序的生态型循环经济体系。我国也开始了这方面的实践。

广西贵港国家生态工业（制糖）示范园，通过产业系统内部中间产品和废弃物的相互交换和有效衔接，形成了一个较为完整的闭合式的生态工业网络，使系统资源得到最佳配置，废弃物得到有效利用，环境污染降到最低。在生态产业园内形成了三条主要的生态链：甘蔗—制糖—蔗渣造纸生态链；制糖—废糖蜜制酒精—酒精废液制复合肥（返回蔗田）生态链；制糖—低聚果糖生态链。在整个过程中，产业间彼此耦合，资源性物流取代了废弃物物流，各个环节实现了充分的资源共享，将污染负效益转化为资源正效益。生态质量管理理论要研究的正是类似这种区域生态经济系统中的质量产生、形成和实现全过程的基本规律与特性，以及与此相适应的质量管理模式和质量评价体系。

总之，生态质量管理研究生态经济系统可持续发展运行模式的基本规律，提出生态质量的概念和生态质量管理理论的基本框架；在复杂系统进化论的思想基础之上，研究符合可持续发展战略原则的生态质量管理的系统方法；探索构造生态质量管理评价体系的基本原理，并构造用以评价生态经济系统中过程质量管理体系的指标体系。生态质量管理理论是以系统论、控制论、生态学理论为基础，建立在现代质量管理理论基础之上的质量管理理论体系。

第二节　TQM 实现与质量文化

全面质量战略的实施，需要相匹配的组织结构来保证。不同的企业有着各自不同的特点，意味着不存在适合所有企业的唯一组织形式。尽管如此，依旧存在着一些成功的经验可供借鉴与学习。为了保证质量战略能够在组织内部顺利有效实施，本节将对企业的质量管理结构作介绍。

一、质量管理的常见组织形式

ISO9000 体系为企业提供了一个规范的质量管理体系，其中包含着对质量管理组织结构的要求。但是对企业建立什么样的组织形式来满足这些要求，并没有一个严格的规定，这需要企业根据自身的基本情况来进行研究，找出适合自己的组织实现途径。以下介绍一些很多企业广泛使用的成功模式，可以作为参考。

（一）质量管理委员会

当质量目标已经成为企业的重要战略目标时，对质量职能的计划也已上升到质量战略的高度，那么质量的管理机构也必然需要由组织的最高管理者直接参与领导。质量管理委员会（或者叫做质量会议）是企业质量管理的决策组织，通常由企业的最高管理成员所组成。该组织对企业质量战略的建立与维护实施全面监督。在全面质量管理时代，建立这样一个高规格的质量管理委员会已经逐渐成为许多企业的普遍做法。朱兰甚至认为，公司质量战略建立的第一步就是建立质量管理委员会。

在许多大型组织中，组织的多个层级上都可能设置质量管理委员会，从总裁会议、事业部级直到基层科室。这时候，质量管理委员会就成为网络化的；上层委员会的成员作为下层会议的主席，来传达上层的质量政策；同时他还可以向上传递基层发现的质量问题和质量建议。网络化的质量会议，更有利于企业质量战略的实施和改进。

（二）综合性的质量管理部门

企业的综合性质量管理部门，是指企业专职的质量职能部门。尽管在理论上，在全面质量管理时代，质量已经成为每个部门、每个层级、每个员工的职责，追求质量已经是每个成员的分内之事，但是在实践中，企业仍然需要专职的质量部门、人员来保证质量职能的实施。企业质量部门的职责包括：质量技术的开发、质量政策与计划的协调、质量信息的管理、内部质量审核的实施等。这时候，传统的质量检验工作只是质量部门的一小部分职能。质量部门更多的是作为一个内部的质量咨询机构，向企业提供质量建议、开展质量培训，帮助企业建立有效的质量管理体系等。例如，企业最高的质量管理委员会，一般来说不会是一个常设机构，每次会议前的准备与召集工作、信息收集工作、计划草案的预备等，都要由专职的质量部门和人员来完成。会议制定的质量战略和政策，也必须交由质量部门来监督实施。

（三）QC 小组

为了保证质量战略活动能够在基层和每一个员工那里都得到实施，必须有合适的质量组织形式。虽然在基层工段、科室，一般都会设有专职或兼职的质量管理员，并在基层管理中的领导之下，开展质量管理活动。但是存在着一种更好的组织形式，可以更有效地发动员工来开展质量活动，这就是 QC（Quality Control）小组。

QC 小组最先在日本企业出现，随着全面质量管理的推广，在全世界的企业中流行。所谓 QC 小组，即质量管理小组，是开展群众性质量管理活动的一种有效的组织形式。凡在生产或者工作岗位上从事各种劳动的员工，组织起来围绕企业的方针目标和现场存在的问题，以改进质量、降低消耗、提高经济效益和人的素质为目的，运用质量管理的理论和方法开展的活动小组，都可以称为 QC 小组。因此，企业的全体员工，无论是高层领导、中层领导，还是技术人员、一线操作者，都可以参加、组建 QC 小组。基于这种自愿参与的氛围，大家可以在小组内各抒己见、献计献策，充分发挥群体优势，这使得 QC 小组具有广泛的群众性和高度的民主性。

按照国家 1986 年颁发的《质量管理小组活动管理办法》，可以把小组分为现场型、攻关型、管理型和服务型，在此之后，中国质量协会于 2001 年又提出创新型 QC 小组的概念。一般说来，QC 小组的组建程序主要有三种：自下而上、自上而下以及上下组合组建。质量小组的组建要从实际出发，选择合适的组建方式，采取自愿或者行政组织等多种形式。可以在部门内成立，也可以跨班组、跨部门建立，特别要重视生产、服务现场的质量小组组建。QC 小组的人数一般最好为 3~10 人，其中应该既包括技术人员，也包括管理人员。

建立质量小组后要进行登记注册，这也是 QC 小组活动区别于其他管理活动的一大特点，只有经过登记注册的小组才会得到企业和上级部门的认可。登记注册的做法一方面有助于企业对于质量小组的监督和管理，另一方面可以增强小组成员的责任感和荣誉感。在登记注册时，需要记录相关信息，包括小组课题等，经领导审核后送交主管部门编号存档。QC 小组组建以后，需要根据课题和目标进行 PDCA 循环，把循环的结果进行总结后形成成果报告书，并在成果发布会上发表。QC 小组活动完成每一个课题应普遍遵循的程序如图 2-2 所示。但是，应该注意 QC 小组的组建不是永久性的，通常每年要经过一次重新登记和验收。对停止活动持续半年或登记一年没有任何成果的小组，应予以注销。

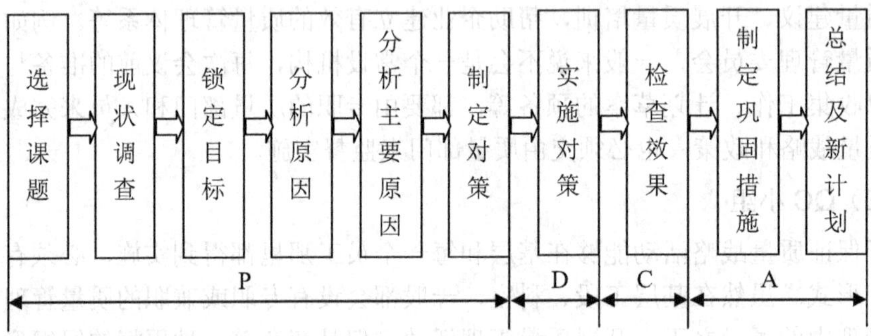

图 2-2 QC 小组活动程序

二、沟通的方式与渠道

企业传统信息交流渠道是以正式沟通方式为主的。企业的组织结构体现的是一种严格的等级、部门界限，相应于这种正式的结构，传统的沟通方式也是严格地按照等级链条和部门分界流动的，非正式的沟通渠道被严格限制。这种正式的沟通方式是以最高管理者才需要掌握更多的信息为前提假设的，并且假设只有最高管理者才能获得足够的信息和了解组织的状态。企业的其他成员只有从最高管理者那里才能获得其他部门与人员的信息。

全面质量管理的实施，要求组织内部沟通方式与渠道的改变。

（一）组织信息中心的下移

全面质量管理是一种以顾客需要为驱动的管理哲学，如何能够向顾客提供让他们满意的产品和服务是企业努力的方向。随着企业由生产导向转变为顾客导向，组织的信息中心已经逐渐向基层转移。与顾客直接打交道的一线员工是最熟悉与了解顾客需求信息的人，而不是高级管理人员；而最了解如何提高产品和服务质量的人也是第一线的员工。在这种情况下，企业信息的来源与最终去向应该是基层的员工，而不是最高管理者。那种认为最高管理者应该而且必须掌握最多信息的观点已经不合时宜。企业的纵向信息流动应该更加迅速：管理者可以从基层员工那里更直接地获取信息，员工也需要更迅速地得到管理者的决策来满足顾客。

（二）信息横向流动的必要性

传统企业的部门间的横向信息交流是有严格限制的。为了保证职责明确，各个部门都尽量不去干涉、关心别的部门的运作情况。只有在出现问题后，不同部门之间的成员才会坐下来去讨论这个问题属于哪个部门的责任。过多的关注部门利益导致了企业整体利益和顾客利益的损害。

全面质量的管理工作，要求对企业内部每一项工作的质量进行改进、提高，并且要求企业向顾客提供产品寿命周期内的质量合格保证。然而产品质量的形成是一个牵涉每个部门的过程，需要各个职能部门的合作。经验表明，企业绩效改进的机会主要来源于部门之间的职责和信息盲区。所以，在一个实施全面质量管理运动的企业，部门间进行充分的沟通与合作是必不可少的。

由上述可知，在全面质量管理时代，企业内部的沟通方式与渠道应该更加开放，信息应该在更多的部门和人员间实现共享。如何更好地促进企业内部的信息交流？员工建议系统就是一个比较成熟的质量管理手段。

所谓员工建议系统（suggestion systems），是一种欢迎员工提出质量建议，并对这些建议进行评价、实施的质量管理与改进工具。它起源于美国，但是在日本首先获得了推广和成功。企业的管理者为员工提供一个平台，让员工去表达他们对现在工作的意见和建议。管理者鼓励员工们去提出他们的想法，尊重这些意见，并对好的建议给予奖励。无论是哪方面的建议，缩减成本的、提高产品质量的、生产方面的，都是管理者欢迎的。这些建议也许是很小而微不足道的，但是却代表了企业对产品质量持续改进的决心。通过这样的一个交流系统，企业既可以获得更多的质量问题信息和改进建议，改进企业的质量水平；又可以激发员工参与全面质量管理运动的积极性，真正地为质量的提高出谋划策。例如，在日本丰田公司，员工每年提出近 300 万条建议，平均每个员工 60 条，而这些建议中的 85%都被付诸实施。这样一个有效的建议系统的设立，可以大大改善组织内部的信息沟通效果，促进企业进一步地开放信息交流渠道。当然，员工建议系统并不是能达到这种效果的唯一的管理工具，每个企业应当根据自己的情况，采取不同的方式去改进内部沟通的效果。

三、基于全面质量的组织重构

为了便于管理组织，几乎所有的现代企业在一开始时都会选择采用职能结构的组织形式。从全面质量的观点来看，职能结构存在着先天的不足：将员工禁锢在职能的范围内，拉远了员工与顾客的距离；将组织其他部门与质量部门分割开来，使别人认为质量不是他们的责任；职能的交叉及缺位造成了错综复杂的操作规程，阻碍了高质量的获得。破除这些障碍需要我们对组织设计做一些改变。

（一）流程导向

按流程导向来进行组织设计，意味着企业将焦点放在了如何设计出一套经济有效的流程，以为顾客提供更好的服务产品。每一个流程活动都需要跨职能的部门合作，一套流程的运营效果取决于组织所有活动的密切配合。员工应该意识到自己不再只是职能上的那一小部分，而管理者也应该发现更多的问题是出在流程上而不在于人。通过对流程导向与职能导向的比较，企业可以更清楚地发现自己的问题。

（二）识别内部顾客

根据内部顾客的概念，组织中的每一个人都要依靠另一些人的工作去完成自己的工作。提出内部顾客的概念，目的并不在于改变组织的结构，而是尽量改变人们对组织结构的认识——员工不仅要让直接领导满意（纵向），还要考虑使流程中的下一个顾客满意（横向）。

（三）建立团队组织

随着企业对组织流程观念的加深，开始出现了以团队为基础的组织设计。团队通常是跨职能的，负责执行并改进组织的某一流程。这种做法消除了职能结构中的许多问题，将每一个人与工作流程而不是职能连接在一起。图 2-3 就是一家以团队为基础的组织结构图。但是，企业的领导者在进行这样的变革时，应该知道这意味着将对原有组织结构作彻底的改变，这将要冒很大的风险；同时，企业要按照它自己的独特需求来设计自己的新结构。

（四）减少组织层次

组织变革的又一做法是减少组织层次。这一变革的必要性来源于组织的多种需要：更加接近顾客，减少信息传递环节，加快信息传播，减少信息失真，决策的快速制定等。通常的做法是取消一些中层管理部门以及在流程中不增值的部门。通过消除中间环节，并且授予一线工人适当的权力，可以对员工产生激励作用并促使问题更加迅速有效地解决。组织的扁平化也有助于组织保持更好的敏捷性与灵活性，去满足顾客需求和应对市场竞争。

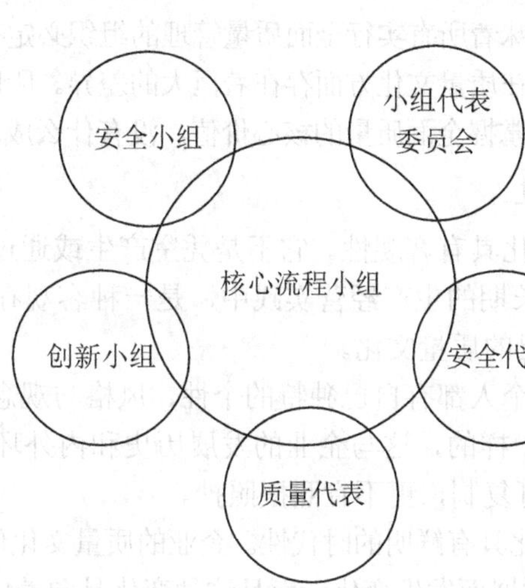

图 2-3　团队型组织示意图

四、质量文化

TQM 的实施需要正确的企业质量文化的支持。

企业文化是企业在长期生产经营管理过程中形成的价值观、经营思想、管理理念、群体意识和行为规范的综合。而随着质量工作逐渐成为企业经营管理工作中的重要部分，企业文化中必然体现出企业成员对质量的价值观，这就是企业的质量文化来源。依照企业文化的定义，我们可以对质量文化的定义作如下表达：质量文化是企业在生产经营活动中形成的质量意识、质量精神、质量行为、质量价值观和质量形象的总和。

质量文化建设的实质在于优化和提升企业文化，使企业文化体现质量导向，为确保提供质量有保障、顾客能满意的产品保驾护航。质量文化与企业文化应互相融合并互相转换，没有必要作硬性区分。

质量文化影响的对象是人品和产品。质量文化的作用在于对影响产品质量的人和事施加影响，通过提升人的品质来提高产品质量。因此，产品质量的提高不仅要引进先进的技术设备和工艺、完善质量检测手段和设施、制定严格的规章制度，还与员工的心理素质、道德水准、质量价值观念有关。越来越多的企业家与学者发现，质量管理水平高的企业，起决定作用的是强有力的企业质量文化。

全面质量的文化要素包括：有远见的领导阶层；对顾客的充分关注；组织和员工的学习；重视员工和合作伙伴；敏捷性；关注前景；锐意创新；基于事实的管理；公众责任与合格公民；重视结果并创造出价值；系统的观点。这些成功实现全面质量所必备的文化要素的存在，并不意味着所有实行全面质量管理的组织必定有相同的文化。很多实现了卓越质量管理的组织，在质量文化方面存在着巨大的差异。所以，我们应该明白，构建成功的质量文化的关键是掌握全面质量的核心价值，没有什么成功的模式可以照搬。

（一）质量文化的特性

（1）客观性。质量文化具有客观性。它不是凭空产生或通过空洞的说教就能建立起来的，而是根植于企业长期的生产经营实践中，是一种客观存在，影响着企业的成败兴衰。每个企业都有自己的质量文化。

（2）独特性。犹如每个人都有自己独特的个性、风格与观念一样，每个企业质量文化的表现和内涵都是不一样的，这与企业的发展历史和内外环境因素有密切联系。质量文化既不可模仿也不可复制，更不宜照搬照抄。

（3）时代性。质量文化具有鲜明的时代性。企业的质量文化作为一种历史现象，其内涵也必将随着生产力的发展而发生变化，而且这种变化是向着更高的水平发展。所以在质量文化的形成和发展过程中，要发挥创新精神，不断向质量文化输入新的内容。

（二）质量文化的结构层次

质量文化从结构上可以分为三个基本层次。

（1）物质层。物质层是企业文化质量中可见性最强的一部分。整洁的工作场所、摆列整齐的成品车间、令顾客满意的产品和服务等，都是显见的企业质量文化的一部分。

（2）制度层。制度层是以组织结构、文化手册、规章制度等形式表现出来的质量文化。完善的质量组织机构、严格的质量标准、有效的质量管理体系等，是企业质量文化的规范化表现。

（3）精神层。这是质量文化中内在的部分，同时又是质量文化的源泉与基础。这一层可以表现为员工的质量意识、质量观念、质量精神等，是质量文化的核心和精髓。

（三）质量文化的作用

推动企业质量文化建设，需要充分认识到质量文化的重要性。质量文化有四大作用：

（1）质量文化可以营造企业的质量经营环境，为企业质量改进提供原动力，为企业走质量经营道路保驾护航。

（2）质量文化可以提升企业全体员工的整体素质，提升员工的道德水准，规范员工的行为，帮助员工形成追求卓越的工作习惯。

（3）质量文化可以促进各种质量管理工具在企业的落地，确保其有效性。

（4）质量文化可以提升产品质量，从而提升企业的整体质量水平，增强企业的软实力和核心竞争力。

对于企业而言，建设质量文化的目的就是通过一系列健全完善的质量理念、管理制度和准则来引导、约束和规范员工的质量行为，以提高人的质量道德、质量意识和质量技能为基础，以激励人的自主性、自觉性和创造性为手段，从而提高企业和组织的产品质量、服务质量和综合绩效。

（四）质量文化的建设与创新

加强质量文化建设，培育优秀质量文化是丰富完善社会主义文化的应有之义，广大企业建设以质量为核心的优秀企业文化是参与社会主义文化建设的重要方式和途径。全面质量管理的实施，要求企业以顾客为中心、全员参与质量活动、部门间的充分沟通合作、领导与全体成员对质量活动的重视等，这都需要一个良好的质量文化来支持。良好的质量文化氛围可以增强员工的凝聚力，把企业的利益与自身利益紧密结合，为企业提高质量提供了良好的环境。进行质量文化建设，对企业的生存和发展至关重要。

但是，企业质量文化的形成和培育是一个长期的、渐进的过程，它作为一种共同价值观念，其塑造是不可能在一朝一夕完成的。因为价值观念的塑造是一个复杂的心理体验过程，要在多样化的群体当中形成一个共同的价值观念，必须经过长时间耐心的倡导和培育。因此，要把质量文化建设工作纳入到探索和总结有中国特色的质量管理理论和方法的中长期规划中，实行产学研相结合，从长计议，逐步推进。

质量文化建设模式基本框架如图 2-4 所示。质量文化建设的基本模式由四个相互作用的重要部分组成，分别是质量文化定位（确定质量文化方向与追求的目标）、组织管理与激励（建立质量文化的推进网络和推进机制）、文化促进过程（将确定的文化方向和期望目标通过具体过程转化为现实）、测量、评估与改进（建立质量文化评估机制，测量质量文化建设的工作业绩，评估质量文化总体成效，并推动改进）。

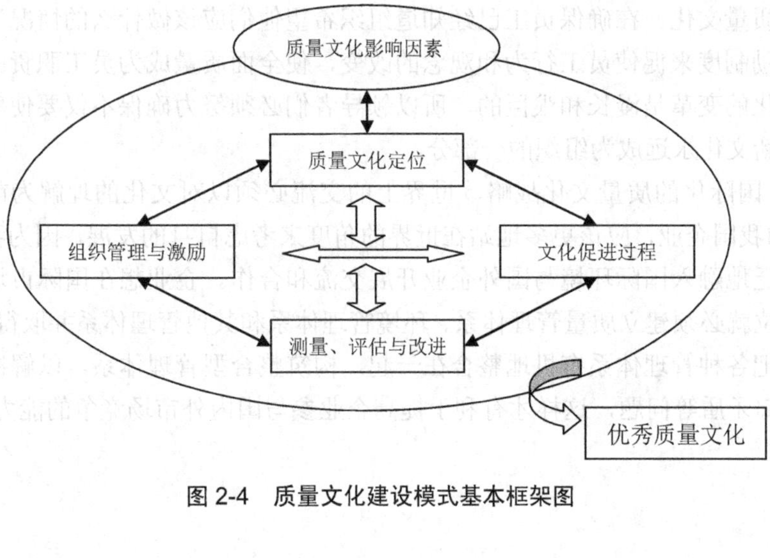

图 2-4　质量文化建设模式基本框架图

依据国内外企业的实践经验，质量文化的建设与创新可以从以下五个方面着手进行。

（1）最高决策者的坚定承诺与亲自实践。企业的最高管理者是企业全体员工的表率。质量文化的建立和改变，只有在最高管理者的主动参与和支持下，才可能获得成功。所以，企业的领导要树立正确的质量价值观，带领企业成员创造良好的质量文化，并成为新文化的保护者。

（2）开展质量文化教育。质量文化的真正接受者和贯彻者是企业的全体员工。没有他们的主动参与，保证和提高质量都是纸上谈兵。因此，应该对企业员工进行深入、广泛的质量文化教育，在全企业范围内大力弘扬质量文化。质量文化教育的内容包括：质量法规教育、质量意识教育、质量的重要性教育、质量管理知识和与质量有关的专业技术知识教育、劳动纪律和质量责任教育等。通过质量教育培训，企业最高领导者乃至每位员工认识到质量是企业的生命，形成人人关心质量的良好氛围。

（3）建立、健全企业质量管理体系和制度。企业要想形成自己独特的卓越质量文化，首先要夯实自己的质量管理基础，使自己的质量管理体系规范化、标准化。在组织内部健全质量规章制度，可以规范员工的质量行为，统一企业成员的质量意识和标准，形成完善的企业质量文化的制度层。只有真正做到这一步，企业的质量文化建设才有稳固的基础，才有进一步发展的动力。

企业良好质量文化的培育，也需要外部社会环境的配套与支持。透明完善的法律制度和市场运行规则，可以提高全民质量意识，并且形成对企业的质量约束，以此来促进企业的质量文化建设。

（4）设计、推广新的质量文化。组织要参考别的组织的卓越实践，结合自身情况，设计新的质量文化。在确保员工已经知道组织希望他们应该做什么的情况下，设计出合适的激励制度来促使员工行为和观念的改变，使全面质量成为员工职责的必要组成部分。文化的变革是漫长和艰巨的，所以领导者们必须努力确保不仅要使变革开始，而且要让新文化永远成为组织的一部分。

（5）国际化的质量文化战略。世界上的交流必须以对文化的理解为前提。加入WTO后的我国企业，应该更多地站在世界的角度来考虑自身的发展，因为我国的企业应更加广泛地融入国际环境与国外企业开展交流和合作。企业想在国际市场竞争中取得有利地位就必须建立质量管理体系、环境管理体系和其他管理体系并取得认证证书，同时务必把各种管理体系有机地整合在一起，构筑整合型管理体系，以解决管理体系存在的接口矛盾等问题，这样才有利于提高企业参与国内外市场竞争的能力。

第三节　ISO9000 质量管理体系标准简介

一、ISO9000 族标准简史

在国际标准化组织（ISO）颁布的 13 000 多个标准中，从来没有任何一个标准像 ISO9000 那样产生如此强烈、广泛和持久的影响。ISO9000 是为了帮助各种类型和规模组织实施并运行有效的质量管理体系，通过持续改进的手段满足顾客的质量要求，提高顾客满意度，从而实现更高的绩效。

（一）ISO9000 族标准的产生

第二次世界大战期间军事工业发展飞速，各国政府均认识到武器质量的重要性，迫切需要对军品的生产进行有效的全过程质量控制。1959 年，美国国防部制定了 MIL-Q-9858A《质量大纲要求》，可以说是世界上最早的有关质量管理保证方面的标准文件。美国在军品生产方面质量保证活动的成功经验，在世界范围产生了很大影响，各工业发达国家积极加以效仿，并逐步推广到普通的民用工业。由于各国都制定了不同的质量保证要求，造成了重复检查、认证形成了事实上非关税贸易壁垒，客观上妨碍了国际贸易的发展，迫切需要将质量管理和质量保证标准统一。

ISO 是世界上最大的非政府性标准化专门机构，成员有 146 个国家和地区，在国际标准化中占主导地位。该组织的标准化制定工作是通过 226 个技术委员会（TC）及其下设的分技术委员会（SC）和众多的工作组（WG）进行的。1979 年，国际标准化组织成立了 ISO/TC176，其任务是负责制定质量管理和质量保证的国际标准，目标是“要让全世界都接受和使用 ISO9000 族标准，为提高组织的运作能力提供有效的方法；增进国际贸易，促进全球的繁荣和发展；使任何机构和个人，可以有信心从世界各地得到任何期望的产品，以及将自己的产品顺利地销到世界各地”。ISO9000 族标准就这样应运而生了。

（二）ISO9000 族标准的演进

1．不可低估的 1987 版 ISO9000 系列标准

1987 年，ISO 正式颁布了 ISO9000 系列标准。该标准推出后，立即得到世界各国的普遍欢迎和积极采用。应当说，1987 版系列标准起到了开创性的历史作用。该系列标准由 6 个标准组成，分别为 ISO8402《质量——术语》、ISO9000《质量管理和质量保证标准——选择和使用指南》、ISO9001《质量体系——设计、开发、生产、安装和

服务的质量保证模式》、ISO9002《质量体系——生产和安装的质量保证模式》、ISO9003《质量体系——最终检验和试验的质量保证模式》、ISO9004《质量管理和质量体系要素——指南》。

2．过渡性产物的1994版ISO9000族标准

作为开创性工作的成果，1987版ISO9000系列标准不可避免地存在一些不完善之处，主要包括：（1）1987版ISO9000系列标准主要针对制造业编写，难以推广至生产软件、流程性材料和提供服务的组织；（2）主要是针对较大规模组织设计的，小型企业应用则过于繁琐；（3）标准之间协调性还有一定的问题；（4）全面质量管理的成功经验、现代管理中先进理念在标准中体现不够。1994年，ISO又发布了第二版标准。这次修订为“有限修改”，即保留了1987版系列标准的基本结构，只对标准内容作技术性局部修改。因为采取了增加标准数量这种折中的办法，使1987版的6项标准发展到1994版的27项，提出了族标准的概念。有限修改决定了该版标准只是过渡性产物，1987版系列标准中存在的问题未能从根本上解决。

3．战略性换版的2000版ISO9000族标准

2000年ISO正式发布的2000版ISO9000族标准，是在充分总结了前两个版本的优点和不足的基础上，对标准结构、技术内容两个方面的“彻底性”修改。ISO9000族标准已经在大约152个国家和地区634 000个组织得到了实施，被证实广泛适用于各种行业、各种类型、不同规模和提供不同产品的组织，发挥出了积极作用：有利于提高产品质量，保护顾客利益；有助于消除贸易壁垒，拓展市场空间；有利于组织的持续改进，持续满足顾客的需求和期望；有效提高组织运行的效率，取得更好的经营业绩。

接下来，ISO又对ISO9000族标准进行了多次修改：2002年ISO19011—2002标准；2005年ISO9000—2005标准；2008年ISO9001—2008标准；2009年ISO9004—2009标准等。通过对ISO9000族标准的不断修改与补充，使其变得更加完善，并且加强了ISO9000族标准的适用范围和实用性。

综上所述，不难理解ISO9000族标准的产生和发展绝非偶然，它既是当代科学、技术、社会与经济发展的必然产物，又是质量管理的理论和实践相结合的成果。具体地说，科学技术的进步与经济发展水平的提高为ISO9000族标准的产生创造了客观条件；世界各国推行质量管理和质量保证活动的成功经验为ISO9000族标准的产生奠定了实践基础；质量管理科学的发展为ISO9000族标准的产生提供了必要的理论基础；国际贸易的激烈竞争是产生ISO9000族标准的现实要求，ISO9000族标准的产生和发展不仅顺应了发展国际经济贸易与交流合作的需要，而且，还对规范市场行为，促进企业加强质量管理，提高产品质量，增强市场竞争力产生了积极效果，特别是在我国市场经济体制建立过程中和经济增长方式的转变中会发挥出越来越大的作用。

二、2008版ISO9000族标准的构成及核心标准的介绍

（一）2008版ISO9000族标准的构成

根据2008年12月发布的ISO/TC176N817R8文件，目前ISO9000族质量管理体系标准的构成如表2-7所示。

表2-7　ISO9000族标准文件结构

核心标准	ISO9000	质量管理体系——基础和术语
	ISO9001	质量管理体系——要求
	ISO9004	质量管理体系——业绩改进指南
	ISO19011	质量和环境管理体系审核指南
其他标准	ISO10012	测量控制系统
技术报告	ISO/TR10006	质量管理——项目管理指南
	ISO/TR10007	质量管理——技术状态管理指南
	ISO/TR10013	质量管理体系文件指南
	ISO/TR10014	质量经济性管理指南
	ISO/TR10015	质量管理——培训指南
	ISO/TR10017	统计技术指南
小册子		质量管理原则
		选择和使用指南
		小型组织实施指南

（二）核心标准介绍

1．ISO9000—2005质量管理体系——基础和术语

ISO9000—2005标准主要包括了三部分内容。第一部分确认了质量管理的八项原则。第二部分提供了建立和实施质量管理体系应遵循的12方面的质量管理体系基础，并建立了以过程为基础的质量管理体系模式。第三部分是术语和定义，规定了85个词条，为全世界具有不同文化背景不同语言的所有需要使用ISO9000族标准的组织和人员，提供了对质量管理的基本原理和基本概念的共同理解。

2．ISO9001—2008质量管理体系——要求

ISO9001—2008标准更加明确地表述了2000版ISO9001标准的内容，并加强了与ISO14001—2004标准的相容性。该标准为各种类型、不同规模和提供不同产品的组织规定了质量管理体系的通用要求，以证实其具有稳定地提供满足顾客要求和适用法律法规要求的产品的能力，并通过体系的有效应用，包括体系持续改进过程以及保证符

合顾客要求和适用的法律法规要求，提高顾客满意度。该标准是用于质量管理体系第三方认证的要求标准。

3．ISO9004—2009 质量管理体系——业绩改进指南

该标准与 ISO9001—2008 有着同样的理论基础，采用相同的术语和以过程为基础的模式结构，是一对相互协调的标准。但它提供了超出 ISO9001—2008 要求的指南和建议，以便考虑提高质量管理体系的有效性和效率，进而考虑开发改进组织业绩的需要。该标准将顾客满意和产品质量的目标扩展为包括相关方满意和组织的业绩。

4．ISO19011—2002 质量和环境管理体系审核指南

该标准为审核原则、审核方案的管理、质量管理体系审核和环境管理体系审核的实施提供了指南，也对质量和环境管理体系审核员提供了指南，适用于需要实施质量和环境管理体系内部和外部审核或需要管理审核方案的所有组织。

三、2008 版 ISO9000 族标准的主要理念

（一）八项质量管理原则

1．以顾客为关注焦点

组织依存于顾客，因此组织应当理解顾客当前和未来的需求，满足顾客要求并争取超越顾客期望。任何一个组织都应该把争取顾客，使顾客满意作为首要工作来考虑，依此安排所有的活动。超越顾客的期望，将为组织带来更大的效益。

2．领导作用

领导者确立组织统一的宗旨及方向，他们应当创造并保持使员工能充分参与实现组织目标的内部环境。组织的最高管理者（层）的高度重视和强有力的领导是组织质量管理取得成功的关键。组织的最高管理者（层）要想指挥、控制好一个组织，必须做好确定方向、策划未来、激励员工、协调活动和营造一个良好的内部环境等工作。

3．全员参与

各级人员都是组织之本，只有他们的充分参与，才能使他们的才干为组织带来收益。全员参与能使组织达到较高的管理水平境界，所以要对员工进行质量意识、职业道德、以顾客为关注焦点的意识和敬业精神的教育，还要激发他们的积极性和责任感。此外，员工还应具备足够的知识、技能和经验，才能胜任工作，实现充分参与。

4．过程方法

过程是指一组将输入转化为输出的相互关联或相互作用的活动。系统地识别和管理组织所应用的过程，特别是这些过程之间的相互作用，称为“过程方法”。将活动和相关的资源作为过程进行管理，可以更高效地得到期望的结果。

5. 管理的系统方法

系统的特点之一就是通过各分系统协同作用，互相促进，使总体的作用往往大于各分系统作用之和。所谓系统方法，包括系统分析、系统工程和系统管理三大环节。在质量管理中采用系统方法，就是要把质量管理体系作为一个大系统，对组成质量管理体系的各个过程加以识别、理解和管理，有助于组织提高实现目标的有效性和效率，以达到实现质量方针和质量目标。

6. 持续改进

持续改进总体业绩应当是组织的一个永恒目标。为了改进组织的整体业绩，组织应不断改进其产品质量，提高质量管理体系及过程的有效性和效率，以满足顾客和其他相关方日益增长和不断变化的需要与期望。持续改进的关键是改进的循环和改进的持续，一个改进过程（PDCA 循环）的结束往往是一个新的改进过程的开始。

7. 基于事实的决策方法

有效决策是建立在数据和信息分析的基础上的。正确的决策需要领导用科学的态度，以事实或正确的信息为基础，通过合乎逻辑的分析，做出正确的决断。盲目的决策或只凭个人的主观意愿的决策是绝对不可取的。

8. 与供方互利的关系

供方是组织利益的相关方，也是组织所拥有资源的一部分。组织与供方是相互依存的关系，因此对供方既要控制又要互利，特别对关键供方更要建立互利关系。互利关系可增强双方创造价值的能力，从而实现双赢的局面。

（二）十二条质量管理体系基础

1. 质量管理体系的理论说明

质量管理体系能够帮助组织提高顾客满意度。顾客的需求和期望是不断变化的，质量管理体系鼓励组织分析顾客要求，规定相关过程，并使其持续受控，以实现顾客能接受的产品。质量管理体系能提供持续改进的框架，以增加顾客和其他相关方满意的机会，质量管理体系还就组织能够提供持续满足要求的产品，向组织及其顾客提供信任。

2. 质量管理体系要求与产品要求

质量管理体系要求适用于所有行业或经济领域，不论其提供何种类别的产品，标准本身并不规定产品要求。产品要求可由顾客规定，或由组织通过预测顾客的要求规定，或由法规规定。在某些情况下，产品和有关过程的要求可包含在诸如技术规范、产品标准、过程标准、合同协议和法规要求中。

3. 质量管理体系方法

质量管理体系方法是管理的系统方法这一原则的具体体现。建立和实施质量管理体系的方法包括以下步骤：确定顾客和其他相关方的需求和期望；建立组织的质量方针和质量目标；确定实现质量目标必需的过程和职责；确定和提供实现质量目标必需的资源；规定测量每个过程的有效性和效率的方法；应用这些测量方法确定每个过程的有效性和效率；确定防止不合格并消除产生原因的措施；建立和应用持续改进质量管理体系的过程。上述方法也适用于保持和改进现有的质量管理体系。

4．过程的方法

ISO9000 族标准鼓励采用过程方法管理组织。如图 2-5 所示是标准所表述的以过程为基础的质量管理体系模式。建立质量管理体系首先应识别体系的四个主要过程，包括管理职责，资源管理，产品实现，测量、分析和改进。然后对各个过程的输入、输出和活动实行控制。图 2-5 表明，在向组织提供输入方面，相关方（顾客和其他相关方）起到了重要作用。监视相关方满意程度需要评价有关相关方感受的信息，这种信息可以表明其需求和期望已得到满足的程度。运用过程的方法，可以为持续改进这一目标所服务。

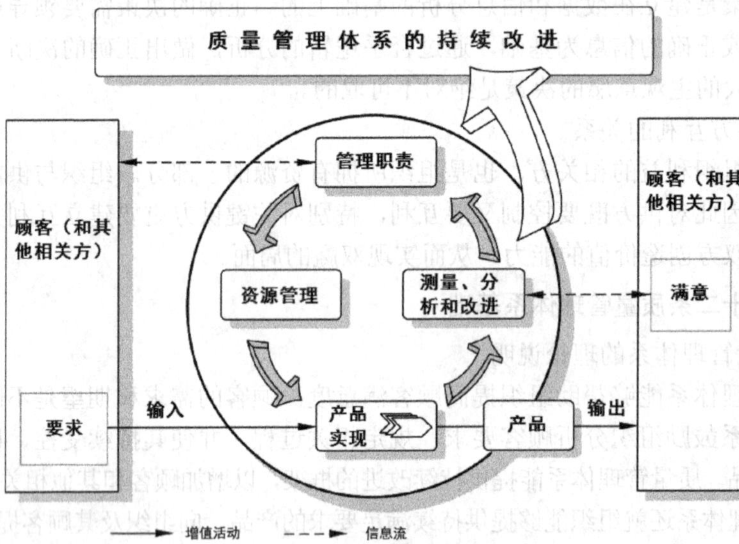

图 2-5　以过程为基础的质量管理体系模式

5．质量方针和质量目标

建立质量方针和质量目标为组织提供了关注的焦点，两者确定了预期的结果，并帮助组织利用其资源达到这些结果。质量方针为建立和评审质量目标提供了框架。质量目标需要与质量方针和持续改进的承诺相一致，其实现是可测量的。质量目标的实现对产品质量、运行有效性和财务业绩都有积极影响，因此对相关方的满意和信任也产生积极影响。

6. 最高管理者在质量管理体系中的作用

最高管理者通过其领导作用及各种措施可以创造一个员工充分参与的环境，在这种环境中管理者可以真正体现全员参与的原则，充分发挥他们的主动性，使质量管理体系能够有效运行。最高管理者可以运用质量管理原则作为发挥以下作用的基础：制定并保持组织的质量方针和质量目标；通过增强员工的意识、积极性和参与程度，在整个组织内促进质量方针和质量目标的实现；确保整个组织关注顾客要求；确保实施适宜的过程以满足顾客和其他相关方要求并实现质量目标；确保建立、实施和保持一个有效的质量管理体系以实现这些质量目标；确保获得必要资源；定期评审质量管理体系；决定有关质量方针和质量目标的措施；决定改进质量管理体系的措施。

7. 文件

文件能够沟通意图、统一行动，其使用有助于：满足顾客要求和质量改进；提供适宜的培训；重复性和可追溯性；提供客观证据；评价质量管理体系的有效性和持续适宜性。文件的形成本身并不是目的，通过形成文件的质量管理体系使体系中的过程得到有效的控制，从而成为一项增值的活动。

每个组织确定其所需文件的多少和详略程度及使用的媒体。这取决于组织的类型和规模、过程的复杂性和相互作用、产品的复杂性、顾客要求、适用的法规要求、经证实的人员能力以及满足质量管理体系要求所需证实的程度。

8. 质量管理体系评价

为保证质量管理体系的有效性、充分性和适宜性，应对其进行全面、客观的评价，这就包括质量管理体系过程的评价、质量管理体系审核、质量管理体系评审以及自我评定四个步骤。这其中，审核是用于确定符合质量管理体系要求的程度。审核可以发现用于评定质量管理体系的有效性和识别改进的机会。评审则包括考虑修改质量方针和质量目标的需求以响应相关方需求和期望的变化。组织的自我评定是一种参照质量管理体系或优秀模式，对组织的活动和结果所进行的全面系统的评审，自我评定可提供一种对组织业绩和质量管理体系成熟程度的总的看法。

9. 持续改进

持续改进质量管理体系的目的在于增加顾客和其他相关方满意的机会，改进包括下述活动：分析和评价现状，以识别改进区域；确定改进目标；寻找可能的解决办法，以实现这些目标；评价这些解决办法并做出选择；实施选定的解决办法；测量、验证、分析和评价实施的结果，以确定这些目标已经实现；正式采纳更改。必要时，对结果进行评审，以确定进一步改进的机会。从这种意义上说，改进是一种持续的活动。

10. 统计技术的作用

应用统计技术可以帮助组织了解变异，通过对变异进行测量、描述、分析、解释和建立模型，进而指导组织解决问题并提高有效性和效率。这些技术也有助于更好地利用可获得的数据进行决策，从而有助于解决，甚至防止由变异引起的问题，并促进持续改进。

11. 质量管理体系与其他管理体系的关注点

质量管理体系是组织的管理体系的一部分，它致力于使与质量目标有关的结果适当地满足相关方的需求、期望和要求。组织的质量目标与其他目标，如增长、资金、利润、环境及职业卫生与安全等目标相辅相成。一个组织的管理体系的各个部分，连同质量管理体系可以合成一个整体，从而形成使用共有要素的单一的管理体系。这将有利于策划、资源配置、确定互补的目标并评价组织的整体有效性。

12. 质量管理体系与优秀模式之间的关系

ISO9000族标准和组织优秀模式提出的质量管理体系方法均依据共同的原则：使组织能够识别它的强项和弱项；包含对照通用模式进行评价的规定；为持续改进提供基础；包含外部承认的规定。主要差别在于它们应用范围不同。ISO9000族标准提出了质量管理体系要求和业绩改进指南，质量管理体系评价可确定这些要求是否得到满足。优秀模式包含能够对组织业绩进行比较评价的准则，并能适用于组织的全部活动和所有相关方。优秀模式评定准则提供了一个组织与其他组织的业绩相比较的基础。

四、质量管理体系的要求和总体设计

（一）质量管理体系要求的要点

1. 质量管理体系的总要求和过程方法

（1）质量管理体系的总要求

质量管理体系应符合ISO9001标准所提出的各项要求，应形成文件，并加以实施和保持，持续改进其有效性。

（2）质量管理体系过程方法

组织应积极采用过程方法，按下列过程建立、实施质量管理体系并改进其有效性，通过满足顾客要求，提高顾客满意度。

① 确定质量管理体系所需的过程及其在组织中的应用；

② 确定这些过程的顺序和相互作用；

③ 确定为确保这些过程的有效运作和控制所需要的准则和方法；

④ 确保可以获得必要的资源和信息，以支持这些过程的运行和监视；

⑤ 监视、测量和分析这些过程；

⑥ 实施必要的措施，以实现对这些过程所策划的结果和对这些过程的持续改进。

上述质量管理体系所需的过程应该包括与管理活动、资源提供、产品实现和测量有关的过程，并且组织应按 ISO9001 标准的要求管理这些过程。针对组织所外包的任何影响产品符合性的过程，组织应确保对其实施控制，用于外包的过程的控制应在质量管理体系中加以识别。

2．质量管理体系文件要求

组织应以灵活的方式将其质量管理体系形成文件。质量管理体系文件应与组织的全部活动或部分活动有关。一个单一文件可以包括一个或多个程序的要求，一个文件化程序的要求也可被多于一个文件覆盖。

（1）类型

不同组织的质量管理体系文件的多少与详略程度，取决于三个方面：组织的规模和活动的类型；过程及相互作用的复杂程度；人员的能力。

（2）内容

质量管理体系文件至少应包括下述五个层次的文件：形成文件的质量方针和质量目标；质量手册；标准所要求的形成文件的程序和记录；组织为确保其过程的有效策划、运行和控制所需的文件和记录；标准所要求的质量记录。

（3）文件控制

组织应对质量管理体系文件进行控制，并编写形成文件的程序——“文件控制程序”，标准对文件控制做出如下要求：文件发布前得到批准，以确保文件是充分的和适宜的；必要时对文件进行评审与更新，并再次批准；确保文件的更改和现行修订状态得到识别；确保在使用处可得到适用文件的有效版本；确保文件保持清晰，易于识别；确保策划和运作质量管理体系所必需的外来文件得到识别，并控制其分发；防止作废文件的非预期使用，若因任何原因而保留作废文件时，对这些文件进行适当的标识。

3．组织最高管理者的管理职责

组织最高管理者在质量管理体系中应履行下列职责。

（1）管理承诺

最高管理者应做出如下承诺：建立质量管理体系；实施质量管理体系；持续改进质量管理体系的有效性。

最高管理者应通过下列活动对其所做出的上述承诺提供保证：向组织传达满足顾客和法律法规要求的重要性；制定质量方针；确保质量目标的制订；进行管理审核；确保资源的获得。

（2）以顾客为关注焦点

最高管理者应以提高顾客满意度为目的，确保顾客的要求得到满足。

（3）质量方针

质量方针是指组织的最高管理者正式发布的该组织总的质量宗旨和方向。质量方针可以不是由最高管理者亲自制订，但必须是由最高管理者正式发布。最高管理者应确保质量方针：与组织的宗旨相适应；包括对满足要求和持续改进质量管理体系有效性的承诺；提供制定和评审质量目标的框架；在组织内得到沟通和理解；在持续适宜性方面得到评审。

（4）质量目标

最高管理者应确保在组织的相关职能和层次上建立质量目标，质量目标包括满足产品要求所需的内容。质量目标应是可测量的，并与质量方针保持一致。

（5）质量管理体系策划

最高管理者应确保：对质量管理体系进行策划，以满足质量目标以及质量管理体系的总要求；在对质量管理体系的更改进行策划和实施时，保持质量管理体系的完整性。

（6）职责和权限

最高管理者应确保组织内的职责、权限及其相互关系得到规定和沟通。

（7）管理者代表

最高管理者应指定一名管理者作为管理者代表，该管理者应是组织内的下属员工或合同制的全日制员工（不可兼职），无论该成员在其他方面的职责如何，最高管理者都应赋予管理者代表以下方面的职责和权限：确保质量管理体系所需的过程得到建立、实施和保持；向最高管理者报告质量管理体系的业绩和任何改进的需求；确保在整个组织内提高满足顾客要求的意识。管理者代表的职责还可包括与质量管理体系有关事宜的外部联络。

（8）内部沟通

最高管理者应确保在组织内建立适当的沟通过程，并确保对质量管理体系的有效性进行沟通。

（9）管理评审

最高管理者应按策划的时间间隔进行管理评审，确保质量管理体系持续的适宜性、充分性和有效性。评审应包括评价质量管理体系改进的机会和变更的需要，也包括评价质量方针和质量目标。管理评审是一个过程，评审的输入应包括以下信息：审核结果；顾客反馈；过程的业绩和产品的符合性；预防和纠正措施的状况；以往管理评审的跟踪措施；经策划的可能影响质量管理体系的变更。评审的输出应包括与以下方面有关的任何决定和措施：质量管理体系及其过程有效性的改进；与顾客要求有关的产品的改进；资源需求。

4．资源管理

（1）资源的提供

组织应确定并提供以下方面所需的资源：实施、保持质量管理体系并持续改进其有效性；通过满足顾客要求，提高顾客满意度。

（2）人力资源

质量管理体系要求所有从事影响产品质量符合性的工作人员应有能力胜任所在岗位的工作，这种能力是基于适当的教育、培训、技能和经验。为了评价培训所要求的有效性，确保达到必要的能力，组织应做到以下几点：确定从事影响产品质量工作的人员具备胜任所在岗位工作的必要能力；适当时提供培训或采取其他措施，达成必需的能力；确保达成必需的能力；确保员工意识到所从事活动的相关性和重要性，以及如何为实现质量目标做出贡献；保持教育、培训、技能和经验的适当记录。

（3）基础设施

组织应确定、提供基础设施并对其加以维护。基础设施是指组织运行所必需的设施、设备和服务的体系。这里所说的基础设施是特指为达到产品符合性所需要的基础设施，包括建筑物、工作场所和相关的设施；过程设备（硬件和软件）；支持性服务（如运输、通信或信息系统）。

（4）工作环境

工作环境是指工作时所处的一组条件。这里所说的工作环境强调的是为达到产品符合性所需的工作环境。营造适宜的工作环境，不但对产品符合性，还会对人员的能动性、满意程度和业绩产生积极的影响。组织应确定这样的环境，包括人的因素和物的因素，并对这样的环境进行科学的管理。

5．产品实现

产品实现是指产品策划、形成直至交付的全部过程，是直接影响产品质量的过程。产品实现所需的过程包括：与顾客有关的过程、设计和开发、采购、生产和服务提供以及监视和测量装置的控制等五大过程，这些过程又包括相应的一系列子过程。

（1）产品实现的策划

组织策划和开发产品实现所需的过程。产品实现的策划应与质量管理体系其他过程的要求相一致。在对产品实现进行策划时，组织应考虑和确定以下内容：产品的质量目标和要求；确定产品对过程、文件和资源的需求；产品所要求的验证、确认、监视、检验和试验活动，以及产品接受准则；为提供实现过程及其产品满足要求的证据所需的记录。

（2）与顾客有关的过程

与顾客有关的过程包括确定与产品有关的要求、评审与产品有关的要求以及与顾客沟通三个子过程。

① 确定与产品有关的要求。具体地说，组织至少应确定下列与产品有关的要求：顾客规定的要求，包括对交付及交付后活动的要求；顾客虽然没有明示，但规定的用

途或已知的预期用途所必需的要求；与产品有关的法律法规要求；组织确定的任何附加要求。

② 评审与产品有关的要求。组织在向顾客做出提供产品的承诺之前，应对上述与产品有关的要求进行评审，评审的目的是确保以下几点：产品要求得到规定；与以前表述不一致的合同或订单的要求予以解决；组织有能力满足规定的要求。若顾客要求发生变更，组织应确保相关文件得到更改；相关人员知道已变更的需求。

③ 与顾客沟通。顾客沟通与内部沟通都是存在于组织之中的信息传递的重要过程。组织应对以下有关方面确定并实施与顾客沟通的有效安排：产品信息；询问、合同或订单的处理，包括对其修改；顾客反馈，包括顾客抱怨。

（3）设计和开发

设计和开发是指将要求转换为产品、过程或体系的规定的特性或规范的一组过程。

① 设计和开发策划。组织在对产品设计和开发进行策划时应确定以下内容：设计和开发阶段；适合于每个设计和开发阶段的评审、验证和确认活动；设计和开发的职责和权限。组织应对参与设计和开发的不同小组之间的接口进行管理，确保有效沟通，明确职责分工。组织对设计和开发进行控制。随着设计和开发的进展，设计和开发策划的输出在适当时应予以更新。

② 设计和开发输入。设计和开发输入与产品要求有关，组织应确定与产品要求有关的输入。这些输入至少应包括：功能和性能要求；适用的法律法规要求；以前类似设计提供的适用信息；设计和开发所必需的其他要求。组织应对这些输入进行评审，以确保这些输入对产品有关的要求而言是充分与适宜的。

③ 设计和开发输出。设计和开发输出应在放行前得到批准，并满足以下要求：满足设计和开发输入的要求；为采购、生产和服务提供适当的信息；包含或引用产品接收准则；规定对产品的安全和正常使用所必需的产品特性。

④ 设计和开发评审。组织应依据对设计和开发所策划的安排，在适宜的阶段对设计和开发进行评审，这种评审应是系统的，以便达到以下目的：评价设计和开发的结果满足要求的能力；识别任何问题并提出必要的措施。

⑤ 设计和开发验证。组织应依据对设计和开发策划的安排，对设计和开发进行验证，以确保设计和开发输出满足输入的要求。

⑥ 设计和开发确认。组织应依据对设计和开发所策划的安排，对设计和开发进行确认，以确保产品能够满足规定的或已知预期使用或应用的要求。只要可行，组织应在产品交付或服务实施之前完成对设计和开发的确认。

⑦ 设计和开发的更改。组织应首先对这种更改加以识别，并保持记录。在识别更改基础上，适当时，组织应对设计和开发更改的内容进行评审、验证和确认，并在更

改实施前得到批准。设计和开发更改的评审内容应包括评价这种更改对产品组成部分和已交付产品所带来的影响。

（4）采购

① 采购过程。组织应对影响随后的产品实现或影响最终产品的那些采购产品和提供采购产品的供方进行控制，确保所采购的产品符合规定的要求，控制的类型、方法和程度则取决于影响的程度。组织应制定选择、评价和重新评价供方的准则，根据供方按组织的要求提供产品的能力评价和选择供方。

② 采购信息。为了确保采购的产品符合规定的采购要求、组织提供的采购信息应准确表述拟采购的产品，规定采购的要求。组织在与供方沟通前，应确保所规定的要求是充分和适宜的。采购信息包括产品、程序、过程和设备的批准要求，人员资格的要求和质量管理体系的要求。

③ 采购产品的验证。为确保采购的产品符合规定的采购要求，组织应确定并实施所需的检验和其他必要的活动。当组织或顾客拟在供方的现场实施验证时，组织应在采购信息中对拟验证的安排和产品以放行的方法做出规定。

（5）生产和服务提供

① 生产和服务提供的控制。组织应策划并在受控条件下进行生产和服务提供。这些受控条件包括获得表述产品特性的信息，获得作业指导书，使用适宜的设备，获得和使用监视和测量装置，实施监视和测量，放行、交付和交付后活动的实施。

② 生产和服务提供过程的确认。标准所要求确认的生产和服务提供过程是指过程的输出不能由后续的监视和测量加以验证，或仅在产品使用或服务已交付之后问题才显现的过程。组织应对这样的过程进行确认，确认的目的是要证实这些过程实现策划结果的能力。经确认，如果存在这样一些过程，组织应对这些过程做出安排，这些安排包括为过程的评审和批准规定准则、设备的认可和人员资格的鉴定，使用特定的方法和程序记录要求，再确认。

③ 标志和可追溯性。当需要区别不同的产品或没有标志就难以识别不同的产品时，组织应采用适宜的方法标识产品。组织应贯穿产品实现过程针对监视和测量要求识别产品的状态。当产品有可追溯性要求时，产品要有唯一性标志，组织应控制和记录产品的唯一标志。

④ 顾客财产。组织应爱护在组织控制下或组织使用的顾客财产。这里所说的顾客财产是指顾客所拥有的由组织控制或使用的财产，可包括知识产权和个人资料。组织应采用适宜的方法识别供其使用或构成产品一部分的顾客财产，并应加以验证，进行保护和维护。若顾客财产发生丢失、损坏或发现不适用的情况，组织应记录这些情况并报告顾客。

⑤ 产品防护。当产品在组织内部处理和交付到预定的地点期间，组织应针对产品的符合性提供防护，这种防护应包括标志、搬运、包装、储存和保护等内容，涉及产品的搬运、包装、储存、防护和交付的过程。

⑥ 监视和测量装置的控制。组织应确定在产品实现过程中所需实施的监视和测量以及监视和测量所需的装置，目的是为产品满足所确定的与产品有关的要求提供证据。在需要确保测量结果有效的必要场合，对测量设备应按下列要求进行控制：对照国际或国家的测量标准，按照规定的时间间隔或在使用前进行校准或检定，当不存在上述标准时，应记录校准或检定的依据；进行调整或必要时再调整；得到识别，以确定其校准状态；防止可能使测量结果失效的调整；在搬运、维护和储存期间防止损坏或失效。当发现测量设备不符合要求时，都应对以往测量结果的有效性进行评价。另外，当计算机软件用于规定要求的监视和测量时，应在初次使用前确认其满足预期用途的能力，必要时再确认。

6．测量、分析和改进

（1）总则

组织应对监视、测量、分析和改进过程进行策划，并实施这些过程，以满足下列方面的需要：证实产品的符合性；确保质量管理体系的符合性；持续改进质量管理体系的有效性。在策划和实施时，还应确定包括统计技术在内的使用方法及其应用程度。

（2）监视和测量

① 顾客满意。作为对质量管理体系业绩的一种表现，组织应监视顾客有关组织是否满足其要求的感受的有关信息，并确定获取和利用这种信息的方法。

② 内部审核。组织应按策划的时间间隔实施内部审核，以确定质量管理体系是否满足下列要求：符合策划的安排、标准的要求以及组织所确定的质量管理体系要求；质量管理体系得到有效实施和保持。组织应考虑拟审核的过程和区域的状况和重要性以及以往审核的结果，对审核方案进行策划，规定审核的准则、范围、频次和方法。并且建立内部审核程序，规定以下方面的职责和要求：审核的策划、审核的实施、审核结果的报告以及审核记录的保持。审核员的选择和审核的实施应确保审核过程的客观性和公正性，审核员不应审核自己的工作。负责受审区域的管理者应确保及时采取措施，以消除所发现的不合格及其原因。

③ 过程的监视和测量。组织应采用适当的方法监视质量管理体系过程，并在适宜时进行测量。在确定适当方法时，组织应根据其过程对产品要求符合性和质量管理体系有效性的影响，考虑对其每一个过程进行监视和测量的适当类型和程度。这些方法应证实过程实现所策划的结果的能力，若证实过程未能达到所策划的结果，则应采取纠正和预防措施。

④ 产品的监视和测量。对产品的监视和测量应考虑和确定以下几点：对象，产品的特性；目的，验证产品要求已得到满足；依据，产品实现所策划的安排；时机，产品实现过程的适当阶段。应保持符合接收准则的证据，记录应指明有权放行产品的人员。一般情况下，除非得到有关授权人员的批准，或得到顾客的批准，否则在策划安排所规定的对产品的监视和测量的工作都已圆满完成之前，不得向顾客放行产品和交付服务。

（3）不合格品控制

组织应确保识别在产品实现过程的各阶段可能产生的不合格品并加以控制，以防止该不合格品仍按预期的要求交付和使用。组织应对发现的不合格品进行评审，在评审的基础上通过下列一种或几种途径进行处置：采取措施，消除已发现的不合格品；经有关授权人员批准，适用时经顾客批准，让步使用、放行或接收不合格品；采取措施，防止其原预期的使用或应用。应将不合格品控制程序形成文件。在不合格品得到纠正之后再次进行验证，以证实其符合要求。需要特别注意的是，为了减少顾客不满意的程序，组织对在交付或开始使用后所发现的不合格品的处置手段或措施一定要与不合格品的影响或潜在影响的程序相适应。未满足顾客要求的不合格品，只有得到客户同意放行的条件才能放行，组织内部在未得到客户同意时不能放行，如放行是不符合标准要求的，要开立主要不符合项。

（4）数据分析

组织应确定、收集来自各方面的数据并对其进行分析。数据分析的目的是：证实质量管理体系的适宜性和有效性；评价在何时可以持续改进质量管理体系的有效性。数据分析提供的信息至少应包括以下方面：顾客满意度；与产品要求的符合性；过程和产品的特性及趋势，包括采取预防措施的机会；供方。

（5）改进

① 持续改进。组织应利用质量方针、质量目标、审核结果、数据分析、纠正和预防措施以及管理评审，持续改进质量管理体系的有效性。

② 纠正措施。组织应采取措施，以消除不合格的原因，防止不合格情况的再次发生。纠正措施程序应形成文件，该程序应规定以下要求：评审不合格；确定产品不合格的原因；评价确保不合格情况不再发生的措施的需求；确定和实施所需的措施；记录所采取措施的结果；评审所采取的纠正措施。

③ 预防措施。组织应采取措施，以消除潜在不合格的原因，防止不合格情况的发生。预防措施程序应形成文件，该程序应规定以下要求：确定潜在不合格及其原因；评价防止不合格情况发生的措施的需求；确定和实施所需的措施；记录所采取的措施的结果；评审所采取的预防措施。

（二）质量管理体系的总体设计

质量管理体系总体设计是按 ISO9000 族标准在建立质量管理体系之初对组织所进行的统筹规划、系统分析、整体设计，并提出设计方案的过程。

质量管理体系总体设计的内容为：领导决策，统一认识；组织落实，成立机构；教育培训，制定实施计划以及质量管理体系策划。

1．领导决策，统一认识

建立和实施质量管理体系的关键是组织领导要高度重视，将其纳入领导的议事日程，在教育培训的基础上进行正确的决策，并亲自参与。

2．组织落实，成立机构

首先，最高管理者要任命一名管理者代表，负责建立、实施和改进公司质量管理体系。然后，根据组织的规模，建立不同形式、不同层次的贯标机构。

3．教育培训，制订实施计划

除了对领导层的培训外，还必须对贯标骨干及全体员工分层次进行教育培训。

4．质量管理体系策划

质量管理体系策划是组织最高管理者的职责，通过策划确定质量管理体系的适宜性、充分性和完善性，以保证体系运行结果有效。质量管理体系策划的具体工作内容为：识别产品、识别顾客，并确定与产品有关的要求，制定质量方针和目标；识别并确定过程；确定为确保过程有效运行和控制所需的准则和方法；确定质量管理体系范围；合理配备资源等。

五、质量认证

（一）质量认证的概念

ISO/IEC 指南 2—1991《标准化与有关活动的一般术语及其定义》中对于认证的定义是：第三方依据程序对产品、过程或服务符合规定的要求给予书面保证（合格证书）。这一定义的含义是：认证的对象是产品、过程或服务，包括产品质量认证和质量管理体系认证；认证的依据是标准规定的要求；认证的证明方式是书面保证，包括合格证书和认证标志；认证是权威、公正且独立的第三方从事的活动。通常把产品的供方称为“第一方”，顾客称为“第二方”，“第三方”是独立于第一方和第二方之外的一方，它与其他两方不应存在行政上的隶属关系和经济上的利害关系。

认证与认可均属合格评定的范畴。认可是指由权威机构（指法律或特定政府机构依法授权的机构）对有能力执行特定任务的机构或个人给予正式承认的程序。认可的对象是实施认证、检验和检查的机构或人员。认证与认可不仅在目的和作用上不同，而且机构上也有区别。认证机构为所有具备能力的机构，大多数国家认证机构之间存在竞争关系；认可机构应为权威机构或授权机构，一般为政府机构本身或政府指定代表政府的机构，认可机构具有唯一性。为保证认可结果的一致性和认可制度实施的国家权威性，认可机构不宜引入竞争机制。

（二）质量认证的作用

认证的作用主要表现在以下几个方面：

第一，提示顾客优先选择通过认证的产品或供应商，防止误购不符合质量要求的产品，以确保能够获得满意的产品质量和服务质量。它起到了保护消费者利益、保护使用者的人身和财产安全以及保护环境等作用。

第二，对于供方，通过认证可以提高企业的质量信誉优势，扩大了产品的销售，为参与国际市场的竞争提供了必要的技术条件。客观上也促进了企业完善质量管理体系，推动其管理水平的提高。

第三，就整个市场而言，可以节约大量重复性检验、试验和审核的费用。根据权威的第三方提供的质量信息，没有必要再进行重复性的检验工作，既节约了成本，也提高了效率。

（三）质量认证的分类

1．根据认证对象划分

根据认证对象的不同，可以将质量认证分为产品质量认证和质量管理体系认证。

（1）产品质量认证

产品质量认证是指依据产品标准和相应技术要求，经认证机构确认并通过颁发认证证书和认证标志来证明某一产品符合相应标准和技术要求的活动。产品质量认证可以分为安全认证和合格认证。安全认证是指根据安全标准进行的认证或只对商品标准中有关安全的项目而进行的认证，它是对商品在生产、储运、使用过程中是否具备保证人身安全与避免环境遭受危害等基本性能的认证，属于强制性认证。合格认证是依据商品标准的要求，对商品的全部性能进行的综合性质量认证，一般属于自愿性认证。

（2）质量管理体系认证

质量管理体系认证是指根据国际标准化组织颁布的 ISO9000 族质量管理体系国际标准，经过认证机构对企业的质量管理体系进行审核，并以颁发认证证书的形式证明企业的质量管理体系和质量保证能力符合相应要求，授予合格证书并予以注册的全部活动。该认证是通过第三方（认证机构）审核来实现的，是一种自愿行为。

产品质量认证与质量体系认证的区别是由各自的特点决定的，其比较如表 2-8 所示。

表2-8　产品质量认证与质量体系认证主要特点的比较

项　目	产品质量认证	质量管理体系认证
目的	证明供方的特定产品符合规定的标准要求	证明供方质量管理体系有能力确保其产品满足规定的要求
对象	特定产品	企业的质量管理体系
认证的标准	产品指定的标准要求；与产品有关的质量管理体系符合指定的质量管理体系标准要求；特定产品的补充要求	ISO9000 族标准要求和必要的补充要求
认证标准的适用性	根据地区、产品等的不同，认证的标准不尽相同。即使同一产品，各国（地区）也不一样	统一按照 ISO9000 族标准进行
性质	自愿性、强制性	自愿性
证实的方式	按特定标准对产品实施检验和质量体系审核	质量管理体系审核
证明的方式	产品质量认证证书、认证标志。标志可用在产品的包装和表面上，但证书不能这样使用	质量管理体系认证证书、注册并公布。可使用证书和注册标志做宣传，但不能用在产品的包装和表面上

2．根据认证自愿与否划分

根据认证自愿与否的不同，可以将质量认证分为强制性认证与自愿性认证。

（1）强制性认证

强制性认证是为了保护广大消费者的人身健康和安全、环境、国家安全，依照法律法规实施的一种产品评价制度，它要求产品必须符合国家标准和相关技术规范。凡列入强制性产品认证目录内的产品，没有获得指定认证机构颁发的认证证书，没有按规定加施认证标志，一律不得出厂、销售、进口或者在其他经营活动中使用。

（2）自愿性认证

自愿性认证，当产品不在强制性产品认证目录内时，组织可以申请产品自愿性认证。对于强制性认证制度管理范围之外的产品或产品技术要求，按照国家统一推行和机构自主开展相结合的方式，结合市场需求，推动自愿性产品认证制度的开展。企业均可根据需要自愿向认证机构提出认证申请。

（四）关于质量认证的一些常见认识误区

误区一：国际认证优于国内认证

不少企业总担心国内认证机构出具的认证证书能否得到国际上的承认，认为国际认证优于国内认证。实际上到目前为止，世界上还没有一家为各国广泛承认的国际质量认证机构。各国质量认证机构所进行的认证，仅仅是个体行为。国际标准化组织所属的合格评定委员会（CASCO）并不承担对任何国家认证机构的认可任务，任何国外机构的认证都不能称为国际认证。此外，也不能把国际互认理解为国际认证，国际互认是指签署国际认可论坛多边承认协议（IAF/MLA）的成员国相互承认，而非国际认证。因而，质量体系认证不存在国际认证与国内认证之分。有些企业把质量体系符合国际标准 ISO9000 族标准的要求，经认证机构审核通过认证，说成是通过国际认证，这种说法显然也是不正确的。

中国认证机构国家认可委员会于 1998 年首批签署了国际认可论坛多边承认协议（IAF/MLA），成为 IAF/MLA 集团的创始成员。也就是说，由中国认证机构国家认可委员会认可的质量体系认证机构所出具的认证证书达到了国际水平，具有国际等效性和互认性。这对于我国企业实现一证通用、避免多头重复申请国外机构认证具有重要作用。

误区二：通过了体系认证就代表产品质量通过了认证

质量管理体系认证和产品质量认证是相互联系的。质量管理体系均以国际标准 ISO9000 族标准为依据，产品质量认证中的质量管理体系检查要求取决于各认证机构的规定，发展的趋势也是以 ISO9000 标准为依据，与质量管理体系认证协调起来，避免重复评定。部分特定产品在申请认证时，规定了如果已经通过了质量管理体系认证可免除对质量管理体系通用要求的检查；获得产品质量认证的企业一般无需再申请质量管理体系认证（除非申请的质量保证标准不同）。

但是两者在认证对象、目的、认证条件以及性质等多方面都是有很大区别的，因此不能简单地认为通过了体系认证就能代表产品质量通过了认证。

误区三：通过了体系认证等同于企业有了质量管理体系

有时存在着这样一种看法：企业在认证以前不存在质量管理体系。实际上，每个企业在其日常运作过程中，客观上都存在着一个质量管理体系，有的企业质量保证能力甚至达到了相当高的水平，只是尚有不完善的地方或者没有形成系统文件。推行 ISO9000 标准，只是从原有的质量管理体系出发，使其更加规范全面。因此，不能断言企业在认证以前就不存在质量管理体系。

同样不应进入的误区是：通过了体系认证企业的质量管理工作也就一劳永逸了。有的企业出于市场的需要，被动地开展质量认证工作。当其通过了质量认证以后，建立起来的质量管理体系往往流于形式，质量保证能力的水平仍然非常低下。即使侥幸应付了认证机构的定期复审，也会失去顾客的认可且被市场所淘汰。应该严格按照已经建立的质量管理体系运行，并不断地改进和完善，持续推动质量管理水平的提高。

因此，通过了体系认证并不等同于企业拥有了质量管理体系。

第四节 国际上的各种质量奖

目前国际上已有60多个国家和地区实行了国家质量奖制度，以此来激励和引导企业追求卓越质量经营模式。所谓卓越质量经营模式，是基于以质量为中心的经营理念，有效地运营组织所有部门，及时地以合适的价格提供顾客满意的产品和服务，通过让顾客满意和本组织所有成员及社会受益而达到组织的长期成功的一种管理模式。当前比较著名的国家质量奖有：美国马可姆·波里奇国家质量奖、欧洲质量奖、日本戴明品质奖、加拿大卓越经营奖以及澳大利亚卓越经营奖。在中国，为引导和激励企业追求卓越的质量管理经营，设立了全国质量奖来表彰那些质量管理方面取得突出成效的企业。

一、美国马可姆·波里奇国家质量奖

在已有的这些质量奖中，影响最大的当属美国马可姆·波里奇国家质量奖，不少国家和地区的质量管理奖都不同程度参考了波里奇奖的标准和评分方法。

（一）波里奇奖的起源与发展

20世纪80年代初期，美国经济在国际上无可争辩的领先地位受到迅速崛起的日本经济的严重威胁，因此美国政府和经济界开始关注提高美国的生产力和在世界市场上的竞争能力，为此设立了美国马可姆·波里奇国家质量奖，并于1988年开始正式的评选工作。马可姆·波里奇是美国第26届商务部长。在他任期内，波里奇凭借一流的管理才能为提高美国产品的质量和质量管理水平做出了很大的努力。为纪念他所做出的贡献，美国国家质量奖就以他的名字命名。波里奇奖设立的目的在于奖励那些在质量管理和经营业绩取得突出成就的美国企业；促进各组织提升关于质量和卓越经营的意识，并提供榜样和指南。

波里奇质量奖评选对象主要包括以下四类：制造企业或其子公司、服务业企业或其子公司、小企业、教育和医疗卫生机构。它经过三个阶段的评审，并对所选出的优秀企业进行实地考核，选出最优秀的企业，由最高评审人员联名向美国商业部长推荐，作为美国国家质量奖的候选企业。在评审过程中，对于那些落选企业也都给出评审报告，反馈给企业。波里奇奖评选的目的是促进各组织将改进业绩作为提高竞争力的一个重要途径，并且使达到优秀业绩组织的成功经验得以广泛推广并由此取得效益。波里奇奖每年评选 2~3 名获奖企业，经过二十余年的实施，它已成为美国质量管理界的最高荣誉，对美国和世界质量管理活动都起到了巨大的推动作用。

（二）波里奇奖评审标准的说明

波里奇奖的评审标准可以作为组织自我评价的基础，通过致力于两大目标即不断提升客户价值和全面提高组织业绩，来增强组织的竞争力。

整个标准体系基于一系列的核心价值观：（1）领导者的远见；（2）客户推动；（3）组织和个人的学习；（4）重视员工和合作伙伴；（5）迅捷的反应；（6）关注于未来；（7）创新的管理；（8）基于事实的管理；（9）社会责任感；（10）关注结果和价值创造；（11）系统的观点。这些观点已根植于许多高效组织的信念和行动中了，它们是集所有关键的客户需求于一体的根本基础。

评审项目有七项，分别是：领导力、战略规划、以顾客和市场为关注焦点、测量分析和知识管理、人力资源的开发与管理、过程管理以及经营绩效。波里奇奖的评审标准每年都会做一些细节上的修订，而为延续准则在前瞻性和稳定性两个方面的平衡，美国波里奇国家质量奖项目委员会确定从 2009 年开始，每两年对准则进行一次修订。2009—2010 年度版标准的各项目和条款的分值设置情况，如表 2-9 所示。

表 2-9　2009—2010 年度波里奇奖评审项目和条款

1．领导		120
1.1 高层领导	70	
1.2 治理和社会责任	50	
2．战略规划		85
2.1 战略制定	40	
2.2 战略展开	45	
3．以顾客为关注焦点		85
3.1 顾客契合	40	
3.2 顾客的声音	45	
4．测量、分析和知识管理		90
4.1 组织绩效的测量、分析和改进	45	
4.2 信息、知识和信息技术管理	45	
5．以员工为本		85
5.1 员工契合度	45	
5.2 员工环境	40	
6．过程管理		85
6.1 工作系统	45	
6.2 工作过程	40	

续表

7. 结果		450
7.1 产品成果	100	
7.2 以顾客为关注焦点的结果	70	
7.3 财务和市场结果	70	
7.4 以员工为本结果	70	
7.5 过程有效性结果	70	
7.6 领导结果	70	
总分		1 000

整套波里奇奖的评审标准是一个完整的框架结构，其各评审项目相互关联和集成。如图 2-6 所示，它是一个系统的视图。从顶至底排列着三类基本要素：组织简介、系统业务和系统基础。组织简介全面描述了组织业务，其中环境、工作关系和面临的竞争挑战构成了整个业绩管理系统框架的指南。居中的系统业务包括了六个评审项目。1（领导）、2（战略策划）、3（以顾客为关注焦点）构成了“领导作用”三角关系，认为领导是组织的主要驱动力，在制定目标、价值观、系统时具有重大作用。5（以员工为本）、6（过程管理）、7（结果）构成了“绩效表现”三角关系，结果也即绩效是企业最主要的目标之一，也是质量管理的重要组成。水平宽箭头连接了这两个三角关系，确保了组织的成功。由于箭头是双向的，表明在一个有效的业绩管理系统中反馈的重要性。4（测量、分析和知识管理）作为系统基础，制定了基于事实和知识驱动来有效管理组织的标准。

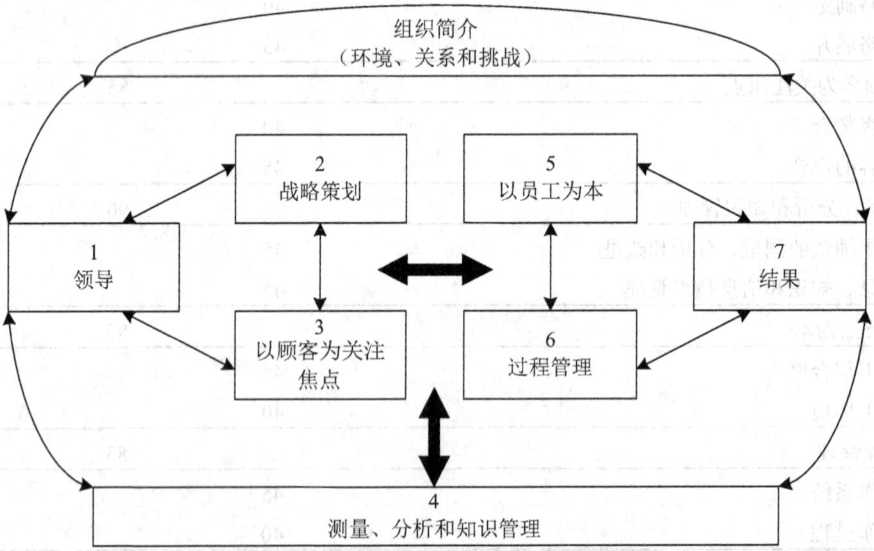

图 2-6 波里奇奖评审标准结构图

二、欧洲质量奖

（一）欧洲质量奖概述

欧洲质量奖是欧洲质量管理基金会（EFQM）负责管理和评审的欧洲最有影响的质量奖，在1992年首次颁发。在欧洲质量奖的影响下，欧洲大陆许多国家和地区的质量奖纷纷设立。几乎所有这些国家和地区质量奖的评奖方法和过程都遵循欧洲质量奖的方式。

欧洲质量奖分为四个等级，分别是优胜奖、单项奖、入围奖和优秀表现奖。其中单项奖是为了表彰在各领域里单项表现优秀的组织，这些领域是：领导力和持久的目标、以顾客为中心、社会责任、人力资源的开发和全员参与、注重结果、基于过程和事实的管理、持续的学习创新改进、合作伙伴的发展。欧洲质量奖面向所有的欧洲组织，申请对象可分为四类，即大型组织和企业、公司运营部门、公共组织和中小型企业。

（二）EFQM卓越经营模式

EFQM 卓越经营模式是一种非说明性的框架模型，它认可实现卓越经营的多种方法。在这一前提下，必须强调以下基本概念：

（1）注重结果。卓越取决于兼顾并满足所有相关受益者的需要（包括员工、顾客、供应商、社会以及企业的所有者）。

（2）以顾客为中心。卓越是指创造被认可的顾客价值。顾客是产品和服务的最终裁决者，使顾客忠诚、留住顾客以及获得市场份额都是通过清楚识别顾客目前和潜在需求而得到最优化。

（3）领导力和持久的目标。组织中的领导行为创造了清晰一致的组织目标，也创造了使组织及其员工取得卓越的环境。

（4）基于过程和事实的管理。当组织内部的所有活动被理解并系统地加以管理时，当有关现行运营和有计划的改进等决策是通过使用可靠信息做出时，组织运行就越有效。

（5）人力资源的开发和全员参与。组织中员工的潜能是通过价值分享、相互信任和授权的文化氛围，即鼓励员工参与并得以充分的释放。

（6）持续的学习创新改进。当组织在不断学习、创新和改进的文化氛围中进行管理和分享信息时，其绩效最优。

（7）合作伙伴的发展。当组织与其伙伴有互惠关系，建立信任、分享信息并保持一致时，其工作量最有效。

（8）社会责任。当采用的道德手段超出社会的期望和要求时，组织及员工的长期利益会得到最好的保护。

在 EFQM 卓越框架模型中九项内容是组织达到卓越的评审标准。其中有五项是手段，有四项是结果，即与绩效、顾客、员工和社会有关的优秀结果通过领导力驱动方针和战略、员工、合作伙伴与资源以及过程得以实现的。手段标准指明组织做什么，而结果标准揭示了企业组织能够获得什么。结果因为手段引起，同时结果的反馈进一步改进了手段。图 2-7 中的箭头则强调了模型的动态性，表明创新和学习能够改进手段，进而改进结果。

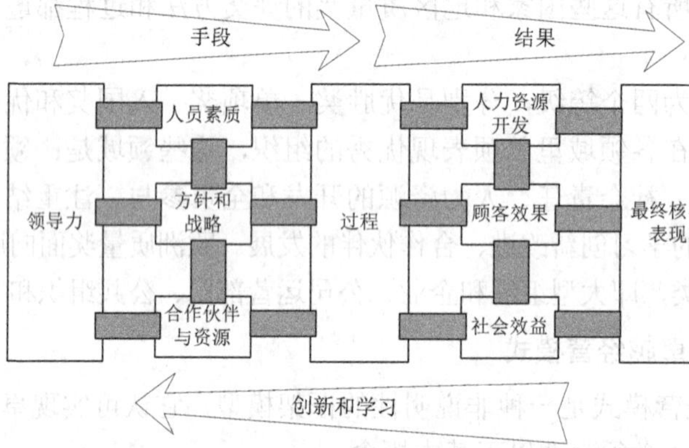

图 2-7　EFQM 卓越经营模式图

（三）欧洲质量奖的运作过程

企业通过基于 EFQM 卓越经营模式的自我评价，完成所需的申请文件，可以在每年的 2 月或 3 月递交。评审委员会的专家评审小组将会对申请者的申请文件进行审查。由他们选出的入围者，将接受现场考核。现场考核是评审组的专家对申请文件内容和不确切的地方现场验证。这对申请者来说，是学习卓越化模式的绝好机会。在专家现场考察的基础上，选定欧洲质量奖单项奖的获奖者，这意味着这些组织已经在卓越化经营中做出了明显的成绩。然后在这些获奖者中产生欧洲质量奖优胜奖的获得者。

每年 8 月，申请者将接到评审小组给出的反馈报告。报告包括了对申请者的一般评价、每一要素的得分情况以及该项目与其他申请者得分平均分数的比较。对于每一个低于 EFQM 模式平均标准的项目，报告都会列举需要改进的领域和程度。这份报告对于申请者的重要意义不亚于是否得奖本身。

三、日本戴明品质奖

日本戴明品质奖为日本质量管理运动的发展和奠定日本经济崛起的基础发挥了不可忽视的作用，同时也被称为世界范围内 TQM 的最高奖项之一。

（一）戴明品质奖概述

1951 年，日本科学技术联盟（JUSE）设立了戴明品质奖并担负着该奖的运作职责。该奖以美国已故统计专家、质量控制技术先驱戴明博士的姓氏命名。戴明品质奖分为三个类别：戴明个人奖、戴明应用奖和运营部门质量控制奖。个人奖授予那些致力于 TQM 理论的研究、相关数理统计方法的发展以及在推广 TQM 的活动中做出杰出贡献的个人或团体；应用奖用于奖励那些应用 TQM 当年度取得业绩水平显著提高的企业或部门；运营部门质量控制奖的奖励对象是企业的运营部门，关注它们在实施 TQM 的过程中是否获得巨大成功。1954 年开始，日本经济新闻社出资增设了戴明品质奖的附加奖项——质量控制文献奖，评选关于 TQM 理论研究或相关数理统计方法的优秀著作。戴明品质奖的申请者可以是全球范围内任何私营或国有的，小型或大中型企业和部门，每个年度获奖者数目不限，只需符合评奖标准即可。例如，2004 年度戴明应用奖的得主是三家泰国企业和三家印度企业。

以戴明品质奖为标志的日本质量管理运动获得了巨大成功，其中的一个重要原因在于树立了鼓励理论与方法创新的宗旨。戴明品质奖有别于 ISO9000，它不是进行符合性评审，即不是关注于审核质量管理活动是否符合规格、标准，而是重在奖励质量管理活动中的创新。这成为戴明品质奖与美国波里奇奖（其实也包括欧洲质量奖）相比较的一个明显的差异。戴明品质奖主要通过评估企业质量保证的措施和活动来确保其实行 TQM 的能力，重心在于公司内部质量控制。同时，戴明品质奖内在要求企业必须具有创新性和独具特色的质量管理方法。

（二）戴明品质奖的评审框架

戴明品质奖评审过程中虽然并不十分关注标准的符合性，但也有一个评审框架，包括 10 类项目的检查清单：（1）方针；（2）组织及其运作；（3）培训和推行；（4）信息的收集、沟通及利用；（5）分析；（6）标准化；（7）控制与管理；（8）质量保证；（9）效用；（10）远期规划。戴明品质奖认为最终的质量是一系列活动、要素和过程必然的结果，所以它在这一点上没有采用类似于欧美质量奖的做法去明确考核经营业绩项目。

四、加拿大卓越经营奖

加拿大全国质量协会（NQI）通过加拿大卓越经营奖来表彰最优秀者。NQI 是一个非营利性机构，其宗旨是促进和支持所有加拿大企业和机构的质量驱动的创新，包括企业、政府、教育和医疗领域。加拿大卓越经营奖的评价准则类似于波里奇准则，但有一些关键的差异。不同但类似的几个准则分别用于评价企业组织、公共领域机构和医疗机构。准则的主要类目和条目有：

（1）领导：战略方向、领导参与、相关结果。

（2）顾客：顾客之声、顾客关系管理、测量、相关结果。

（3）改进计划：改进计划的制订和内容、评价、相关结果。

（4）人员：人力资源规划、鼓励参与的环境、持续学习的环境、雇员满意、相关结果。

（5）过程优化：过程定义、过程控制、过程改进、相关结果。

（6）供应商：合作伙伴关系、相关结果。

这些类目所要求的信息与波里奇准则类似。例如，人员这一类目主要审查人力资源规划的制定和实施，通过人员来实现卓越的战略；还审查组织如何促进和支持一个鼓励和帮助人们发挥他们全部潜能的环境。

五、澳大利亚卓越经营奖

澳大利亚质量奖（现称为卓越经营奖）设立于1988年，它与美国马可姆·波里奇国家质量奖无关。该奖最初由澳大利亚质量奖基金会管理，而该基金会隶属于澳大利亚质量委员会（AQC），是一个私立的营利性机构。2002年，SAI国际认证公司正式取得了此前由AQC拥有的一系列产品和服务。SAI的专利服务事业部成为AQC的新东家，考虑到经营卓越对SAI的重要性，该事业部更名为“卓越经营澳大利亚”。

澳大利亚卓越经营奖共有四个层次的奖项：

（1）经营改进奖。基于“卓越经营进步”或“卓越经营基础”称号的鼓励性表彰。

（2）一般奖。代表了澳大利亚的最佳实践，包括获奖者和最终入围者。

（3）金奖。只授予已获一般奖的机构，代表重新认可和持续改进。

（4）澳大利亚卓越经营奖。只授予已获一般奖的机构，代表所有机构中的国际最佳水平。

其评奖准则的框架如图2-8所示，其中包括领导与创新、战略和计划、数据信息、人员、顾客与市场、过程、产品和服务以及经营结果。在这个模式中，领导和顾客是该管理体系的驱动因素，也是绩效的实现因素。战略、方针和计划、数据、信息与知识、人员，是该管理体系的关键内部要素。过程、产品和服务的质量主要关注的是通过何种工作方式来实现所要求的结果和改进。组织绩效是管理体系的输出，体现在结果类目中。与波里奇奖一样，该框架也强调了管理体系的整体性和相互联系性。该准则参照了波里奇准则和欧洲卓越经营模式。澳大利亚奖的一个独特方面在于其获得了工会的坚定支持。

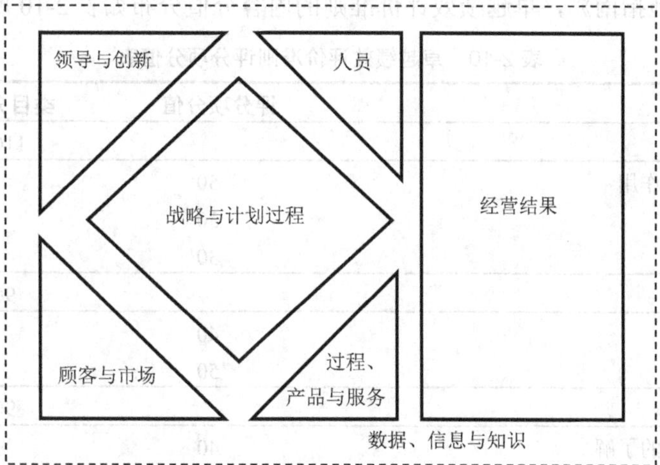

图 2-8　澳大利亚卓越经营奖框架

六、中国全国质量奖

（一）全国质量奖概述

为贯彻落实《中华人民共和国产品质量法》，表彰在质量管理方面取得突出成效的企业，引导和激励企业追求卓越的质量管理经营，提高企业综合质量和竞争能力，中国质量协会于 2001 年组织设立了“全国质量管理奖”，并于 2006 年起更名为“全国质量奖”。它是我国对于实施卓越的质量管理并取得显著的质量、经济、社会效益的企业或组织授予的在质量方面的最高奖项。自 2001 年以来全国质量奖已连续举办十届（截至 2011 年——编者注），仅有 84 家卓越企业获此殊荣。

质量奖评审遵循为企业服务的宗旨，坚持“高标准、少而精”和“优中选优”的原则，根据质量奖评审标准对企业进行实事求是的评审。全国质量奖每年评审一次，评审范围为工业、工程建筑、交通运输、邮电通信及商业、贸易、旅游等行业的国有、股份、集体、私营和中外合资及独资企业。

（二）全国质量奖评审标准的说明

我国的全国质量奖的评审标准是在借鉴国外的质量奖特别是美国波里奇奖的基础上，充分考虑我国质量管理的实践以后建立的，其内容以企业文化、经营战略、绩效结果和社会责任等综合实力为衡量标准，是“卓越绩效模式”的框架，代表着目前中国质量治理的最高荣誉。“卓越绩效模式”以经营结果为导向，以强化组织的顾客满足意识和创新活动为关注焦点，追求卓越的绩效治理。根据 GBZ19579—2012《卓越绩效评价准则实施指南》，卓越绩效评价准则的内容分值分布如表 2-10 所示。

表 2-10　卓越绩效评价准则评分项分值表

评分项名称	评分项分值	类目分值
4.1 领导		110
4.1.2 高层领导的作用	50	
4.1.3 组织治理	30	
4.1.4 社会责任	30	
4.2 战略		90
4.2.2 战略制定	40	
4.2.3 战略部署	50	
4.3 顾客与市场		90
4.3.2 顾客和市场的了解	40	
4.3.3 顾客关系与顾客满意	50	
4.4 资源		130
4.4.2 人力资源	60	
4.4.3 财务资源	15	
4.4.4 信息和知识资源	20	
4.4.5 技术资源	15	
4.4.6 基础设施	10	
4.4.7 相关方关系	10	
4.5 过程管理		100
4.5.2 过程的识别与设计	50	
4.5.3 过程的实施与改进	50	
4.6 测量、分析与改进		80
4.6.2 测量、分析与评价	40	
4.6.3 改进与创新	40	
4.7 结果		400
4.7.2 产品和服务结果	80	
4.7.3 顾客与市场结果	80	
4.7.4 财务结果	80	
4.7.5 资源结果	60	
4.7.6 过程有效性结果	50	
4.7.7 领导方面的结果	50	
总分		1 000

（三）全国质量奖的运作过程

全国质量奖评审机构由质量奖审定委员会和质量奖工作委员会组成，工作委员会常设办事机构为质量奖工作委员会办公室。质量奖审定委员会由政府、行业、地区主管质量工作的部门负责人及有权威的质量专家组成。负责研究、确定质量奖评审工作的方针、政策，批准质量奖评审管理办法及评审标准，审定获奖企业名单。质量奖工作委员会由具有理论和实践经验的质量管理专家、质量工作者和评审人员组成。负责实施质量奖评审，并向审定委员会提出获奖企业推荐名单。评审的程序包括企业申报、资格审查、资料审查、现场评审、综合评价和审定共六个步骤。

为激励和引导企业不断提高质量管理水平，中国拟设立质量管理领域的最高荣誉奖——“国家质量奖”。不过，目前《国家质量奖管理办法》尚未正式出台。

表 2-11 和表 2-12 列出了我国质量管理证书的地域和行业分布情况，供学生学习参考。

表 2-11　按所在地域统计的质量管理证书分布情况表（截至 2011 年 12 月 31 日）

序号	地域	证书数	比率（%）	序号	地域	证书数	比率（%）
1	北京	14 001	6.87	19	广东	20 355	9.98
2	天津	4 046	1.98	20	广西	2 043	1.00
3	河北	8 674	4.25	21	海南	483	0.24
4	山西	2 858	1.40	22	重庆	3 872	1.90
5	内蒙古	1 861	0.91	23	四川	8 181	4.01
6	辽宁	9 695	4.75	24	贵州	1 232	0.60
7	吉林	2 639	1.29	25	云南	2 070	1.02
8	黑龙江	3 222	1.58	26	西藏	147	0.07
9	上海	10 680	5.24	27	陕西	4 457	2.19
10	江苏	28 924	14.19	28	甘肃	1 414	0.69
11	浙江	22 278	10.93	29	青海	350	0.17
12	安徽	5 570	2.73	30	宁夏	735	0.36
13	福建	5 901	2.89	31	新疆	1 322	0.65
14	江西	3 293	1.62	32	台湾	1	0.00
15	山东	14 202	6.97	33	香港	794	0.39
16	河南	7 526	3.69	34	澳门	24	0.01
17	湖北	6 345	3.11	35	国外	114	0.06
18	湖南	4 590	2.25	总　计		203 899	100.00

表2-12　按覆盖产品所属行业统计的质量管理证书分布情况表（截至2011年12月31日）

类型代码	产品所属行业	证书数	比率（%）
1	农业、渔业	1 799	0.72
2	采矿业及采石业	805	0.32
3	食品、饮料和烟草	11 035	4.43
4	纺织品及纺织产品	6 340	2.55
5	皮革及皮革制品	1 322	0.53
6	木材及木制品	2 465	0.99
7	纸浆、纸及纸制品	3 198	1.28
8	出版业	88	0.04
9	印刷业	2 611	1.05
10	焦炭及精炼石油制品	602	0.24
11	核燃料	266	0.11
12	化学品、化学制品及纤维	12 286	4.94
13	医药品	784	0.31
14	橡胶和塑料制品	13 867	5.57
15	非金属矿物制品	5 841	2.35
16	混凝土、水泥、石灰、石膏及其他	6 055	2.43
17	基础金属及金属制品	35 778	14.37
18	机械及设备	26 056	10.47
19	电子、电气及光电设备	32 004	12.86
20	造船	1 126	0.45
21	航空、航天	131	0.05
22	其他运输设备	4 731	1.90
23	其他未分类的制造业	5 492	2.21
24	废旧物资的回收	153	0.06
25	发电及供电	393	0.16
26	气的生产与供给	54	0.02
27	水的生产与供给	261	0.10
28	建设	23 880	9.59
29	批发及零售　汽车、摩托车、个人及家庭用品的修理	14 255	5.73
30	宾馆及餐馆	694	0.28
31	运输、仓储及通信	3 974	1.60
32	金融、房地产、出租服务	3 996	1.61
33	信息技术	8 782	3.53
34	科技服务	10 600	4.26

续表

类型代码	产品所属行业	证书数	比率（%）
35	其他服务	3 849	1.55
36	公共行政管理	1 236	0.50
37	教育	415	0.17
38	卫生保健与社会公益事业	292	0.12
39	其他社会服务	1 435	0.58
	总　计	248 951	100.00

注：因为一张证书所覆盖的产品可能涉及专业范围中的几个类别，所以按质量管理体系覆盖产品所属专业范围统计的证书总数大于其他方法统计的证书总数。

（资料来源：中国合格评定国家认可委员会．2011CNAS 认可发展报告．）

思考题

1．简述质量目标与质量方针的含义以及二者间的联系。

2．质量管理的常见组织形式有哪几种，各自的特点是什么？

3．QC 小组活动的开展需要注意哪些问题？

4．质量文化是如何在企业中产生作用的？

5．从 ISO9000 族标准 2000 版发展到 ISO9000 族标准 2008 版，其中最主要的变化是什么？请简要论述。

6．谈谈质量管理八项基本原则在质量管理体系要求中的具体体现。

7．结合 ISO9001—2008 标准的具体条款来说明：当企业在建立质量管理体系时，能否删减其设计过程？应如何处理？

8．质量管理体系的评价有哪几种方式？每种方式的参与者、输入和输出是什么？

9．通过 ISO9000 认证就能证明企业的产品质量有保证了吗？体系认证和产品认证的联系和区别是什么？

10．阐述有关 ISO9000 的作用和不足，ISO9000 是否可以引导企业达到世界级的质量水平？

案例讨论

案例 2-1　某企业 QEOHS 整合型管理体系的建立与实施

1．案例背景简介

随着 ISO9000 质量管理体系认证与 ISO14000 环境管理体系认证的深入发展，以及

OHSAS18000 职业健康安全管理体系认证的逐步开展，一些卓越企业已开始关注将ISO9000质量管理体系、ISO14000环境管理体系和OHSAS18000职业健康安全管理体系结合起来，建立一体化的QEOHS整合型管理体系，同时向第三方认证机构提出实施一体化审核的要求，即通过一个综合审核组的一次现场审核，企业同时可以获得或保持ISO9001、ISO14001、OHSAS18001认证证书。企业可以将几个管理体系整合成一个整体，由此可以减少重复的体系策划，减少编制文件数量、运行控制、内审及管理评审等活动，从而提高工作效率，降低企业的管理成本，更有效地合理配置资源。

目前企业贯标认证的三大体系是ISO9000质量管理体系、ISO14000环境管理体系和OHSAS18000职业健康安全管理体系，从标准发布的时间来看，ISO9000标准最早发布，ISO14000标准居中，而OHSAS18000标准最后。从三个标准的内容来看，质量管理体系的建立实施最终要使顾客满意；环境管理体系建立实施则使社会满意；职业健康安全管理体系的建立实施要使员工满意。企业在提供一流产品、使顾客满意的同时，还要考虑到环境影响，以及关爱员工职业健康安全，即组织追求的目标已不单纯定位满足于外部顾客的要求。因为企业还要考虑到社会责任以及本企业的行为，对社会造成的各种影响将直接关系到是否让顾客完全满意。为了在市场上占有一席之地，增强组织的竞争力，使相关方满意，提升公众形象，就必须考虑不同相关方的需求和期望，并把这些要求纳入到企业QEOHS整合型管理体系中，来实现组织的全面管理，把质量、环境、职业健康安全三个体系合三为一，来满足顾客、社会和员工的期望和要求。

2. 某建筑机械企业建立整合型管理体系的建立程序

某建筑机械企业建立整合型管理体系，以实现对质量、环境、职业健康安全的一体化管理，目的是消除三个体系在实施时的重复、冲突和不相容的问题，求得相互之间的条理性、功能和效率。该企业确立了贯标认证目标后，按策划、设计、培训、编制文件、运行、评估、改进各阶段，制定出时间维工作程序，并根据每一阶段工作遵循的逻辑顺序，将时间维中各阶段工作分解为明确目标、确立方案、了解标准、系统分析、系统决策、实施、检查等几个步骤，建立相应的逻辑维程序（见图2-9）。实施整体计划，使企业决策层了解认证全过程的任务及工作安排，以便及时在时间、人员、财力等各方面提供相应的资源，协调各部门工作，考核各部门的工作完成情况，确保认证工作顺利开展，实现目标。对于贯标的主管部门总工程师办公室，则可根据时间维、逻辑维顺序，有计划、有步骤地阶段实施，以各阶段完成的目标，确保实现总目标。

3. 企业贯标认证顺利进行的组织保证控制系统

为了建立有效的整合型管理体系，该企业成立了管理委员会，任命副总工程师为管理者代表，确定贯标认证工作的主管职能部门为总工程师办公室，并明确组织内各职能部门在整合型管理体系内职责分工，组织机构图、整合型管理体系要素及部门职能分配表的形式予以展示，并依据管理功能，将目标的制定、计划、组织、人员的调整配备和生产的指挥、监督、运转、控制等有机地组织起来，建立企业贯标、认证组织保证控制系统（见图 2-10）。在运作中重点强化计划职能和调控职能，由总工程师办公室在管理者代表的领导下负责计划管理调节系统的日常运作，把信息等有限资源合理组织起来，有效地加以利用，确保整合型管理体系认证工作顺利完成，实现对顾客及相关方承诺。

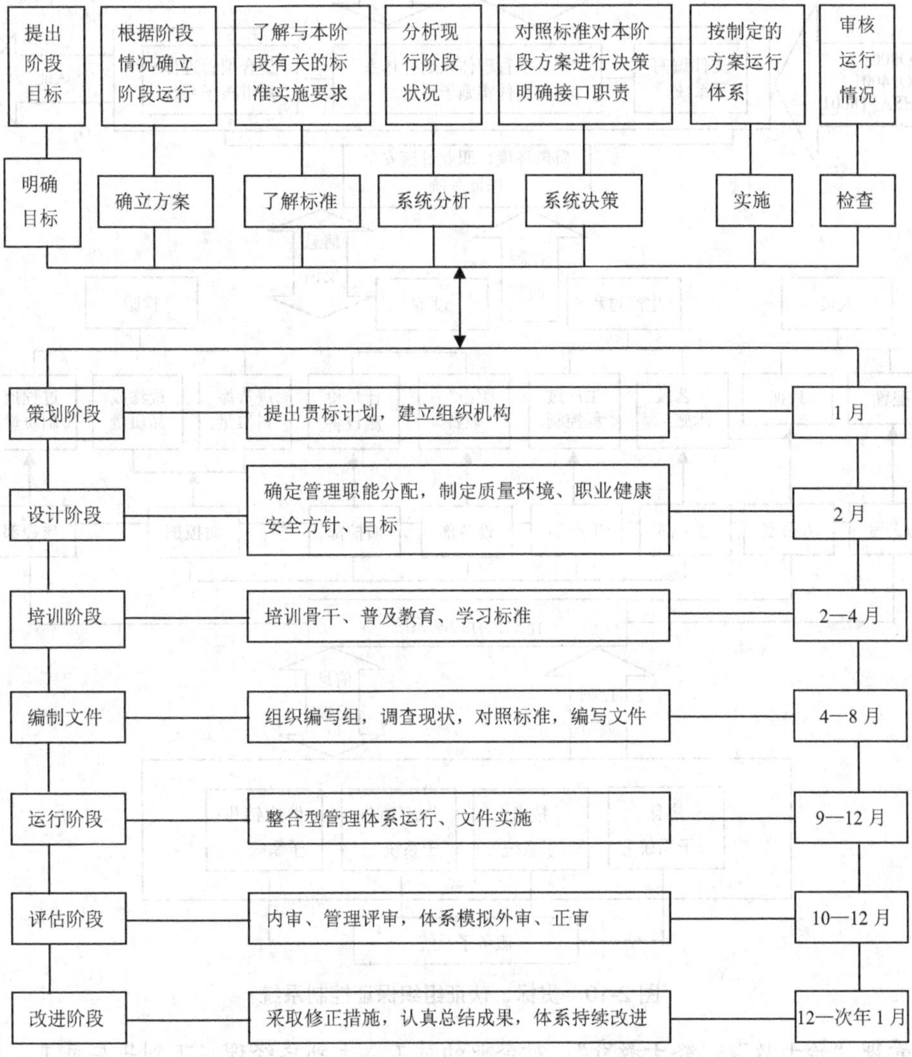

图 2-9　贯标、认证系统管理时间维、逻辑维程序结构

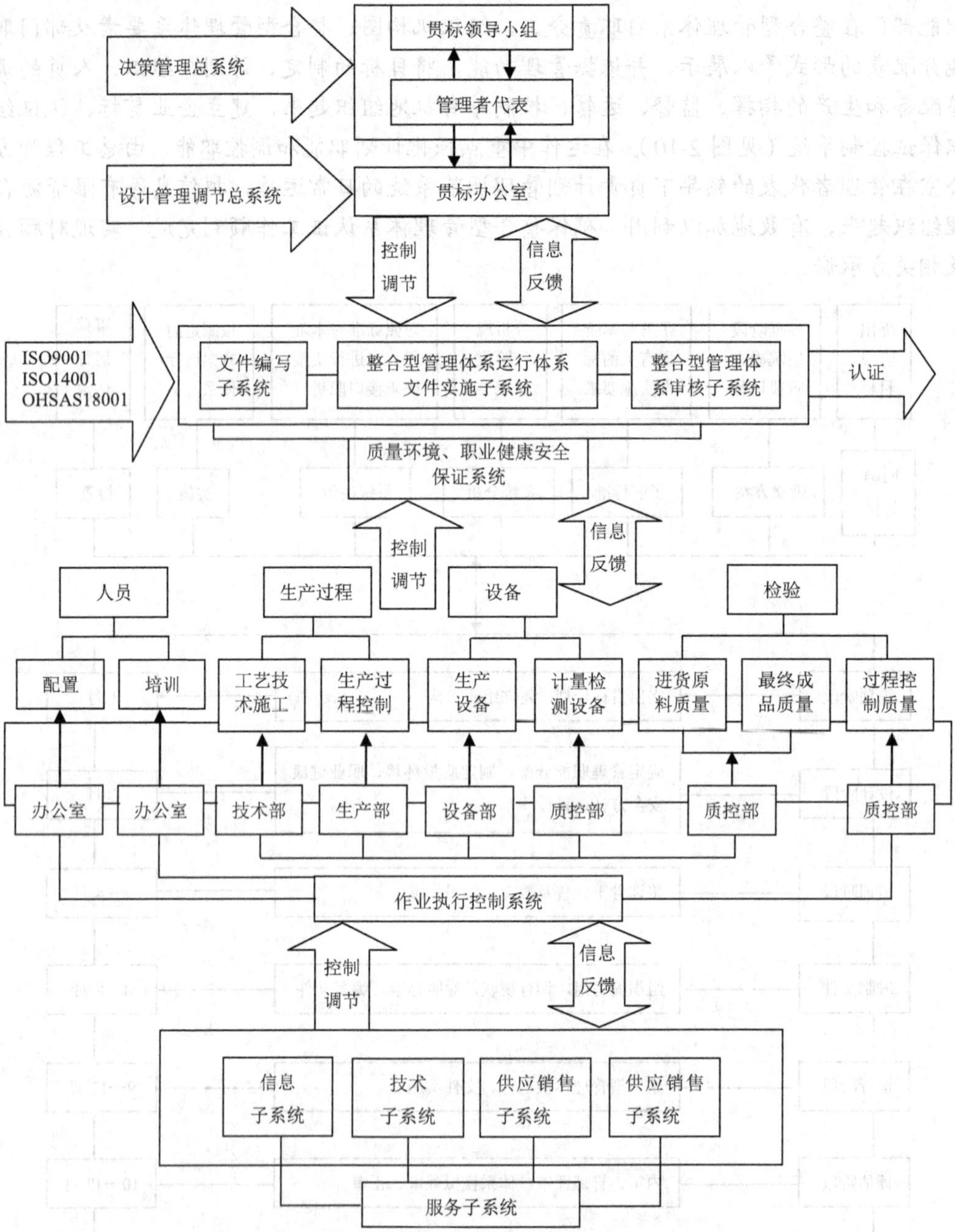

图 2-10　贯标、认证组织保证控制系统

管理“始于教育，终于教育”，对企业的员工，上到总经理，下到基层员工，要进

行 GB/T19001 质量管理体系、GB/T24001 环境管理体系和 GB/T28001 职业健康安全管理体系标准的培训，整合型管理体系文件操作运行的专门培训，在具体实施过程中，采用分层培训法，针对不同的培训对象，培训内容及侧重点有所不同。

对公司总经理、最高管理层及中层部门经理的培训，重点放在质量环境、职业健康安全意识上，三个标准的管理思路与传统管理区别，标准的核心内容，贯标的重要性；对贯标骨干人员则要深入了解掌握三个标准的条款、内涵；对基层员工重点要进行岗位职责培训，操作指导、培训等，培训要采取“走出去，请进来”方法。

通过培训，使企业的员工掌握三个标准，整合型管理体系文件等内容，培训的有效性要以通过员工在各自的工作岗位上体现出来，从他们的业绩评价可以衡量培训的有效性。

4. 整合型管理体系文件编制的滚动计划

企业整合型管理体系的建立标志之一，就是要建立文件化的整合型管理，即编制好管理手册指导本企业的管理活动，程序文件是支撑文件，表示企业综合管理活动，如何开展，何时做，由谁做，做什么，在哪里做等活动程序。操作指导书直接指的具体工作岗位，包括特殊工作岗位，员工工作守则，综合管理体系文件的编写原则是“写我们所做的，做我们所写的”。

为使综合管理活动有章可循，整合型管理体系文件可以作为综合管理活动开展的依据，又因为整合型管理体系文件的编制进程是一个多变的过程，可以由下而上，或自上而下地相结合，为确保整合型管理体系文件编写工作，纳入贯标认证正常工作计划中，在实际编写时，可以采取滚动计划法，通过对实施中存在偏差的分析、调整、修正、严格控制编写工作计划的安排，使编写程序文件、综合管理手册等工作始终处于受控状态（见图 2-11）。通过编写管理手册、程序文件、操作指导书，确定本企业的质量、环境、职业健康安全方针、质量目标、环境目标、指标、职业健康安全目标、职责、权限、整合型管理体系结构。

5. 整合型管理体系的有效实施

整合型管理体系文件一经编制完成，只能说明建立了文件化的整合型管理体系，重要的是要进行运作。实施过程，文件的培训，内审员的培训，文件的运作，文件的修改、内审的准备，内审的实施及实施后的整改，管理评审的开展等。为控制贯标工作的进度，可以编制贯标认证的进度网络图，确定关键路线，对整个工作进程实施有效控制，保证贯标任务的如期完成。图 2-12 为该企业整合型管理体系文件实施的进度网络图。通过对网络图的分析，计算节点 t_E（最早开工时间），t_L（最迟完工时间），总时差=$t_L-t-t_E=0$ 的工序是关键工序，将关键工序联系起来构成关键路线，即得出文件发布后体系运行总时间为 114 天。

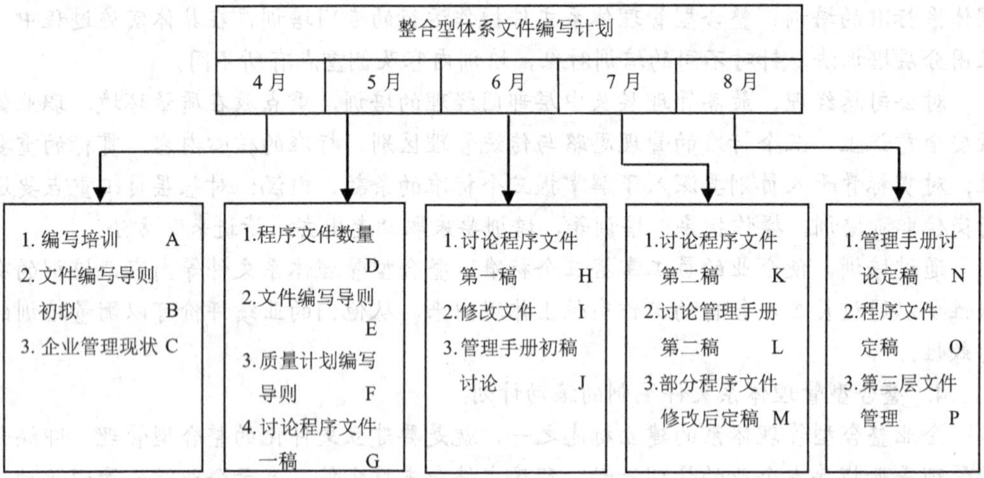

图 2-11 整合型体系文件编写滚动计划

企业通过几次内审活动，针对内审后发现的不合格项，采取纠正、预防措施，并实施跟踪，验证方法，最后进行管理评审，对企业整合型管理体系的有效性，适宜性、充分性进行评价，在适当的时机，可以向经国家认可的第三方认证机构申请，进行第三方认证。以上是某企业的贯标实例，由于各企业规模不一样，产品的复杂程度不一样，人力资源也不一样，所以具体实施时还要根据每个企业的实际情况而定。

6. 实施整合型管理体系要点的探讨

根据 GB/T19001 标准、GB/T24001 标准和 GB/T28001 标准，组织在实施整合型管理体系时，应关注质量、环境、职业健康安全在整合型管理体系中的实施与运行。以 GB/T19001、GB/T24001 和 GB/T28001 标准要求组合而成的整合型管理体系要求，因为目前还没有相应的国家标准，可以以文件形式作为实施整合型管理体系的要点。可以以 GB/T19001 质量管理体系要求为主线，把 GB/T24001 标准、GB/T28001 标准要求融入进去，采用过程方法，系统地识别和管理组织所应用的过程，特别是这些过程之间的相互作用。理解和识别组织整合型管理体系的各个过程，满足所确定过程和整合型管理体系的要求。可以从增值的角度分析和考虑过程，合理地删减某些过程，突出对整合型管理体系有效性有重要影响的过程，剔除或兼并没有增值意义的过程，最大限度地优化过程。在结构编排上按照 GB/T19001 标准格式，整合型管理体系要求可以为企业贯彻质量、环境、职业健康安全管理体系等标准提供实施要点。

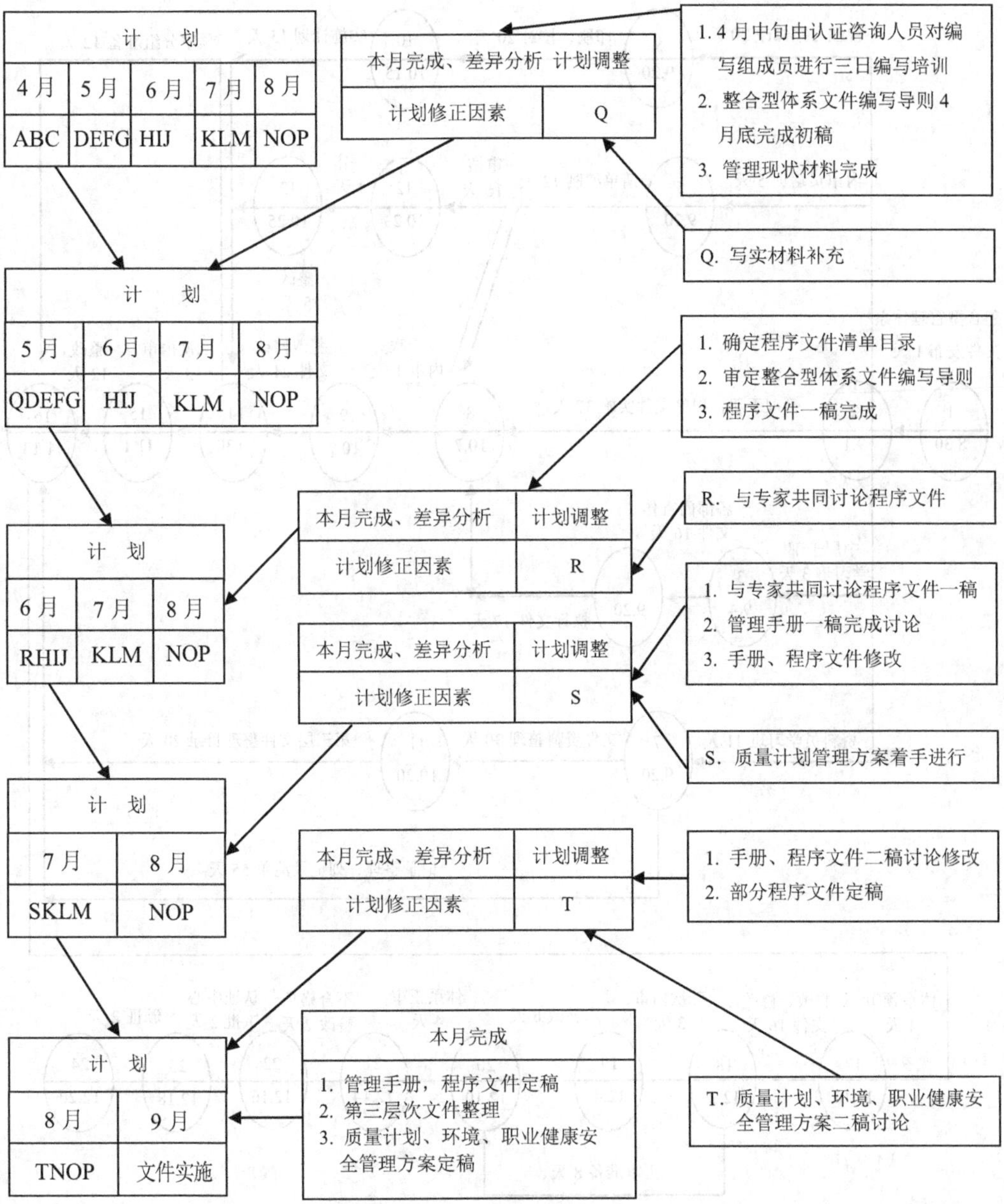

图 2-12 整合型管理体系文件实施——认证进度网络图

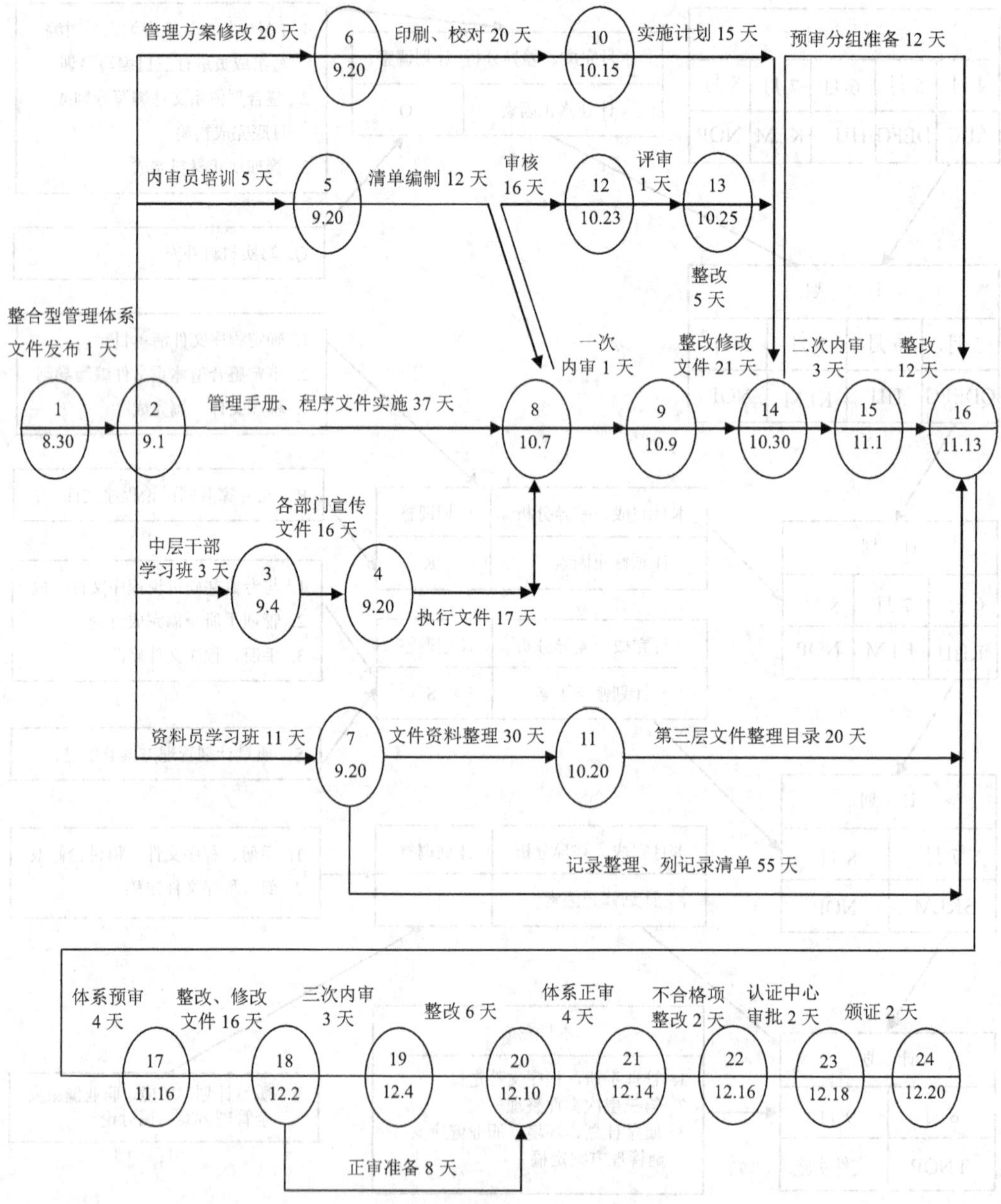

图 2-12 整合型管理体系文件实施——认证进度网络图（续）

（资料来源：王进. QEOHS 整合型管理体系实践[D]. 西安：西安交通大学，2003. ）

思考题：

1．案例中提及的三大体系分别是什么？请比较三大体系彼此间的异同点。

2．对于企业而言，将几个管理体系整合成一个整体会带来怎样的好处以及可能的困难？

3．为了建立有效的整合型管理体系，该企业做了哪些工作，企业的管理者在其中扮演什么样的角色？

案例 2-2　黑龙江推行 ISO9000 质量管理体系认证——理念新推广难

源于制造业的 ISO9000 质量管理体系认证，至今扩展到政府部门，以先进理念强化行政管理，推动自身改革，转变政府职能。但这项认证在黑龙江省却出现叫好不叫座的现象。

推进行政管理体制改革的重要目标是建设服务型政府，以提高质量为核心、强调过程方法的 ISO9000 质量管理体系为政府部门强化服务意识、提高服务质量带来了先进的理念和工具。以大连市为例，大连市政府 55 个委办局已经全部获得质量管理体系认证，成为迄今为止全国副省级城市第一家一次性通过认证最多的政府机关。2008 年，大连市受理各类行政许可事项近 150 万件，按期办结率达到 99%，总体审批时限比上年缩短 53%；企业与政府打交道的时间由过去的年均 93 天缩短为年均 14.6 天，处于全国先进水平；社会评价问卷调查统计显示，91.4%的调查对象对机关工作表示满意。

但据中国检验认证集团黑龙江有限公司透露，该省认证单位不超过 20 家。如此先进的管理方法在黑龙江省却叫好不叫座，问题出在哪里？

1．以标准化克服管理服务随意性——过去十几趟今朝一日结

“以往市民最多要跑十几趟才能办完流程，现在在手续齐全的情况下不超过 1 个工作日就可以办完住房贷款，特别方便。”哈尔滨住房公积金管理中心负责人说。自 2007 年建立运行 ISO9000 质量管理体系以来，为了推进提速服务流程，制定了明确的质量方针，依据质量方针制定质量目标，将质量目标进行明确的量化并分解到各职能部门，明确规定职能部门权限范围内的个人贷款、提款审批事项办理总流程在手续齐全情况下不超过 1 个工作日，手续不全的一次告知，确保第二次一次完成。

市民张女士对此非常感慨。她说：“前几年我先生用公积金贷款买了一套房，本来是件高兴事，可没想到办起贷款来，手续太复杂了，半个月下来完全没有了买新房的幸福感。这次用我的公积金贷款又买了套房，相关手续一天就全办完了。”在哈尔滨住房公积金管理中心，刚刚办完手续的张女士高兴极了。不仅市民办贷款尝到了甜头，该中心还灵活应用了 ISO 标准，借助信息化手段，将办公自动化系统建设与 ISO 管理有机结合，优化了工作流程，提高了工作效率，解决了规范与效率之间的矛盾。

推行政府部门质量管理是中国不断完善服务型政府建设的标志。随着服务型政府的建立，越来越多的政府部门开始采用质量管理体系认证这一国际先进理念来强化行政管理，推动自身改革，转变政府职能。政府行政管理中经常出现“拍脑袋”现象，而 ISO9000 质量管理体系强调管理过程的标准化，对每项工作如何做、做到什么程度，都作了明确规定，通过标准化、规范化，有效地消除了过去在管理和服务上的随意性，较好地解决“人管人、人管事”的弊端。

中国实施 ISO9000 质量管理体系认证最早的广东省江门市，机关工作人员责任和服务意识明显增强，办事效率、服务质量明显提高，企业、群众、社会满意度明显提升，有效地促进了服务型政府的建设。2006 年世界银行公布的中国城市竞争力报告中，江门市在政府效率方面名列前茅。

齐齐哈尔出入境检验检疫局自推行 ISO9000 管理以来，有效地促进了政府在施政理念上由“控制”向服务转变。该局负责人在接受记者采访时说，ISO9000 质量管理体系强调以顾客为关注焦点，提供顾客满意的产品。对于政府来说，就是要以服务对象为关注焦点，提供服务对象满意的服务。而且传统行政管理中，由于部门职能交叉，经常出现“互相扯皮”的现象，既降低了政府效能，也影响了政府形象。通过导入 ISO9000 质量管理体系，从制度安排上解决责任主体不清晰的问题，确保工作全流程做到“凡事有人负责、凡事有章可循、凡事有据可查、凡事有人监督”，大大提高了公务员的责任意识。

2. 认证高成本令政府机关望而却步——操作繁琐也是推广难题

据中国检验认证集团黑龙江有限公司副总经理张宏露介绍，ISO9000 质量管理体系的作用机制一般是通过引入 ISO9000 族标准，使组织在文件编写、生产过程、产品（服务）质量等方面达到设定的要求和水平，从而通过 ISO9001 认证。ISO9000 质量管理体系除了具有认证功能外，还具有十分强大的管理功能，主要体现在：ISO9000 质量管理体系强调运用过程的方法、系统的方法、持续改进的方法和基于事实的决策方法来对组织进行管理，还强调制定具体且可行的质量方针，注重质量目标实现、岗位绩效考核和统计技术的运用。这些具体方法和技术可以为政府部门带来新鲜的管理方法，对规范公务员行为和政府活动提供一条新的途径，从过程上保证政府执行法律法规的规范性并提高服务的效率和质量。

20 世纪 90 年代末，我国政府部门开始引入 ISO9000 质量管理体系，并取得了显著成效。但是，在此过程中也产生了一些问题，如此先进的理念在政府部门引入的过程中产生了一些问题。

目前，许多地方政府对引入 ISO9000 质量管理体系敬而远之。杨秀华是中国检验认证集团黑龙江有限公司认证业务部经理，她就亲历了一部门在引入体系的过程中最终选择了放弃。她说，政府放弃的主要原因在于ISO9000族标准在政府部门中转换难。尽管ISO9000族标准对各种行业具有普遍适用性，但其毕竟源于企业，一些术语和程序难于与行政管理中的术语和方法一一对应，许多政府工作人员只是全盘照搬。政府部门与企业在性质上、目标上、生产过程上都存在很大的差异，而且其产品（服务）很难用具体的标准来衡量。而且政府机关认为质量管理体系操作起来比较繁琐。再有就是ISO9001认证耗费资金，增加行政成本。杨秀华介绍，ISO9001质量认证所需费用较高，根据我国现行的《产品质量认证收费标准》，质量认证收费项目包括申请费、审核费、审定与注册费（含证书费）、产品质量检验费和年金（含标志使用费）等，且根据审核所需的天数和人数计算，再加上咨询、培训等费用，一般一项认证需几万元甚至十几万元。因此，高额的认证资金在一定程度上会增加行政成本，甚至滋生腐败现象，造成政府机关望而却步。

3. 增强灵活性可操作性——推行政府管理体系认证势在必行

俗话说“国有国法，家有家规”，如果没有规矩，连最简单的方圆都难以画成。对于政府部门而言，当然应该有自己的一套规矩，并严格遵从。从这个意义上说，政府部门采用ISO9000这一国际通行的质量管理体系来加强行政管理，转变政府职能，当然值得期待。而且，随着ISO9001—2008版质量管理体系的发布，该标准在灵活性与可操作性方面有了明显提高，这为政府部门推行该标准提供了新的契机。

出入境检验检疫局和质量技术监督局是负责推广应用ISO9000标准的行政部门，他们最先接触ISO9000标准，对标准的理解较为深刻，因而也是最先尝试建立ISO9000的行政部门。他们率先将ISO9000标准引入自身的管理工作中。目前，形成了明显的以出入境检验检疫局、质量技术监督、税务为代表的行业特色。在黑龙江省通过认证的政府部门中，三个行业占到了30%左右，而且应用效果十分明显。

在经济全球化的形势下，国家之间的竞争日趋激烈，投资增长取决于政府管理的质量；世界各国把提高政府服务质量作为提高国家核心竞争力的重要手段，公共部门质量管理已成为全球行政改革的一个重要方面，质量管理已成为公共管理的部分基础。在此背景下，ISO9000标准在行政部门的应用将更加广泛。ISO9000标准在行政部门的成功应用已引起各级政府的重视。

（资料来源：黑龙江推行 ISO9000 质量管理体系认证　理念新推广难[EB/OL]. 东北网，http://heilongjiang.dbw.cn/system/2009/10/19/052162886.shtml，2009-10-19.）

思考题：

1. 通过落实ISO9000质量管理体系推进行政管理体制改革，强化政府部门服务意识、提高服务质量，体现出ISO9000质量管理体系中的什么思想？

2. 造成ISO9000质量管理体系在黑龙江省推行叫好不叫座的原因有哪些，关键因素是什么？

3. 谈谈你对“推行政府管理体系认证势在必行”这一论点的个人看法。

案例 2-3　中国 ISO9001 认证市场解析

管理体系认证作为一种重要的管理工具已经在全球得到了普及，在中国包含 39 个大类的体系认证证书已经累积发放了 44 万多张，其中以 ISO9001 为审核准则的质量管理体系认证得到了最广泛的响应，截止到 2011 年底，中国大陆地区已经发放认证证书 31 万多张，质量管理体系的建设和持续改进为中国产品质量的提升起到了积极的作用。然而，随着认证市场的扩大，对体系认证特别是对 ISO9001 标准的质疑声此起彼伏。

1. 培训机构数量相对较少，认证机构分布比较集中（见图 2-13）

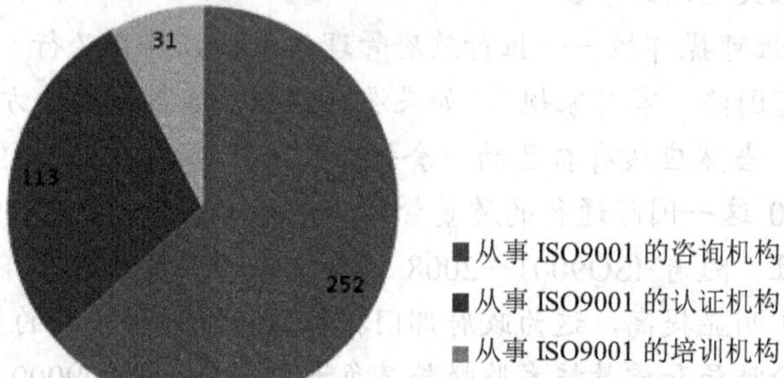

图 2-13　2011 年从事 ISO9001 相关业务的机构数量

伴随社会主义市场经济的深入发展，我国认证事业也得到进一步的发展。2011 年，中国认证行业较去年取得了较大的进步，ISO9001 认证、咨询、培训机构数量持续增长，截止到 2011 年底，共计 396 家。其中，认证机构有 113 家，占机构总数的 28.54%；培训机构有 31 家，占机构总数 7.83% 。

2011 年中国 ISO9001 认证机构分布相对集中，主要分布于北京、上海等经济发达省市，北京、上海、广州的认证机构数量之和占全国认证机构数量的 80.53%，分布集中性明显。咨询、培训机构的数量除北京、上海稍多外，国内其他省市分布较平均，全国咨询机构、培训机构分布趋于分散化。

2. 国内机构发展不均衡，中西部发展有待加强

总体看来，2011 年中国 ISO9001 认证行业得到了较大的发展，认证、咨询、培训机构的数量都有所增加。但国内机构分布相对不均衡，我国东部地区机构分布较集中，而中西部地区机构数量较少。截至 2011 年底，中国 ISO9001 认证、咨询、培训机构共有 335 家分布于东部地区，占国内全部机构总数的 84.60%，其中认证机构有 98.23%（111 家）分布于中国东部地区，咨询机构、培训机构分别为 86.51%、96.77%。

中国东部地区经济相对发达，企业数量较多，相关人才聚集，认证市场较为宽阔，能够满足市场对认证的需求，推动了相关产业、行业的快速发展。但伴随国家西部大开发战略的逐步推进，中国中西部地区经济逐步发展，部分企业逐步流向中西部地区，认证市场也随之得以开拓，认证需求逐步增加，相对匮乏的认证、咨询、培训机构必然成为制约认证行业发展的瓶颈。增加中国中西部地区的机构数量，促进各类机构发展，对于中国中西部地区 ISO9001 市场的发展有着极大的推动作用。

3. 信息技术、工程服务等行业引入 ISO9001 认证企业较少

2011 年引入 ISO9001 认证的行业以基础金属及金属制品、电及光学设备以及其他行业为主，信息技术、工程服务等行业引入的企业较少，与国民基础生活息息相关的食品、饮料和烟草的认证企业比率也很小。ISO9001 认证行业在人民生活消费领域的潜力很大。表 2-13 所示为 2011 年度我国 ISO9001 获证企业行业分布排行中的前 10 名。

表 2-13　2011 年度 ISO9001 获证企业行业分布排行前 10 名

名　次	行业名称	认证企业数量
1	基础金属及金属制品	38 718
2	电及光学设备	33 732
3	机械及设备	25 306
4	建设业	21 492
5	橡胶和塑料制品	15 644
6	化学品、化学制品及纤维	13 108
7	批发及零售，汽车、摩托车等修理业	12 227
8	食品、饮料和烟草	10 316
9	工程服务	8 474
10	信息技术	6 929

在认证领域方面也是根据认证市场的变化，认证机构在不断地调整业务范围，目前认证机构数量方面还是以基础金属及金属制品等认证企业较多的领域为主。根据市场和政策的变化，认证领域也将发生改变。

4. 获证企业分布不均，南方珠三角居多

2011 年中国 ISO9001 获证企业大多分布在南方珠三角地区，主要分布于江苏、广州等经济发达省市，北方城市认证企业数量较少，分布集中性明显。江苏与广东的认证企业之和占据了前 10 名的 40.4%，浙江和上海的认证企业数量紧随其后。由此可见，南方企业更加重视 ISO9001 认证。

随着国家经济发展和国际贸易需求，北方的部分企业开始逐步的认识和了解 ISO9001 认证，认证市场也将随之得以开拓。

5. 高级审核员与认证咨询师较少（见表2-14）

表2-14 2011年度ISO9001审核员数量排行前10名

名　次	机构名称	ISO9001审核员人项数
1	中国质量认证中心	6 853
2	方圆标志认证集团	5 582
3	北京新世纪认证	1 920
4	中质协质保中心	1 883
5	北京世标认证中心	1 529
6	北京中大华远认证中心	1 519
7	北京联合智业认证	1 458
8	华夏认证中心	1 389
9	广东中鉴认证	1 380
10	中国新时代认证中心	1 170

2011年整个认证市场中审核员和实习审核员占据50%以上，高级审核员和咨询师相对较少，说明大部分认证机构对于基础审核人员需求很大。

由于中国质量认证中心和方圆标志认证集团的业务范围触及到全国，因此审核员数量也是最多的，占据全国审核员总和的50%。

与认证机构的审核员相比，咨询师数量就要少很多，因此还应规范咨询市场，树立咨询公司的口碑，才能扩大咨询行业健康的发展。

6. 四年发展回顾——2008—2011年（见图2-14）

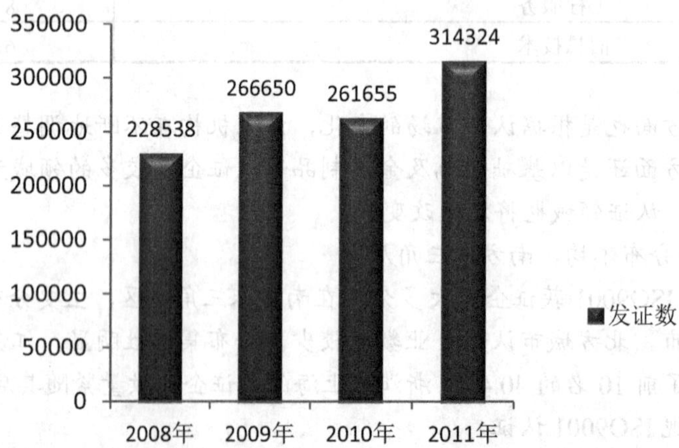

图2-14 2008—2011年ISO9001发证数增长情况

除 2010 年以外，中国发布的 ISO9001 认证证书总量基本逐年增加，而 2010 年证书总量较 2009 年有所减少，是因为从 2010 年开始国家认监委、地方两局加大了认证监管力度，对于假认证，认证不符等违规现象一律严厉清除，还认证市场一个有序、安宁的局面。从 2010 年到 2011 年期间，ISO9001 认证证书被暂停了 6 364 张、撤销了 31 228 张、注销了 63 267 张（企业证书暂停实施后两年内，企业可申请恢复；而企业证书被撤销或注销后需要重新认证）。从撤销和注销的证书数量来看，国家认监委和地方两局近两年进一步加大了认证市场的监管力度。

随着企业认证需求的增多，ISO9001 认证机构也逐年增加，现有的认证机构也纷纷成立各地分部、分支机构。当然，国家认监委在扩批新认证机构时，多年来一直遵守认证机构审批条件，严格把关。2009—2010 年，国家认监委通过审批了仅 3 家 ISO9001 认证机构；在 2011 年，新 ISO9001 认证机构增加了 5 家。

（资料来源：行业门户探市场：2011 ISO9001 认证市场解析[EB/OL]．中国认证认可信息网，http://www.cait.cn/xtxrz_1/rdzt/9001zt/，2012-02-01．）

思考题：

1．请简述中国在管理体系认证的建设上五年来的成果和问题。

2．早在 2004 年，我国颁发认证证书总数和获认证企业总数就均居世界第一，但人们似乎并未明显感受到由此而来的体验差别，其中最大的问题是什么？

3．当前很多的企业管理者过分推崇各类质量认证，错误地以为通过体系认证等同于企业就有了质量管理体系，对于这种误解你有什么看法？

本章参考文献

1．中国标准出版社第一编辑室．管理体系标准精编[M]．北京：中国标准出版社，2003．

2．余取民，余捻宏．GB/T9000—2000 idt ISO9000：2000 质量管理基础教程——质量管理体系基础・认证・提高[M]．北京：机械工业出版社，2003．

3．韩福荣．现代质量管理学[M]．第 2 版．北京：机械工业出版社，2007．

4．苏秦．质量管理与可靠性[M]．北京：机械工业出版社，2006．

5．肖格．建设质量文化，全社会共同的责任[J]．上海质量，2011(12)：15-17．

6．李为柱，李学方，周韵笙．2000 版 ISO9000 族标准理解与应用[M]．北京：企业管理出版社，2001．

7．万涤生．质量管理与质量认证的研究[M]．北京：中国标准出版社，2003．

8．（美）James R. Evans，William M. Lindsay．质量管理与质量控制[M]．第 7 版．焦

叔斌，等，译．北京：中国人民大学出版社，2010．

9．（美）Richard B. Chase，Nicholas J. Aquilano，F. Robert Jacobs．运营管理[M]．任建标，等，译．北京：机械工业出版社，2003．

10．（美）James R. Evans，James W. Dean. Jr.．全方位质量管理[M]．吴蓉，译．北京：机械工业出版社，2004．

第三章　领导与战略计划

本章内容要点

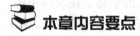

质量管理中的领导：领导方面的主要惯行；领导理论及其在全面质量环境中的应用论；领导与社会责任

战略计划：战略计划方面的主要惯行；战略计划过程；战略展开

战略质量规划的内容：战略质量规划的模型；战略质量规划的过程；战略质量规划的方针

第一节　质量管理中的领导

一、领导方面的主要惯行

强有力的领导在建立、保持并推行全面质量文化这方面的作用是毋庸置疑的。朱兰就曾经尖锐地提出质量责任的权重比例问题：大多数企业质量管理的失败都在于领导方面。

领导是对所管辖的人员和系统施加积极影响从而发生改变并取得重要成果。简单说就是需要创造出清晰可见的质量价值观，并将这些观念与组织的战略相整合。传统概念对于领导已有诸多的描述，但时至今日，将领导视为组织高层的事情这一观念将面临日渐严峻的挑战。种种新时代的变化要求对领导有更加广泛的含义，如项目团队成员的领导力包括首创精神、自我管理能力、做困难决策的准备以及对企业的责任感。在传统组织中，这些仅局限于组织的高层。但是有效的质量领导者的五个核心技能却没有改变，即愿景、授权、直觉、自知和坚守价值观。

在致力于全面质量实施的大背景下，领导惯行虽多种多样，但其却有着共同的要素。通常领导者推动质量和企业的卓越绩效的实现从以下几个方面展开。

（一）服务导向

领导者以为顾客和其他利益相关群体创造价值为目标，并以此作为组织各个层次确定业务方向和绩效期望的基础。高层领导者是组织中愿景和价值观的源头，且应真正实现着眼于顾客。例如，联邦快递简明易懂的座右铭“人员、服务、利润”传达出了这样的意思，即对人员的关注，亦即对联邦快递员工的关注是第一位的。如果员工们被待之以尊重，拥有一个善解人意的领导，他们就会对顾客提供优质的服务，额外的利润也会由此而来。此外，领导者必须展现出对愿景和价值观的承诺。在联邦快递，公司的每个业务决策都按照人员—服务—利润的次序来进行评估。总的来说，领导者必须着力于推进相关改进过程，并对诸多改进过程的优先次序进行定义。

（二）授权与鼓励创新

全面质量管理采取的是一套以质量和过程为核心的考核激励体系。该体系把关注顾客、产品和流程设计、个人和团队学习、持续改进、团队合作、服务质量、顾客关系管理等质量管理元素和细节纳入考核范围。通过工作多样化、授权、培训和工作关系调节等激励方式，引导员工自我管理和持续改进。领导者应通过授权建立以创新为目标并具有灵活性和组织学习功能的领导体系和环境。领导者需要进一步弱化官僚规则和程序的环境，以使得管理者们能够勇于去实践和冒险，允许员工对问题自由发表看法，支持团队协作以及帮助员工理解他们对质量应负的责任。许多公司的管理者加强了团队协作，同时赋予员工达到质量要求的责任。如果行业特质允许的话，他们鼓励一种深厚的家庭气氛，促进清晰而有效的沟通，认可并奖励那些表现格外突出的员工。在 Custom Research 公司，四位最高层领导人通过激发人们采取一切手段来满足顾客需求，与其他九位高层管理者一起制定战略，让中层管理者成为真正的领导者，从而确保员工拥有做好工作所需的责任、训练和信息。

（三）积极的榜样作用

领导者在质量方面表现出高期望值并表现出实质性的个人承诺与参与，这常常是以无比的热情来进行的。领导者应该能激发别人去做他们本人都不认为能够做到的事情。让员工们认识到克服困难便是追求卓越的通道，并在对员工授权的基础上对员工的相关工作进行相关支持，并树立在实施全面质量过程中积极的榜样作用。彼得·德鲁克非营利管理基金会总裁的佛朗西丝·赫赛尔贝恩（Frances Hesselbein）说：“今天及未来的领导者主要关注是什么（而非如何做）——如何培养质量、个性、认识、价值观、原则和勇气。”摩托罗拉公司设定了大胆的目标：四年内将每一运营领域的产出的单位缺陷率降至原来的 1/100，运转周期每年降低 50%。3M 公司努力促成从推出不足 2 年的产品中实现 25%销售额。为了完成这种“艰巨”的目标，领导者需要提供达到该目标所需的资源和支持，尤其是培训。

如上所言，领导者展示了一种对质量的热情，并积极践行他们的价值观。通过“说到做到”，领导者为整个组织树立了榜样。许多CEO亲自主持质量培训班，参与质量改进团队，参加那些一般不需要最高层介入的项目，以及亲自拜访客户。此外，部分企业CEO亲自主持TQM委员会，负责及时处理在实施全面质量过程中各种突发问题。

（四）广泛的沟通与交流

领导者把质量价值观融入到日常的领导和管理当中，并向各个层次的领导者和所有员工进行广泛的沟通和交流。在沟通中对质量价值观进行传递，并解答或与员工一起解决日常的相关问题，并及时获取员工的个人状态、工作程度以及其他相关信息。此外，通过颁布相关的组织政策来保证全面质量的实施。通用电气公司重新围绕质量修订了其晋升标准。如果管理者不能有效支持公司的六西格玛质量战略，他们将不会被考虑晋升，甚至会被撤职。成功的领导者运用种种沟通方式在整个组织中推动他们的愿景：个人交流、谈话、书面报告、研讨会、E-mail 及视频录像等。另一些公司的高层管理者运用各种方式来沟通公司的愿景、价值观和目标，如对团队的亲自访问、内部电视及双月举行的质量管理论坛等。组织的扁平化更便于促进交流。另外，为了保证有效的沟通，需要对组织的架构进行适当调整。例如，德州仪器的方位系统与电器部门将管理层级由 8 层减少到 5 层，相应增加了每个层级的雇员数，以此作为一种加强沟通的方式。

（五）重视绩效持续改进

持续改进即为增强满足要求的能力的循环活动。制定改进目标和寻求改进机会的过程是一个持续过程，该过程使用审核发现和审核结论、数据分析、管理评审或其他方法，其结果通常导致纠正措施或预防措施。

领导者们评审组织的绩效——也包括他们自己作为领导者的绩效——以评价组织的成绩和进步，并将评审结果用于组织安排改进的优先次序和寻求创新机会，同时也会用于他们自身改进和创新领导的有效性。要保持对于改进的承诺，领导者必须将组织的热情保持在一定水平上。要保持这种热情，就必须有一个过程用以评审组织的绩效指标并将结果用于推动改进。这种评审有助于保证组织的目标和资源分配的一致性。例如，摩托罗拉公司的商业、政府和工业解决方案部门在这方面的做法包括，每半年一次的组织绩效评审会议，每季度一次的运营评审，每月举行的顾客和业务绩效会议，以及每季度的管理委员会会议等。其中一个成果是，成立了一个跨职能团队来分析全球短期和长期的安全和保安问题。每年，公司都要对高层管理者的结果和行为进行相互的比较评定，并制定出改善这两个方面的培训计划。

（六）维护职业道德

职业道德，就是同人们的职业活动紧密联系的符合职业特点所要求的道德准则、道德情操与道德品质的总和，它既是对本职人员在职业活动中行为的要求，同时又是职业对社会所负的道德责任与义务。通常它是职业品德、职业纪律、专业胜任能力及职业责任等的总称，属于自律范围，它通过公约、守则等对职业生活中的某些方面加以规范。职业道德既是本行业人员在职业活动中的行为规范，又是行业对社会所负的道德责任和义务。

全面质量环境下的领导者创造一种促进守法重德行为的环境，并建立强调管理和财务责任、保护股东和相关者利益的治理体制。通过维护相关职业道德，进而确保公司的价值观体现在所有员工的工作过程中。通常通过保密热线的设置来服务于对不道德行为的监督，并且将所报告问题进行调查和处理。例如，摩托罗拉的商业、政府和工业解决方案部门设立了高层道德委员会、公司守法官员、伦理热线、领导标准模式等，用以支持其商业活动，并有效规避其中的不道德行为。

（七）对公共责任的承担

企业公共责任是指企业在创造利润、对股东承担法律责任的同时，还要承担对员工、消费者、社区和环境的责任。企业的公共责任要求企业必须超越把利润最为唯一目标的传统理念，强调在生产过程中对人的价值的关注，强调对消费者、环境和社会的贡献。

卓越的领导过程把公共责任和社区支持融入到他们的经营过程当中。领导责任包括对于公司的产品和服务可能会影响到的公共健康、安全、环境的保护。通常优秀的公司会制定对应其行业特征的责任原则，并在领导者的推动下充分实施。例如，伊士曼公司协助制定了化工企业联合会的责任关爱原则。该原则要求成员公司的任何活动都要保证对于公共健康、安全和环保的责任。旭电法国公司是第一家获得欧洲经济联合体环境管理和审计体系认证的法国企业，其在马来西亚和中国的分公司帮助培训当地政府在回收、有害原料控制和审计方面的实践活动。

对于诸如教育、医疗、专业社团和社区服务这些社会共同体的支持是公司应当扮演的重要角色，也是一种领导责任。一些公司十分重视教育和直接的志愿者活动，它们的员工为当地学区设计和讲授了理论到时间类的课程。此外，一些公司还把利润的一个固定比例捐献给社会，同时补足员工慈善募款的不足部分。

从以上这些例子我们可以看到，领导是整个质量系统的推动力。没有领导，全面质量活动就会成为“一时的热度”，这正是许多公司的全面质量活动失败的主要原因。但是，有效的领导惯行是构筑在正确的组织结构和理论基础之上的。

二、领导理论及其在全面质量环境中的应用论

领导者（leader）是指那些能够影响他人并拥有职权的人。领导（leadership）是领导者所做的事情，更具体地说，它是一个影响群体实现目标的过程。以下阐述最普遍的领导理论及其在全面质量环境中的应用。

（一）领导理论简述

在全面质量管理的过程中，领导是不容忽视的一个方面。要理解相关领导过程的建立和实施，就必须对领导的基本理论加以理解。本书是围绕着全面质量管理展开的，而领导理论的成型可追溯到80年前乃至更长的时间。考虑到领导在全面质量管理中的重要性，故而在此简要阐述最普遍的领导理论并讨论它们在全面质量管理中的应用。涉及各行各业的诸如工程师、销售人员及服务人员等都应了解这些内容，并需要进一步了解领导者如何实施领导过程并实现全面质量的成功。普遍领导理论的分类如表3-1所示。

表3-1 领导理论的分类

领导理论	提出者	理论的类型
领导特质理论	Ralph Stogdill	特质
俄亥俄州立大学的研究	E. A. Fleishman，E. F. Harris，et al.	领导行为
密歇根大学的研究	Rensis Likert	
X理论和Y理论	Douglas MacGregor	
管理方格理论	Robert Blake，Jane S.，Mouton	
领导有效性模型	Fred E. Fiedler	权变或情境
监督式权变决策模型	V. H. Vroom and P. W. Yetton，V. H. Vroom and A. G. Jago	
管理角色理论	Henry Mintzberg	角色理论
魅力理论	R. J. House，J. A. Conger	新兴理论
转变理论	James M. Burns, N. M. Tichy, D. O. Ulrich, B. M. Bass	
领导替代理论	Steven Kerr, et al.	
情绪智力理论	Daniel Goleman	

表3-1中，特质理论的观点认为，存在一些个性特点，可以使得把领导者从非领导者中区分出来，并把这些个性特点成为特质，其通常包括：内在驱动力、领导愿望、

诚实与正直、自信、智慧、工作相关知识和外向型。俄亥俄州立大学的研究通过行为理论来展开，并确定了领导者行为当中两个重要的维度，即定规维度（initiating structure）和关怀维度（consideration）。其中定规维度指的是规划工作、界定任务关系及明确目标等行为。而关怀维度是指管理者在工作中尊重下属的看法和情感并与下属建立相互信任的程度。密歇根大学的研究与俄亥俄州立大学的研究相似，也将领导行为分为两个维度，即生产导向和员工导向。生产导向的领导更重视组织任务的完成情况，而员工导向的领导则更重视员工的需求。有研究显示员工导向的领导与员工的高工作满意度正相关；X理论及Y理论是建立在不同的假设上的。通常X理论认为人性好逸恶劳，主张采取命令、强制的管理方式，而Y理论则认为如果给予适当机会，人们喜欢工作，并渴望发挥其才能，多数人愿意对工作负责，寻求发挥能力的机会。管理方格理论（management grid theory）是研究企业的领导方式及其有效性的理论，目的是避免趋于极端，克服以往各种领导方式理论中的“非此即彼”的绝对化观点。因此，管理方格理论指出在对生产关心的领导方式和对人关心的领导方式之间，可以有使二者在不同程度上互相结合的多种领导方式，并以此设计方格来表明“对生产的关心”和“对人的关心”这两个基本因素以不同比例结合的领导方式。领导有效性模型又称为费德勒模型，该模型指出有效的群体绩效取决于两个方面的恰当匹配：一是与下属发生相互作用的领导者风格；二是领导者能够控制和影响情境的程度。该模型基于这样的前提假设：在不同类型的情境中，总有某种领导风格最为有效。这一理论的关键在于首先界定领导风格以及不同的情境类型，然后建立领导风格与情境的恰当组合。传统的领导理论和权变领导理论在管理学原理和组织行为学的相关知识中有详尽阐述，此处不一一赘述。

（二）新兴领导理论

从某种意义上说，新兴领导理论的出现就是为了解决传统领导理论未解决的问题。新兴的领导理论建立在传统理论基础之上，或是对传统理论进行相关扩充。甚至很多学者相信，对领导者的管理风格、被领导者的特征以及情境进行恰当的组合可以改善领导的有效性。这些理论包括归因理论、交易（魅力）理论、情绪智力理论等，他们试图通过人的情绪去解释好的领导者是如何成功的。

1. 归因理论

归因理论（attributional theory）主张，领导者在特定情境下如何与下属打交道取决于他们将下属的行为归于内部原因还是外部原因。例如，如果一个管理者发现员工生产次品，他也许会将此归因于员工可以控制的因素，如不努力、投入不够等。同样，管理者也可以将之归因于诸如原材料不合格或设备缺陷之类的外部因素。在这些归因的基础上，管理者就会决定是采用惩罚措施（警告、降级或开除）还是调整方案（发现问题、重新设计岗位）来解决问题。

2．交易（魅力）理论

交易（魅力）理论（transactional theory）认为，某些领导者能够激发下属付出超常的努力去实现组织目标，这是由于管理者具有自身的愿景并且他能够将愿景很好地融入下属的发展需要中。有一种属于交易理论范畴的新兴理论，对于实施全面质量管理的组织在领导方面具有指导意义，这种新理论被称为转变型领导理论（transformational leadship theory），它有助于解释领导在实施全面质量管理中的作用。依据这个模型，领导者采用了许多本章讨论的行为方式。他们有长远的事业，以顾客为中心，推进共同的愿景和价值观，努力激发组织的创造性，加强培训，敢冒风险，尊重雇员及其需求。几乎所有获得马可姆·波里奇国家质量奖的公司的CEO和高层管理团队都体现了这种领导模式。研究表明，相对于其他领导方式而言，转变型领导能够带来更低的离职率、更高的生产率和质量水平以及更高的员工满意度。

然而，并非全面质量组织中所有管理者都必须是转变型领导者。诸如杰克·韦尔奇这样的极具个人魅力的转变型领导者十分少见，他们在最高层最为有效。追求全面质量组织的同时需要两种类型的领导者，一类建立愿景，还有一类能够有效完成实现愿景所需的日常工作。

3．领导替代理论

领导替代理论（substitutes for leadership theory）认为，在一些组织中，如果下属（团队成员）的个性、工作任务的性质以及组织提供的指导和激励能够协调一致的话，则正式的领导往往无用甚至会起反作用。一般认为，这种领导方式在低的领导有效性情境中可能是有用的，这种情境下领导者不会由于各种政治因素或其他原因而被撤换，或者团队成员的训练水平和能力特别强，或者是形势处于急剧变化等。在这些情况下，自我管理、专业教育甚至计算机技术都可以起到替代领导的作用。这一理论对于全面质量组织的启示在于，不同的情境要求不同程度的领导，这样才能实现高质量成果。

4．情绪智力理论

情绪智力理论（emotional intelligence theory）是一种最新的领导理论。戈尔曼（Goleman）定义了情绪智力型领导的五个要素：（1）自我认知；（2）自我规范；（3）自我激励；（4）移情性；（5）社交技能。他的理论前提是：在过去一些年中，有关领导的研究和实践过多强调了领导的理性方面。他指出，对情绪智力的期望普遍未被纳入绩效测评系统中，但上述五要素所代表的自我管理（要素1~3）和人际技能（要素4~5）对于高层领导者而言，与传统的智力及其技术能力同等重要。对于有效的全面质量管理而言，情绪智力型领导的重要作用体现在它能将一个综合的领导系统的愿景和长期的计划过程转化为行动。没有可靠的自我管理，即前三个要素，组织中的下属就很难接受领导者的愿景。没有移情性和社交技能，领导者就很难与顾客、供应商以及组织外的其他人进行有效合作并建立友好关系，而这些对于组织的全面质量的实施有着极其重要的意义。

三、领导与社会责任

（一）企业社会责任简介

企业社会责任（corporate social responsibility，CSR）这一概念产生至今，对企业的运营模式产生了深远的影响，随着经济的发展以及方方面面的进步，在人文意识和人本意识不断突显的情境下，人们对自己的生存状态、生活质量日益关注，整个社会对企业所应承担的社会责任产生了新的要求。部分公司片面追求股东利润最大化的同时忽视对人的基本人文关怀，忽视对环境的善待保护等，这些由公司所引发的问题使越来越多的人意识到，公司发展绝不仅仅是公司自身的问题，公司不仅以为股东获取最大利润作旨归，同时还要维护公司的职工、债权人，以及消费者、公司所在社区等其他相关者的切身利益，而对这些利益相关者合法合理权益的保护，要求公司承担相应的社会责任。

企业社会责任的内涵界定为：在公司制度以及社会环境的当代演进中所产生的，社会对公司所期望，以及公司为了自身利益在追求股东利益最大化的同时主动维护非股东利益相关者的权益。具体说来则为公司对其员工、股东、消费者、所在社区和其社区居民等方方面面负有相关责任。但正如 Sheikh 所说，“企业社会责任观念是逐步演进的，唯有置身于一定的历史背景中，才能真正领会企业社会责任运动的完整意义。”不同类型企业社会责任管理模式的比较如表 3-2 所示。

表 3-2　不同类型企业社会责任管理模式比较

管理方式	基于纯粹的道德驱动的 CSR 管理	基于社会压力回应的 CSR 管理	基于社会风险防范的 CSR 管理	基于财务价值创造的 CSR 管理	基于综合价值创造的 CSR 管理
主导年代	20 世纪 60 年代之前	20 世纪 60 年代初到 70 年代末	20 世纪 80 年代初至 90 年代初	20 世纪 90 年代中期以来	21 世纪以来
CSR 概念	狭义的企业社会责任	企业社会回应	企业社会绩效	战略性企业社会责任	多元价值创造的整合
对企业本质的认识	道德主体或道德代理人	机械的“应激系统”	具有社会功能和完全理性的经济组织	以股东利益最大化为目标的，具有社会功能的经济组织	企业全面社会责任管理、广义的企业社会责任
管理目标	实现纯粹的道德目标	增强合法性和获得必要的资源	规避社会风险，增强公众信任，避免企业失败	将社会问题转化为商业价值，增加企业财务收益	相同的社会主体实现其多元价值追求的社会平台
管理议题	慈善责任	政府机构、社会利益团体和公众的看法	各种可能引发企业经营风险的社会问题和环境问题	各种可能带来价值的社会和环境议题	追求经济、社会和环境的综合价值最大化

正如表 3-2 所示，企业社会责任的概念可分为层次责任观（levels of responsibility theory）、社会契约观（integrative social contracts）和利益相关者观（stakeholder theory）。企业履行社会责任是一个核心的商业原则，企业不仅具有经济和法律的义务，而且还有承担超出这些义务之外对社会的责任。

（二）领导与社会责任的关系

在全面质量环境中，以顾客为导向，综合考虑各方利益相关者并采取行动已成为当今追求卓越企业的必然趋势。

领导者在实践社会责任的相关活动中扮演了重要的角色。首先，领导者自身应首先对企业实践社会责任具有认同；其次，在领导者实施领导行为的过程中，应使得社会责任的相关理念得以外化，并制度化等一系列手段积极推进企业实现相关社会责任；最重要的是，领导者应把握推进全面质量的过程中社会责任的新体现与新实践。

关于领导与社会责任的态度已有学者做出研究。例如，交易型领导对待企业社会责任趋于不积极型和反应型；魅力型领导趋向反应型等，如表 3-3 所示。关于企业社会责任与领导力的理论研究的焦点集中在关于企业社会责任与领导力是否有关、变革型领导与企业社会责任的关系、企业管理者的社会责任倾向，以及与领导力和组织文化的关系等，已有实证表明两者存在相关性。

表 3-3 领导与社会责任倾向关系

领导方式	交易型	魅力型	远见型、道德型	变革型
对待企业社会责任的态度	不积极型和反应型	反应型	积极型	主动型

尽管领导力与企业绩效的确切关系还有待探讨，但在一项涉及五大洲 17 个国家的企业 500 多名 CEO 的企业社会责任的实证研究文献中，经济目标至上的 CEO 通常会被下属认为专权而缺乏远见，而利益相关者至上的 CEO 会被下属认为较有远见却不专权，利益相关者至上的 CEO 所在的公司财务绩效也较高，同时下属表现出较高士气而且愿意为公司奉献。最重要的启示是，过分强调利润最大化或者说是单一的利润导向的高层管理者会最终发现公司的价值目标会与期望相悖，现实中强调股东利益也同时重视利益相关者的高层管理者会为企业带来更好并且现实的绩效。

忽略高层管理团队及其领导力的企业社会责任研究可能得到不准确的结论。有强烈责任感（responsibility disposition）的人能够通过内在机制控制自身的行为（Winter，1991）。企业高层管理人员的社会责任行为出于内在的责任感。从反面来看，没有社会责任目标的企业在很多方面都是非常危险的，包含了很多企业、社会和环境的风险。通过研究 CEO 关于企业社会责任绩效信息与 CEO 心理测量数据之间的关系显示变革型领导的智力激励维度与企业实施责任战略强相关（Waldman，Siegel，Javidan，

2006）。变革型领导倾向于包括更广泛的利益和价值，交易型领导与变革型领导能够互相补充，股东利益最大化和企业履行社会责任不冲突。诚信领导行为能够有效地降低企业商业成本，包含政府罚款、诉讼和会计费用以及调查成本等（Thomas，Schermerhorn，Dienhart，2004），这些费用往往湮没在企业日常运营的各项成本中而被忽视。同时，缺乏社会责任的企业将会在企业声誉、员工道德和士气、对高层次人才的吸引力方面遭受损失。

企业社会责任行为的很多表现掩盖了企业高层管理者的真实动机，或者说高层管理者的社会责任倾向是很难测量的，可通过较成熟的高阶理论来研究企业高层管理者与企业社会责任绩效的关系。Finkelstein 和 Hambrick（1996）提出包括 CSR 在内的企业行为是管理决策和管理裁量权的产物之一，同时从大量的商业案例可以发现，CSR 潜在的战略意义也引起了企业高层管理者的重视。企业在没有明确战略意图的情况下可能出于道德或者伦理的原因履行 CSR（Donaldson，Preston，1995），促使高层管理者进行 CSR 决策的驱动因素是研究的关键，在企业 CSR 战略的企业高层管理者会表现出明显的差异，高管和组织的特征与 CSR 之间的关系有助于理解企业 CSR 行为（Wood，1991），以前的研究过多关注 CSR 表现而忽视了高层管理者在进行 CSR 决策时的价值观和倾向。

Peter Drucker 和 Sumantra Ghoshal 认为目标比战略或体制更重要，两人在《恶劣的管理理论正在破坏优良的商业实践》文中指出，商学院的理论家奉若圭臬的“经济人”假设——理性、自私、追求效用最大化，并认为股东利益最大化是高层管理人员以及公司的唯一目标，并且提出各种利润最大化的经济模型和管理公式，最重要的问题是没有考虑到“人的意图和选择因素”，对公司高层管理人员的不信任理论助长了名牌商学院毕业的高层管理者的非商业伦理行为。例如，由高层管理者经过理性分析制定的更加关注消费者诉求的责任战略，这种战略能给公司带来竞争优势，代理理论通常认为通过制定适当的奖惩制度会引导高层管理者和员工努力提升客户满意度，但是由于缺乏承诺和组织协调，战略无法完全执行。基层管理者和普通员工很快会发现高层管理者缺乏提升顾客满意度的内在动机，得不到提升顾客满意度的内在激励，因此基层管理者和员工会寻找奖惩制度的漏洞和表面上提升顾客满意度的虚假数字。

企业家精神（entrepreneurial spirit）也是领导力的重要方面并与企业社会责任有关，是企业家特殊技能集合，包含精神和技巧两个方面，其作为企业核心竞争力的重要来源与 CSR 之间存在内在联系，高层管理者在进行 CSR 相关的决策时不仅会考虑市场、竞争对手以及供应商等因素，也会自觉或不自觉地与道德和伦理相联系，并且由于企业家精神中最重要的是个人特质，包括创新能力、个人素质、价值取向、魅力、合作、诚信等，这些特质都与高层管理者的 CSR 决策直接或间接相关。

（三）社会责任的变化

领导者必须理解公众关于商业道德和社会责任的期待以便引导企业的运营过程。组织在领导方面的一个重要内容便是承担公共责任和做优秀的企业公民。这包括企业伦理以及保护公众健康、安全及环境方面的责任。随着环境的变化，企业社会责任必须考虑以下因素。

（1）政府管制的压力。例如，法国规定在巴黎股票交易所挂牌的公司在其财务报告中必须披露它们的社会和环境绩效方面的信息；英国（首个设立公司社会责任大臣的国家）则要求养老基金管理人员披露他们在投资决策时在多大程度上考虑了社会和环境的要求。

（2）人口特征的变化。受教育程度更高的人要求与他们打交道的公司必须符合更高的标准。投资者也根据社会责任表现来进行选择。

（3）来自非政府组织的压力。在欧洲，相较于拜耳制药、壳牌石油和微软这些公司，人们更信赖像大赦国际和绿色和平这样的组织。

（4）更高的透明度。互联网使得消息，尤其是坏消息，传播得更快，使得人们能够更加公开地表达自己的意见。

（5）计划活动的变化。如产品设计，应预计到公司产品在生产、物流、运输、使用和处理过程中可能产生的负面影响。为数不少的公司采取了各种有形的、电子的和组织的安全措施来保护顾客的信息安全。为了确保顾客的信息安全，他们不断评审自己的政策和做法，监测计算机网络，测试安保措施的完备性。预防问题的发生，出现问题时立即采取措施，确保信息公开以保持公众的意识、安全和信心，是最高层领导者的职责。

对管理者来说，理解社会、政府和企业的多样化需求并与自身情况结合起来，是实践层面对企业社会责任的最好办法。根据麦肯锡和毕马威的统计数据，现代竞争环境中高层管理者比过去更加重视 CSR；中国企业家调查系统对 4 586 位企业家问卷调查显示，企业经营者普遍认同“优秀企业家一定具有强烈的社会责任感”并高度认同企业履行经济、法律、伦理、公益四个方面社会责任的重要意义。Bowen 认为高层管理者重视 CSR 的原因有：政府和公众的压力、社会观念和文化、商业伦理教育、公司治理结构的影响、参与决策的人数增加等。美国企业捐款只占社会全部慈善捐款的 5%，而荷兰的企业捐款已经达到了社会全部慈善捐款的 50%，同时荷兰公司董事会成员中有 60%的人是绿色和平组织这类非政府组织的成员，面临越来越大的公众压力，高层管理者如何处理好 CSR 相关问题直接关系到股东价值的创造。

高层管理者的管理行为均会受到包含价值观在内的文化环境的影响，现代企业的发展趋势之一就是注重企业价值观管理，领导力包含愿景，也是价值观的体现。这种价值观体现在 CSR 上包括市场价值和社会价值、工具主义和价值主义、效率和公平等。有些高层管理者注重企业的市场份额和盈利能力，认为CSR是企业获利的工具，同时另一些注重企业商誉或者品牌，提升企业的社会价值会为规避风险带来长期收益，高层管理者的价值观倾向或在几种价值观倾向之间的平衡会影响企业的决策并与企业社会责任绩效相关。

公司治理的核心内容是股东、董事会和经理层之间的责任和利益，公司治理概念的扩展投资、消费者、劳动者等利益相关者包含进来，形成广义公司治理，称之为利益相关者管理或合作关系管理。美国立法机构根据安然和世界通信等公司的财务欺诈行为制定的萨班斯法案（Sarbanes Oxley Act）提高了对公司高层主管的舞弊行为的刑罚，虽然企业高层管理者不直接对社会负责，但是无论从规避风险和提高企业可持续发展的角度，还是推动社会责任，都是企业非常重要的目标，同时强调领导者商业伦理以及社会责任都会给企业带来经济和社会的多重效益。

组织不能只限于遵守相关地区法律和法规要求，更要把它们当作持续改进的机会。优秀的企业应当主动带头确立行业对于社区的责任。

第二节 战略计划

战略计划是按照一个既定的战略目标和方向，帮助管理者分配资源以实现这个目标。尽管对战略计划的有用性存在争论，但研究表明，有战略计划的企业普遍比那些没有战略计划的企业做得更好。这可从销售增长、盈利增长、库存、资产收益率、权益资本收益率、销售收益率、总资本收益率等方面表现出来。而且，做长期计划的公司和那些只做短期预测和年度计划的公司不同，无论是相对的还是绝对的，它在业内都能给投资者提供更高的回报。

一、战略计划方面的主要惯行

战略计划就是战略目标的具体化，它是在分析和预测的基础上描绘出通向组织各阶段战略目标的路线，是整合若干套行动计划及执行计划的资源配置方案。战略计划通过把战略目标层层分解并制订具体的行动计划，来保证公司战略与公司管理的紧密融合，促进组织的每个成员发挥出最大潜能。公司战略整合和战略计划都必须通过一套行之有效的程序在公司各个层面沟通和配合来完成及更新。有效的战略计划程序表现在公司各层面的充分沟通、积极合作的团队精神、高效的工作程序和战略计划的及时更新等方面。

战略计划过程受到了高层管理者的普遍关注。借助于战略计划活动，通过聚焦于一个理想的愿景，亦即组织在未来的发展与定位，最终实现对组织的管理与控制。战略计划活动的目标是建立起一种模式，这种模式决定了组织者在不可预见的外部力量的影响下对于实现目标途径的选择。

通常人们关心更多的是财务和市场目标，但一个有效的战略必须同时关注顾客驱动的质量和卓越的运营绩效。企业应当在充分审视自身资源的基础上，构建能够符合顾客满意与扩大市场份额的运营能力，进而获取自身的相关竞争优势。

战略计划有着不同的展开模式，但是在实际的运营中却有着一些类似的做法。

（一）全面参与

最高管理层、雇员甚至顾客或供应商都积极参与到战略计划过程中。强有力的领导对于使人们接受全面质量并将质量原则融入业务计划过程中而言是非常重要的。且在这个过程中，利益相关群体的诉求能够被充分考虑。例如，在丽丝卡尔顿酒店，最高领导层同时就是最高的质量管理团队。类似的，AT&T 公司传送系统事业部的最高层管理者组成了其质量委员会。该委员会负责确定质量目标的优化次序并评审质量改进活动的进展情况。委员会的每位成员都担任一个独立的指导委员会的主席，负责质量目标的展开。

雇员是战略计划活动中的一种重要资源。公司不仅可以发挥雇员所掌握的顾客和过程的知识的作用，雇员参与还极大地促进了战略的实施。这种“自下而上”的计划方式有助于企业更好地理解和评价顾客的需要。在 ISO9000—2008 版中也提到，各级人员都是组织之本，唯有其充分参与，才能使他们为组织的利益发挥才干。在丽丝卡尔顿酒店，包括公司层、中间管理层和员工在内的各个层次的团队都来确立目标并制订行动计划。每家酒店均任命有质量领导者，他的工作是为团队制订和实施计划提供资源和建议。Solar Turbines 公司使全世界各个分部的员工、顾客和供应商都参与到战略制定的过程中来。销售、营销、服务、设计以及制造等部门的人员以职能内团队和跨职能团队的方式来进行信息的收集、分析和总结。这些信息被上传到领导系统委员会和运营委员会，然后被整合融入战略和各关键成功因素的目标当中。

由于顾客和供应商在供应链中的重要性，故而，他们参与到战略制定过程中的情况并不罕见。当一个组织在计划未来时，顾客和供应商可以为其提供非常宝贵的意见。

（二）系统规划体系

系统化的计划体系用于支撑战略制定和战略展开的相关过程。整个计划过程其实就是对自身内部资源的再整合以及对组织定位与发展的再理解，最终求得自有能力和相关资源的匹配。应用系统化的过程有助于优化资源的使用，确保获得训练有素的员工，平衡长期和短期的要求，这些要求影响着资金的支出和供应商的开发。在实施过程中，通常首先将实施单位的使命、愿景、主要改进机会以及其他一些关键计划作为其战略计划过程的输入。根据这些要素制定出每个组织单位的总战略、主要改进机会和关键的举措。通过项目管理以及定期的评审和改进来完成战略的部署。

（三）信息的充分收集

战略计划的输入部分通常需要对内外部信息进行缜密全面的分析。数据的采集涉及多种方法，由于篇幅原因这里不进行一一介绍。有效的战略计划需要对顾客和市场的需求和期望、竞争环境和竞争能力、财务和社会风险、人力资源和供应商的能力和需求等方面有着清晰的理解。卓越的服务型组织通常对他们所有的行动方案进行评价，进而确定其是否认清了顾客的需要，且在实施过程中进行相关反馈，并依据反馈的有效信息来对相关方针或细则进行调整。

（四）追踪进展并权衡长短期目标

管理层需要将短期行动方案与长期战略目标和组织面临的挑战相协调，并在整个组织中进行沟通，通过测量来追究进展情况。例如，某医院为了实现其“使患者、雇员和医生绝对满意”的战略目标，在一年中确立了三个具体的行动计划，即通过疼痛管理来提高患者的满意度，推行共担责任的护理模型以及增加领导层的代表性。他们使用和检测各种关键指标来跟踪这些行动方案的实施情况，这些指标如护士的离职率、管理层中的少数族裔人数等。沟通保证了战略在三个层面上的有效展开，即组织层面、过程层面和个人工作层面。

总的来讲，长短期目标的初步匹配在相关计划中体现，而通过对由目标展开的实施过程的监控以及对沟通结果的反馈，从而实现不断对整个过程进行动态调整。

（五）人力资源规划的有效支撑

组织做任何非常规的事情都会使雇员受到影响，同时雇员也将影响到组织的一举一动。因此，必须考虑到组织的变革和必要的人力资源变动，如新的培训计划、工作的重构、薪酬措施等。卓越的企业将战略计划和培训教育联系在一起，以培养组织和个人当前和未来的能力。例如，组织可以在以下领域制订长期和短期计划：即能力、组织有效性、绩效和人员。第一个领域的短期计划包括将加强能力的识别、评估与员工发展和业务需要之间的联系，明确角色和责任以提高雇员的授权程度。长期计划着重于建立持续学习的环境以及创建员工授权和发展的新机制。在摩托罗拉，其商业、政府和工业解决方案部门将以下的人力资源计划融入战略计划的过程当中：工作设计的突破性变革；团队成员的发展、教育和培训；薪酬、认可和福利；人力资源需要的识别与招募。当通用电气决定在组织内实施六西格玛时，培训 12 000 名黑带领导者来实施该计划是非常必要的，高层主管担任项目推动者的奖励占到了他们红利的40%。

（六）沟通过程

战略计划的沟通是全方位的。组织的沟通影响战略计划本身的质量和实施效果。首先，战略计划的形成是在沟通中完成的。管理层之间的沟通好坏直接影响战略计划的质量。优秀的战略计划总是整个组织群策群力、充分沟通的结果。股东和员工的建议和关心的问题必须在战略计划中重视。另外，战略计划的实施也是在沟通中进行的。仅靠管理者的权威自上而下地单向沟通，而忽视员工的积极能动性的意见和反馈，这样的计划不会成功。有效的战略计划一定包括一个组织沟通计划。实施计划的各个层面配合无间，相互协助，所有的成员都通过多种沟通渠道和技巧在最短的时间内被保证告知他们应该知道的信息，所有遇到的问题都能尽早解决，这便是理想的沟通策略。要达到理想沟通是不容易的，沟通的技巧和渠道需要有系统的学习和培训，而沟通的效率最终有赖于信息的明确、具体和有序流动。

二、战略计划过程

（一）战略计划过程的内涵

战略计划过程是将战略外化以及实现战略的第一个途径，我们首先需要对其内涵加以定义。战略计划过程是指企业的最高管理层通过制定企业的任务、目标、业务组合计划和新业务计划，在企业的目标和资源（或能力）与迅速变化的经营环境之间发展和保持一种切实可行的战略适应的管理过程。换言之，战略计划过程是企业及其各业务单位为生存和发展而制定长期总战略所采取的一系列重大步骤。而亨利·明茨伯格（Herry Mintzberg）将战略的制定描述为：把从各种途径得到的知识综合成一个对于组织应追求的方向的展望。

（二）战略计划过程

在许多组织中，战略的制定不过就是一群管理者围坐在意见屋子中提出各种设想。有效的战略制定必须有一个系统化的过程。虽然具体的方法会因公司而异，但一般过程模型如图3-1所示。组织的领导者首先要对组织的使命、愿景和指导原则进行思考并达成共识，并以此作为战略计划的基础。

在使命陈述中，一般包括对组织所提供的产品和服务的定义，提供这些产品和服务所使用的技术，市场的类型，最重要的顾客需要，将公司与其他公司相区别的独特的能力或技能。如华为公司的使命是：“聚焦客户关注的挑战和压力，提供有竞争力的通信解决方案和服务，持续为客户创造最大价值。”而凯迪拉克汽车公司的使命也是以与之类似的方式来表述的："设计、生产和销售全球最好的汽车，体现其众所周知的独特、舒适、便利和卓越性能。"公司的使命指引着公司不同部门的战略制定。它是公司日常运营决策的前提条件，设定了战略选择的界限。此外，它决定着不同绩效指标间以及长短期目标间的权衡。最后，它激发雇员将自己的努力指向组织的整体目标。

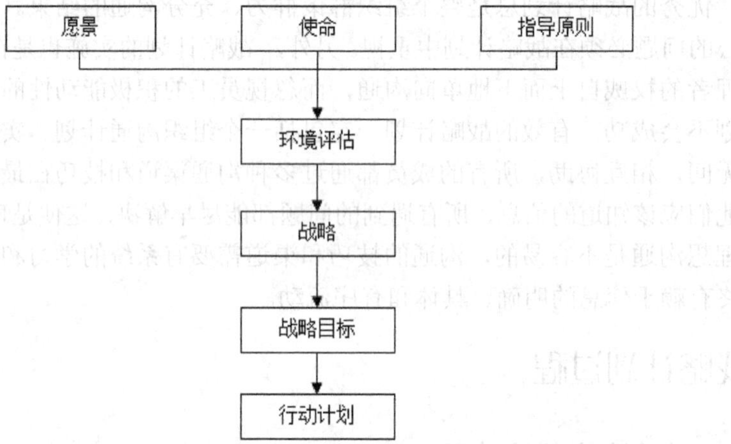

图 3-1　战略计划过程

愿景描述了组织在未来的定位以及要成为状态或模式，其概括了未来目标、使命及核心价值观。愿景是对组织战略的基本特征的一个清晰的表述。对雇员来说，它应该简练、突出、清晰而有激励性。它应当同顾客的需求相联系，并表达出实现使命的总的战略。例如，百事可乐称："依靠在共同价值观指引下的活性化的人员，通过超越顾客的期望，我们将成为一家卓尔不凡的公司。"

愿景必须同组织的文化和价值观保持一致。百事可乐的共同价值观是：多样化（尊重个体差异），诚信（言行一致），诚实（公开表达，努力工作以理解和解决问题），团队合作（致力于顾客的真正需求），责任（全力以赴去满足期望），平衡（尊重个人决定，实现工作和生活的平衡）。

使命、愿景和指导原则是战略计划的基础。最高管理层以及其他的领导者，尤其是首席执行官，必须清晰地将之阐释出来。同时，必须通过象征性的以及实际性的行动来加以传播、实践和强化，才能使雇员以及公司外部交往的个人、群体和组织真正认可他们。

虽然组织的使命、愿景和价值观很少改变，但组织所在的环境却一直在变。因此，在战略计划过程中，就必须对于在主要惯性中提到的关键因素进行环境评估（environmental assessment）。这些因素包括：顾客和市场的要求、期望和机会；影响产品和运营的技术及其他方面的创新；组织的优势和劣势，包括人力资源和其他资源在内；各种潜在的风险，如财务的、社会及道德的、管制方面的风险等；世界经济和国内经济的变化；本组织特有的因素，如合作伙伴和供应链的要求、优势和劣势等。对这些信息的收集和整理成为战略计划过程的输入。这种环境评估也常常涉及 SWOT（优势、劣势、机会、威胁）分析，它有助于识别战略必须聚焦的关键成功因素。通过环境评估，组织制定出其战略、目标和行动计划。

战略描绘了组织实现其使命和愿景所前进的方向。战略目标是组织为了保持或取得竞争力而必须改变或改进的东西。行动计划则是组织为了实现战略目标必须做的事情。

一项战略可以是致力于成为一家更受欢迎的供应商、低成本的制造商、市场的变革者，或是一家高端的或定制化服务的提供者。战略目标为组织设定了长期的发展防线并指导着资源配置决策。他们通常关注于外部，设计顾客、市场、产品、服务、技术发明的创新和挑战等。例如，一家处于激烈竞争行业中的供应商的战略目标可能是成为一个价格领先者并保持其地位。

行动计划包括资源投入和完成时间表方面的详细信息，对于上述希望建立价格领先地位的供应商而言，其行动计划可能包括设计高效的过程，建立追踪活动成本的会计系统。行动计划构成战略有效实施的基础，我们会在下文中讨论战略展开的相关问题。

三、战略展开

（一）战略展开的内涵

明确的战略目标需要通过具体的实施来体现其价值。因此，波里奇卓越绩效模式中的战略策划条款不仅对战略制定过程和战略目标的制定提出要求，而且关注如何转化为活动计划以及如何来衡量改进的绩效，综合来说就是关注战略展开问题。

战略展开是将战略及其实施目标转化为相关行动计划，并且设定相应的测量指标来评价并改进绩效的系统化过程。战略展开意味着要根据为顾客提供价值的关键过程来定义企业，要识别这些过程中的哪些部分对于实现战略目标贡献最大，还要鼓励雇员通过过程变革和改进来实现这些目标。具体涉及制订详细的行动计划，规定资源要求和绩效指标，根据总的战略目标来协调各工作单位、供应商或合作伙伴的计划等活动。从本质上来看，战略展开将计划者与执行者联系了起来。

（二）战略展开的不良实践

有不少的组织在确定了战略及其计划后，不能进行有效的战略展开。一般包括以下三个方面：

（1）在整个组织范围内整合不足。组织的目标应该与部门、团队和个人的目标相联系或整合起来。每个人都应能回答这一问题：战略对于我们的工作意味着什么？

（2）资源配置不当。良好的战略计划应当将资源用于改进或改变对于构筑公司的战略优势至关重要的领域。资源分摊的过于稀薄而不足以在关键业务领域发挥作用，或是将资源分配给那些对战略没有重大影响的项目，这些过程都是无效的。

（3）操作层面的测量指标不足。公司要成功地实施战略，就必须在操作层面上有恰当的测量指标体系。这些体系有助于引导雇员的行动，并能够确定他们的工作对于战略的支持程度。

（三）战略展开的过程

传统的战略展开的做法是自上而下的。从全面质量的角度来看，下属既是顾客又是供应商，因此他们的意见是非常必要的。询问组织的较低层级能做什么，他们需要什么，可能会有什么样的冲突，不断反复这一过程可以避免在实施过程中管理者经常会遇到的问题。

方针展开或方针管理常被作为战略展开的常用模式。在本章的最后部分将对其与目标管理进行比较。诸多公司如惠普、AT&T 等均采用了该过程。方针管理的日文字面意思就是“指明方向”，其要点是为公司指明方向，或将整个公司协调到一个公共的方向上。通常定义为：对根据方针选定的优先事项以及实现绩效突破所必需的资源进行执行上的部署。如惠普公司将其定义为：“针对需要重大改进的领导领域所进行的一个年度的计划和实施过程。”AT&T 的定义是：“旨在计划并实施突破性的经营绩效改进的一种全组织范围内以顾客为中心的管理方法。”虽然有关方针展开的这些定义略有不同，但都强调在全组织范围内进行计划和确定优先事项，提供资源以实现目标，通过对绩效进行测量作为改进的基础。方针展开在本质上是一种基于全面质量的战略实施方法，它通过确保全体雇员理解企业的方向并按照计划来工作，从而使愿景能够转化为现实。

今井正明（M. Imai）提供了一个方针展开的例子：

某航空公司的总裁宣称他坚信安全第一，企业的目标是确保整个公司范围内的安全，这一宣称鲜明地体现在公司的季度报告和广告中。我们进一步假定其部门经理同样也坚信安全第一。航机配餐经理说他坚信安全第一，飞行员说他坚信安全第一，空服人员也说他们坚信安全第一。公司的每个人都在保证安全。是这样吗？又或者说每个人仅仅只是口头上重视安全？

另一方面，如果该总裁将安全确定为公司的方针，并与经理们一起制定一套保证安全的计划，明确每个人的职责，这样将使每个人都有非常具体的话题可谈。安全才能真正为人们所重视。例如，对于航机配餐经理而言，安全性便意味着保证食物的质量以避免乘客不满或生病。在这种情况下，他如何来确保食物是最优质的呢？他要建立什么样的控制点和检查要点？他如何确保飞机上的食物不会变质？在飞行过程中，谁来负责检查冰箱的温度和微波炉的状况？

只有当安全被转化成具体的措施，并对每个雇员的岗位规定了具体的控制方法和检查点，才意味着安全作为一项方针得到了真正的展开。方针展开要求每个人从自己职责的角度来认识方针，并要求每个人制定出标准来检查自己执行方针的情况。

如图 3-2 所示是一个简化的方针展开过程。在方针展开时，高层管理者负责沟通和制定愿景，然后在整个组织范围内做出实现愿景的承诺。愿景是通过制定和实施年度的目标和计划来加以展开的，在具体的方针展开过程中，需以长期战略计划作为短期战略计划的基础。所有层次的雇员都要积极参与提出实现愿景的战略和行动计划。每一层次上，都要制定更详细、更具体的实施目标的手段。目标应当具有挑战性，但也要让人们感觉到是可以实现的。中间管理层需要就实现战略的目标，以及实现目标所需的过程改进和资源同高层管理者进行协调。中间管理层还要同执行团队就最终的短期目标和衡量目标完成情况的绩效测量指标进行沟通。

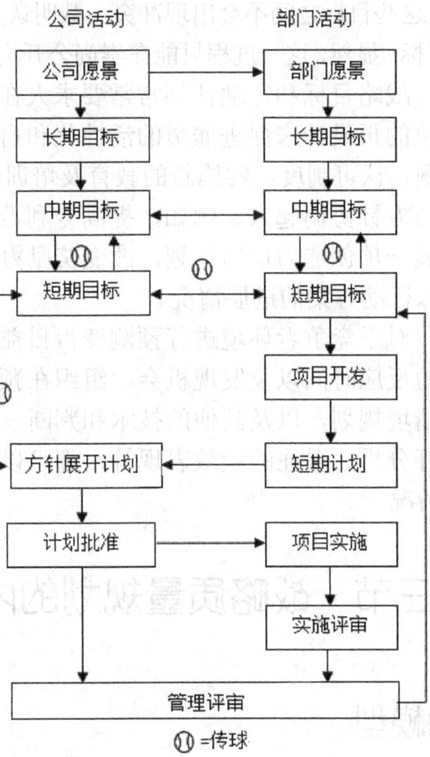

图 3-2　方针展开过程

对于特定的检查点的管理评审确保了各个战略要素的有效性。执行团队被授权管理行动方案并安排他们的活动。定期的评审可以追踪进展情况并发现问题。管理层可以根据这些评审来修订目标，如图3-2中的反馈回路所示。最高管理层通过年度评审来评估结果以及展开过程本身，这构成了下一计划周期的基础。

需要注意的是，最高管理层并不制订行动计划，他们只是确定总的指导方针和战略。分布和职能单位来制订具体的实施计划。因此，如图3-2所示的过程同时包含了总公司和分部的活动。在实践中，方针展开必须高度详细，对于执行过程中可能出现的问题还要进行预测。其重点在于对这一过程的改进，而非知识单纯的结果导向。

协商的过程就像“传球”，如图3-2所示。所谓传球（catch ball），是被用来描述方针计划过程（hoshin planning process）中互动的本质，它包括来自团队的报告和管理层的意见反馈。领导者与中层经理就中期目标及指标进行沟通，而中层经理负责制定短期目标，并对必需的资源、目标和职责提出建议。针对这些问题进行反复的讨论直到达成一致。这些目标进一步分解到下一个层次，然后再制订短期计划。传球是一种上行、下行及侧行的沟通过程，而非那种自上而下的专制型管理风格，它将整个组织的技能汇聚起来，产生了一套现实而可达的目标，这些目标之间不会出现冲突。戴明认为，这一过程关注的是整个系统的优化而非单个的目标。显然，这一过程只能在崇尚公开沟通的全面质量文化中实现。

特别需要强调的是，战略目标和行动计划常常要求人在人力资源方面进行较大的变革，如通过组织或职位的再设计来促进雇员的活性化和自主决策，推动劳资双方更大程度的合作，修改薪酬、认可制度，实施新的教育及培训活动等。

有效的展开将资源与方针协调起来。例如，提高专利数量这一战略目标可能要求雇用更多的工程师，开展一项创造力培训计划，改变奖励办法等。最终，组织还需要建立绩效评价指标以跟踪行动方案的进展情况。

在战略计划活动中，对于竞争者环境进行预测变得日益重要。这种活动有助于勘测并降低竞争威胁，缩短反应时间以及发现机会。组织在预测竞争环境时可以采用多种手段，如建立模型、情境规划，以及其他的技术和判断。对关键绩效指标的预测、与竞争对手的比较、标杆分析、以往的绩效表现等，都可以帮助组织评估其目标、战略以及最终的愿景实现情况。

第三节　战略质量规划的内容

一、战略质量规划模型

这一部分主要通过介绍强迫选择模型（Forced-Choice Model），来展示战略质量规划的一般方法。该模型比较简单，适用于刚进行战略规划、没有多少战略规划经验的公司。依此模型，质量战略规划可按照下述 11 个步骤来进行。

1．任务陈述

CEO 对管理人员小组提出作为工作文件的任务陈述，其可进行修改和讨论。小组讨论与公司质量相关的任务，并将质量相关词语（包括质量操作定义）及目标纳入任务陈述。

2．相关的财务与非财务目标

除了讨论和设立财务目标外，小组还应讨论与财务有关的质量问题，如质量成本，以及文件中质量与财务成果间明显或不明显的关系。

3．优劣势陈述

名义小组形成之后，经过几个小时的讨论识别出重要的运营优劣势。而在质量方面，则需强调质量问题、系统故障、沟通问题和其他问题的主要原因，并通过名义小组投票技术决定其优先顺序。同样的程序用于识别质量优势。

4．运营需求预测

运用财务预测以了解资源的限制。评估及量化质量改进对财务资源的贡献。

5．主要的未来计划

评审目前进行的计划，并评估现有计划的改进想法、没达到预期之处和未来可能的计划，但这会限制可能的选择。例如，长期致力于持续改进项目会限制组织在设计（如再造工程）的选择。

6．广泛的经济假设

为了进行环境评估，销售经理或经济学家提出战略规划的经济假设。在讨论各种经济要素时，要预测质量问题对赢得订单的重要性。

7．关键的政府要求和法规

由法律部门列出现存的法规，其中质量相关问题包括环境问题、产品可靠性、安全性和员工关系。

8．主要的技术力量

该步骤讨论影响质量的技术，包括公司内部研发和外部出现的新产品技术。这些技术应以系统的观点来讨论，以找出多种操作因素之间的相互作用。

9．重要的市场机遇与威胁

名义小组会议进行时会提出一些问题，如“新产品或现有产品的新机会如何”、“质量在赢得订单标准中的作用是什么”及“未来对质量的期望最可能发生什么变化”等，根据提出的问题个数，该步骤可持续一天半的时间。

10．每个竞争者的明确的竞争战略

根据名称及每个竞争战略的评价找出每个重要的竞争对手。此竞争信息来自同业之冠和世界级组织的竞争性比较，从而找出质量管理方法，并评估其适用性与优劣势。公司可以以这项评估为基础，找出潜在的机会，以通过质量改进过程来获得竞争优势。

11．形成战略选择

随着重要的财务、销售与运营战略的形成，识别质量战略，以提出具体劣势领域，加以改进成为优势，并利用差距分析对质量重点进行优先排序。

二、战略质量规划过程

战略质量规划的过程，一般包括环境评估、战略制定以及行动计划三部分，并最终进行相关展开。该过程是组织所拥有的能力和资源在愿景的引导下，以时间、成本等因素为约束条件，并与外部环境相匹配的过程。该过程中的一般性步骤与注意事项将在本节进行描述。

（一）战略质量规划的提出

1．组织的使命、愿景和指导原则

组织的领导者必须清楚地提出组织的使命、愿景和指导原则，这些将构成战略计划的基础。使命是一个组织的存在原因，关系到日常经营决策的制定，限制了现有战略的选择性。例如，宝洁公司的使命是“我们将致力于生产高品质的产品，提高世界消费者的生活水平”。愿景描述了组织要达到的高度和程度。Solectron 公司的愿景是“成为最好且不断进步”。指导原则为愿景指明了道路，它通过制定强制性方针来指导公司各级员工的行动。

2．环境和内部条件的分析

组织需要对其所处环境进行谨慎的评估，用机会和威胁考察外部环境，用优势和劣势分析内部资源与实力。这个过程必须充分考虑顾客和市场需求、竞争环境、财政和社会风险、人力资源能力和需要、技术能力以及供应能力。

3．分析选择战略方案

组织开始提出可行的战略方案并进行分析选择的过程需要运用一些模型、市场预测、案例分析、经营计划以及其他工具，把组织的现实与预期目标联系起来。在这个环节中，可以运用标杆管理法或基准化技术：以各个领域中的领先者作为基准，寻求和学习竞争者或非竞争者中获取优异绩效的最佳方式。这样制定出来的战略还需要分解为具体的行动程序和计划，包括资源分配计划与职责分配，以利于战略的实施。战略规划过程如图 3-3 所示。

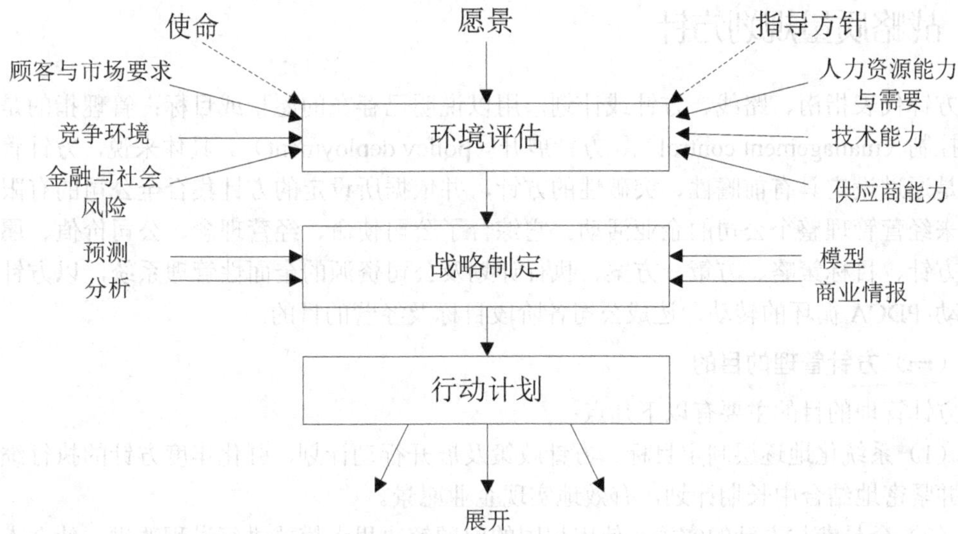

图 3-3　战略规划过程

（二）战略质量规划的部署和实施

战略质量规划制定出来以后，就可以按照战略计划逐步展开，并由高级管理层到低级管理层逐级垂直进行部署和实施。高层管理者、中层管理者和基层员工在战略实施过程中的作用各自不同，但都至关重要。

1．高层管理者

高层管理者必须保证以顾客需求为中心。整个领导团体必须识别整个过程，和中层管理者一起将目标量化，不断进行流程评价，清除战略实施过程中的障碍，并且要经常对实施中的战略进行评价以便采取措施。高层管理者需要让整个组织成员对组织的业绩承担责任。

2．中层管理者

中层管理者将高层管理者的理念贯穿于组织的运行中。组织的整体战略常常分解为各职能的战略，通过职能战略的实施来支持总战略目标。各级部门逐渐明确更详细、更具体的方法来实施战略目标。中层管理者是各职能战略的主要管理者和责任者。

3．基层员工

执行战略任务、保证质量的是组织的基层员工，必须保证员工积极、主动地参与到组织的质量战略中来。授权与自我管理型团队的建立，其目的都是赋予员工更多的自主权和责任。培训、认可和更进一步的交流是转化自主权成为劳动力的重要成功因素。

三、战略质量规划方针

方针代表指南、路线、方针或计划，用以说明已存在的愿景或目标；管理指的是管理控制（management control）、方针展开（policy deployment）。具体来说，方针管理就是通过设定具有前瞻性、突破性的方针，并依据所设定的方针集合全公司的有限资源来经营管理整个公司的企业活动。它综合了公司使命、经营理念、公司价值、愿景、方针、目标策略、方策、方案、执行计划及公司资源的全面性管理系统，以方针来带动 PDCA 循环的转动，达成公司各阶段目标及经营的目的。

（一）方针管理的目的

方针管理的目的主要有以下几点：

（1）系统化地逐层制定目标、方针政策及展开行动计划，强化年度方针的执行绩效，并紧密地结合中长期计划，有效地实现企业愿景。

（2）全员参与方针的实施，使用相同的问题解决思考模式进行过程改进，使个人能力充分发挥，并提高向心力。

（3）跨部门的团队运作，消除各部门各自为政的本位主义，造就坚强的经营团队和改善团队。

（4）结合目标管理、过程管理及日常管理成为综合的经营管理体系，重视过程，同步进行突破性改善及企业五大机能运作。

（5）促进 TQM 的有效推动，提升顾客满意及经营绩效。

（二）方针制定的原则

确定了明确的管理目的，就可以制定具体的方针。方针的制定需要遵循以下原则：

（1）达成原则：即该方针通过预估是否能达成所设定的目标。

（2）经济原则：要求通过使用最少的资源，花费最低的成本来实现这些目标。

（3）配合原则：这是要求上、下目标与方针都能紧密结合。

（4）参与原则：所有的方针都需要有全体人员的参与，并以此方式来决定方针。

（5）管理原则：需要决定绩效衡量的项目以及执行的管理项目的标准，并实时控制方针的执行过程。

（6）周全原则：方针能应付环境变化的弹性，并做出具体的调整。

（7）持续原则：需要配合目标实现的时间进行持续的管理。

（8）具体原则：方针要求具体，而不能模糊概括。

（三）方针实践过程

确定好合理的方针，就可以按照如图 3-4 所示的方针过程来进行具体的实践。例如，某公司根据公司的具体企业文化和使命，制定一项 3~5 年的中长期计划，接下来高级行政主管则制定当年的方针目标，产生传球过程。传球过程可以一直延续到职能管理者，他们制定更为具体的方针计划以指导实践中的方针执行。可见，通过从上至下地制订方针计划，其结果是得到一系列用以指导改进公司绩效、达成公司目标的行动计划。

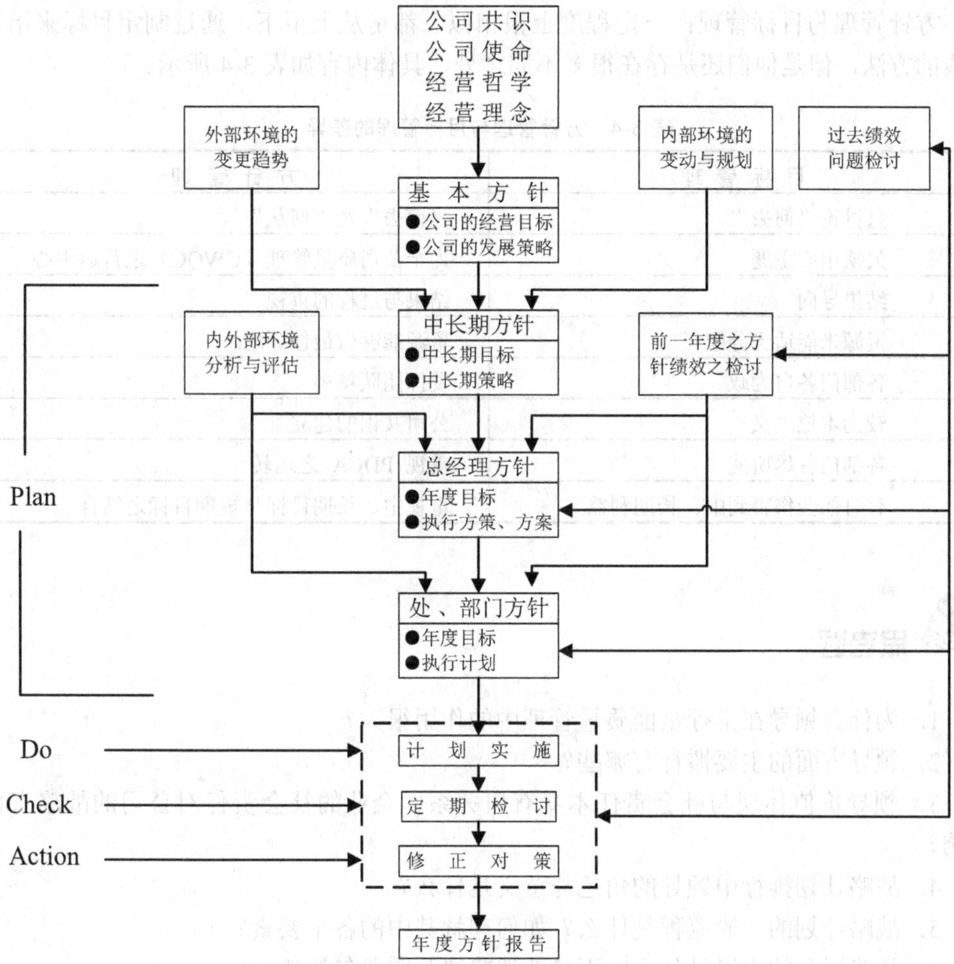

图 3-4　方针管理的架构图

按照这个框架进行管理是不够的，实现方针管理的成功还需要以下要素：（1）先做好日常管理；（2）达成共识及充分的教育训练；（3）成立运作组织，拟定完整的推动计划；（4）高级管理层主持愿景建立、策略规划及年度方针制定；（5）中下级管理层实质领导团队进行年度方针展开及方案的实施；（6）运用固有技术、经验法则及问题的解决方法，达成方针目标；（7）注重绩效评估后的项目改善；（8）适时、适当的激励与表扬；（9）经营阶层坚持克服困难、扫除障碍的决心和毅力；（10）避免急功近利，恒心不足。

（四）方针管理与目标管理的比较

方针管理与目标管理在一定程度上很相似，都是从上至下，通过制定目标来指导实践的方法，但是他们还是存在很多不同之处，具体内容如表3-4所示。

表3-4 方针管理与目标管理的差异

目 标 管 理	方 针 管 理
只讨论“何去”	“何去”及“何从”
欠缺中心主题	为全公司质量管理（CWQC）之营运中心
结果导向	结果与过程的重视
资源未能适当分配	资源能够做最佳分配
各部门各自为政	发挥团队精神
较为本位主义	公司共识的建立
各部门各尽所能	重视 PDCA 之运转
有时候会伤害到中、长期利益	重视中、长期目标与短期目标之结合

思考题

1．为什么领导在推行全面质量管理中的作用很大？

2．领导方面的主要惯行有哪些？

3．领导价值体现与社会责任本身有何关系？企业的社会责任对公司的战略有何影响？

4．战略计划推行中领导的角色与意义是什么？

5．战略计划的一般流程是什么？如何理解其中的各个要素？

6．战略展开的内涵是什么？不良的战略展开实践包括哪些？

7．方针展开的过程中，沟通起什么作用？

8．强迫选择模型（Forced-Choice Model）的具体内涵以及实施步骤是什么？

9．战略规划的部署和实施中各级人员的职能和职责主要是什么？

10．方针管理与目标管理的差异有哪些？

案例讨论

案例 3-1　海尔集团领导与战略计划的若干启示

1984 年，张瑞敏出任海尔的前身——青岛电冰箱总厂厂长，拉开了海尔创业的序幕。在 27 年的创业发展历程中，张瑞敏以创新的企业家精神和顺应时代潮流的超前战略决策带领海尔从一个亏空 147 万元的集体小厂发展成为全球营业额 1 509 亿元（2011 年）的全球化企业。据欧睿国际（Euromonitor）统计，海尔已连续三年蝉联全球白色家电第一品牌，同时，海尔还被美国《新闻周刊》（*Newsweek*）网站评为全球十大创新公司。

张瑞敏确立的名牌战略指导思想贯穿海尔发展历程，在每一个不同的发展阶段，海尔都抓住时代机遇进行战略创新。20 世纪 80 年代，海尔抓住改革开放的机遇，实施名牌战略，通过“砸冰箱”事件砸醒员工质量意识，创出冰箱名牌；90 年代，海尔抓住兼并重组的机遇，实施多元化战略，通过 OEC 管理模式和企业文化的输出，创造“海尔文化激活休克鱼”的经典案例，从一个冰箱名牌拓展至家电领域的名牌群；进入 21 世纪，海尔抓住全球市场一体化的机遇，实施国际化战略，没有依赖国内低成本的优势单纯出口创汇，而是到海外设厂本土化发展，建立“本土化研发、本土化制造、本土化营销”三位一体的体系创造海外用户的需求，创出海尔的国际化名牌；互联网时代，海尔抓住网络时代需求个性化、营销碎片化的机遇，实施全球化品牌战略，通过企业和商业模式的两个转型，即从卖产品到服务、从传统发展模式到人单合一双赢模式的转型，创造互联网时代的全球化品牌。

海尔持续创新不断壮大的过程中，张瑞敏确立的以创新为核心价值观的企业文化发挥了重要作用。在管理实践中，张瑞敏将中国传统文化精髓与西方现代管理思想融会贯通，“兼收并蓄、创新发展、自成一家”，从“日事日毕，日清日高”的 OEC 管理模式，到每个人都面向市场的“市场链”管理，张瑞敏在管理领域的不断创新赢得全球管理界的关注和高度评价。美国哈佛大学（HARVARD）、欧洲工商管理学院（INSEAD）等发达国家商学院均把海尔管理案例写进教材，海尔的管理探索越来越成为世界的财富。在互联网时代，张瑞敏的管理思维再次突破传统西方管理的桎梏，提出并在海尔实践网络时代创造顾客的商业模式——“人单合一双赢模式”，通过“倒三角”的组织创新和“端到端”的自主经营体建设，实践“我的用户我创造、我的增值我分享”理念，让每个员工成为自己的 CEO。西方管理理论界、学术界和实践领域对张瑞敏在管理理论和实践方面的突破给予高度认可。沃顿商学院、美国管理会计师协会等机构的学者和实践者甚至亲自参与到海尔的管理探索中。

在带领海尔持续健康发展的同时，张瑞敏始终高度重视企业社会责任的践行，积极投身教育、慈善等社会公益事业，真情回馈社会，致力于环境友好，谋求可持续发展。张瑞敏以其创造全球化海尔品牌和创新管理模式的卓著成就赢得世界性的广泛赞誉。海尔集团的战略发展过程如图 3-5 所示。

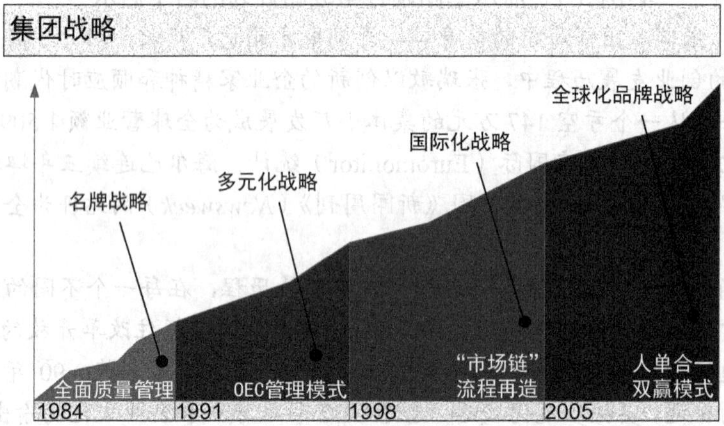

图 3-5　海尔集团战略发展过程

第一阶段：名牌战略发展阶段（1984—1991 年）：要么不干，要干就干第一

20 世纪 80 年代，正值改革开放初期，很多企业引进国外先进的电冰箱技术和设备，包括海尔。那时，家电供不应求，很多企业努力上规模，只注重产量而不注重质量。海尔没有盲目上产量，而是严抓质量，实施全面质量管理，提出了"要么不干，要干就干第一"。当家电市场供大于求时，海尔凭借差异化的质量赢得竞争优势。这一阶段，海尔专心致志做冰箱，在管理、技术、人才、资金、企业文化方面有了可以移植的模式。

第二阶段：多元化战略发展阶段（1991—1998 年）：海尔文化激活"休克鱼"

20 世纪 90 年代，国家政策鼓励企业兼并重组，一些企业兼并重组后无法持续下去，或认为应做专业化而不应进行多元化。海尔的创新是以"海尔文化激活'休克鱼'"思路先后兼并了国内 18 家企业，使企业在多元化经营与规模扩张方面，进入了一个更广阔的发展空间。当时，家电市场竞争激烈，质量已经成为用户的基本需求。海尔在国内率先推出星级服务体系，当家电企业纷纷打价格战时，海尔凭借差异化的服务赢得竞争优势。这一阶段，海尔开始实行 OEC（Overall Every Control and Clear）管理法，即每人每天对每件事进行全方位的控制和清理，目的是"日事日毕，日清日高"。这一管理法也成为海尔创新的基石。

第三阶段：国际化战略发展阶段（1998—2005 年）：走出国门，出口创牌

20 世纪 90 年代末，中国加入 WTO，很多企业响应中央号召"走出去"，但出去之

后非常困难，又退回来继续做订牌。海尔认为“走出去”不只为创汇，更重要的是创中国自己的品牌。因此海尔提出“走出去、走进去、走上去”的“三步走”战略，以“先难后易”的思路，首先进入发达国家创名牌，再以高屋建瓴之势进入发展中国家，逐渐在海外建立起设计、制造、营销的“三位一体”本土化模式。这一阶段，海尔推行“市场链”管理，以计算机信息系统为基础，以订单信息流为中心，带动物流和资金流的运行，实现业务流程再造。这一管理创新加速了企业内部的信息流通，激励员工使其价值取向与用户需求相一致。

第四阶段：全球化品牌战略发展阶段（2005年至今）：整合全球资源创全球化品牌

互联网时代带来营销的碎片化，传统企业的“生产—库存—销售”模式不能满足用户个性化的需求，企业必须从“以企业为中心卖产品”转变为“以用户为中心卖服务”，即用户驱动的“即需即供”模式。互联网也带来全球经济的一体化，国际化和全球化之间是逻辑递进关系。“国际化”是以企业自身的资源去创造国际品牌，而“全球化”是将全球的资源为我所用，创造本土化主流品牌，是质的不同。因此，海尔整合全球的研发、制造、营销资源，创全球化品牌。这一阶段，海尔探索的互联网时代创造顾客的商业模式就是“人单合一双赢模式”。

（资料来源：http://www.haier.com,http://www.haieramerica.com.）

思考题：

1．海尔集团是如何实现战略展开的？

2．张瑞敏作为海尔集团的CEO，对其推行质量体系构建有何影响？

3．海尔集团为什么重视社会责任的实现？

案例3-2 通用电气的领导及战略模式探讨

通用电气（GE）公司是世界上最大的多元化服务性公司，从飞机发动机、发电设备到金融服务，从医疗造影、电视节目到塑料，GE公司致力于通过多项技术和服务创造更美好的生活。GE在全世界100多个国家和地区开展业务，在全球拥有员工近30万人。其主要业务涉及7个发展引擎并产生85%利润，消费者金融集团、商务融资集团、能源集团、医疗集团、基础设施集团、NBC环球、交通运输集团；4个现金增长点在增长的经济环境下持续产生现金流和收益：高新材料集团、消费与工业产品集团、设备服务集团、保险集团。

杰克·韦尔奇1960年加入通用电气（GE）塑胶事业部。1971年底，他成为GE化学与冶金事业部总经理。1979年8月成为通用公司副董事长。1981年4月，年仅45岁的韦尔奇成为通用电气公司历史上最年轻的董事长和首席执行官。

杰克·韦尔奇初掌通用时，通用电气的销售额为250亿美元，盈利15亿美元，通用旗下仅有照明、发动机和电力 3 个事业部在市场上保持领先地位。市场价值在全美上市公司中仅排名第十，而到 1999 年，通用电气实现了 1 110 亿美元的销售收入（世界第五）和 107 亿美元的盈利（全球第一），市值已位居世界第二。如今已有 12 个事业部在其各自的市场上数一数二，如果单独排名，通用电气有 9 个事业部能入选《财富》500 强。在杰克·韦尔奇执掌通用电气的 19 年中，公司一路迅跑，并因此连续 3 年在美国《财富》杂志“全美最受推崇公司”评选中名列榜首。

1971 年底，杰克·韦尔奇成为通用化学与冶金事业部总经理。当时的通用总裁是雷金纳德·琼斯，这个擅长于科学管理的实业家做事总是一丝不苟。琼斯坚持，挑选继任总裁必须经过对每个候选人长期仔细的考察过程，然后再理性地选出最具资格的人选。8 年后，杰克·韦尔奇终于通过了琼斯的漫长而严格的考核，成为通用公司副董事长。2 年后，1981 年 4 月，杰克·韦尔奇成为通用电气公司历史上最年轻的董事长和首席执行官。那年他 45 岁，而这家已经有 117 年历史的公司机构臃肿，等级森严，对市场反应迟钝，在全球竞争中正走下坡路。

杰克·韦尔奇深知官僚主义和冗员的恶果，从他第一年进入通用时，他就已经尝到这种体制的恶果，现在终于可以实施自己的计划了。首先，杰克·韦尔奇改革的就是内部管理体制，减少管理层次和冗员，将原来 8 个层次减到 4 个层次甚至 3 个层次，并撤换了部分高层管理人员。此后的几年间，砍掉了 25%的企业，削减了 10 多万份工作，将 350 个经营单位裁减合并成 13 个主要的业务部门，卖掉了价值近 100 亿美元的资产，并新添置了 180 亿美元的资产。

当时正是 IBM 等大公司大肆宣扬雇员终身制的时候，从 GE 内部到媒体都对杰克·韦尔奇的做法产生了反感或质疑，这是一个“优秀”的企业应该做的吗？他是不是疯掉了？因为太过于强硬的铁腕裁员，杰克·韦尔奇被人气愤地冠以“中子弹杰克”的绰号。而让杰克·韦尔奇自豪的是：“在 GE，我不能保证每个人都能终身就业，但能保证让他们获得终身的就业能力。”

这就是杰克·韦尔奇的经营理念——数一数二市场原则，在全球竞争激烈的市场中，只有在市场上领先对手的企业，才能立于不败之地。任何事业部门存在的条件是在市场上“数一数二”，否则就要被砍掉——整顿、关闭或出售。

在管理上，杰克·韦尔奇更是独创了许多方法，最为著名的莫过于“聚会”、“突然视察”、“手写便条”了。杰克·韦尔奇懂得“突然”行动的价值。他每周都“突然”视察工厂和办公室，匆匆安排与比他低好几级的经理共进午餐，无数次向公司员工“突然”发出手写的整洁醒目的便条。所有这一切都让人们感受到他的领导并对公众的行为施加影响。尤其是这些小小的便条，更给人以无比的亲切和自然，形成了一种无名的鞭策和鼓励。

当然还有人才，这是杰克·韦尔奇最重视的地方了。他说："领导者的工作，就是每天把全世界各地最优秀的人才延揽过来。他们必须热爱自己的员工，拥抱自己的员工，激励自己的员工。"作为一个过来人，韦尔奇给公司领导者传授的用人秘诀是他自创的"活力曲线"：一个组织中，必有20%的人是最好的，70%的人是中间状态的，10%的人是最差的。这是一个动态的曲线，即每个部分所包含的具体人一定是不断变化的。但一个合格的领导者，必须随时掌握那20%和10%里边的人的姓名和职位，以便做出准确的奖惩措施。最好的应该马上得到激励或升迁，最差的就必须马上走人。

GE在对经营者素质要求中提出领导才能应具备四个"E"：一是指活力（energy），即具有巨大的个人能量以及充沛的精力迎接困难；二是指激活能力（energizer），即有能力创造一种氛围以调动他人的积极性；三是指锋芒（edge），即具有竞争精神，本能地追求速度和影响力，具有坚定的信念及大胆的号召力；四是指执行（execute），即具有确保始终如一执行的能力；领导模式以客户为导向，以群策群力为基础，旨在追求完美；领导表现既重经营实绩，又重价值观取向等。

20世纪90年代后期，GE开展了一场声势浩大，以六西格玛水平为标准，追求完善的质量行动。六西格玛由摩托罗拉公司于80年代末首倡。通过实施六西格玛行动，GE得以追求几乎无缺陷的生产过程、产品和服务，获得了新的巨大的竞争优势。我国企业应在现有推行ISO9000系列质量管理体系的基础上，进一步高标准、严要求，推行如GE等公司实行的以六西格玛为标准的质量管理。通过不断消除产品和服务过程中的缺陷，追求几乎无缺陷的产品和服务，企业将可以降低差错率，提高服务质量，进一步满足客户需求；加速资金周转，增加现金流量，提高资金使用效益；并最终达到降低生产成本，增加经营利润的目的。杰克·韦尔奇执掌GE后实施的两次重大变革，除了80年代的结构调整、资产重组外，再就是90年代开始的全球化变革。GE所认为的真正的全球化是：在国际市场上取得成功只不过是全球化的一部分；GE必须使公司的每一项活动都实现全球化；为了超越市场全球化，GE必须广泛利用全球的智力资本。

目前，通用公司每位员工都有一张"通用电气价值观"卡。卡中对领导干部的警戒有9点：痛恨官僚主义、开明、讲究速度、自信、高瞻远瞩、精力充沛、果敢地设定目标、视变化为机遇以及适应全球化。这些价值观都是通用公司进行培养的主题，也是决定公司职员晋升的最重要的评价标准。

杰克·韦尔奇创造了这个奇迹，将通用这个"百年老店"经营得重放光彩。而他的贡献也远不止于通用一家公司。他所倡导和实行的管理革命，重新弘扬了为股东创造价值这一企业经营的根本原则，扭转了二战以来国际大企业普遍福利化的倾向，使企业获得了真正的动力；他创造了一个最有益于人才成长的文化，造就的不仅是一代企业家，更造就了一种积极向上的精神，今天的通用已经成为赫赫有名的"经理人摇篮”、“商界的西点军校”，全球《财富》500 强中有超过 1/3 的 CEO 都是从通用走出；他的管理经验被越来越多的人采纳，几乎成为现代企业的一种典范模式。

（资料来源：卡尔 · W. 斯特恩，小乔治 · 斯托克. 公司战略透视——波士顿顾问公司管理新视野[M]. 上海：远东出版社，1999）

思考题：

1. 杰克 · 韦尔奇最适合的领导理论是什么？

2. 有人说通用电气的成功是源于对市场的准确评估下而进行的相关战略的实施，对此你如何看待？

3. 领导对于质量战略的推行有何重要意义？组织需要在哪些方面着重投入？而相关活动又能带来哪些方面的收益？

本章参考文献

1. （美）斯蒂芬 · P. 罗宾斯，玛丽 · 库尔特.管理学[M]. 第 9 版. 孙建敏，等，译. 北京：中国人民大学出版社，2008.

2. （美）斯蒂芬 · P. 罗宾斯，蒂莫西 · A. 贾奇. 组织行为学[M]. 第 12 版. 李原，孙建敏，译. 北京：中国人民大学出版社，2008.

3. （美）詹姆斯 · R. 埃文斯，威廉 · M. 林赛. 质量管理与质量控制[M]. 焦叔斌，主译. 北京：中国人民大学出版社，2010.

4. （美）詹姆斯 · R. 埃文斯，小詹姆斯 · W. 迪安. 全方位质量管理[M]. 吴蓉，译. 北京：机械工业出版社，2004.

5. （美）约瑟夫 · M. 朱兰. 朱兰质量手册[M]. 焦叔斌，等，译. 北京：中国人民大学出版社，2003.

6. 苏秦. 质量管理与可靠性[M]. 北京：机械工业出版社，2006.

7. 苏秦，张涑贤. 质量管理[M]. 北京：中国人民大学出版社，2011.

8. 徐艳梅. 管理学原理（修订版）[M]. 北京：北京工业大学出版社，2006.

9. 臧伟. 高管团队特征与企业社会责任的关系研究[D]. 合肥：中国科学技术大学，2010.

第四章　顾客满意与顾客关系管理

本章内容要点

- 顾客满意：关注顾客的重要性；顾客满意的概念与特点；全面顾客满意；顾客忠诚；以顾客满意为导向的产品或服务设计创新
- 顾客满意度测量：顾客满意的影响因素；顾客满意度测评分类及原则；顾客满意度测评步骤；顾客满意度测评方法
- 顾客关系管理系统：创造顾客价值；目标市场中的顾客分类及其识别；目标市场中的顾客需求识别；管理顾客关系的实践；有效的顾客抱怨管理

第一节　顾客满意

一、关注顾客的重要性

随着经济全球化的趋势越来越显著，企业间的竞争比以往任何时候都更加激烈。市场经历了从生产导向到顾客导向，从卖方市场到买方市场的转变。那些购买商品或接受服务的顾客都在努力寻找具有明显竞争优势的企业，并通过对不同企业之间所感受到的差异来指导选择过程和决定所付出的价格。为了生存和发展，企业开始认识到顾客对产品或服务满意与否，对企业有着至关重要的作用。

早在 GB/T19000—2000 idt ISO9000—2000《质量管理体系基础和术语》中明确提出“以顾客为关注焦点”，而且把它作为质量管理八项原则的第一条，强调组织应充分理解顾客当前和未来的需求，满足顾客要求并争取超越顾客期望。同时，在标准总则中明确提出：“用于组织证实其具有提供满足顾客要求和适用的法规要求的产品的能力，目的在于增进顾客满意。”这就说明 ISO9000 标准更加关注顾客的需求，注意外在力量对组织的反应。在对质量术语的定义中，将质量定义为“一组固有特性满足要求的程度”。这也表明，ISO9000 标准在倡导一种以适用性来定义的质量、以顾客满意为目标的竞争战略。或者说，建立组织质量管理体系的目的，就是要推动组织顾客满意度的提高。组织中几乎所有影响顾客满意的工作都属于质量管理工作的范畴。在 GB/T19001—2008/ISO9001—2008 中，将过程方法的最终目标定义在“……旨在通过满足顾客要求，增强顾客满意”。因此，有些发达国家的专家认为：21 世纪的经济发展是以顾客的质量观为主导的，主张把“顾客满意度”列为衡量“企业国际竞争力”中的核心能力的主要标准之首。

顾客满意与否，对于组织的直接影响是巨大的。统计资料表明：赢得一个新顾客的成本 5~6 倍于维持一个老顾客的成本。减价或者其他刺激措施固然可以快速吸引新的顾客，但这些顾客也会以同样的速度在竞争者的诱惑面前离你而去。而且，将已经离开的顾客再次吸引回来的成本比使他们一开始就满意所用的成本要多。顾客满意能够为组织带来巨大的经济利益：企业的销售利润 10%由一般顾客带来，30%由满意顾客带来，60%由忠诚顾客带来。但是，顾客满意又是顾客忠诚的前提条件，可见顾客满意是关系到组织收益的重要指标。施乐公司的高层领导相信：高度满意顾客的价值是一般满意顾客价值的 10 倍。一个高度满意的顾客比一个一般满意的顾客留在施乐公司的时间更长和购买其更多产品。百事可乐公司的总裁 Roger A. Enrico 认为：如果你完全是以顾客为中心的，并且你提供顾客想要的服务，所有事情都会成功。美国朱兰学院于 1994 年所做的一项调查表明，美国最大的 200 家公司中有 90%的最高管理者同意以下观点：最大程度地提高顾客满意可以赢得最大的利润和市场份额。其中 90%的公司通过进行系统的跟踪和改进顾客满意程度等有组织的活动证实了他们的想法。

通常，一个满意的顾客会：

（1）保持较长时间作为企业的顾客。

（2）购买更多的企业新产品和提高购买产品的等级。

（3）向其他人或潜在顾客传播企业的正面信息。

（4）忽视竞争品牌和广告并对价格不敏感。

（5）向企业提出产品或服务的建议。

（6）由于交易惯例化而比用于新顾客的服务成本低。

顾客从购买到满意，再从满意到忠实，最后向自己的亲朋好友传播口碑，其中的每个过程，都会带给企业以利润。所以，满意顾客的价值，不仅是他一次购买的金额，而是他一生所能带来的总额，包括他自己以及对亲朋好友的影响。况且，维系老顾客远比争夺新顾客的竞争更具有隐蔽性，更不易激起竞争者的反应。此外，满意的顾客还将有助于减少或消除由不满意的顾客带来的负面宣传。

一个不满意的顾客会：

（1）大多数（约 70%）不满意的购买者将会转向其他品牌。

（2）使其他更多人对商品或服务质量产生不良印象，从而他们对该产品或服务产生不良印象。

（3）24%的人会告诉其他人不要到提供劣质商品或服务的商店购物。

一些研究表明，顾客每四次购买中会有一次不满意，而只有5%的不满意的顾客会抱怨，大多数顾客会少买或转向其他供应商。54%~70%的投诉顾客，如果投诉得到解决，他们还会再次同该组织做生意；如果顾客感到投诉得到很快解决，数字会上升到惊人的95%。顾客的投诉得到妥善解决后，他们就会把处理的情况告诉他们遇到的每个人。

可以看出，顾客在购买或消费组织提供的产品或服务的过程及其之后，会产生一种自己的要求是否已被满足的心理感受或认知。顾客的这种感受或认知直接反映了对产品或服务是否满意，而顾客满意与否对组织的生存和发展会产生巨大的影响。因此，组织需要重新认识顾客；需要站在顾客的立场上而不是组织的立场上去了解顾客的需求和期望；需要用科学的方法去分析产品或服务满足顾客要求的程度的感受。

安永公司和美国质量基金会提交的国际质量研究报告指出：企业在战略计划流程中，认为顾客满意的重要性是第一位的百分比，如表4-1所示。

表4-1 认为顾客满意的重要性是第一位的百分比

加拿大	德国	日本	美国
81%	73%	95%	78%

从表4-1中可以看出，日本企业认为在战略计划流程中，顾客满意的重要性是第一位的百分比要远远高于其他几个国家，反映出对顾客满意的高度重视是二战后日本经济迅速复苏，并打开外国市场，从而迅速增长为世界第二经济强国的一个重要因素。

同时，有资料表明，对顾客的重视程度是和潜在的投资回报率成一定的正相关关系的，如图4-1所示。

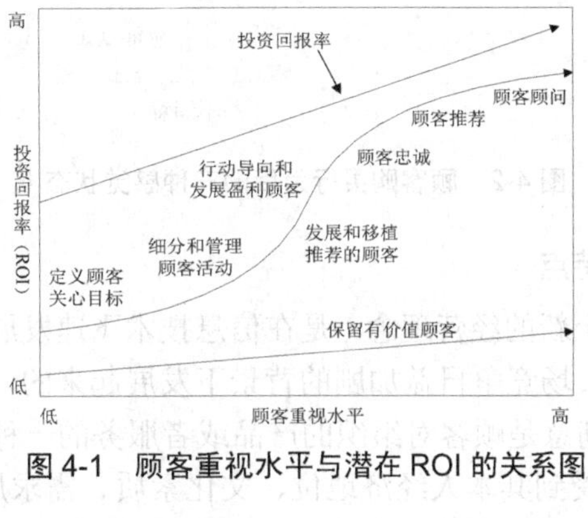

图4-1 顾客重视水平与潜在ROI的关系图

二、顾客满意的概念及其特点

（一）顾客满意的概念

顾客满意（customer satisfaction，CS）作为一个科学概念，始于消费心理学中的一个普通术语——满意，是对顾客需求是否得到满足的一种界定。当顾客需求被满足时，顾客便体验到一种积极的情绪反应，这称为满意；否则，顾客会体验到一种消极的情绪反应，这称为不满意。

ISO9000—2000中对“顾客满意”的定义是：顾客对其要求已被满足的程度的感受。同时有两个注解：即顾客抱怨是一种满意程度低的最常见的表达方式，但没有抱怨并不一定表明顾客很满意；即使顾客的要求是适宜的并得到满足，也不一定确保顾客很满意。营销大师菲利普·科特勒将顾客满意定义为：“满意是指一个人通过对一个产品的可感知的效果（或结果）与他或她的期望值相比较后，所形成的愉悦或失望的感觉状态”。这个定义清楚地表明，满意水平反映了可感知效果和期望值之间的差异。这样既符合消费心理学上对满意的理解，同时也为对顾客满意度进行测定与分析提供了理论基础。

顾客通过购买行为，可以经历三种不同感觉状态中的一种：如果效果低于期望，需求得不到满足，则顾客不满意；如果效果与期望相当，需求得到满足，则顾客满意；如果效果超过期望，需求得到超值满足，则顾客就完全满意（见图4-2）。

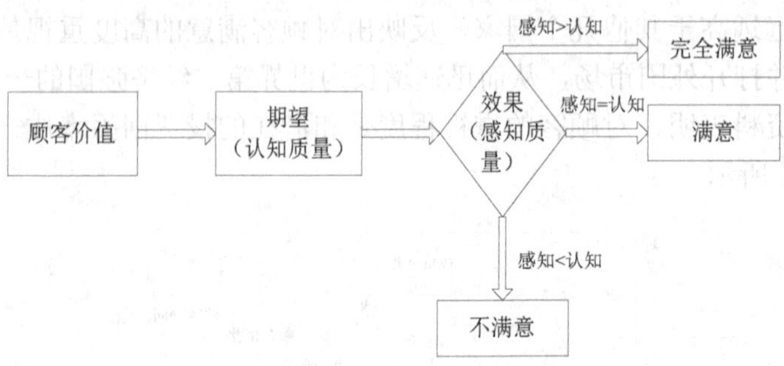

图4-2 顾客购买行为后的三种感觉状态

（二）顾客满意的特点

顾客满意作为一种全新的经营理念，是在信息技术飞速发展、知识经济即将来临、顾客需求日益个性化、市场竞争日益加剧的背景下发展起来的，它具有以下几个特点：

（1）主观性。顾客满意是顾客对组织的产品或者服务的一种主观感知活动的结果，具有很强的主观成分，受到其本人经济地位、文化素质、需求层次、性格和习惯等诸多方面因素的影响。

（2）客观性。顾客只要使用、接受了组织的产品或服务，其满意与否就客观存在。

（3）动态性。顾客满意并非一成不变，顾客的满意程度是随着顾客的需求层次、客观条件、经济文化水平的发展而变化的。这种变化的总的要求是不断提升产品和服务质量，从原来的不满意转变为满意。

（4）全面性。顾客对企业所提供的产品和服务的评价是全面的，并不仅是针对某一质量特性而言的。在顾客接受产品和服务的全过程中，任何一个环节出现差错都会导致顾客的不满意。

（5）模糊性。由于顾客满意是顾客带着自身的感知和情感来加以判断，带有许多“亦此亦彼”或“非此非彼”的现象，有时难以得到精确和量化，所以，带有一定的模糊性。

深入理解顾客满意的这些特点，是组织采取顾客满意战略，提高顾客满意的根本需求。

三、全面顾客满意的理念

（一）全面顾客满意的概念

全面顾客满意是新世纪的质量观。组织应该建立以顾客为中心的发展战略和经营管理体系，面向市场，将顾客的需要作为日常经营活动的“轴心”，积极提供顾客满意的质量。事实证明，在充分满足顾客的前提下，开展经营活动，不仅可以获得顾客的信赖，而且还有利于促进组织的发展。

全面顾客满意的理念认为，顾客就是自己的工作所能影响到的所有人。由此可以将顾客分为外部顾客和内部顾客。其中，外部顾客是那些企业外部的使用产品或接受服务的人，但也有其他类型的顾客。这里应该注意，直接外部顾客并不总是最终顾客（最终顾客是指使用最后产品或服务的人）。例如，对于一个服装生产商来说，直接外部顾客可能是一个商场或者精品店店主，但最终顾客是穿这件衣服的人。

内部顾客是指企业内部在某种程度上受企业活动影响的那些人。除了满足外部顾客以外，还需要满足内部顾客的需要。外部顾客只有在内部顾客得到了较好的服务时才能被较好地服务。大多数使外部顾客满意的企业也都是把企业内部的工作人员当成顾客的，因为质量水平受内部过程的每一个环节的影响。理想状态下，产品在生产过程中的每一个步骤都应该是100%没有缺陷的。然而，现实情况并非总是如此，质量水平是每个步骤质量水平影响的直接结果，大多数缺陷都出现在部门之间的交接过程中。戴明和朱兰两人都曾指出，至少有 80%的质量问题都出在制度上的弊端和官僚主义问题上。克服这些弊端和缺点，只能依靠从管理上寻求解决的办法，从研究如何提高内部顾客满意度上着手。

施莱辛格和赫斯基特（1991）认为，在员工满意和顾客满意之间存在一种"良好服务循环"的关系（见图4-3）。通过内外部顾客满意的相互影响，相互促进，最终能够达到全面的顾客满意。

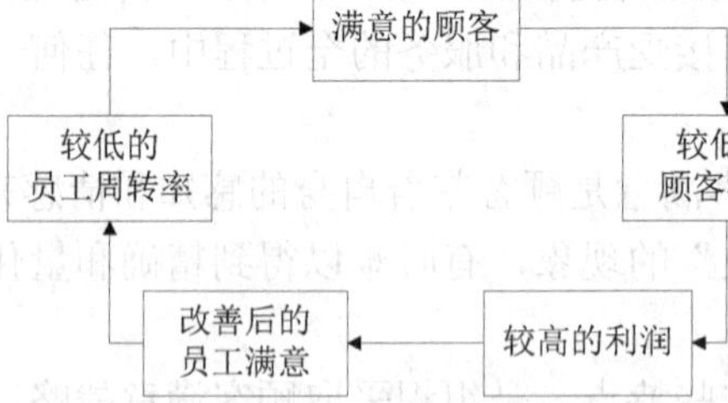

图4-3 良好的服务循环

（二）全面顾客满意的构成

全面顾客满意的构成因素可分为横向和纵向两个层面。

1．横向层面

在横向层面上，全面顾客满意包括五个方面：

（1）组织理念满意，即组织经营理念带给顾客的满足状态，它包括经营宗旨满意、经营哲学满意和经营价值观满意等。

（2）行为满意，即组织全部的运行状况带给顾客的满足状态，包括行为机制满意、行为规则满意和行为模式满意。

（3）视听满意，即组织具有可视性和可听性的外在形象给顾客的满足状态，包括组织标志满意、标准字满意、标准色满意以及上述三个基本要素的应用系统满意等。

（4）产品满意，即组织产品带给顾客的满足状态，包括产品质量满意、产品功能满意、产品设计满意、产品包装满意、产品品味满意和产品价格满意等。

（5）服务满意，即组织服务带给顾客的满足状态，包括绩效满意、保证体系满意、服务的完整性和方便性满意，以及情绪环境满意等。

2．纵向层面

在纵向层面上，全面顾客满意包括三个逐次递进的满意层次：

（1）物质满意层次，即顾客对组织产品的核心层，如产品的功能、质量、设计和品种等所产生的满意。

（2）精神满意层，即顾客对组织产品的形式层和外延层，如产品的外观、色彩、装潢、品位和服务等所产生的满意。

（3）社会满意层，即顾客在对组织产品和服务的消费过程中所体验到的社会利益维护程序，主要指顾客整体的社会满意程序。它要求对于社会产品和服务的消费过程中，要具有维护社会整体利益的道德价值、政治价值和生态价值。

中国台湾营销学家邓振邦先生将顾客满意的构成因素依照时间顺序分为三种顾客满意印象，第一种是外表印象，即组织的顾客开始知道组织时第一次接触留下来的看法；第二种是接受印象，也就是顾客与组织接触后，进一步的感受印象；第三种是公益印象，也就是销售行为、服务过程之后，以及平时组织给顾客的持续的印象。这三种印象与纵向递进的满意层次是一致的。

四、顾客忠诚

所谓“忠诚”，就是“相对于其竞争者，消费者更偏爱购买某一种产品或服务的心理状态或态度”，或是“对某种品牌的一种长期的偏好”。顾客忠诚是消费者在消费产品或服务过程中高度满意与愉快的结果，是一种对品牌的共鸣。顾客忠诚实际上是顾客行为的持续性。顾客忠诚可以理解为顾客的一种信念：当顾客想要购买或是将来可能需要购买一种曾经使用过的商品时，他首先想到的就是某一个企业的产品。那些能够为顾客提供高水平产品和服务的企业往往拥有较高的顾客忠诚。顾客忠诚是全面顾客满意所驱使，完全满意是忠诚的前提。如表 4-2 所示，1975—2000 年，宣称自己在购买某种产品或服务时，会坚持选择某个品牌的消费者比例已经大幅下降。这就说明随着顾客个性化需求的增长，其对产品质量和服务质量的追求已经超过了对品牌的追求。这也迫使企业为了获得更多的顾客忠诚，必须提供更优质的产品和服务，以满足顾客不断增长的消费期望。

表 4-2 消费者坚持购买某个品牌的比例

年 龄	1975 年（%）	2000 年（%）
20~29	66	59
30~39	73	59
40~49	77	60
50~59	82	59
60~69	86	65
70~79	93	73

（一）顾客忠诚对企业的积极作用

忠诚所带来的收益是长期而且具有积累效果的。也就是说，一个顾客保持的忠诚时间越久，企业从他那里得到的收益就越多。具体来讲，增加顾客的忠诚可以在以下几个方面为企业节省费用：

（1）可以减少营销费用，因为争取新的顾客往往需要花费更多的费用。

（2）减少必要的经营管理费用，如合约的谈判等。

（3）赢得更多的正面口碑，能够减少新顾客的开发费用。

（4）老顾客的重复购买行为能够为企业带来更多的收益。

（二）顾客忠诚的衡量

虽然顾客忠诚本身很难通过量化予以测定，但是却可以通过以下形式进行间接衡量：

（1）针对外部顾客：可以通过顾客重复购买的可能性、顾客购买同一企业其他产品或服务的可能性、顾客对价格变化的敏感性、是否口头传颂或推荐他人、是否参与其他顾客的购买行为等方面加以衡量。

（2）针对内部顾客：可以通过员工抱怨率，员工流失率，违纪违规率（损失率），员工参与程度如QC、TCS小组、质量改进（QI）小组等参与率，合理化建议比率，参与培训员工比率等方面加以衡量。

（三）顾客忠诚的获得

获得顾客忠诚的方法有许多。一般来说，企业可以通过产品和顾客两个方面来获得顾客忠诚。产品方面包括：企业应该准确地提供高质量、低价格、性能稳定的产品和服务等。通用电气公司前董事长杰克·韦尔奇（Jack Welch）认为："质量是我们维护顾客忠诚的最好的保证，是我们对付外国竞争者最有力的武器，是我们保持增长和盈利的唯一途径"。顾客方面包括：企业应该采取"多做少说"的策略、守信、提供个性化服务、珍惜每一位顾客。

为了提高顾客忠诚程度，很多企业推行了顾客忠诚计划，就是对重复购买特定产品或服务的消费者给予回报的计划，包括提供各种奖励如折扣、赠送商品、奖品等。美国一个著名的调查公司的调查显示，美国七大行业的十大企业中有一半推行了忠诚计划，英国的情况也大体相似。麦肯锡调查发现，在加入日用品忠诚计划的消费者中，有48%的人比加入前增加了消费支出，而休闲服饰的消费者中，有18%的人增加了消费。现在比较流行的会员卡制度以及积分返现规则，就是顾客忠诚计划的一个具体例子。

五、以顾客满意为导向的产品或服务设计创新

设计决定质量。早先，人们认为质量是检验出来的，因此普遍采取通过质检部门的检验来保证产品质量的方法。后来，人们认识到质量不是检验部门的事情，而是由生产部门制造出来的，生产过程中的质量水平决定了产品的质量。现在，人们开始意

识到质量应该是由设计部门决定的。当产品被设计出来的时候，产品的质量定位已经被决定了，制造部门只是通过实际生产，实现由设计决定的产品质量。进一步溯本求源，可以发现产品的质量定位也不是在设计过程中决定的，而是通过市场调研，对顾客的需求进行分析，以顾客满意为导向决定的。同样的，服务的质量和设计也是按照这样的程序来进行的，因此设计本身不应该是盲目的。凡是成功的组织，都首先从设计、开发开始就做到顾客完全满意。为适应市场形势和顾客需求的发展和变化，通过开发、变革和创新服务项目、种类，改进服务过程和方式，调整和改革顾客满意的重要举措。满足顾客需求是开发产品或服务开发、设计的唯一依据。一个成功的组织，其产品的设计流程应该像图 4-4 所示的流程一样。

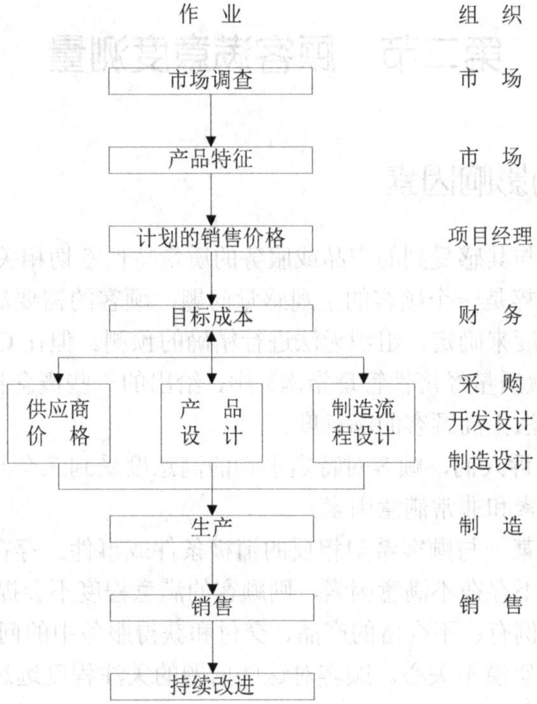

图 4-4　成功组织的设计流程

设计、开发应以顾客需求预测为导向，挖掘顾客潜在需要，进行超前开发、研制和创新，引导市场消费。服务的开发设计包括服务流程开发设计和服务规范、服务提供规范和服务质量控制规范等的设计和编制。设计及规范的制订要以充分满足顾客要求为标准。

顾客潜在需求的产生有多种可能，如：社会发展、技术进步和消费水平提高所带来的新需求；顾客在使用现有产品和服务时，提出的新的期望和改进的想法；现有产品和服务尚未覆盖的领域，但顾客确有这种要求；未开发的市场存在的需要；顾客对需求的某种遐想和期望；顾客有现实需求，但无法表达的。

组织应当认真对待顾客意见，主动改进设计，提高顾客的满意度。从顾客的反馈意见中，积极主动寻求改进产品设计和服务的机会。同时，按照产品生命周期规律，加快产品或服务的更新速度，不断提高顾客的满意度。要以顾客完全满意为目标，进行服务的创新与开发。如：开发和设计新的服务内容和方式；增设新的服务领域和服务项目；设计和改进服务流程；开发和增加新的服务功能；创造新的服务概念和需求；调整和改革服务的结构和布局。

第二节　顾客满意度测量

一、顾客满意的影响因素

顾客满意与否是与其感受到的产品或服务的质量特性密切相关的。

顾客的满意度纯粹是一个顾客的主观感觉问题，顾客的需要满足与否只能由顾客的主观感觉——满意度来确定，组织无法进行精确的预测。但在GB/Z19024—2000 idt ISO/TR10014—1998《质量经济性管理指南》中，给出的一些概念将有助于人们获得顾客的质量评价，并设法提高顾客的满意度。

ISO/TR10014 告诉人们，顾客对特定事物的满意度受到三个基本因素的影响，即不满意因素、满意因素和非常满意因素。

不满意因素是指某一与顾客希望相反的消极条件或事件。存在不满意因素，则顾客的满意程度下降；不存在不满意因素，则顾客的满意程度不会提高，也不会下降。

不满意因素的事例有：不合格的产品、交付和获得服务中的问题、职员的不协作，或是对顾客意见和抱怨漠不关心。顾客对这些问题的关注程度远远比组织所意识到的要高得多，不触犯顾客仅仅是最低要求。

满意因素是指某一与顾客满意程度存在线性关系的期望的条件或事件。例如，物品降价，对顾客来说就更值得购买且能觉得更大的满意。一系列不同款式、性能、型号的产品供顾客选择也是一种满意因素。满意因素越多，顾客的满意度越高。但是值得注意的是，满意因素并不能弥补不满意因素，例如，人们会很快忘记价格低的产品，但对所购买到的不合格品却记忆犹新。

非常满意因素则更大程度地决定了顾客下次的购买意向，以及对企业提供相关产品和服务建议的企业忠诚。例如，一些超出预期但又切实解决顾客隐含需求的服务。

语言学家 Charles Cleveland 博士根据他的经验，认为好的顾客满意度有一个五等分原则。具有高顾客满意度的组织，花四分用来讨论“我们能为他们做什么”，花一分用来讨论“他们能为我们做什么”。而具有较差顾客满意度的组织将两分侧重于“我们能为他们做什么”，而将三分用来侧重于“他们能为我们做什么”。

二、顾客满意度测评的分类及原则

（一）顾客满意度测评的分类

在进行顾客满意度测评以前，必须明确测评的目的。根据目的的不同以及调查时间的不同，顾客满意度测评可以分为概况调查、事务性调查、可靠性调查和后继或诊断调查四大类，如表 4-3 所示。

表 4-3 顾客满意度测评的分类

调查的目的	概 况 调 查	事务性调查	可靠性调查	后继或诊断调查
何时进行	固定周期	尽可能接近业务活动时间	在一个使用周期后或达到某个使用（拥有）的重要阶段	收到特别好或特别坏的反馈时
覆盖范围	尽可能多的顾客，或者是普查	只有经历了特定事务的那些顾客	抽取样本或者普查	那些提供了回答并需要进一步探究的顾客
评价的问题	普遍性的问题，总体业绩，对关键的、基本的问题的满意情况。非常宏观	与事务运作相关的特定问题。非常具体	涉及总体的可靠度，耐久性，易于服务，接受服务的能力，售后支持等	以深入研究为目的，帮助理解一个或多个特定领域中好或差的业绩

（二）顾客满意度测评的原则

进行顾客满意度的测评，必须首先建立顾客满意度测评的指标，然后根据这些测评指标进行测评。顾客满意度测评指标建立的原则有：

（1）全面性原则。顾客满意度评价体系应该力求能准确地反映顾客的满意状况，因此，其指标因素必须全面且有代表性。

（2）独立性原则。顾客满意度评价体系中的指标因素必须有较高的区分度，便于调查对象辨别。体系中的每个指标都能独立地反映系统的某一方面或不同层次的服务。

（3）层次循序渐进原则。影响顾客满意的因素很多，因此可以分成几个层次，采用层次渐进、循环交替的方法，逐渐将顾客满意度调查推向深入。

（4）可测性原则。顾客满意度测评的结果是一个量化的值，因此设定的测评指标必须是可以进行统计、计算和分析的。

（5）可行性原则。顾客满意度调查的最终目的是发现问题，改进产品或服务，因此各指标因素的内容和意义必须能被员工和顾客所理解。

三、顾客满意度测评的步骤

企业为了使其产品的质量特性满足顾客需求，甚至要超过顾客的期望，同时尽量减少不合理的缺陷，以降低成本，就要通过对顾客满意度的调研、分析来达到这两方面的要求。图4-5说明了完整的顾客满意度测评的程序。

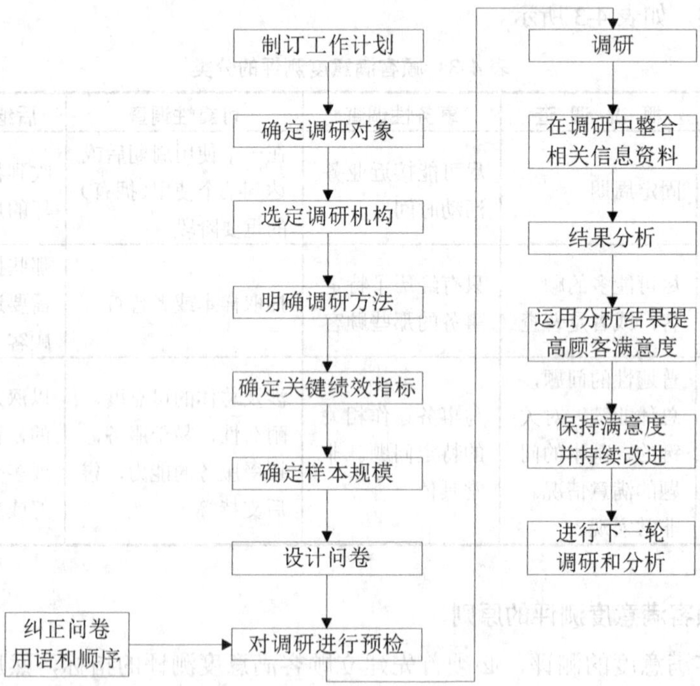

图4-5　顾客满意度测评程序

其中有以下几点需要说明：

首先，关键绩效指标指的是：① 与产品有关的：产品主要性能、外观和工业造型，产品质量、产品特色、全寿命周期费用（LCC）、产品设计、新产品、产品可靠性、价格、支付方式等；② 与服务有关的：保修期、维修性、处理顾客投诉、投诉响应时间、备品备件服务、保修质量、服务质量等；③ 与购买有关的：沟通、竞争力、信誉、礼貌、承诺等；④ 与社会责任有关的：安全性、环境影响等。对绩效指标要逐一准确定义，并在选择时要考虑到所有顾客都能按此加以判定。如生产大型产品的组织，由于产品有一定的平均无故障时间，不少顾客对售后服务这一栏就可能无法填写。又如生产小型、简单产品的组织，对组织形象这一栏许多顾客就会因不了解而空白。

其次，提高回收率和有效问卷率的措施有：① 在用户中选择能全面了解产品购买、使用、维修的部门和责任人；② 问卷设计要简明扼要，措辞准确，防止产生歧义；③ 问卷发出后要跟踪催促；④ 在问卷中承诺小礼品并在收到回答的问卷后发出小礼品以资鼓励；⑤ 对空白栏目要再次征求顾客意见。

第三，数据处理方法有：① 采用最小二乘法（OLSE）来计算回归方程；② 计算点估计值和区间估计值；③ 研究数据的集中趋势，包括众数、中位数、平均值等；④ 研究数据的分散趋势，包括级差、四分位数差（Q、D）、标准差；⑤ 分层分析，即分别按销售地区、按用户行业、按产品使用年限等进行分析；⑥ 有条件的还可以运用现代统计方法进行多重共线性分析、绩效指标间的聚类分析、主成分分析、对应分析、因子分析、相关分析等。

第四，撰写顾客满意度报告时报告中要列出顾客满意度调查的置信度、误差、点估计值等，还要进行各种分析，针对不足指出改进意见。

四、顾客满意度测评的方法

目前，国内外在进行顾客满意度测评时，先后提出了几种测评顾客满意度的方法并应用于实践。

（一）一般方法

1．P-E（认知—预期）模型

$$\mathrm{SQ}_i = \sum_{j=1}^{k} W_j (P_{ij} - E_{ij}) \tag{4.1}$$

式中，SQ_i表示对于激励 i 的可视服务的总体服务质量满意度；k 表示服务（产品）特性的数目；W_j表示特性 j 对 SQ_i的权重；P_{ij}表示与特性 j 相关的激励 i 的可视行为；E_{ij}表示与特性 j 相关的激励 i 的预期大小。

P-E 模型认为，在消费过程中或消费之后，顾客会根据自己的期望及认知价值，评估产品和服务的实际效果。如果实际效果低于期望，顾客就会不满；如果实际效果符合或超过期望，顾客就会满意。即顾客的满意程度主要由认知价值和期望之差决定。

2. 四分图模型

四分图模型又称重要因素推导模型，是一种偏于定性研究的诊断模型。它列出组织产品和服务的所有绩效指标，每个绩效指标有重要性和满意度两个属性，根据顾客对该绩效指标的重要程度及满意程度的打分，将影响组织满意度的各因素归进四个象限内，如图 4-6 所示，组织可按归类结果对这些因素分别处理。如果组织需要，还可以汇总，得到一个组织整体的顾客满意度值。

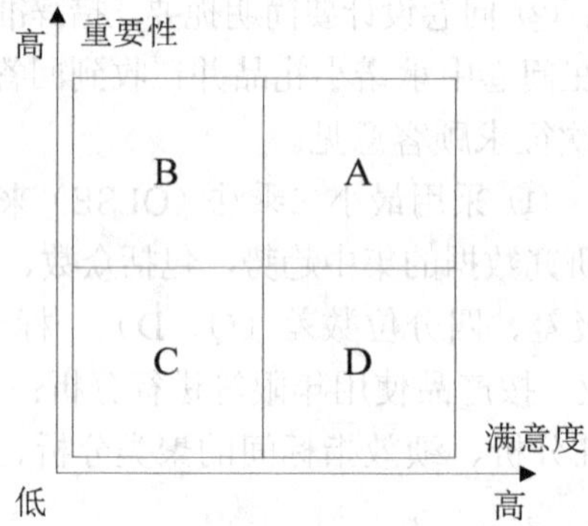

图 4-6　四分图模型

A—优势区：指标分布在这些区域时，表示对顾客来说，这些因素是重要的关键性因素，顾客目前对这些因素的满意度评价也较高，这些优势因素需要继续保持并发扬。

B—修补区：指标分布在这些区域时，表示这些因素对顾客来说是重要的，但当前组织在这些方面的表现比较差，顾客满意度评价较低，需要重点修补、改进。

C—机会区：指标分布在这些区域时，代表着这一部分因素对顾客不是最重要的，而满意度评价也较低，因此不是现在最急需解决的问题。

D—维持区：满意度评价较高，但对顾客来说不是最重要的因素，属于次要优势（又称锦上添花因素），对组织实际意义不大，如果考虑资源的有效分配，应先从该部分做起。

在对所有的绩效指标归类整理后，可从三个方面着手对组织的产品和服务进行改进：消费者期望（消费者最为关注的，认为影响他们对组织满意度的最为重要的一些因素），组织的优势指标（组织在这些因素上做得到位，消费者满意度高），组织的弱点（组织在这些因素上工作不足，或是没有意识到这些因素对满意度的影响）。如果需要计算组织整体客户满意度值，可按式 4.2 计算：

$$I_i = \sum_{j=1}^{m} k_j R_{ij} \quad (i=1,2,\cdots,n;\ j=1,2,\cdots,m) \tag{4.2}$$

式中，I_i为第 i 个指标的重要性；i 为影响顾客满意的指标个数；k_j为指标相对重要性为 j 时所对应的分值；j 为评价各指标相对重要性的分类等级；R_{ij}为第 i 项指标重要性为 j 级的顾客占总人数的比例。

$$P_i=\sum_{j=1}^{k}x_j y_{ij}\quad(i=1,2,\cdots,n;j=1,2,\cdots,k) \tag{4.3}$$

式中，P_i为顾客对第 i 个指标的满意程度；i 为影响顾客满意的指标个数；x_j为满意程度等级为 j 时对应的分值；j 为顾客满意的分类等级数；y_{ij}第 i 项指标满意度为 j 级的顾客占总人数的比例。

总体满意度如下，其中 x_k 为满意度等级最高时对应的分值。

$$P=\frac{\sum_{i=1}^{n}p_i I_i}{x_k\sum_{i=1}^{n}I_i} \tag{4.4}$$

3．调查表式的顾客满意度评估

调查表式的顾客满意度评估方法是：首先，确定顾客满意评价指标；其次，设计顾客满意评价调查表；再次，发放调查表；最后，根据顾客打分计算顾客满意分值。

例如，设计某项服务的顾客满意度调查表如表 4-4 所示。

表 4-4　顾客满意度调查表

评语 项目	很满意	满意	一般	不满意	很不满意
服务的可靠性					
服务的及时性					
服务的准确性					
服务的完整性					
服务的情感性					

其中，评语分值分别是：很满意=100 分，满意=80 分，一般=60 分，不满意=40 分，很不满意=20 分。

服务的可靠性指组织对顾客做出的承诺的兑现程度。

服务的及时性指组织对顾客咨询问题解答的及时性、回复电话的及时性、送货的及时性等。

服务的准确性指在顾客购物后，组织送货质量和数量的准确性。

服务的完整性指售前组织关于商品信息的介绍应该具有完整性，售后关于各项保障服务具有完整性。

服务的情感性指组织在为顾客的服务中应该尊重顾客、关心顾客、了解顾客、熟悉顾客，尽可能提供个人化的服务。

$$顾客满意分值=\frac{\sum n_i x}{N}\times 100\% \tag{4.5}$$

式中，N为抽样调查总人数；$x\in\{100,80,60,40,20\}$为顾客满意档次分值；n_i为打分为x的顾客人数。

4．顾客满意率

用在一定数量的目标顾客中表示满意的顾客所占的百分比，也是用来测评顾客满意程度的一种方法，即

$$T=S/C\times 100\% \tag{4.6}$$

式中，T表示顾客满意率；S表示在目标顾客群体中表示满意的顾客数；C表示目标顾客数。

（二）模糊综合评价法

1．模糊综合评价法的基本原理

模糊综合评价法是应用模糊集理论对系统进行综合评价的一种方法，其评价对象是工程技术系统或社会经济系统的各种替代方案。通过模糊评价能获得各种替代方案优先顺序的有关信息。模糊综合评价是以模糊数学为基础，应用模糊关系合成的原理，将一些边界不清、不易定量的因素定量化，进行综合评价的一种方法。

组织顾客满意度指标体系中各指标从不同的角度对顾客满意度进行判定，具有一定的多解性和不确定性。另外，指标个数很多，难以真实地反映各指标在整体中的地位。因此，对顾客满意度测评适合采用多级模糊综合评价法来进行整体定量分析。一般地，多级模糊综合评价需要经过以下步骤：

第一步，把因素论域按某种属性分成s个子集。即

$$U=\bigcup_{i=1}^{s}u_i \tag{4.7}$$

式中，$u_i=\left\{u_{i1},u_{i2},\cdots,u_{ip_i}\right\},i=1,2,\cdots,s$。

第二步，对每一个u_i进行单级模糊综合评价。

设评语等级论域为

$$V=\{v_1,v_2,\cdots,v_m\}$$

u_i中各因素的模糊权向量为

$$A_i=(a_{i1},a_{i2},\cdots,a_{ip_i})$$

$$\sum_{r=1}^{r=p_i} a_{ir}=1 \tag{4.8}$$

u_i的单因素评价结果为R_i（P_i行，m列），单级评价模型为

$$A_i \text{o} R_i=(b_{i1},b_{i2},\cdots,b_{im})=B_i \tag{4.9}$$

式中，$i=1,2,\cdots,s$，o为关系合成算子。

第三步，将u_i看作一个综合因素，用B_i作为它的单因素评价结果，可得隶属度关系矩阵。

$$\boldsymbol{R}=\begin{bmatrix}B_1\\B_2\\\vdots\\B_S\end{bmatrix}=\begin{bmatrix}b_{11}&b_{12}&\cdots&b_{1m}\\b_{21}&b_{22}&\cdots&b_{2m}\\\vdots&\vdots&\ddots&\vdots\\b_{s1}&b_{s2}&\cdots&b_{sm}\end{bmatrix}$$

设综合因素u_i（$i=1,2,\cdots,s$）的模糊权向量为

$$\boldsymbol{A}=(a_1,a_2,\cdots,a_s)$$

则二级模糊综合评价模型为

$$\boldsymbol{A}\text{o}\boldsymbol{R}=(b_1,b_2,\cdots,b_m)=\boldsymbol{B} \tag{4.10}$$

二级模型如图4-7所示。

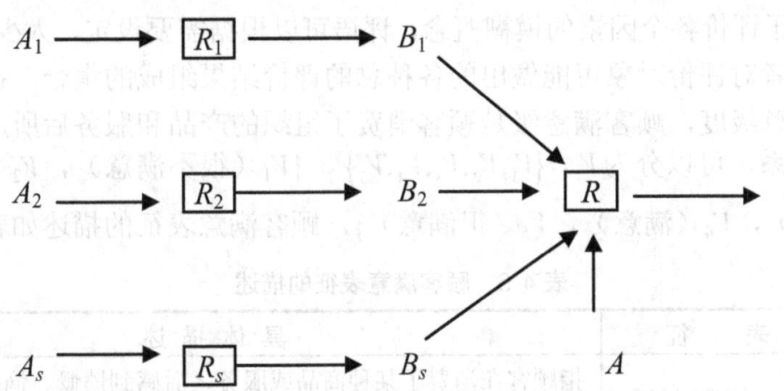

图4-7　二级模型图

如果第一步划分中u_i（$i=1,2,\cdots,s$）仍较多，则可继续划分得到三级或更高级的模型。

2．顾客满意度的多级模糊综合评价

（1）建立因素集

建立两层因素集，第一层为主因素层，评价指标包括五个方面：理念满意，行为满意，视听满意，产品满意，服务满意，用集合表示为U={U_1（理念满意），U_2（行

为满意），U_3（视听满意），U_4（产品满意），U_5（服务满意）}，U 为因素集（指标集）。再将 U_i 中各个因素进行细分，各个因素中的子集是各不相同的，如第一个因素有四个指标 $U_1=\{U_{11}$（经营哲学满意），U_{12}（经营宗旨满意），U_{13}（价值观念满意），U_{14}（组织精神满意）}，其他类似，可统一表示为 $U_i=\{U_{i1},U_{i2},U_{ij},\cdots,U_{in}\}$，其中 U_i 表示 U 中第 i 个因素，U_{ij} 表示 U_i 中第 j 个因素，$j=1,2,\cdots,n$，n 表示有 n 个因素。因素集的递进关系如图 4-8 所示。

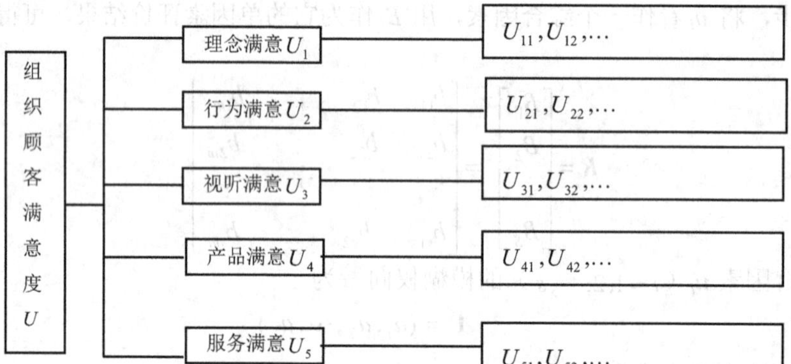

图 4-8　顾客满意度因素集

（2）建立评语集

评语是用于评价各个因素的模糊概念，评语可以根据需要设定，太少太多都不好；评语集是评价者对评价对象可能做出的各种总的评价结果组成的集合。在这里，评语集也叫顾客满意级度，顾客满意级是顾客消费了组织的产品和服务后所产生的心理满足状态等级体系，可以分为 $V=\{V_1,V_2,V_3,V_4,V_5\}$，{$V_1$（很不满意），$V_2$（不满意），$V_3$（基本满意），$V_4$（满意），$V_5$（很满意）}。顾客满意表征的描述如表 4-5 所示。

表 4-5　顾客满意表征的描述

状　态	表　征	具体描述
很不满意	愤慨、恼怒、投诉、反宣传	指顾客在消费了某种商品或服务之后感到愤慨、恼羞成怒难以形容，不仅企图找机会投诉，而且还会利用一切机会进行反宣传以发泄心中的不快
不满意	气愤、烦恼	指顾客在购买和消费某种商品或服务后所产生的气愤、烦恼状态。在这种状态下，顾客尚可勉强忍受，希望通过一定方式进行弥补，在适当的时候，也会对此进行反宣传，提醒自己的亲朋好友不要去购买或消费同样的商品或服务
基本满意	无明显正负情绪	指顾客在消费某种商品或服务过程中所形成的没有明显情绪的状态。也就是对此既说不上好，也说不上差，还算过得去

续表

状　　态	表　　征	具体描述
满意	称心、赞扬、愉快	指顾客在消费某种商品或服务后所产生的称心和愉快的状态。在这种状态下，顾客不仅对自己的选择予以肯定，还会乐于推荐
很满意	激动、满足、感谢	指顾客在消费某种商品或服务后所产生的激动、满足状态。在这种状态下，顾客的期望不仅完全达到，而且大大超出了期望。这时顾客为自己的选择而自豪，还会利用一切机会宣传推荐

（3）建立权重集

确定权重，是为了显示各项指标在测评指标体系中的不同的重要程度。根据每一层中各个因素在顾客满意度评价中所起的作用和重要程度不同，分别给每一因素赋以相应的权数，且权数归一化。设

第一层次的权重集为 $A=(a_1,a_2,\cdots,a_{mi})$，其中 $a_i=(i=1,2\cdots,m)$ 是第一层次中第 i 个因素 U_1 的权重，$\sum_{i=1}^{m}a_i=1$。

第二层次的权重集为 $A_i=(a_{i1},a_{i2},\cdots,a_{im_i})$，其中 $a_{ij}(i=1,2,\cdots,m;j=1,2,\cdots,n)$ 是第二层次中决定因素 U_i 的第 j 个因素 U_{ij} 的权数，$\sum_{i=1}^{m}a_{ij}=1$。

权数 a_i 与 a_{ij} 的大小分配与调整，反映了评价者在评价顾客满意度时的倾向性和灵活性的差异。

以上 a_i 与 a_{ij} 的数值可由层次分析法（AHP 法）确定。AHP 法（analytic hierarchy process）是美国运筹学家沙旦（T. L. Satty）于 20 世纪 70 年代提出的，是一种定性与定量分析相结合的多目标决策分析方法。特别是将决策者的经验判断给予量化，在目标（因素）结构复杂且缺乏必要的数据情况下更为实用。

（4）一级模糊综合评价

先对每一个 $U_i(i=1,2,3,4,5)$ 进行综合评价，由于第一层因素 U_i 下的指标 U_{ij} 的模糊性，不能得到其具体值，可以通过德尔菲法或统计调查法得到 $U_{ij}(j=1,2,\cdots,n)$ 隶属于第 $t(t=1,2,3,4,5)$ 个评语 V_t 的程度 r_{ijt}，由此得到模糊评价矩阵 $\boldsymbol{R}_i$：

$$\boldsymbol{R}_i=\begin{bmatrix} r_{i11} & r_{i12} & r_{i13} & r_{i14} & r_{i15} \\ r_{i21} & r_{i22} & r_{i23} & r_{i24} & r_{i25} \\ \cdots & \cdots & \cdots & \cdots & \cdots \\ \cdots & \cdots & \cdots & \cdots & \cdots \\ r_{in1} & r_{in2} & r_{in3} & r_{in4} & r_{in5} \end{bmatrix}$$

式中，$i=1,2,3,4,5$，n 表示 U_i 中的子因素的个数。注意：$\sum_{t=1}^{5} r_{ijt}=1$，如果 $\sum_{t=1}^{5} r_{ijt}\neq 1$，则应进行归一化处理，然后得到一级模糊评价矩阵 $\boldsymbol{R}_i$。

由 U_i 下的子因素的权重模糊集

$$A_i=\left|a_{i1},a_{i2},\cdots,a_{in}\right|$$

进行关系合成运算，令 U_i 的一级评价向量为 $\boldsymbol{B}_i$，则

$$\boldsymbol{B}_i=\boldsymbol{A}_i \mathrm{o} \boldsymbol{R}_i=\left|b_{i1},b_{i2},b_{i3},b_{i4},b_{i5}\right| \tag{4.11}$$

式中，$i=1,2,3,4,5$，o 为关系合成算子。

（5）二级模糊综合评价

对 U 进行综合评价。将每个 U_i 看成一个因素，这样，U_i 又是一个因素集，$U=\{U_i\}$。U 的单因素评价矩阵为

$$\boldsymbol{R}=\begin{bmatrix} B_1 \\ B_2 \\ B_3 \\ B_4 \\ B_5 \end{bmatrix}=\begin{bmatrix} b_{11} & b_{12} & b_{13} & b_{14} & b_{15} \\ b_{21} & b_{22} & b_{23} & b_{24} & b_{25} \\ b_{31} & b_{32} & b_{33} & b_{34} & b_{35} \\ b_{41} & b_{42} & b_{43} & b_{44} & b_{45} \\ b_{51} & b_{52} & b_{53} & b_{54} & b_{55} \end{bmatrix}$$

可得的 U 二级评价向量为 $\boldsymbol{B}$，将 $\boldsymbol{B}=\left|b_1,b_2,b_3,b_4,b_5\right|$ 做归一化处理，从而得到顾客满意度隶属于各评语级别的模糊度的大小，再根据最大隶属度原则，可得到顾客满意度的评价结果，从而便于组织今后进行决策。

（三）顾客满意度指数法

1．概述

对顾客满意理论的深入研究，产生了定量评价的方法——顾客满意度指数（customer satisfaction index，CSI）。实施顾客满意战略，用顾客满意度指数来测评产品和服务的质量已成为国际上各发达国家和先进企业推进质量管理的新趋势。在 1989 年瑞典构建了世界上第一个国家顾客满意指数之后，已经建立的国家或地区层次上的顾客满意指数包括：瑞典顾客满意度指数 SCSB（Sweden Customer Satisfaction Barometer，1989）、美国顾客满意度指数 ACSI（American Customer Satisfaction Index，1994）、德国顾客满意度指数 DK（Deutsche Kunden-barometer，1995）、韩国顾客满意度指数 KCSI（Korea Customer Satisfaction Index，1998）、瑞士顾客满意度指数 SWICS（Swiss Index of Customer Satisfaction，1998）以及欧洲顾客满意度指数 ECSI（European Customer Satisfaction Index，2000）等。另外，许多国家和地区都计划建立自己的顾客满意度指数，仅 1998 年，就有马来西亚、新加坡、巴西、加拿大、墨西哥、澳大利亚、阿根廷

以及 14 个欧盟国家制定了关于顾客满意度指数的计划。在中国，目前北京和上海两地也已启动了各自的 CSI 项目。

顾客满意度指数的测量彻底改变了通过对技术指标的监测来评价质量的思路，而是根据产品满足顾客实际需要的程度来评价产品质量。顾客满意度指数同意了对不同种类的产品和服务质量的评价标准，使得我们能够比较不同种类的产品和服务质量的水平，从而使得评价国民经济总体的质量成为可能。

顾客满意度指数是以市场上消费过和正在消费的商品和服务为对象，量化各种类型和各个层次的顾客的评价，从而获得的一种综合性经济指标。它从顾客的角度出发测量经济产出究竟在多大程度上满足了顾客的需求，不同于由政府的质量监督部门根据质量技术指标来评价产品质量的做法，符合经济个性化趋势。

美国密歇根大学商学院国家质量研究中心（NQRC）的调查报告表明：

（1）对瑞典的顾客满意度指数测评结果进行跟踪，在五年时间里顾客满意度指数每年提升一个“点”（顾客满意度指数的计量单位），则投资收益率平均每年增长 6.6%。

（2）对美国的顾客满意度指数测评结果进行跟踪，顾客满意度指数每增加一个“点”，其资产净值平均增加约 6.46 亿美元。

2．美国顾客满意度指数（ACSI）

纵观各国已经构建的国家顾客满意度指数，其理论模型和采用的方法大同小异，其中 ACSI 模型和方法具有代表性。

美国顾客满意度指数 ACSI 的模型和方法是由密歇根大学商学院 Claes Fornell 教授等人开发的，目前由美国质量协会、密歇根大学商学院国家质量研究中心和阿瑟·安达信公司共同负责管理。ACSI 基于这样一个理论，即顾客满意度同顾客在产品购买前的期望和在产品购买中及购买后的感受有密切关系，并且，顾客的满意程度的高低将会导致两种基本结果：顾客抱怨和顾客忠诚。

ACSI 使用的是一种由多重指标（问题）支持的六种潜变量组成的模型，如图 4-9 所示。

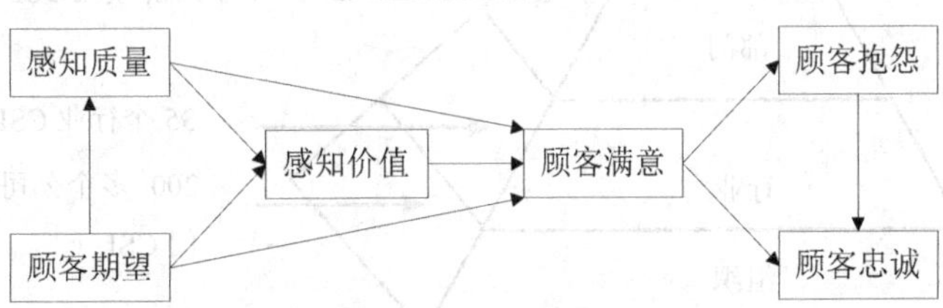

图 4-9　ACSI 模型

ACSI 的模型显示，在六个潜变量中，顾客期望、感知质量和感知价值是三个原因变量；顾客满意、顾客抱怨、顾客忠诚是三个结果变量，原因变量综合影响并决定着结果变量，其结构及观测变量如表4-6所示。顾客满意度是由顾客在购买和使用产品的经历中，产生对产品质量和价值的实际感知，并将这种感知同购买前或使用前的期望值作比较而得到的感受和体验决定的；若顾客满意度低就会产生顾客抱怨以至投诉，而顾客满意度高就会提高顾客的忠诚程度；同时，如果重视并妥善处理好顾客的投诉，化解了顾客抱怨，同样可以提高顾客忠诚程度。

表4-6 美国用户满意度指数测量模型结构变量和观测变量

结 构 变 量	观 测 变 量
顾客期望	1. 对质量的总体预期 2. 对产品满足需求的预期 3. 对产品可靠性的预期
感知质量	1. 对产品质量的总体评价 2. 对产品满足需求的评价 3. 对产品可靠性的评价
顾客满意	1. 总体满意程度 2. 产品质量同预期的比较 3. 产品质量同理想产品的比较
顾客抱怨	1. 向厂商抱怨的次数 2. 向经销商抱怨的次数
顾客忠诚	1. 重复购买可能性 2. 重复购买所能接受的心理价格

如图4-10所示，ACSI由四个层次的满意度测评指数构成，这四个层次分别是：

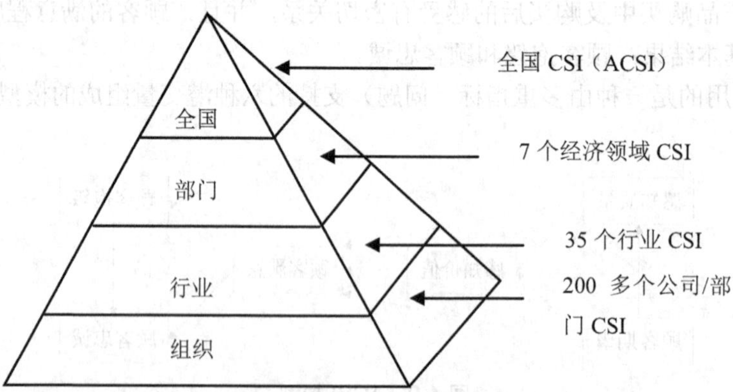

图4-10 ACSI的构成

（1）消费者对国内销售的所有产品和服务的整体满意度指数。

（2）各个经济部门的满意度指数。

（3）部门内各个行业的满意度指数。

（4）行业内具体企事业单位的满意度指数。

ACSI 已经覆盖了美国 7 个经济领域（非耐用品制造业、耐用品制造业、运输/通信/公用事业、零售业、金融/保险业、服务业、公共事业管理/政府部门）中的 35 个行业的 200 多个企业和政府部门的满意度测评。通过计算产品的顾客满意度指数，可以计算出组织的顾客满意度指数；由组织的顾客满意度指数可以计算出行业和部门的顾客满意度指数；由行业和部门的顾客满意度指数计算出国家的顾客满意度指数。在部门层次上包括具有最终用户的 7 个部门，涵盖了美国 GDP 的 64.2%，较好地从整体上反映了美国顾客对所接受的产品和服务的满意程度。在行业层次上则要根据销售额选出 35 个具有代表性的行业，对每一个行业内最大的若干家组织进行问卷调查，每次调查的样本数量在 160~250 家之间。ACSI 共调查了约 200 家美国本地组织以及一些市场份额比较大的国外组织，然后依据测评模型计算出每一个组织的顾客满意指数（通过数学处理使之分布在 0~100 之间）。

ACSI 已经成为目前世界上涉及领域和范围最广的全国性 CSI。它的特点是：其主要的测评指标具有通用性，其测评结果具有跨产品、跨行业和跨区域的可比性。

ACSI 调查收集到数据后，通过一种多变量分析数学模型，计算出消费者对特定厂商或单位提供的产品或服务的满意度指数。由于组织单位常常向消费者提供多种产品和服务，因此，要选择有代表性的品牌或服务项目进行测量，以消费者对它的满意度水平来代表对整个企事业单位的满意度。

行业的满意度指数由能够代表行业即在国内本行业中市场份额高的若干大企事业单位的满意度指数，通过对销售额加权求和计算出来。

$$I_{ist}=\sum_{f}^{F}\frac{S_{fist}I_{fist}}{\sum_{f}^{F}S_{ist}} \tag{4.12}$$

式中，I_{ist} 为行业 i 在第 t 期的满意度指数，I_{fist} 为该行业中具体企事业单位 f 在 t 期的满意度指数，S_{fist} 为该企事业单位在行业中的销售额，F 为该行业中调查的企事业单位数。

部门的满意度指数同样可以通过行业的满意度指数对行业的销售加权求和得出。

$$I_{st}=\sum_{i}^{I}\frac{S_{ist}I_{ist}}{\sum_{i}^{I}S_{Ist}} \tag{4.13}$$

式中，I_{st} 为 s 部门在 t 期的满意度指数，I_{ist} 为该部门内 i 行业满意度指数，S_{ist} 为 i 行业销售额，I为该部门内被调查的行业数。

在计算整个国家的满意度指数时，除了对各部门的满意度指数按销售额加权求和，还要对最近四期的结果求平均得到国家满意度指数。

$$I_t = \sum_{t=T-3}^{T} \sum_{s}^{S'} \frac{S_{st} I_{st}}{\sum_{t=T-3}^{T} \sum_{s}^{S} S_{st}} \tag{4.14}$$

式中，I_t为国家在t期的顾客满意度指数，S_{st}为s部门在t期的销售额，S'为调查的部门数。

美国顾客满意度指数的出现是美国经济发展的需要，也是美国组织发展的需要。在以前的美国经济指标中，既没质量统计指标，也不研究、预测质量的上升或下降。美国顾客满意度指数给国家和组织提供了一个从顾客满意的角度统计观测产品和服务质量的指标。这个指标的出台，给美国国家、行业、组织及有关机构提供了关于质量的非常有用的信息，完善了美国经济监测的指标体系。

（四）顾客满意度测评方法的比较

P-E（认知—预期）模型的作用仅仅是认知与消费者期望的差异，可以让组织明白顾客对其产品的期望值大小及组织本身对该期望的实现程度，为组织下一步改进产品指明了方向，但它不能提供诸如顾客对其产品的期望与产品品质特性之间的偏差等问题。例如，顾客无法购买到自己最喜爱的产品或服务时，就不得不购买其他产品或服务。虽然顾客觉得产品或服务的实际价值符合或超过了自己的期望，由于他们无法购买、消费自己最喜爱的产品或服务，他们仍可能会不满。

四分图模型目前在国内应用很广，国内大多数组织在做顾客满意度调查时均采用该模型。这个模型简单明了，分析方便有效，而且不需要应用太多的数学工具和手段。无论是设计、调研，还是分析整理数据，都易于掌握，便于操作。但是，这个模型也存在不足之处。它孤立地研究满意度，没有考虑顾客感知和顾客期望对满意度的影响，也没有研究满意度对顾客购买后行为的影响。在实际操作中，该模型列出各种详细的绩效指标由顾客来评价指标得分，这就可能让许多顾客重视但调查人员和组织没有考虑到的因素未能包含在调查表中。由于该模型不考虑误差，仅由各指标得分加权平均算出顾客满意度的数值，得出的数据不一定准确，同时也不利于组织发现和解决问题。另外，由于该模型使用的是具体的绩效指标，很难进行跨行业的顾客满意度比较。即使处在同一行业的各个组织，由于各地区经济发展不平衡，顾客要求不同，各指标对顾客的重要程度也可能不同，导致同一行业跨地域的可比性也大大降低。

调查表式的顾客满意度评估和顾客满意率这两种方法只能处理单一变量和简单现象总体的问题，而无法处理多变量和复杂现象总体的问题；不能给出统一的对产品或服务质量的衡量标准，所以不同产品或服务之间无法比较。

客观世界存在着两种不确定性：一类是随机性，另一类是模糊性。模糊性是人们对某些事物不可能给予明确定义和确定性的评定标准而具有的不确定性。如果忽视了模糊性，进行统计的原始数据的真实性将会存在很大的问题。在这样的认识基础上可以应用模糊统计和模糊综合评价来测评顾客满意度，因此顾客满意度的模糊综合评价法是目前组织普遍应用的一种测评方法。利用模糊数学来对组织顾客满意度进行综合评价，能把影响组织顾客满意度的多种因素进行综合考虑，并且不是简单的加权平均。避免了个别人来进行评价容易加入个人主观臆断的缺点，较好地保证了测评工作的公正性和操作实用性。但模糊数学也有局限性，所得结论也不完全准确，运用模糊数学方法来进行综合评价，可以为评议专家进行科学决策提供一定的参考。微观层面的具体组织进行满意度调查时可以很好地应用这个方法。

顾客满意度指数法（CSI）注意并重视了客观世界变量的不确定性中的随机性，并且采用了数理统计方法予以处理。在 CSI 体系中，所有不同的组织、行业及部门间的顾客满意度是一致衡量并且可以进行比较的。它不仅让顾客满意度能在不同产品和行业之间比较，还能在同一产品的不同顾客之间进行比较，体现出人与人的差异。

CSI 模型提出了顾客期望、感知质量和感知价值这三个变量，它们影响顾客的满意度，是顾客满意的前因。感知价值作为一个潜变量，将价格这个信息引入模型，增加了跨组织、跨行业、跨部门的可比性。

CSI 模型各组成要素之间的联系呈现因果关系，它不仅可以总结顾客对以往消费经历的满意程度，还可以通过评价顾客的购买态度，预测组织长期的经营业绩。CSI 模型最大的优势是可以进行跨行业的比较，同时能进行纵向跨时间段的比较。同时，CSI 是非常有效的管理工具，它能够帮助组织与竞争对手比较，评估组织目前所处的竞争地位。

但是需要指出的是，虽然 CSI 是以先进的消费者行为理论为基础建立起来的精确的数量经济学模型，可是由于其建立的目的是监测宏观的经济运行状况，主要考虑的是跨行业与跨产业部门的顾客满意度比较，而不是针对具体组织的诊断指导，它调查组织的目的只不过是以组织为基准来计算行业、部门和全国的满意度指数。

第三节　顾客关系管理系统

一、创造顾客价值

特雷西和威尔斯玛认为，顾客价值指顾客购买的总价值与顾客购买的总成本之间的差额。顾客购买总价值是指顾客购买某一产品与服务所期望获得的一组利益，它包括产品价值、服务价值等。顾客购买总成本是指顾客为购买某产品或服务所消耗的货币（价格）成本、使用成本、时间成本和精力成本的总和。

在以服务取胜的年代，理论认为顾客是企业通过他们提供价值而且希望影响他们行为的人。把企业的使命定义为以顾客为中心，是与现时代同步的。因为是顾客而不是企业主宰着整个经济，企业所有的活动都集中于并导向为顾客创造价值。归根到底，顾客是企业利润的来源。

企业创造顾客价值旨在满足顾客的不同需求。日本学者狩野纪昭提出了著名的KANO 模型，将顾客的需求分为三个层次：基本型需求、期望型需求和兴奋型需求，如图 4-11 所示。

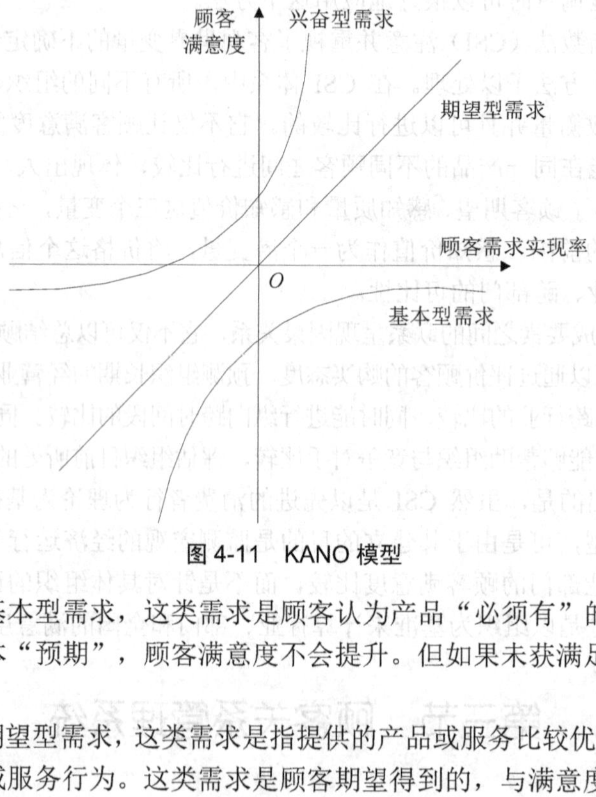

图 4-11　KANO 模型

最低层次是基本型需求，这类需求是顾客认为产品“必须有”的属性或功能，可以满足顾客的基本“预期”，顾客满意度不会提升。但如果未获满足，顾客便会产生不满。

第二层次是期望型需求，这类需求是指提供的产品或服务比较优秀，但并不是“必须”的产品属性或服务行为。这类需求是顾客期望得到的，与满意度正相关：企业提供越多，顾客就越满意。

第三层次是兴奋型需求，这类需求是指提供给顾客一些完全出乎意料的产品属性或服务行为，使顾客产生惊喜。当产品提供了这类需求中的属性或服务时，顾客就会对产品非常满意，从而提高顾客的忠诚度。这类需求是顾客所没有期望的，即使没有提供也不会造成顾客不满，但如果提供或表现出兴奋型需求，顾客的满意度就会很快提升。因此，满足兴奋型需求是提高顾客满意度的最佳途径。

在实际操作中，组织首先要全力以赴地满足顾客的基本型需求，保证顾客提出的问题得到认真的解决，重视顾客认为组织有义务做到的事情，尽量为顾客提供方便。然后，组织应尽力去满足顾客的期望型需求，提供顾客喜爱的额外服务或产品功能，使其产品和服务优于竞争对手并有所不同，引导顾客加强对本组织的良好印象，使顾客达到满意。至于兴奋型需求，则是组织在综合考虑成本和收益的情况下，适当考虑增加的产品属性或服务。

在创造顾客价值时，需要注意以下几点：

（1）从顾客角度出发管理顾客的不满与顾客的流失。要管理顾客不满意或防止顾客流失，在每一个主要的互动关系中，必须先了解顾客的基本需求。尚未满足的基本需求，是企业进行业务改进的重点。

（2）为基本型需求类顾客提供价廉物美的产品和服务，稳定企业市场占有率。最低层次的顾客基本需求，顾客价值主要体现在产品质量、购买成本、使用成本等方面。

（3）为期望型需求类顾客提供能够满足其期望的服务，塑造企业或产品的形象。

（4）锁定兴奋型需求类顾客，实现企业战略并提升企业竞争力。兴奋型需求的意义在于“谁表现最好，谁就是赢家”，企业必须以业界最高标准，给顾客提供差异化需求，吸引竞争者的顾客，充分发挥企业的竞争力。

二、目标市场中顾客的分类及其识别

满足所有顾客的需求是企业追求的目标。但在现实中，企业往往迫于能力有限或资源不足，或是成本收益上的考虑，不能给所有顾客提供相应的服务。这就要求企业必须舍弃一部分顾客。追求利润最大化是企业的最终目标。因此，区分不同顾客对企业盈利的影响，把对盈利贡献小的顾客舍弃（或者培养成高盈利型顾客）就显得尤为重要。同时，要实现对关键顾客的关注，就要求组织进行顾客盈利性分析，即将顾客产生的成本与顾客产生的收益进行比较，根据顾客是否为组织带来盈利进行决策，但这种决策应从长期着手来识别与顾客进行的交易。

根据向顾客销售产品获得的收益和向顾客服务的成本将顾客分为四类：I 类高收益、低服务成本的顾客；II 类高收益、高服务成本的顾客；III 类低收益、低服务成本的顾客；IV 类低收益、高服务成本的顾客。

I 类顾客能产生高收益且只需很低的成本，是最为理想的顾客。在与其交易过程中应严加监控，因为他们也是竞争对手争夺的对象。当遇到竞争者威胁时，组织可向他们提供价格折扣，适当减少顾客的购买成本，实现 I 类顾客向 III 类顾客移动；或提供其他特殊服务，适当增加顾客收益，实现 I 类顾客向 II 类顾客移动，以留住这些高获利的顾客。

对 II 类顾客要想办法找出高成本的原因。如果是因为特殊订货、小批量订货、临时订货等造成高服务成本，组织应将这些信息提供给顾客，改变顾客需求方式；或通过改变顾客与组织的协作方式，鼓励顾客与组织达到长期交易、减少服务成本的目的，实现 II 类顾客向 I 类顾客移动。

对于 III 类顾客，则应想方设法在保持顾客与组织交易的低服务成本的同时增加组织的收益，实现 III 类顾客向 I 类顾客移动。

对 IV 类顾客组织可通过价格政策的调整，或通过对特殊服务收费等办法促使其向 II 类或 III 类顾客移动。

帕累托的 80/20 原理（也称关键的少数和次要的多数原理）在研究顾客情况时也可以得到体现，即企业经营收入的 80%是由 20%的顾客带来的，这 20%的顾客就是企业的关键顾客。如图 4-12 所示。

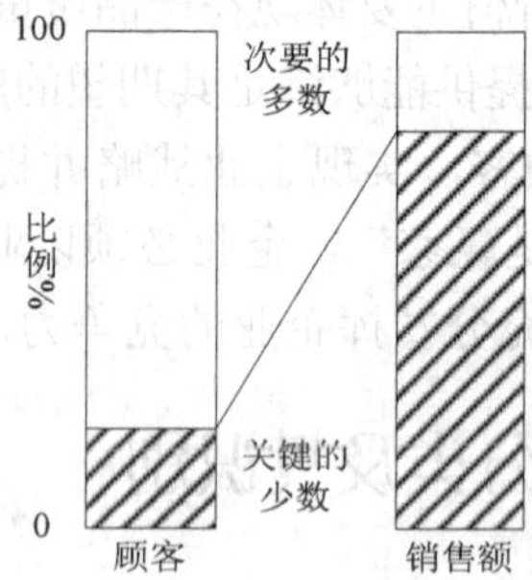

图 4-12　顾客与销售额的帕累托分析

对企业而言，不同顾客提供的价值是不同的。哈佛大学著名会计学家 Robert S. Kapla 对瑞典某组织的调查显示：5%的盈利性最大的顾客为组织提供的利润占组织利润总额的 50%；10%的盈利性最差的顾客为组织造成的损失占组织利润总额的 20%。据哈佛商业杂志发表的一项研究报告指出：再次光临的顾客能为公司带来 25%~85%的利润。由此可见，组织不应将营销努力平均分摊在每个顾客的身上；而应特别关注重要顾客，将组织有限的资源用在能为组织创造 80%利润的关键顾客身上。

快餐连锁企业肯德基以回头率来划分消费者。其中重度消费者是一个星期来消费一次；中度消费者是大约一个月来消费一次；而半年来消费一次的属于轻度消费者。经过统计，重度消费者占到全部消费者的 30%~40%。对于这些人来说，肯德基与他们的生活环境、消费习惯等相适应，逐渐成为其生活中的一部分。对重度消费者，肯德基的策略是要保有他们的忠诚度，不要使他们有一点失望。对于轻度消费者，调查发现，他们没有光临肯德基是由于便利性的因素，这只有通过不断开店来实现了。

此外，还可以按普通特征区分顾客，顾客可分为：业务类型（business type），市场面向（market served），地区（region），经营能力 / 等级（capability/tier），普遍价值观或需求（common values or needs）。

或者，按顾客特征区分顾客。如：城市、乡村；男、女、老、幼；个人、团体；工薪层、个体户；知识层、干部层；正常人、残疾人；学生、军人、工人、农民；上班族、下岗族；本地人、外地人；本国人、外国人等。

三、目标市场中顾客需求的识别

如果把质量定义为满足顾客需求，那么其中就包括多种含义，主要有买得到、供货及时、性能可靠、性价比适度、售后及维修的便捷性等。但是，首先需要明确的就是，顾客的需求到底是什么。顾客的识别为确定顾客需求提供了思路。对不同的顾客群，应调查分析其需求特征，并了解不同需求的重要程度。

（一）理解顾客需求内涵

组织和顾客对质量的理解往往是不同的，即质量具有所谓的两面性。比如对银行业，研究表明，银行在对运营流程中所提供的产品和服务的有效性方面给予了最大的重视；而顾客一直展示出对“承诺”方面的更大的关心，即他们从银行感到的对他们个人的、独特的金融需要的承诺（见表 4-7）。因此，提高顾客满意度的一个很重要的前提就是要首先识别、分析顾客的需求。

表 4-7　银行业的质量的两面性

类　别	有　效　果	有　响　应	有　承　诺
银行对质量的感觉	70%	20%	10%
顾客对质量的感觉	10%	20%	70%

朱兰（1998）认为顾客需求可以表示成一个等级结构，一个“金字塔”形或需求链。他把顾客需求设想成由初级需要、二级需要和三级需要组成的等级结构。他的模型提出顾客对产品或服务的期望归结到图 4-13 所示的三个水平或步骤之一：

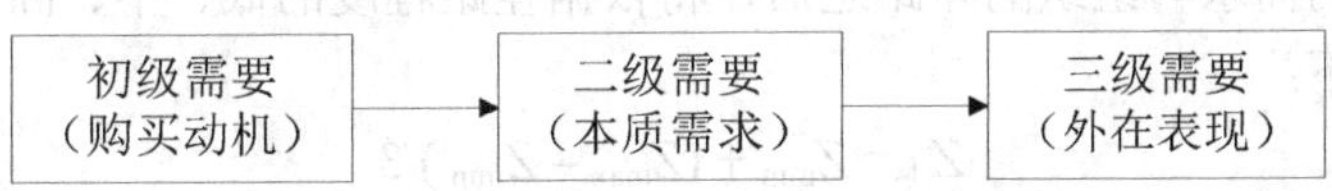

图 4-13　顾客对产品/服务的期望水平

其中，初级需要是促使顾客购买产品的“动机”；二级需要主要是顾客对产品或服务最本质的“需求”；三级需要是对于需求或动机可测量的表现形式。

在分析顾客需求以前，首先应该明确下面两组概念：

1．表述需求和真正需求

顾客通常是从他们的视角、用他们的语言来表述他们的需求的。在商品的购买中，顾客可能会就他们希望购买的商品来表述他们的需求。然而，他们真正的需求是商品能够提供的服务。若不能掌握表述需求与真正需求之间的差异，可能会给企业带来严重的后果。

2．基本需求与差异化需求

基本需求是顾客购买行为的原动力，主要是由顾客个人的生理需要产生的，表现为顾客对实用性、性价比等的追求。

差异化需求是顾客购买行为的续动力，主要是由顾客个人的心理需要产生的，表现为顾客对个性、偏好、地位等的追求。

经过对顾客的大量调查分析，顾客的需求大致有以下几个方面：

（1）品质需求：包括性能、适用性、使用寿命、可靠性、安全性、经济性和美学（外观）等。

（2）功能需求：包括主导功能、辅助功能和兼容功能等。

（3）外延需求：包括服务需求和心理及文化需求等。

（4）价格需求：包括价位、价质比、价格弹性等。

（二）建立顾客需求分析体系

建立一个完整的顾客需求分析体系主要包括以下这些内容：

1．顾客需求分析计算

对不同的顾客需求用分值 X_i 以及权重 W_i 进行区分，并将组织的实际表现用分值 Y_i 来表示。则顾客需求可用下式来计算：

$$Z_i = \sum X_i R_i$$

而开发实际差距可以下式来计算：

$$R_i = \sum (X_i - Y_i) W_i$$

2．顾客需求差距判断标准的确定

对比顾客的需求与组织的差距之后，将依据差距程度的低、中、高的临界值计算，其计算公式如下：

$$Z_{低} = Z_{\min} + (Z_{\max} - Z_{\min})/3$$

$$Z_{高} = Z_{\max} - (Z_{\max} - Z_{\min})/3$$

顾客的实际需求也分为低、中、高临界值：

$$R'_{低} = R_{\min} + (R_{\max} - R_{\min})/3$$

$$R'_{高}= R_{max}-(R_{max}-R_{min})/3$$

3．构建分析模型

临界值确定后，可以根据顾客对各项需求的值以及组织的实际差距值建立二维分析模型，如图 4-14 所示。

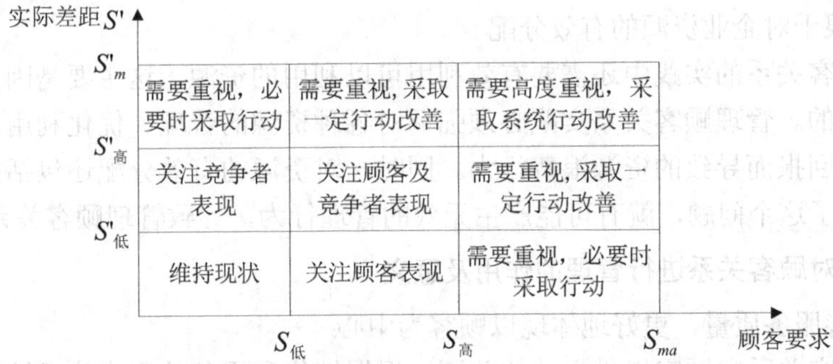

图 4-14　顾客需求二维分析模型

4．针对分析结果，得出改进的结论

四、管理顾客关系的实践

（一）管理顾客关系实践的原则

管理顾客关系的实践，这里指的是在理解了对顾客关系的管理理念之后，企业应该采取哪些具体的措施来实行或强化符合对顾客关系的管理理念的经营行为，修正或放弃那些不符合对顾客关系的管理理念的行为，从而更好地实现以顾客为中心、最大化地实现它所隐含的经营目标。

在进行管理顾客关系实践时，需要注意以下三个原则：

1．着眼于同顾客长期关系的建立、维持和发展

管理顾客关系的目的是同顾客建立长期而不是短期的关系。因此，进行管理顾客关系实践，同一次性的买卖或者片面地追求价格最低的行为是有着本质区别的。是否以建立同顾客的长期关系为目的是各种管理顾客关系实践活动的根本准则。从事管理顾客关系实践不是一件容易的事情，组织要付出的心力和成本都是不容低估的。如果组织对进行管理顾客关系实践缺乏必需的耐心，则其所进行的各种管理顾客关系活动将很可能成为一种急功近利的行为，从而背离了管理顾客关系的主旨。

2．以增加关系的价值、提高关系的长期利润率为目标

管理顾客关系追求的是同顾客建立长期稳定的关系，但追求这种关系的实质是追

求由关系而带来的关系价值的增加和长期的利润率的提高。将不赚钱的企业关闭，再开一个赚钱的公司是一个基本的市场法则。蓝色巨人 IBM，曾经以为其 PC（个人电脑）业务开创了辉煌，但是当发现其 PC 业务持续亏损却没有更好的扭转办法时，仍然选择了将其剥离，出售给中国联想集团的战略决策。因此，强调管理顾客关系中的“功利性”是很重要的，这完全符合组织的生存法则。

3．着眼于对企业资源的有效分配

管理顾客关系的实践中还需要有效利用可以利用的资源，这主要是因为组织的资源总是有限的。管理顾客关系实践必须强调对各种资源的合理、优化利用，以有别于那种不考虑回报而导致的资源浪费行为。同时，对资源的有效分配还包括投入产出的问题。忽略了这个问题，就有可能产生无效的管理行为，导致管理顾客关系的失败。

（二）对顾客关系进行管理的作用及意义

1．改善服务质量，更好地体现以顾客为中心

管理顾客关系向顾客提供主动的关怀；根据销售和服务的历史信息针对每个顾客提供个性化的服务；在知识库的支持下向顾客提供更专业的服务等。这些都有利于企业提高服务水平和质量，更好地体现以顾客为中心，进而提高顾客的满意度和忠诚度。

2．降低运作成本

通过对顾客关系的管理，在企业与顾客之间形成一种稳定的积极的关系，可以大大降低运作成本，加之由于可以准确地寻找顾客，从而可以发展一对一营销等新型业务形式，减少了销售中的盲目性。

3．增加营业收入

对顾客关系的管理可以通过对顾客行为的分析，进行市场细分，使得业务完成的准确率、成功率增加，顾客的满意度提高，营业收入的增加便成为顺理成章的事情。

以上优势，使得对顾客关系的管理正在成为企业赢得新经济时代竞争优势的关键，它对企业的影响是全方位的，改变着传统经济的结构和规律，代表着今后一定时期管理理念发展的方向。因此，积极主动地寻求，加强和管理顾客关系，与顾客建立长期友好的合作关系，已成为全球企业优先考虑的因素。在很多情形下，高质量的顾客关系甚至是唯一重要的竞争优势。

（三）管理顾客关系实践的主要环节

管理顾客关系实践的主要环节可以用图 4-15 描述。从图中可以看出，管理顾客关系实践是一个闭环的过程，需要根据对管理顾客关系实践效果的评估而对原有的各个环节进行不断调整。

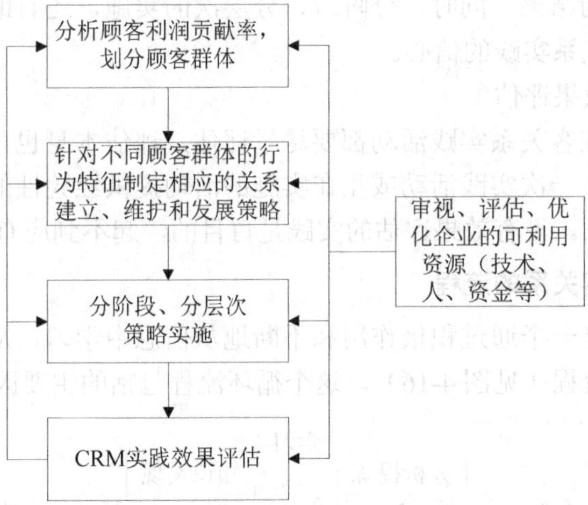

图 4-15　管理顾客关系实践的主要环节

1．审视、评估、优化企业的可利用资源（技术、人、资金等）

这个环节是管理顾客关系实践的中心环节，几乎影响着每一个管理顾客关系实践的具体步骤。组织要做任何一件事情，总是有一定的约束，这种约束可以表现在人员素质、资金、技术等组织的微观方面，也可以表现在经济环境、企业文化、社会环境等宏观方面。所有这些约束条件都在一定程度上影响着组织做某一件事情的实际能力。因此，在管理顾客关系实践上，要对每个过程所涉及的资源进行评估，以实现在给定资源下管理顾客关系效果最大化的目的。

2．分析顾客利润贡献率，划分顾客群体

这是管理顾客关系实践的第一步。划分顾客群体，意味着组织可以找出关键顾客群，从而采取更有效的措施来提高关键顾客群的利润贡献率。如果不去了解顾客的差别，而对他们无差异的统一对待，就可能导致耗尽资源却只获得很有限的效果，这是违反管理顾客关系经营理念中的有效原则的。

3．针对不同顾客群体的行为特征制定相应的关系建立、维护和发展策略

组织必须针对所划分的群体设计出在关系生命周期各个阶段的关系策略。比如，对潜在流失的顾客开展一个“顾客维持”活动，设计出各种有吸引力的挽留措施来避免这种情况的发生。当然，相应的策略并不意味着不同的策略，这取决于实践内容以及资源约束情况。

4．分阶段、分层次策略实施

受限于资源的有限性，组织不太可能对管理顾客关系实践同时全面地展开，因此分阶段、分层次实施是综合考虑策略实施的重要性、时间紧迫性、实施难易程度以及

资源约束这些因素的结果。同时，分阶段、分层次的实施，还有助于从阶段性成果中坚定实施管理顾客关系实践的信心。

5．CRM 实践效果评估

对每一次管理顾客关系实践活动都要尽量评估，评估本身也是一个重要的活动，它的作用是为了给下一次实践活动或正在实施的活动提供经验性的反馈，以便对各个步骤作出必要的修正。没有效果评估的实践是盲目的，起不到应有的作用。

（四）管理顾客关系的流程

管理顾客关系是一个通过积极作用和不断地从信息中学习，从而将顾客信息转化为顾客关系的循环流程（见图 4-16）。这个循环流程包括的主要因素有：

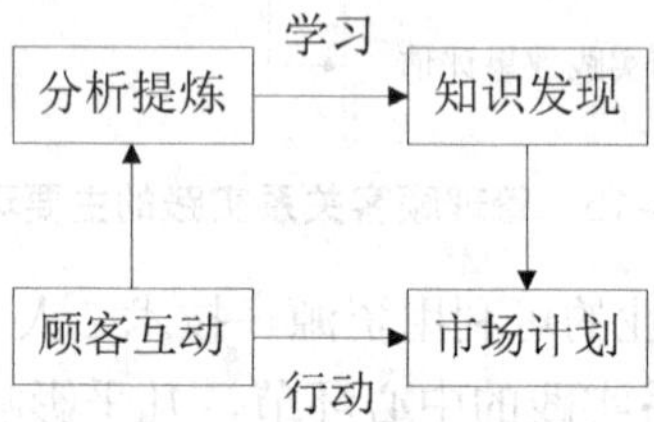

图 4-16　管理顾客关系的流程

1．知识发现

这是一个通过分析顾客信息以识别市场机遇和制定管理策略的流程。它是通过对顾客识别、顾客细分和顾客预测来实现的。这一系统需要从各种顾客互动和顾客交易中收集详尽的数据，并把它们转化为管理层和计划人员可以使用的知识和信息。顾客关系管理必须使用知识发现来感受顾客购买行为的细微变化。

2．市场计划

这一流程决定了具体的顾客方案、配送渠道等以及其所依赖的条件。市场计划使策略性问题计划和程序的发展成为可能。

3．顾客互动

这是一个借助相关的、及时的信息来执行和管理顾客（包括潜在顾客）沟通的关键活动。这一阶段是从知识发现和市场计划中创造出的计划和信息的应用。顾客互动必须规划并标示出与顾客之间的联系，扩展企业互动的潜在区域，以及对于顾客购买行为的策略。

4．分析提炼

这是一个不断地通过与顾客对话进行学习的过程。这种对话，可以捕捉和分析来自于顾客互动中的数据，并对信息、沟通方式、价格等信息进行提炼，从而理解顾客对刺激手段所产生的具体反应。

（五）管理顾客关系时需要关注的重点

尽管在对顾客关系的管理中会注重很多方面的管理，但是对“过程”、“顾客状态”、“顾客满意度”和“顾客成本”的管理则是其中的重要部分。

1．过程

轻过程、重结果是目前企业管理过程中普遍存在的问题。这种管理理念在一定条件下会对企业产生很大的激励作用，但是同时也带来很大的弊端，例如，无法形成统一的操作规范，不利于普及成功的经验、吸取失败的教训，形成个人英雄主义、削弱团队的作用等。因此，对过程的管理是非常重要的一个部分，没有过程的结果是没有用处的。同时，注重过程管理也是企业提升整体管理水平的客观要求，是ISO9000—2000的要求。

2．顾客状态

借助于管理顾客关系，企业通过与顾客之间不断的互动，可为顾客提供各种信息，以便影响顾客的行为，进而留住顾客，不断增加企业利润。通过实施对顾客关系的管理，企业能够分析和了解处于动态过程中的顾客状况，从而搞清楚不同顾客的利润贡献度，使得企业能够选择应该供应何种产品给何种顾客，以便在合适的时间，通过合适的渠道去和顾客交易。

3．顾客满意度

由于对顾客关系的管理可以提供数据分析，所以企业能够有效地找到自己的忠诚顾客，并通过对忠诚顾客的分析，方便寻找新的忠诚顾客。

4．顾客成本

传统的理念认为“顾客就是上帝”，而顾客关系的管理理念认为“顾客并非都是上帝”。统计数据表明，有相当比例的顾客是会让企业产生亏损的，因此管理顾客关系将顾客的分层更加个人化，区分越来越细，能够利用数据分析给企业提供合理化建议，以便提高企业收益。

五、有效的顾客抱怨管理

人们把妥善处置抱怨的办法称做“抱怨管理”，并认为这是改善经营的良好契机。

顾客抱怨的直接原因是企业没有按照预定的方式提供服务（服务过程失败）或服务结果没有达到预期水平（服务结果失败），因而给顾客造成了经济上、身体上、心理上、时间上的损失或伤害。妥善处理顾客抱怨对于化解顾客的不满情绪十分关键。

顾客的抱怨有两种反馈形式，即投诉型抱怨和非投诉型抱怨。一般而言，投诉型抱怨的信息直接反馈至企业，且往往连带着索赔问题，容易引起企业的重视；而非投诉型抱怨的信息不直接反馈至企业，由于信息不对称，企业容易忽视这方面的问题。

美国企业咨询调查机构 TAPR 公司提出了处理抱怨的 IANA 过程，即确认（identify）、评估（assess）、协商（negotiation）、处置与行动（action）等几个环节。可见，抱怨处理至少应包括下面环节：

1．处理抱怨开始于向顾客的真诚道歉

当顾客抱怨时，即使问题不完全是由企业自身原因造成的，企业也应首先向其表示道歉，对顾客表示理解和同情。海尔集团的服务质量是有目共睹的，其售后服务电话接通后，服务小姐第一句话就是："您拨了我们这个电话，说明我们已经给您带来了麻烦，对不起。"此举动虽小，但显示了企业对顾客的关心和重视，为重新赢得顾客好感的后续工作铺平道路。

2．确认问题所在，及时解决问题

在接到顾客抱怨之后，需要迅速弄清出现问题的环节和原因，提出具体措施并及时加以解决。及时意味着行动迅速，解决意味着为纠正错误做出的努力。与得体的道歉一样，及时解决问题体现了企业对顾客抱怨的态度和对顾客的重视。对于顾客在服务提供过程中的抱怨及时解决，有利于降低服务失败对顾客造成的影响。对于顾客在服务过程结束后的抱怨，弄清产生问题的原因，有助于企业改进服务系统，避免将来出现类似的问题。

3．评估问题的严重性，分清责任，做出适当补偿

就服务失败给顾客造成的损失进行认真评估，弄清双方的责任，不轻易揽责任，也不轻易推卸责任，并结合双方应承担的责任和损失的大小，对顾客进行补偿。有时，顾客抱怨可能只是为了发泄不满的情绪，这时给予顾客一些象征性的补偿，就可以收到事半功倍的效果。

4．跟踪调查

企业可以采用口头询问、电话回访、信函或电子邮件等手段对接受顾客抱怨处理的顾客进行跟踪调查，了解抱怨处理的效果如何。另外，通过跟踪调查还可以识别出那些频频投诉或总是对服务补救措施不满意的顾客。这些顾客寻求的利益可能超出了本公司的能力，或这些顾客本身就是难以满足的顾客。他们将来接受企业的服务时，企业可以给予特别的关注，甚至可以拒绝向他们提供服务。美国 J. Peterman 公司将所有投诉的顾客列入 VIP 名单，当这些顾客再次光临时，会受到特别慎重的对待。美国的一些旅馆接待此类顾客时，通常还会建议他们到别家旅馆就住。

总之，通过有效的顾客抱怨管理，可以减少顾客流失的危险，提高这些顾客的满意度，甚至提高他们的忠诚度。

思考题

1. 如何理解关注顾客的重要性？
2. 内部顾客满意与外部顾客满意之间有何联系？
3. 如何理解顾客满意与顾客忠诚之间的联系？
4. 顾客满意如何转化为组织的收益？
5. 请用本章知识，试分析你所在学校在提高学生满意度方面有何举措？
6. 根据顾客满意度测量的步骤和方法，选择一个组织进行顾客满意度测量。
7. KANO 模型对于组织管理顾客关系有何借鉴意义？
8. 大学如何细分其顾客群？分析每一顾客群的特殊需求。
9. 列举收集顾客需求信息的方式，并指出其各自的优缺点。
10. 列举一个管理顾客关系的实践案例。
11. 为什么组织应使顾客投诉易于进行？

案例讨论

案例 4-1　海底捞火锅——实践顾客满意的典范

海底捞餐饮有限责任公司成立于 1994 年，是一家以经营川味火锅为主，融各地火锅特色为一体的大型连锁餐饮民营企业。公司自成立以来，始终奉行“服务至上，顾客至上”的理念，以贴心、周到、优质的服务，赢得了纷至沓来的顾客和社会的广泛赞誉。

海底捞是如何从极其平凡的火锅大战中异军突起？又是如何从竞争激烈的餐饮市场中立稳脚跟呢？保障顾客满意与良好的顾客关系管理是很重要的一个因素，海底捞对于服务的重视已经渗透到了它运作的各个环节之中……

让等待充满快乐。通常而言，就餐排队是大家非常厌烦的，一是快节奏的社会生活已经让我们或多或少失去了应有的耐心，成了“急性子”，不愿意将宝贵的时间浪费在吃饭的等待上；二是传统的等待只是干坐在餐馆的椅子上干等着，稍微好点的能够奉上一杯水或者一块西瓜。而海底捞却反其道而行之，通过一系列创新性举措，让这个原本怨声载道的苦闷等待成了一种洋溢着快乐的等待。当客人在海底捞等待区等待的时候，热心的服务人员会立即为客人送上西瓜、橙子、苹果、花生、炸虾片等各式小吃，还有豆浆、柠檬水、薄荷水等饮料（都是无限量免费提供）。此外，客人还可以在此打牌下棋和免费上网。更令人惊喜的是，女士可以享受免费修剪指甲，男士可以免费享受擦皮鞋等。就这样，原本枯燥无味的等待时间就在这些吃喝玩乐中悄然而逝了，也正因为此，排队等位也成为海底捞的特色和招牌之一。

每个环节洋溢着服务的光芒。从停车泊位、等位、点菜、中途上洗手间、结账离开等全流程的各个环节，海底捞都处处体现了对服务的重视和对服务人员培训的投入。

节约当道的点菜服务：如果客人点的量已经超过了可食用量，服务员会及时提醒客人，试想可知这样善意的提醒会在顾客的内心形成一道暖流；此外，服务员还会主动提醒食客，各式食材都可以点半份，这样同样的价钱顾客就可以享受平常的两倍的菜色了。

及时到位的席间服务：服务员在席间会主动为客人更换热毛巾，次数绝对在两次以上；会给长头发的女士提供橡皮筋箍头、提供小发夹夹前刘海；给带手机的朋友提供小塑料袋子装手机以防进水，戴眼镜的朋友如果需要的话还可以免费送擦镜布；当然给每位进餐者提供围裙更是一道亮丽的风景线，无论男女老少都穿着同样颜色的围裙端坐一桌，那样的阵势是多么的壮观。此举也充分反映了海底捞的细心和为客户考虑的周到，穿围裙一是可以避免让美味不小心溅到顾客的衣服上，二是可以部分拦截火锅的味道，免得衣服上散布着火锅的味道。

暂时充当孩子保姆：带孩子上餐馆经常使父母陷入两难，有时候淘气的孩子会破坏就餐的氛围，会让原本美味的食物陡然间索然无味。为此，海底捞一是创建了儿童天地，让孩子们可以在这里尽情玩耍，暂时让父母全身心投入到品尝美味之中；二是服务员可以免费带孩子玩一会儿，还可以帮助给小孩子喂饭，让父母安心吃饭。

星级般的服务：海底捞的卫生间不仅环境不错，卫生干净，而且还配备了一名专职人员为顾客洗手后递上纸巾，以便顾客能够擦干湿漉漉的手。

不时的小关怀：一般的餐馆吃晚饭后会送上一个果盘，但在海底捞，如果客人给服务员提出再给一个果盘的要求，他们都会面带笑容地说没问题，随后立即从冰柜里拿出果盘奉送给顾客。此外，服务员有时候还会给顾客一小袋或者两小袋豆子，服务人员的体贴入微在顾客的心里留下满意、欣喜和感动，会在顾客的心里种下“下次还来”和“告诉朋友”的种子。

海底捞服务员优异的表现背后，是海底捞管理层对员工的支持。在海底捞，员工可以享受一个特权：基层服务员可以享有打折、换菜甚至免单的权力，只要事后口头说明即可。在每一间海底捞的办公室里，墙上都会贴着一张“金点子排行榜”，这就是海底捞思想火花的来源。每个月，由各大部长、片区经理组成的创新委员会，会对员工们提出的创意服务做出评判，一旦评上就会推广到各个分店，员工可以获得 200～2 000 元不等的奖励。海底捞给员工提供了处于行业中高水准的工薪水平，同时提供了良好的食宿条件，通过工资和福利实现了提高员工敬业度的基本因素，而更重要的是，海底捞给了员工足够的尊重（如年假、宿舍、创意命名权等），还给了每个员工足够的希望和发展的通道。利润是由客户的忠诚度决定的，忠诚的客户（也是老客户）给企业带来超常的利润空间；客户忠诚度是靠客户满意度取得的，企业提供的服务价值（服务内容和过程）决定了客户满意度；企业内部员工的满意度和忠诚度决定了服务价值。简言之，客户的满意度最终是由员工的满意度决定的。我们不难发现，服务利润链由以下几个循环构成：分别是员工能力循环、员工满意度循环、顾客忠诚度循环、企业盈利循环。以企业盈利循环为主线，四个循环之间又相互作用。

海底捞的案例再一次向人们证明了这一点：我们以前所倡导的标准化尽管规范而严谨，实际上却是冰冷而缺乏人情味的。而发自一线员工内心的个性化服务，才是能够留住人心的"最顶尖的服务"。大道至简，这一条朴素却极难真正贯彻的真理，正是海底捞的成功秘诀。

（资料来源：http://www.haidilao.com；黄林.海底捞的顾客体验与服务利润链[J]. 销售与市场（管理版），2010(3)；清华大学经济管理学院零售管理课程班.火锅店高速成长的定位地图——基于海底捞火锅店的案例研究[J]. 中国零售研究，2010(1).）

思考题：

1. 海底捞是如何以顾客为导向设计其产品和服务的，为什么他们能够对顾客的需求加以识别？

2. 试用全面顾客满意理念来分析海底捞，并阐述海底捞是如何建立顾客忠诚的？

3. 良好的顾客关系能够带来哪些方面的积极影响？请尝试解释管理顾客关系时需要把握哪些重点。

4. 组织可以通过哪些方面的建设来提高其满足顾客需求的能力？

案例 4-2 戴尔——追求顾客满意的卓越实践

戴尔公司（Dell Computer，NASDAQ: DELL），是一家总部位于美国得克萨斯州朗德罗克的世界五百强企业。戴尔以生产、设计、销售家用以及办公室电脑而闻名，不过它同时也涉足高端电脑市场，生产与销售服务器、数据存储设备、网络设备等。戴尔的其他产品还包括了 PDA、软件、打印机等电脑周边产品。

在 2011 年 10 月，在中国标准化研究院顾客满意度测评中心和清华大学中国企业研究中心联合编制出版的《2011 年中国顾客满意度手册》中，全球领先的 IT 产品及解决方案厂商戴尔公司的笔记本电脑和台式计算机两类产品的顾客满意度喜获行业榜首。这标志着国内众多顾客对戴尔品牌、产品、质量及服务的全面认可，同时也将鼓励戴尔未来在产品线的丰富与完善、技术的创新与应用、售后服务体系的拓展以及企业社会责任等方面的继续创新和发展。戴尔计划继续将其全球化经验、技术和人才深深扎根中国本土,持续为中国消费者带来先进的IT产品生态系统和全面的IT消费体验。

中国顾客满意度调查是中国标准化研究院顾客满意度测评中心与清华大学中国企业研究中心联合开展的一年一度的全面调查，至今已历时8年。调查范围覆盖全国50个主要城市，采取随机抽样调查的方式，其结果具有较高的权威性和公信力。据中国标准化研究院顾客满意度测评中心李钊博士介绍：“中国标准化研究院顾客满意度测评中心秉承‘科学、公正、诚信、服务’理念，坚持‘研究、调查、发布、推广’相结合的原则，每年公开发布的《中国顾客满意度手册》已成为研究中国消费者心理的重要资料以及消费者进行购买决策的权威参考。”

戴尔全球副总裁、大中华区总裁杨超表示：“此次顾客满意度调查，戴尔产品在品牌形象、性价比、满足需求程度、产品可靠性和服务质量五项评价中全部以五星的最佳成绩荣获笔记本和台式机的双桂冠，这个结果非常鼓舞人心。优秀的成绩取得离不开我们一直以客户需求为最终目标的努力。”长期以来，在根植中国发展策略的指引下，戴尔将不断致力于科技的提升，量身打造适合中国消费者的产品，并且深入中国区域构筑完善的销售网络和服务体系。

1. 植根中国的发展策略

深入的本土化实践是跨国公司在中国市场取得成功的前提，同时也是戴尔在中国取得众多成绩的关键所在。1998年戴尔进入了中国市场，从这一刻起，戴尔便把满足中国消费者的需求作为自身的使命。戴尔不断地将其全球化经验、领先的产品技术、完善的渠道和服务带到中国，并根据中国的本土实践进行改良，不断推陈出新，用能够突显中国消费者个性的“定制”产品打动消费者。

以2011年为例，戴尔在中国市场的创新实践接连不断：5月，戴尔推出了根据中国消费者喜好推出了Alienware M14x游戏笔记本；6月，戴尔携最新的IT产品深入国内4级到6级城市，启动了戴尔阳光创富学堂全国行的活动；7月，戴尔在中国市场全球首发戴尔首款十吋平板电脑Streak 10 Pro，并集成大量中国本土应用；8月，戴尔专为中国市场推出了合金版本的Inspiron 14R笔记本……今天的戴尔在世界范围里已然拥有众多的用户和推崇者，同时戴尔更是将个性化和定制服务融入公司的发展战略，不断创新发展，为中国市场量身打造出更多的IT产品和解决方案，不但让中国市场与全球同步，同时并将中国市场的成功经验分享到各个国家和地区。

2. 创新的产品体验

取得消费者的满意离不开戴尔强大和齐备的产品线。目前，戴尔消费及中小企业业务拥有多条独立的产品线：Inspiron（灵越）、XPS、Alienware（外星人）、Vostro（成就）等。无论你是时尚、自我、热衷自我展现的电脑爱好者（Inspiron）、崇尚高端游戏体验的完美主义者（Alienware）、追求极致影音效果的发烧友（XPS），还是随时随地享受移动互联应用的时尚潮人（Mobility 系列），抑或是需要安全稳定与系统服务的成长型中小企业（Vostro），都会在戴尔完善的产品线中挑选到一款符合自己个性和需求的产品。

3. 全面的销售网络和服务体系

为贴近中国消费者的需求，生产出适合消费者需求的产品并提供便捷的售后服务，戴尔在中国逐步建立起包含研发中心、设计中心、售后服务中心等多个职能中心，并建立了覆盖全国的销售渠道和售后服务网络。目前戴尔在中国的消费类产品零售店数目已超过 10 000 家，覆盖全国的戴尔维修服务店在 2011 年底会达到 2 000 家，能够帮助消费者完成咨询、购买、升级、服务在内的体验式全面服务。同时，戴尔多层次服务体系包含远程故障诊断、网上服务支持、呼叫中心、上门服务、包括专属服务中心及维修服务站的送修服务等多种形式，并致力于向消费者提供着日益便捷和快速的高质量服务。

面对不断发展的中国市场，戴尔承诺不断投入，并坚持从产品技术、渠道和服务多方面入手，不断为消费者提供更佳的服务体验。未来，戴尔将坚持不懈地推进提高消费者满意度的建设工作，以领先的 IT 产品生态系统和“快、精、准”的销售和售后服务满足消费者需求，解决消费者问题。同时戴尔将持续扎根中国市场，因地制宜地制定包括“电脑课堂”、“大篷车移动体验活动”等消费者喜闻乐见的形式把科技信息拓展到全中国各级地区，做好中国市场的良好企业公民。

（资料来源：戴尔电脑顾客满意度荣居行业榜首[EB/OL]. http://www.photofans.cn/article/showarticle.php?threadyear=2011&articleid=120281&page=1，2011-10-21. ）

思考题：

1．试分析戴尔通过哪些方式使得其在中国的顾客满意度测评登顶？

2．顾客满意度的测评通常是如何实施的？在具体实施中加以参考的相关原则是什么？

3．顾客需求识别对于多元化的产品体验的实施有何意义？

本章参考文献

1．张公绪，孙静．新编质量管理学[M]．第 2 版．北京：高等教育出版社，2003．

2．龚益鸣．现代质量管理学[M]．北京：清华大学出版社，2003．

3．James R. Evans, William M. Lindsay. The Management and Control of Quality[M]. South-Western, Division of Thomson Leaming, 2010.

4．丹尼斯·洛克．高尔管理手册[M]．丁明安，等，译．北京：商务印书馆国际有限公司，2000.

5. J. M. 朱兰. 朱兰论质量策划——产品与服务质量策划的新步骤[M]. 杨文士，等，译. 北京：清华大学出版社，1999.

6. H. 詹姆斯·哈林顿，詹姆斯·S. 哈林顿. 全面改进管理——下一代绩效改进[M]. 于增彪，译. 北京：中国财政经济出版社，2002.

7. 特利·瓦伏拉. 简化的顾客满意测量——ISO9001—2000 认证指南[M]. 中国质量协会卓越培训中心，译. 北京：机械工业出版社，2003.

8. 约翰·布莱克墨. 追求质量——世界最佳企业的实践[M]. 王泽寰，等，译. 北京：中央编译出版社，2000.

9. 罗纳德·S. 史威福特. 客户关系管理——加速利润和优势提升[M]. 杨东龙，等，译. 北京：中国经济出版社，2002.

10. 帕特里夏·韦林顿. 客户管理改善策略——制定与实施有效的客户管理方案[M]. 何润宁，译. 北京：经济管理出版社，2003.

11.（美）詹姆斯·R. 埃文斯，威廉·M. 林赛. 质量管理与质量控制[M]. 焦叔斌，译. 北京：中国人民大学出版社，2010.

12. 苏秦，张涑贤. 质量管理[M]. 北京：中国人民大学出版社，2011.

第五章 人力资源管理

本章内容要点

- 人力资源管理的目标；全面质量管理下的 HRM 特征及惯行
- 团队；质量圈；有效团队的建立；团队的生命周期；团队成员的角色
- 六西格玛质量管理；六西格玛质量改进（IFSS）；DAMIC 实施模型；六西格玛质量设计（DFSS）
- 工作和职位设计；员工参与形式；培训与教育；员工满意度测量

第一节 人力资源管理概述

一、人力资源管理范围

人力资源管理（human resource management，HRM）发端于 20 世纪 20 年代威斯汀豪斯方电气公司在霍桑工厂进行的相关研究。戴明和朱兰当时都在威斯汀豪斯方电气公司工作，这也许影响了他们对质量和劳动力的认识。大量人士对激励机制、员工发展和有效的职位设计等理论做出了贡献。人力资源管理由一系列为组织提供人员和对他们进行协调的活动所组成。这些活动包括确定组织的人力资源需求；帮助设计工作系统；招募、甄选、培训和开发、训导、激励和奖励员工；联络工会以及政府机构；处理与员工福利相关的其他事项。

一个有效的 HRM 系统的目标是构建一支高绩效的员工队伍，并营造一种质量至上的氛围以促使员工和整个组织实现战略目标并适应变化。

HRM 是传统的人事管理的现代说法。传统的人事管理以事为中心，主要工作就是管理档案、人员调配、职务职称变动、工资调整等具体的事务性工作。而现代人力资源管理则以人为中心，将人作为一种重要资源加以开发、利用和管理，重点是开发人的潜能、激发人的活力，使员工能积极主动创造性地开展工作。HRM 要求以全局的眼光来审视人力资源的各项要求，一方面保持 HRM 与公司的战略方向的一致，同时监督 HRM 系统的日常运作和维护。

在现代企业中，实施人力资源管理职能的各组织中的人事部门逐渐成为决策部门的重要伙伴，从而提高了人事部门在决策中的地位。人力资源管理涉及企业的每一个管理者，现代的管理人员应该明确：他们既是部门的业务经理，也是这个部门的人力资源经理。人力资源管理部门的主要职责在于制定人力资源规划、开发政策，侧重于人的潜能开发和培训，同时培训其他职能经理或管理者，提高他们对人的管理水平和素质。所以说，企业的每一个管理者，不仅要完成企业的生产、销售目标，还要培养一支为实现企业组织目标能够打硬仗的员工队伍。这些是所有的管理者都应具备的人力资源技能，只有这样，全面质量管理才有可能取得成功。

二、全面质量视角下的人力资源管理

与传统的人力资源管理相比较，全面质量管理（total quality management，TQM）视角下的人力资源管理在各个领域都发生了巨大的变革，传统的 HRM 政策和全面质量视角下的政策的比较如表 5-1 所示。可见，TQM 视角下的 HRM 在公司文化、职位分析、招聘甄选、培训与发展、薪酬管理、业绩管理等主要领域，都产生了同传统的人力资源管理相异的管理模式。当然主要聚焦于关注质量和对于具有质量管理知识和能力的人力资源的吸收、使用、培训、激励、考核等方面，并且这类差异将直接导致人力资源管理模式发生根本的变革。

在传统组织中，HRM 部门仅仅在一个狭窄的目标内识别、提供、指导和奖励员工。在实行全面质量的组织中，HRM 部门通过制定相关的政策和程序来确保员工承担多种角色以及必要时的即兴发挥，指导他们持续改进产品质量和顾客服务。许多公司通过采用全新的 HRM 手段来营造更具合作性、更高效率、更加灵活以及更具有创新性的工作环境。它们充分意识到了人力资源在满足顾客需要和实现公司战略目标中的重要价值。

表 5-1　传统的 HRM 和全面质量视角下的 HRM 的对比

公司的背景性特征	传 统 视 角	全面质量视角
公司文化	个人主义 分化 专制型领导 利润 生产率	集体努力 跨职能工作 教导/赋能 顾客满意 质量
沟通	由上至下	由上至下 水平、斜向 多方向

续表

公司的背景性特征	传 统 视 角	全面质量视角
建议和参与	随意性的提案制度	正式过程 品管圈 态度调查
职位设计	效率 生产率 标准程序 窄的控制幅度 具体的职位说明	质量 定制化 创新 宽的控制幅度 自主工作团队 活性化
培训	职位相关技能 职能的、技术的 生产率	广泛的技能 跨职能的诊断和问题解决 生产率和质量
绩效测量和评价	个人目标 上级评审 强调财务绩效	团队目标 顾客、同事和上级评审 重视质量和服务
奖励	争抢个人的评分和福利	基于团队和群体的奖励 金钱奖励和精神表彰
健康与安全	治疗问题	预防问题 安全措施 福利计划 员工支持
提拔、提升和职业生涯发展	由经理选拔 狭窄的职位技能 基于个人表现的提升 纵向的职业生涯路径	由同事选拔 解决问题技能 基于群体支持的提升 水平的职业生涯路径

三、基于全面质量理念的人力资源管理的主要惯行

基于全面质量理念的 HRM 惯行要完成如下任务：

（1）沟通每个员工的贡献对于全面质量的重要性。

（2）强调团队合作所产生的质量方面的协同效应。

（3）激活员工以创造卓越。

（4）通过一系列奖励和强化措施来促进个人和团队对质量的承诺。

这些目标通过下列的惯行得以实现：

（1）推动跨工作单位和工作场所的团队合作和技能共享，团队鼓励成员的流动参

与和成员间的彼此影响。例如，联邦快递公司有4 000多个质量行动团队。波音公司的货运机分布成立了100多个集成生产队，这种团队一般由工程部门、生产部门、顾客、供应商代表组成。

（2）在工作和职位的组织和管理方面，力图促进合作、首创精神、活性化、创新和组织文化，以及发挥员工多样化。例如，美林信用公司采取了一系列措施来促进学习和灵活性。其合伙人要接受多种技能培训，并有可能转换到其他岗位工作，以应对业务量增大的领域需求。美林的数据分析和问题解决方法要求将获取的启示和措施与所有其他领域共享。

创新常常是通过提案制度来推动的。凯迪拉克公司要求所有的提案一律在24小时内予以答复，这些提案中的70%涉及质量问题（凯迪拉克在2003年的J. D. Power质量调查中跃升到第2名，仅次于雷克萨斯）。

（3）授权个人和团队做出影响质量和顾客满意度的决策。很多公司都在谈论授权，但真正践行这一理念的公司并不多。在美国电话电报公司，设计工程师有权终止一项设计方案，而产品线操作员检测出质量问题也有权终止生产。

（4）建立有效的绩效管理体系、薪酬制度以及奖励和认可制度，以支持高绩效的工作、顾客导向和员工激励。领先的公司还采取金钱以外的手段来认可和奖励员工的贡献。美林信用公司采取的多种奖励措施如表5-2所示。

表5-2　美林信用公司的奖励措施

奖励类型	合伙人类别			
总裁奖	—	—	3	4
特别表彰奖	—	—	3	4
合伙人提案奖	1	2	3	4
月度合伙人奖	—	—	3	4
荣誉提名奖	—	2	—	—
合伙人表彰奖	1	2	3	4
服务表彰奖	1	2	3	4
VICP/EIP福利包	1	2	3	4
公司礼品	1	2	3	4
全勤奖	—	—	3	4
合伙人表彰周	1	2	3	4
合伙人生日礼品	1	2	3	4
夏日/假日晚会	1	2	3	4

说明：1=高层经理　2=经理　3=基层主管　4=所有合伙人

（5）有效的招募和职业发展过程。在当今竞争激烈的劳动力市场以及高绩效工作的严格要求的压力下，重视招聘岗位要求以及后续发展计划尤为必要。

（6）在培训和教育方面投入巨大。这些投入包括确保培训针对的是组织的关键需要，能对组织的使命和目标的实现做出贡献，确保这些培训的有效实施和评价，并在工作中得到强化和巩固。美国电话电报公司通过一套名为教育技术法的系统评价方法来评价、分析和设计课程，识别和改善技能和培训方面的不足之处。

（7）激励员工去发展和利用其最大潜能。组织使用多种方法来激励其员工。例如，为了帮助员工实现个人和职业两方面的目标，摩托罗拉公司采取了学费报销、继续教育、内部晋升以及公司激励计划等一系列措施管理者和监督人员应用各种正式的和非正式的教育课程，将责任感和主人翁精神灌输给每个员工。BRAVO!（摩托罗拉现场奖励计划）着重表彰品行及工作成就，专利奖则用于表彰技术创新。其他的激励手段还包括年度评优、职位晋升以及持股等。

（8）保持一种有利于员工福祉和成长的工作环境。领先的公司将诸如健康、安全和人体工效等员工福利因素纳入其改进活动中。例如，联邦快递公司教授员工如何处理危险货物、如何正确地搬运大宗的包装物以及如何安全地驾驶。领先的公司还进行相关的审核来识别风险和避免事故。德州仪器公司就聘请安全、环境和人体工程方面的专家制定防范措施、调查事故和进行培训。

提高员工满意度的方法包括咨询、文化娱乐、非工作相关的教育、托幼服务、弹性工作时间以及新职介绍等。例如，德州仪器公司有一个由公司资助的名为“得仪会”的员工联合会，提供健身、娱乐俱乐部和家庭聚会等。该公司还针对个人的和人际关系方面的问题提供免费的咨询。

（9）监测人力资源惯行的范围和效果，测量员工满意度，以此来促进公司的持续改进。通过员工调查以及对 HRM 相关指标的测量，可以监测员工的满意度水平，并找出存在问题的地方。这些问卷调查经常要求员工在领导、沟通及支持等方面对其上级进行评价。例如，美林信贷公司每个季度就员工满意度的 15 个驱动因素对一部分员工进行一次调查。美国电话电报公司则每两年进行一次意见调查，来测量员工的工作态度和改进的成效。管理层还将这些结果同其他一些高绩效的标杆企业进行比较。

诸如团队的数量和增长率、员工参与百分比、提案采纳数、对提案的反应速度、团队活动、缺勤率和离职率之类的指标都是评估和改进的基础。德州仪器公司设有一个培训委员会，使用计算机系统来检测个人培养计划。这一过程与员工调查、顾客调查、提案建议等手段相结合，有助于识别出培训的需求。

第二节　团队与质量改进

一、团队与质量圈

传统的HRM一直都是针对个人的。受这种思想的影响，目标管理、个人绩效评估、职业地位和特权以及个人晋升等做法被广泛地应用到现行的管理系统当中。但这些关注与个人的做法造成了敌对关系、竞争、偏袒和自我中心等问题，而这些都是与企业为顾客服务的真正使命背道而驰的。阿尔菲·科恩（Alfie Kohn）对于员工间的合作与竞争行为进行了长达五年的研究，他的研究结论主张，无论哪一家公司，根本就不存在一个理想数量的竞争。任何可能产生的非正式的竞争都应被遏制，管理当局应当努力设计合作性的工作群体和激励制度。研究表明，无论是监督者还是下属，其工作效果均与合作正相关，而同竞争负相关。个人很难拥有充分的知识和经验来理解最重要的工作过程中的所有方面。因此，团队的方式对于过程改进来说是至关重要的。

（一）团队

团队（team）就是若干个拥有互补技能的人员的组合，他们追求共同的使命、绩效目标，并采用彼此相互负责的途径。

团队及其所需要的团队技能，如合作、沟通、技能多样性和集体决策等，集中体现了现代管理在工作方式方面发生的根本性转变。尽管组织通常都是围绕着任务和工作群体而形成的，但TQ环境中的团队和团队合作产生了新的意义。团队合作打破了个人、部门以及直线和参谋人员之间的壁垒，这正是戴明十四点中所阐述的一个举措。团队为个人提供了解决单靠自身无法解决的问题的机会。参与团队活动的员工感觉他们得到了更多的授权，对公司在质量改进方面的效果更加满意，获得了更多的工作技能和解决问题的方法。

团队可以针对不同的问题开展各种各样的活动，如确定顾客需要，制作流程图以研究某一过程，通过头脑风暴来发现改进机会，选择项目，建议纠正措施以及跟踪解决方案的效果。团队还可以承担许多传统的管理职能。例如，在通用汽车土星工厂的一条装配线，工作团队就负责面试并招聘自己的工人、批准供应商的零件、选择生产设备并自行管理预算。

在各种公司和行业中存在着众多类型的团队，其中最常见的包括以下几种：

（1）管理团队：该类型的团队主要由不同职能部门，如销售和生产的经理人员组成，负责协调各种团队间的工作。

（2）自然工作团队：这种团队要承担完整的工作任务，而不只是特定的、装配线类型的工作。

（3）自我管理团队（SMTs）：这是一种经过特别授权的工作团队，一般由 6~18 名训练有素的员工组成，负责产出某个最终产品的特定部分，也称做自我导向团队（self-directed work teams）。这种特定部分可以使一个最终产品，如电冰箱、滚珠轴承等；或者是一种服务，如全程保险赔付服务；还可以是一个完整的中间产品或服务，如电冰箱发动机、飞机机身、电视机的电路板等。

（4）虚拟团队：这是一种相对新型的团队形式，团队的成员们通过计算机进行交流沟通，轮流担任团队领导，并根据需要随时加入和退出团队。

（5）质量圈：这是一种由工人和基层管理者组成的团队，他们定期开会以解决工作中的质量和生产率方面的问题。

（6）问题解决团队：这种团队的成员集中起来主要是为解决某一特定的问题，任务完成后团队就会解散。这种团队与质量圈的区别在于后者的存续时间往往要长得多。

（7）项目团队：这种团队担负着开发某种新事物或完成某项复杂任务的特定使命。项目团队发端于第二次世界大战，甚至更早。近来由于六西格玛活动的开展，项目团队受到了新的重视和尊敬。

管理团队、自然工作团队、自我管理团队以及虚拟团队主要从事常规的企业活动，例如管理一个机构、生产一个产品、设计一个电子系统等，这些都属于工作的组织和设计的范畴。另一方面，质量圈、问题解决团队和项目团队则主要采取一种专案的方式，致力于某一特定的任务或问题，通常与质量改进有关。另外，自然工作团队、自我管理团队以及质量圈都是组织内的，即成员通常来自同一个部门或职能。管理团队、问题解决团队、虚拟团队以及项目团队通常是跨职能的，他们不管各自的组织归属，打破不同部门之间的边界相互合作以完成一些特殊的任务或过程。

有关跨职能团队的一个典型例子是克莱斯勒公司的汽车开发平台团队。这种跨职能团队的方式将来自工程、设计、质量、生产、商业计划、项目管理、采购、销售、营销和财务方面的专业人员汇聚在一起，以推出一种新的汽车。这一概念将公司从破产倒闭的边缘解救了出来。现在，所有的汽车生产商都采用类似的跨职能团队来开发产品。

（二）质量圈

质量圈（quality circle，QC），国内也称质量管理小组或 QC 小组，是专门针对质量的最早的团队类型之一。这一概念是由日本东京大学的石川馨提出的，质量圈在日本得到了全面的普及。日本科技联盟估计，质量圈的登记人员在 1962 年是 400 人，1968 年达到 20 万人，1978 年更是超过 70 万人。现在，参与的工人达数百万之众。例如，丰田的质量圈和工程师的解决问题技能成为公司的竞争优势。该公司发现其售后保证损失的 50%是由 120 个大问题和 4 000 个小问题所导致的，他们将前者交给工程师解决，后者则交给质量圈解决。

20 世纪 60 年代后期，一些美国公司就了解并应用了质量圈的概念。1973 年，这一概念变得广为人知，当时位于加利福尼亚的洛克希德公司导弹与太空事业部的一组经理对日本的质量圈进行了实地考察，随后将之引入公司。看到洛克希德公司的项目取得成功之后，许多制造业公司都相继开展了质量圈计划或是开始采用类似的团队解决问题的方法，如通用电气、福特汽车等。后来，诸如医院、学校、州和联邦政府机构之类的服务型组织也开展了质量圈计划。这标志着许多美国公司由此开始建立和尝试团队合作和参与管理，他们为更多的团队模式的发展铺平了道路。

质量圈和问题解决团队的三项基本职能就是发现、分析并解决质量和生产率方面的问题。这类团队的一般运行过程如图 5-1 所示。团队领导者在一位促进者的协助下向团队成员传授解决问题的工具，这位促进者可能是全职的，也可能是兼职的。

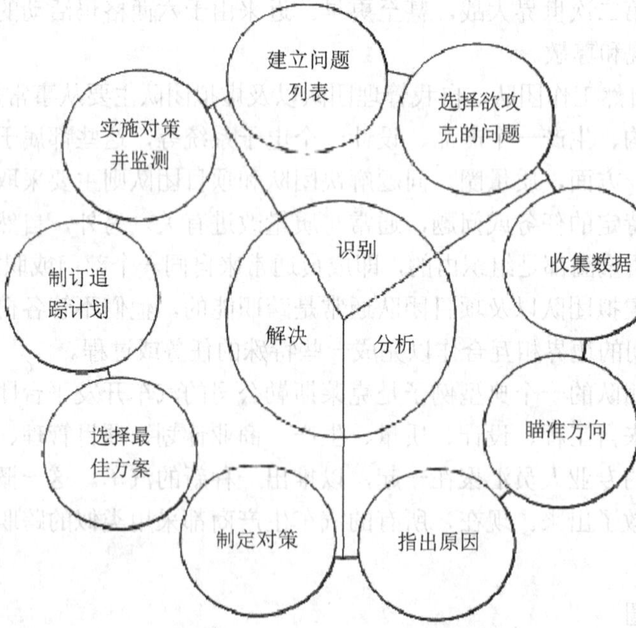

图 5-1 团队的问题解决功能

二、有效团队的建立

（一）团队的建立

没有充分计划就匆忙导入团队举措是导致失败的原因。罗宾斯（Robbins）和芬利（Finley）指出导致团队管理失败的原因不是单一的，而往往是多方面的，并列举了14个导致团队失败的原因，如表5-3所示。因此，管理者们必须仔细评估将团队方式引入到组织中的方式，并将团队建设视为一项关键的工作过程。

表5-3 14个导致团队失败的原因

组织方面	领导方面	个人/团队方面的障碍
糟糕的方针 愚蠢的工作程序 模糊的愿景 欠妥的奖酬制度 令人困惑的目标 不确定的角色定位 团队相冲突的文化	差劲的领导 不充分的反馈和信息 错误的工具	不匹配的需要 潜藏的工作安排 个性冲突 团队信任的缺失 对变革的抵触

团队的导入应当首先从调查、思考和反思开始。有许多公司匆忙采用了与特定的工作不相吻合的团队形式。例如，质量圈类型的团队不可能取得跨职能的解决问题团队或自我管理团队所能够实现的成果。管理者应该审视组织的目标、文化，以评价组织是否做好了建立和支持团队的准备。这一步或许是整个过程中最为困难的环节，因为它要求对组织的整体进行艰难的自我评价。一个富有激情的管理者往往能够启动团队的建设，但要使团队活动能够持续下去就必须有来自管理层的坚定支持。然后，管理者就要分析所需完成的工作。团队需要花很大的工夫来维护，如果单个人员能够更好更快地完成工作，就不应采用团队的方式。

自我管理团队是最具有挑战性的。采用这种形式的组织一般通过两种途径：（1）在组织初创时就建立自我管理团队；（2）从其他较初级的团队形式转化而来。第二种方式往往是其他类型的员工参与计划达到成熟后的必然结果。例如，波音公司的货运机分部组建自我管理团队时所采取的做法如图5-2所示，有些情况下个别阶段可能会重合。团队成熟度和所实施的过程改进达到的水平会影响团队所处的阶段形态。任何组织上的变革都会遇到抵制，像组建团队这样的重大变革就更是如此。有关各方的尽早参与、开诚布公的对话和深思熟虑的计划是克服抵制的关键。但是这取决于管理当局。作为组织的领导者，他们必须充分信任员工和他们的工作能力，还必须通过恰当的培训、奖励和认可来表明他们的承诺和支持。

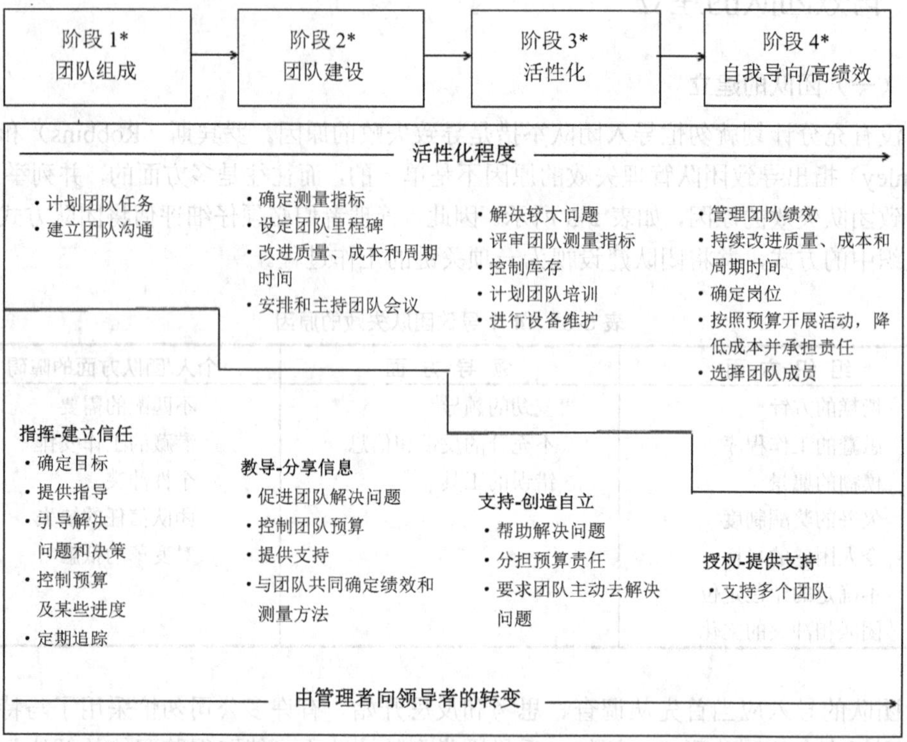

图 5-2　波音公司的团队建立过程

（二）团队的生命周期

不管团队的任务和目标如何，都会经历一个具有高度可预见性的成立和成长的循环。团队在组织中的成立往往来自某个经理、领导人或治理机构的指令，他们往往被赋予一个明确的目标。如果是项目团队，还会规定时间范围和资源限制。

团队生命周期的主要阶段包括组建、冲突、稳定、运转和终止。组建阶段也就是团队成立、相聚在一起并探索他们的新的任务安排的阶段；冲突阶段就是团队成员对各自的工作角色以及团队的运作方式发生分歧的阶段；稳定阶段发生在团队已圆满解决前阶段出现的问题的时候，团队成员对团队工作时各自的角色、工作规则以及行为方式达成共识；运转阶段则是生命周期的产出阶段，在此阶段，团队成员相互合作以解决问题和完成所分配的工作目标；在最后的终止阶段，团队对项目进行总结，圆满地完成目标，准备解散或者是转向另一个项目。

彼得·朔尔特斯是一位质量改进团队方面的权威，他提出了成功团队的 10 个要素。

为团队的组建阶段和解决一些有可能导致冲突的问题提供了指南。这10个成功团队的要素是：

（1）清晰的团队目标。团队就其使命、理念和目标达成共识，这是一个坚实的基础。

（2）改进计划。计划可以帮助团队明确所需的建议、帮助、培训、材料以及其他资源，进而指导团队制定时间表和阶段性目标。

（3）明确的角色。团队的所有成员都应该明晰自己的工作职责，了解他们对哪些事项和工作承担责任。

（4）有效的沟通。团队成员应该明确表达自己的意愿，积极听取他人意见并做到信息共享。

（5）有益的团队行为。团队应该鼓励成员运用有效的技巧和方法以便于日常讨论和会议。

（6）明确的决策程序。团队应该使用数据作为决策的依据，并学会在关键问题上达成共识。

（7）均衡的参与。每个成员都应该积极参与，贡献自己的才能，为团队的成功努力工作。

（8）明确的基本规则。团队应描绘出可接受的和不可接受的行为。

（9）熟悉群体过程。团队成员善于非语言沟通，了解群体机制，能够处理与群体过程相关的问题。

（10）科学方法。通过使用结构化的问题解决过程，团队更容易找到问题的根本原因。

（三）团队成员的角色

团队需要大量的领导及维护性的活动，特别是在团队较大以及项目或工作比较复杂时。团队成员的几种典型角色包括高层支持者、发起人、团队领导者、推动者、时间控制者、记录员以及团队成员，如表5-4所示。

表5-4 团队成员的角色和职责

角色名称	职　责	定　义	良好的角色特征
高层支持者	倡导者	推动某个变革/改进的概念或创意	• 致力于使之实现 • 坚信所为正确 • 坚定不移，富有韧性
发起人	支持者、风险承担者	支持团队的计划、活动和结果	• 坚信所推动的概念 • 有敏锐的商业头脑 • 甘冒风险和承担责任 • 有权批准所需要的资源 • 能够影响上级

续表

角色名称	职 责	定 义	良好的角色特征
团队领导者	变革推动者、主持人、带头人	• 配备团队成员或提出成员要求 • 努力通过团队活动实现变革/改进 • 为追随者所信任 • 具有指挥团队的职权 • 作为一个团队成员参与 • 教导团队成员发挥或提升所需能力 • 与管理层沟通团队的进展和需要 • 主持团队会议 • 负责团队的记录	• 致力于团队的使命和目标 • 在计划、组织、人事、控制和指导方面富有经验 • 擅长营造和保持促成团队成员做好工作的途径 •能够得到成员尊重，发挥模范作用 • 面对多样性的团队时能够坚定、公平和理性 • 促进自由讨论 • 积极倾听 • 最大限度地激活团队成员 • 平等地支持所有团队成员 • 尊重每位团队成员的个性
推动者	帮助者、训练者、顾问、教练	• 观察团队过程和团队成员的互动，提出变更以促进团队目标的实现 • 讨论失控时进行干预 • 防止某个人过度主宰讨论，或帮助被忽略的成员积极参与 • 协助有关团队建设、冲突管理等方面的培训	• 在起推动作用方面训练有素 • 为团队成员所尊重 • 机智得体 • 指导、干预的适当时机 • 关注团队的过程而非内容 • 尊重团队领导者而不越位 • 保守秘密 • 如果被要求向管理层汇报有关团队的私有信息，会婉拒接受推动者的角色 • 服从ASQ的行为准则
时间控制者	守门人、监督员	负责留意时间的分配，提醒团队成员注意时间目标	• 能够协助团队领导者控制团队会议的时间 • 当时间被拖延时能够果断干预 • 在担当时间控制者的同时仍能完成团队成员的职责
记录员	记录者、书记员	负责记录团队会议中的重要数据（可能会向相关方公布和传播的正式记录）	• 能够以书面或电子的方式捕捉团队会议的要点和决定，能够提供完整、准确、清晰的团队记录文字 • 为了准确记录能够果断打断讨论以澄清某个要点或决定 • 在担当记录员的同时仍能完成团队成员的职责

续表

角色名称	职责	定义	良好的角色特征
团队成员	参与者、相关主题的专家	在一个相互尊重、分享专长、合作和支持的环境中，通过共同努力来实现某个变革或改进	·愿意致力于团队的目的 ·能够以一种平和的方式来表述观点、想法和建议 ·能够积极倾听团队其他成员的意见 ·善于接受新的想法和建议 ·能够面对压力和公开讨论问题 ·具有团队所需的某一领域的专长 ·有良好的表现记录 ·愿意作为团队成员而非“明星”发挥作用

三、六西格玛项目团队

项目团队是六西格玛的基础。六西格玛项目团队需要具备多样的工作技能，包括技术分析、制定创造性的解决方案以及实施。六西格玛团队不仅能够解决迫在眉睫的问题，而且还为个人学习、管理者的培养以及职业生涯的发展创造了良好的环境。六西格玛团队由以下几类人员组成：

1. 高层支持者

高层支持者是指在重要的业务领域推动和领导六西格玛实施的高层管理人员。他们理解六西格玛的理念和工具、挑战项目、设定目标、分配资源并督导团队。他们全权管理六西格玛项目并对项目的完成和结果负责，一般情况下他们还管理项目的过程并致力于过程的改进。他们选择团队，设定战略发展方向，建立可测量的目标，提供资源，监控项目绩效，制定重大实施决策并向最高管理层报告结果。更为重要的是，他们要致力于消除可能影响六西格玛项目顺利实施的各种障碍，包括组织、财务和个人方面的障碍。

2. 黑带大师

黑带大师是负责六西格玛战略、培训、督导、部署和结果的全职六西格玛专家。黑带大师经过了高水平的培训，他们知道如何运用六西格玛的各种工具和方法，并提供先进的专业技术支持。他们在全组织范围内建立和指导团队、实施培训并领导变革，他们一般不是六西格玛项目的团队成员。

3. 黑带

黑带是经过充分培训的六西格玛专家，培训时间累计达到 160 小时。他们负责六西格玛项目中的技术分析，一般也是全职的。他们掌握了先进的六西格玛工具知识和

DMAIC 方法，能够独立地或者是作为团队成员来运用这些工具。同时他们也负责督导和培养绿带。除了技术能力和过程知识，他们还需要掌握相当程度的领导技巧和沟通技巧。他们具有很高的积极性，渴望学习新的知识并在同事中拥有很高的声望。因此，黑带经常被组织作为培养未来领导者的对象。

4．绿带

绿带是经过六西格玛工具和方法论初级培训的员工，在项目中一般是兼职的。他们辅助黑带工作，同时完善自身的知识和专业水平。一般而言，取得绿带资格的要求之一是成功地完成一个六西格玛项目。优秀的绿带将有机会被提升为黑带。

5．团队成员

负责完成特定项目的来自不同职能领域的员工。

六西格玛的高层支持者和黑带大师领导者的角色与表 5-4 所描述的角色类似。黑带的角色则与质量技术专家相类似，而绿带则一般充当团队领导者的角色。

（一）六西格玛质量

20 世纪 70 年代，摩托罗拉公司产品的质量受到了来自日本公司的严峻挑战。公司决定认真地采取质量改进战略，以高质量的产品和完全的顾客满意来应对竞争。在其实施的若干改进措施中，第一条就是六西格玛质量管理。1987 年，摩托罗拉建立了产品生产的“6 sigma”概念和相应的质量管理方法。采取六西格玛方法管理后，摩托罗拉平均每年提高生产率 12.3%，由于质量缺陷造成的费用消费减少了 84%，运作过程中的失误降低 99.7%。通用电气公司（GE）1995 年开始引入六西格玛管理方法，随后其经济效益加速增长：1998 年公司因此节省资金达 75 亿美元，经营率增长 4%，达到了 16.7%的历史高水平；1999 年，GE 公司因六西格玛节省资金达 160 亿美元。正是 GE 全面实施六西格玛模式取得的辉煌业绩使六西格玛质量管理方法名声大振。此后，六西格玛方法被视为质量管理秘诀而得以广泛学习的效仿。

到底什么是六西格玛方法呢？西格玛在概率统计学里的含义为“标准偏差”，用 σ 表示。6σ 意为“6 倍标准差”，在质量管理上代表着品质合格率达 99.999 7%以上，或者可以表示为每百万个产品或操作中失误少于 3.4 次。但是六西格玛模式的含义并不简单地是指上述统计上的要求，而是一整套系统的理论和实施方法。六西格玛质量管理方法其实是一项以顾客为中心、以统计数据为基础、以追求几乎完美无瑕的质量为目标的质量理念和方法。它的核心过程是通过一套以统计科学为依据的数据分析，测量问题、分析原因、改进优化和控制产品和过程质量，使企业的运作能力达到最佳。六西格玛质量要求产品质量特性满足顾客的需求；在此基础上尽可能避免任何缺陷，实现顾客的完全满意（total customer satisfaction）。六西格玛的核心内容可以归结为以下管理主题：

（1）真正地关注顾客，一切以顾客满意和创造顾客价值为中心。

（2）以数据和事实为管理依据，一切建立在数据和事实基础上。六西格玛方法是从识别组织关键经营业绩指标开始的，然后收集数据并分析关键变量。在此基础上更加有效地发现、分析和解决问题。

（3）针对流程的分析、管理和改进。无论把重点放在产品和服务的过程改进上，还是关注重新设计产品和服务过程，六西格玛都把过程视为成功的关键载体，因而重视对过程的分析和控制。

（4）预防性的管理，集中在预防问题而不是“救火”。与传统的质量改进方法相比较，六西格玛综合利用工具和方法，以动态的、积极的、预防性的管理思想取代被动的管理习惯；将重点放在如何避免质量问题的方法上。

（5）“无边界”合作打破了官僚制，密切了团队之间的关系，加速了业务的发展。六西格玛的推行加强了自上而下、自下而上和跨部门的团队工作，改进公司内部的协作以及与供方和顾客的合作，这种合作收益是多方面和显著的。

（6）追求完美，但容忍失误。随着市场竞争的加剧，顾客成了组织和企业能否在竞争中生存的决定性因素。同类型的替代产品时刻在争夺着现有和潜在的顾客，任何一次的产品失效或服务差错都有可能降低顾客的满意程度，因而造成顾客的流失。这也是企业为什么将满足顾客需求、实现顾客完全满意作为经营最终目标的原因。

（二）六西格玛质量的统计意义

理解六西格玛质量的统计定义似乎要比理解其含义困难一些，这需要一定的统计学知识。我们知道，产品或过程的规格界限（specification limits）实际上体现的是顾客的需求情况，它是指顾客对产品或过程的规格、性能所能容忍的波动范围。例如，快餐公司为顾客提供送餐服务，顾客希望晚上 6:30 送到，但是顾客也会考虑到实际情况总会造成时间上出现一些误差，如送餐员送货任务的多少、交通便利情况等，因此双方协商达成了一个可以接受的时间区间——6:15~6:45 送到即可。在这项服务中，6:30 是顾客期望的标准规格，6:15 和 6:45 分别称为规格下限（lower specification limit，LSL）和规格上限（upper specification limit，USL）。送餐公司要采取相应的措施尽量保证可以准时将食物送到顾客手中，因为这样顾客感觉最为满意；然而在规格下限与上限的时间段内送到，顾客也能接受；但是如果送达时间落到了这个区间之外，可以说送餐公司产生了一次服务失误。

对顾客多次送餐的送达时间在统计图上呈现正态分布，如图 5-3 所示。

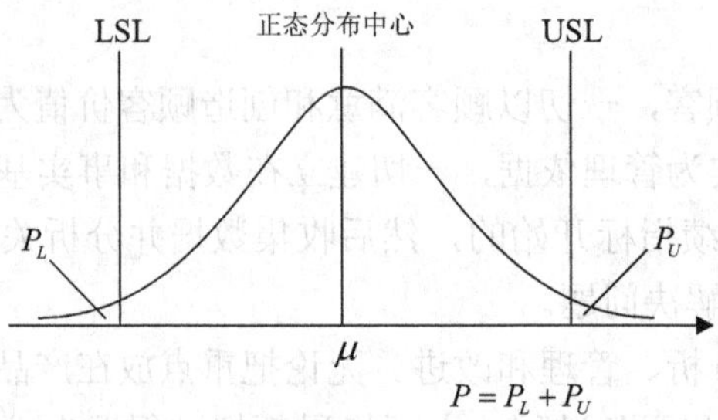

图 5-3 送餐时间的正态分布图

图中正态分布曲线的形状取决于该送餐公司的烹饪能力、设备、送餐人员能力等状况，反映的是送餐公司服务的整体水平。正态分布含有两个参数μ和σ，常记为$N(\mu,\sigma^2)$。其中μ为正态均值，是正态曲线的中心，通常认为它正好与LSL和USL的均值重合。所度量的质量特性值在μ附近取值的机会最大。σ表示测量值距离正态中心的距离单位，是过程变异在统计上的度量，也属于有关过程能力的技术范畴。而LSL和USL是人为制定的参数，因此它们与图形无关。产品的规范限都是以文件的形式对产品和过程的特性所作的规定，这些规定可能是顾客要求、行业公认的标准，或是企业下达的任务书。无论哪种情况下，所测量的质量特性超出规范限以外的都成为不合格。根据统计学知识，产品质量特性的不合格品率为：

$$P=P_L+P_U$$

式中，P_L为质量特性值 x 低于下规范限的概率，P_U为质量特性值 x 高于下范限的概率，即：

$$P_L=P(x<\text{LSL})=\Phi\left(\frac{\text{LSL}-\mu}{\sigma}\right)$$

$$P_U=P(x>\text{USL})=\Phi\left(\frac{\text{USL}-\mu}{\sigma}\right)$$

所以产品或过程的合格率就为$1-P$。

【例 5-1】某医院手术的合格率经统计已经达到三西格玛质量水平，这意味着所有手术的统计数据分布中心加减三个西格玛后仍在医疗效果容差范围内。在正态分布中心与规格中心（$M=(\text{LSL}+\text{USL})/2$）重合时，$\pm3\sigma$范围是手术效果的规范限度时有：

$P_L=P(x<\mu-3\sigma)=\Phi(-3)=1-\Phi(3)=1-0.998\,65=0.001\,35$

$P_U=P(x<\mu+3\sigma)=1-\Phi(3)=0.001\,35$

所以，该医院的手术合格率为：

$P_{合格}=1-P=P_L+P_U=1-(0.001\,35+0.001\,35)=0.997\,3$

不合格品率通常百分比（%）和千分比（‰）来表示。由这个结果来看，三西格玛质量的合格率便达到99.73%的水平，只有0.27%为不合格率，又或者解释为每一千件产品只有2.7件为次品，很多人可能会认为产品或服务质量水平达到这样的水平已经非常美满。可是，根据Evans和Lindsay曾做的统计，如果产品达到99.37%合格率，以下事件便会继续在美国发生：

- 每年有超过15 000婴儿出生时会被抛落在地上；
- 每年平均有9小时没有水、电、暖气供应；
- 每小时有2 000封信邮递错误。

这样的事情是我们所无法容忍的。对于每年要生产数以千万件产品，或提供上百万次服务的大企业来说，这样的合格率也不会让顾客和公司满意。但是对于高质量的产品生产和过程来说，用百分点这样表示的合格率还嫌单位过大，因此开始使用百万分点（10^{-6}）来表示每一百万个产品中的不合格品数量，记为ppm。例如三西格玛质量过程的不合格品率可以表示为：

$$P = P_L + P_U = 0.002\,7 = 2\,700\text{ppm}$$

如果每100万个手机产品中有2 700个废品，无论对公司还是最终顾客都将会造成相当大的损失和影响。摩托罗拉质量改进的一个成就就是把以前3σ的质量要求提高至6σ。他们把传统合格率百分比的要求改变为百万分比或亿万分比。

图5-4显示了正态分布中心与规格中心重合时，不同等级的西格玛质量水平对应的产品以百分比表示的合格率和每百万次生产操作中缺陷数量。

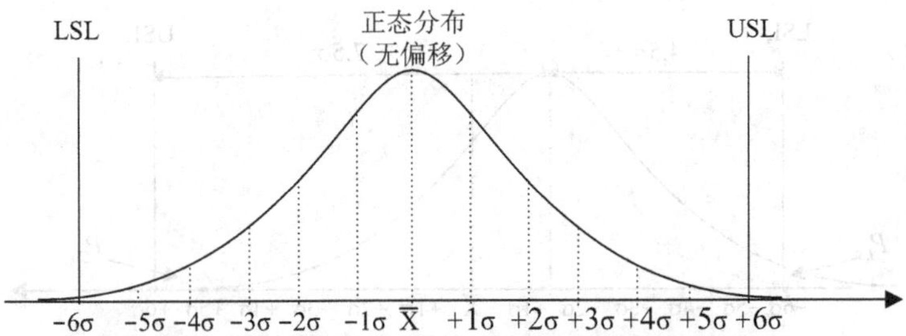

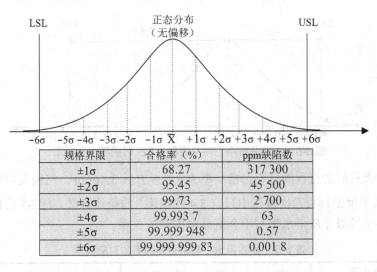

规格界限	合格率（%）	ppm缺陷数
±1σ	68.27	317 300
±2σ	95.45	45 500
±3σ	99.73	2 700
±4σ	99.993 7	63
±5σ	99.999 948	0.57
±6σ	99.999 999 83	0.001 8

图5-4 正态分布无偏移情况下各等级西格玛的质量情况

我们在前面介绍过六西格玛质量水平代表每百万次操作只允许有 3.4 次超出规格界限，但是为什么图5-4的数据却显示在$\pm 6\sigma$范围内每百万次的缺陷数是0.001 8次呢？这是因为在前面的讨论中都是假定在正态分布中心与规格中心（M=(LSL+USL)/2）相重合，因为这种情况相对简单，便于理解六西格玛质量水平的实质。但是实际上，过程的平均数往往和规格中心是偏离的，相反，二者重合的情况反倒是少见的。这种偏离通常是因为制造或服务过程本身造成，因此称为过程漂移。由于过程漂移的存在，在测量值的正态图中会有更多的点落到规格范围以外，即实际的不合格率会更高。为了使度量结果和实际质量情况相吻合，摩托罗拉和通用电气等美国公司建议在计算不合格品率时，允许过程漂移为1.5σ。但是对于一个稳定的过程来说，过程飘移只能在一个方向上发生，即正态分布中心μ可以向右漂移1.5σ，或向左漂移1.5σ，但是不能在两个方向上同时发生。

如图 5-5 显示了一个向左漂移了1.5σ的过程漂移情况，利用这个图来讨论过程漂移情况下的实际不合格品率。

这时$M-\mu=1.5\sigma$，其中$M=(\text{LSL}+\text{USL})/2$是规格中心。在$6\sigma$质量水平下，上下规格限分别是：

$$\text{LSL}=M-6\sigma, \text{USL}=M+6\sigma$$

由图 5-5 中可以看到，距上规格限有7.5σ，因此可以认定上侧的不合格品率为零，即$P_U=0$；而正态分布中心距下规格限只有4.5σ，则下侧的不合格品率为：

$$P_L=P(x<\mu-4.5\sigma)=\Phi(-4.5)=1-\Phi(4.5)=0.000\,003\,4=3.4\text{ppm}$$

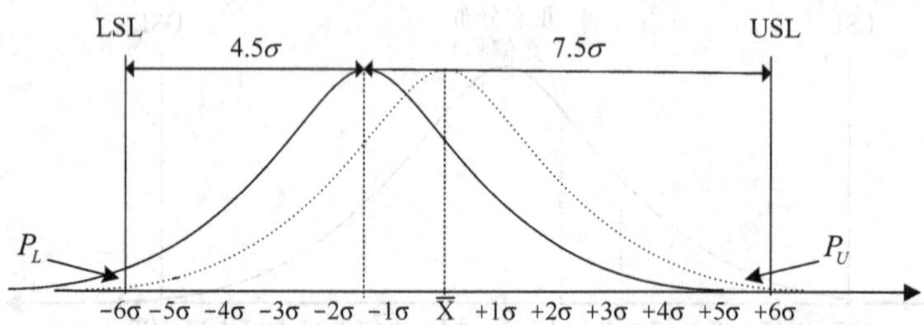

图 5-5　正态分布中心向左漂移 1.5σ 时的不合格品率

这时，漂移后的过程的总不合格品率$P=P_L+P_U=3.4\text{ppm}$。这就是我们经常听的“6σ质量水平就是每百万次操作中只有 3.4 次缺陷”的统计含义。表 5-5 给出了考虑过程偏移后各个等级σ质量水平与不合格品率的对应关系。

表 5-5　σ 质量水平与不合格品率的对应关系

σ质量水平	1σ	2σ	3σ	4σ	5σ	6σ
不合格品率（ppm）	697 700	308 733	66 803	6 210	233	3.4

西格玛质量水平也可以使用过程能力指数C_p和C_{pk}来衡量，它们之间的对应关系可以使用下列基本等式来转换：

$$C_p = \frac{\text{USL} - \text{LSL}}{6\sigma}$$

$$C_{pk} = \min\left(\frac{\text{USL} - \mu}{3\sigma}, \frac{\mu - \text{LSL}}{3\sigma}\right)$$

一个 6σ 质量水平的过程转化为过程能力指数C_p和C_{pk}来衡量分别是 2.0 和 1.5。

（三）六西格玛质量改进（improvement for six sigma，IFSS）方法

由上面的西格玛质量水平与对应的不合格品率数据可以看出，各个等级西格玛质量水平之间并不是呈线性关系的。从 3 个西格玛质量水平上升到 4 个西格玛质量水平要求产品的缺陷数呈 10 倍数量级的减少，而从 4 个西格玛的质量水平到 5 个西格玛质量水平缺陷数却呈 30 倍的降低。这就暗示着六西格玛的质量方法是一种突破性的质量改进方法。六西格玛理论认为，组织的任何活动都可以看作一个过程，这个过程存在一些特定的输入（$x's$）和过程输出（$y's$）。其中$x's$代表影响过程输出的一切因素，例如传统的料（原料）、机（设备）、人（人员）、法（操作方法）、环（环境）等类因素；$y's$代表组织过程的输出结果，主要是用来满足顾客的产品和服务等。六西格玛的一个基本原则就是过程输出$y's$—来自于过程输入$x's$，用数学语言表示出来就是$y = f(x_1 + x_2 + \cdots + x_n)$。它完全将过程的输入和输出"数字化"了，深刻揭示了结果和原因的量化关系，为实施六西格玛的其他工具和技术提供了量化的基础。六西格玛突破性质量改进工作就是在使顾客完全满意的立场上，寻找并确定对顾客影响严重的关键质量问题（$y's$），分析它的影响因素$x's$，消除产生缺陷的过程输入，实施新的控制保证同样的$x's$和$y's$都不再出现。实施六西格玛质量改进首先要根据一定的原则选择改进项目，组建设计组织业务过程各方面人员的改进团队。团队要让不同的成员在一起合作完成项目使命，关键是要有一个共同的方法和程序。这个共同的程序用六西格玛语言来描述就是 DMAIC 解决问题模型：界定（define）、测量（measure）、分析（analyse）、改进（improve）和控制（control）。DMAIC 基于戴明环拓展而来，它的每阶段都包括了许多活动和一系列解决问题的工具和技术，如表 5-6 所示。

表 5-6 DMAIC 阶段过程主要工作及常用工具

阶 段	主 要 工 作	常用的工具和技术
界定阶段（D）	确定顾客的关键质量特性（CTQs），并在此基础上识别需要改进的产品或过程 y；将改进项目界定在合理的范围内	头脑风暴法、亲和图、树图，流程图、排列图、QFD、FMEA，CT 分解

续表

阶　段	主 要 工 作	常用的工具和技术
测量阶段（M）	通过对现有过程的测量，确定过程的基线以及期望的改进效果；确定影响该过程输出的因素 $x's$，并对过程测量的有效性作出评价	运行图、分层法、散布图、直方图、过程能力分析、FMEA，标杆分析法
分析阶段（A）	通过数据分析，找到影响过程输出 y 的关键影响因素 $x's$	因果图、回归分析、方差分析、帕累托图
改进阶段（I）	寻找优化过程输出 $y's$ 的途径，开发消除或减小影响 y 的关键的 $x's$，使过程的变异情况和缺陷降低	试验设计、过程能力分析、田口方法、响应面法、过程仿真
控制阶段（C）	使改进后的程序程序化，建立有效的监控措施保持过程改进的效果	SPC 控制图等

1．界定阶段（define）

项目的界定阶段首先要确定进行改进的项目范围，一般需要考虑以下几方面内容。

（1）需要获取顾客的心声（voice of customer，VOC），发掘顾客认定的关键质量特性（critical to quality，CTQs）。六西格玛质量管理是一种以客户要求为驱动的决策方法，满足顾客的需求是组织所有过程的根本目标。组织要明确识别组织的所有顾客，包括内部顾客和外部顾客。这些顾客对产品和过程的性能、外观、操作等方面的要求或潜在要求就是顾客的心声（VOC）。顾客认定的对其满意度存在关键影响的产品或过程质量特性称为关键质量特性（CTQs），识别这些关键质量特性是改进过程满足顾客需求的基础，一般采用关键质量特性的选择矩阵（CTQs selection matrix）等方法得到。在六西格玛的定量分析中，经常需要将上述概念进行量化度量。顾客只有证明他们的需求得到充分的理解并在产品或过程中得以体现后，才会形成满意和忠诚。

（2）参考过程能力指标。在确定顾客心声、关键质量特性和核心过程时，经常使用的工具是 SIPOC（供应商—输入—过程—输出—顾客）分析图。SIPOC 是高层级的流程图，不仅可以描述当前的流程，而且可以确定过程改进的思路和方向，并可以为测量阶段的数据采集指明方向。确定过程的关键输入变量（KPIV）和关键输出变量（KPOV），使用这些量化指标可以比较不同的过程。

（3）考虑质量成本指标。劣质质量浪费成本（cost of poor quality，COPQ）是六西格玛使用财务的语言来描述过程现状和改进后绩效的一种有效方法。将过程业绩转化为财务指标来表示有助于改进项目的选择。

（4）考虑过程的增值能力指标。无论在生产或服务过程的最终检验之前，都会存在返工情况，但是最终的合格率并不能反映出这种返工情况。这些返工是“隐蔽的工厂”。通过流通合格率（rolled throughput yield，RTY）的计算可以找出过程中返工的地点和数量，为改进的过程是否增值作出判断。若过程有 n 个子过程，而子过程的合

格率分别是 $y_1, y_2, \cdots, y_n$，则：

$$\text{RTY} = y_1 y_2 \cdots y_n = \prod_{i=1}^{n} y_i \, (i = 1, 2, \cdots, n)$$

根据上述分析，理想的改进项目应该是顾客非常关心，涉及关键过程输出变量的改进，在浪费成本削减和过程增值能力方面比较显著的项目。

在选定改进项目后，要编写项目任务书申述来界定项目的范围和改进内容，组建专业的六西格玛团队展开工作。项目任务书是关于项目或问题的书面文件，一般包括改进项目的理由、目标、计划、团队的职责和配置的资源情况等。由于六西格玛方法本身的特点如以顾客为导向、项目制、专业的统计技术应用等，对推行组织的要求更为严格和专业化，常见的组织结构如图 5-6 所示。

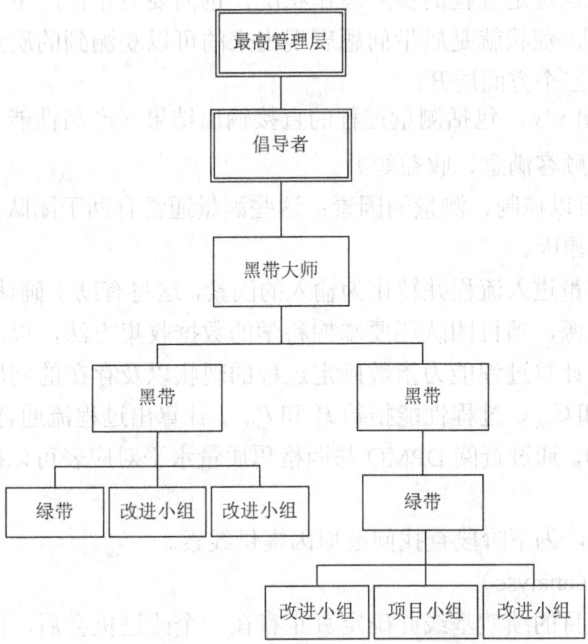

图 5-6 六西格玛项目组织图

图中的绿带人员是组织中接受了基础的六西格玛知识培训，可以完成相关任务的基层骨干人员。这些人员一般都有自己的本职工作，兼职六西格玛项目的管理人员；黑带人员一般从中层管理和技术人员中挑选出来，接受过系统专业培训的六西格玛专职人员，负责组织、管理、激励、指导特定的六西格玛项目团队开展工作；黑带大师是六西格玛专家，一般具有相当扎实的知识背景，其职责是为参加项目的黑带提供指导和咨询；倡导者是六西格玛项目推进的关键人员，他是一个高层管理人员，由他发起某个改进项目并对此项目负责。西格玛的具体实施方法是成立项目小组，由黑带或绿带担任项目经理，准备用 2~4 个月时间通过人员的培训和咨询师面对面地指导完成改善项目以获得最优化的效果。而精益方法是在较短时间内通过人员培训，以短期培训的形式用一周左右时间快速达到改善目标。

2．测量阶段（measure）

测量阶段的主要任务是测量和分析目标过程的输出现状（$y's$），得到初始的σ测量值作为改进的基准线。主要有以下两方面的工作要做：

一是针对目标过程收集数据，在此基础上分析问题症状，并进行量化度量。六西格玛是基于数据驱动的管理方法，它是通过数据的收集和分析来识别所选定过程的运行现状，再通过分析得到过程的能力值，在此基础上进行计算得出过程目前的西格玛质量水平。为了认识选定过程的实际运作状况，也需要对正在产生问题的过程进行大致的描述。在这里，症状就是质量问题表现出来的可以观测到的质量特性。测量工作主要从过程的以下三个方面展开：

（1）过程输出$y's$：包括测量过程的直接输出结果（产品性能、缺陷、顾客抱怨等）和长期后果（顾客满意、收益等）。

（2）过程中可以控制、测量的因素：这些测量通常有助于团队监控工作流程，并且精确地查找问题原因。

（3）输入：测量进入流程并转化为输入的因素，这将有助于确认问题可能的原因。

明确了数据来源，项目团队还要掌握科学的数据收集方法，以及如何对数据进行分析等方法。通过计算过程能力指数确定过程的现状以及存在的问题，这些指数包括过程能力指数C_P和C_{PK}、过程性能指数P_P和P_{PK}。计算出过程流通合格率 RTY 和百万机会缺陷数 DPMO，通过查阅 DPMO 与西格玛质量水平对应表可以确定过程目前的西格玛质量值。

二是整理数据，为下阶段查找问题原因提供线索。

3．分析阶段（analyse）

一旦测定了项目的绩效基线并确定真正存在一个改进机会后，团队就应该对目标过程执行分析阶段了。在分析阶段，六西格玛团队通过研究测量阶段得到的相关数据，加强对目标过程和症状的理解，在此基础上寻找问题的根本原因。在上面提到的过程函数$y = f(x_1 + x_2 + \cdots + x_n)$中，本阶段的工作就是确定各种可能的$x's$。有些情况下，团队对目标过程的各种影响因素和过程的运作非常清楚，在相关数据的支持下，可以迅速找到产生问题的关键原因；但是大多数情况下，团队按照习惯的传统思路来审视过程，却无法发现所期望的有价值的观点。这时，团队应该采用各种不同角度的观点来分析，并努力使用可行的各种分析工具来得到正确的分析结果。

分析问题时除了要考虑传统的人、机、料、法、环等方面的因素外，采用合适的分析方法很重要。团队一般采取循环的分析方法对原因进行分析，在上阶段数据测量的基础上，结合过程分析，形成对原因的初始推测，或者只是根据经验提出假设；然后团队关注更多的数据和其他数据来验证这些推测的正确性。六西格玛改进团队一般采用以下两种关键的分析方法来研究问题的根源原因：一是利用数据分析方法。根据过程特性的测量值以及其他相关数据来分析问题的模式、趋势或其他影响因素，包括那些推测出来的因素。二是深入研究并分析过程是如何运行的，从而发现可能产生问题的新领域，判断验证假设又需要哪些数据从哪里获得这些数据。经过这样的循环分析，不断地提出推测并验证，将所有影响过程输出的 $y's$ 的 $x's$ 都列举出来。

根据帕累托原理可以知道，少数关键的原因是造成问题产生的主要原因。如果对于所有原因都不加区别地去分析研究，不但会消耗团队的太多精力和资源，而且也会因为没有把握住重要的影响因素而效果不佳。因此在分析阶段必须要做的还包括确定这些“关键的少数”输入变量（KPIV）；调查并证实根本原因假设，确信团队没有发现额外的新问题，以及没有遗漏关键的输入变量，为下一步的改进阶段做好准备。

4．改进阶段（improve）

改进阶段提出和实施改进措施以前，首先需要对分析阶段得到的少数关键因素作进一步研究，验证它们是否对过程输出 y 确实有影响。如果影响关系确实存在，这些输入变量取什么值可以使 y 得以改善，达到预想的改进效果。对 KPIV 与 y 关系的验证主要采取正交试验和回归设计的方法，得到的数据一般采用方差分析和回归法来分析。

在确定这些关键的输入变量（KPIV）和 $y = f(\text{KPIV})$ 的对应关系的基础上，团队可以设计质量改进措施，改变输入变量的状态以实现过程输入的改善。在推行改善方案时必须要谨慎进行，应先在小规模范围内试行该方案，以判断可能会出现何种错误并加以预防。试行阶段注意收集数据，以验证获得了期望的结果。根据方案的试行结果，修正改进方案，使之程序化、文件化，以便于实际实施。

5．控制阶段（control）

在为项目的改进做出不懈努力并取得相应的效果以后，团队的每一位成员都希望能将改进的结果保持下来，使产品或过程的性能得到彻底的改善。但是许多改进工作往往因为没有很好的保持控制措施，而重新返回原来的状态，使六西格玛团队的改进工作付之东流。所以控制阶段是一个非常重要的阶段。当然，六西格玛团队不能一直围绕着一个改进项目而工作，在 DAMIC 流程结束后团队和成员即将开始其他的工作。因此，在改进团队将改进的成果移交给日常工作人员前，要在控制阶段制订好严格的控制计划帮助他们保持成果。

首先，六西格玛团队要提出对改进成果进行测量的方法，以便确认和监控改进成果。要能持续地测量过程输出结果（$y's$），改进团队需要这些统计测量数据，来表明改进计划是否已经取得了预期的结果，是否已经完成了项目任务书中规定的目标；而日常工作人员需要这些数据采用控制图等方法来监控过程。同时，过程的其他性能指标也会有助于过程的管理和监控，包括改进的 SIPOC 图，关键过程输出变量（KPOV）、关键过程输入变量（KPIV）等。

其次，建立过程控制计划和应急处理计划。上述的监控和测量措施是实际控制过程的基础。项目改进团队要根据改进后过程的实际情况建立新的控制标准，并确定如何将实际测得的过程特性值与控制标准进行比较。当实际质量状况超出标准规定时，团队需要设计出合理的控制计划使过程回到规定的界限内。将新的控制计划作为新的过程标准，六西格玛的一个管理主题就是预防性管理，减少损失最好的方法就是预防错误的发生。所以应当详细研究改进后的过程，针对各种可能的情况提出应急方案，确保过程失控时及时得到纠正，防止改进成果的“突然”崩溃。

最后，要完成项目报告和项目移交工作。在项目改进结束并制订相应的控制计划后，改进团队要总结完成 DMAIC 过程报告，以备通过相应的审核。同时，完整的过程报告也可以作为组织的改进经验来共享学习。改进团队还需要与过程的日常负责人或团队进行充分的沟通，将项目移交给他们负责。

至此，一个完整的六西格玛质量改进的 DMAIC 过程就结束了。需要再次强调的是，六西格玛项目的范围并不局限在制造领域，也不仅是对产品来说的，它包括了服务以及工作过程。如果是对现有的过程进行改进，都可以使用 DMAIC 方法来进行质量水平改进，只要对具体的分析方法进行选择即可。

（四）六西格玛质量设计（design for six sigma，DFSS）

长期实施六西格玛质量改进的组织可能会产生这样的困惑：它们在六西格玛改进项目上投入大量的资源和关注，严格按照 DMAIC 过程步骤对组织现有的流程进行改善，但是实证数据却显示改进后的质量水平始终无法达到 6σ 质量。通过六西格玛质量改进活动，组织的质量水平可以成功地提升至 3σ 、4σ 水平。但是会在 5σ 附近停滞不前，似乎再多的努力也很难跨越这个障碍。我们称之为五西格玛“撞墙”（five sigma wall）。因为 DMAIC 的重点放在如何改进过程，旨在消除导致质量下降的过程输入因素，并节省成本，使生产和服务流程更有效率。可以说 DMAIC 时常在组织中扮演着“救火”的角色，作为一种渐进式过程改进方法，它只能解决过程中产生的质量问题。但是如果这些问题是因为设计上的缺陷而形成的，过程即便控制得如何完美也无法彻底消除质量症状。真正要能达到组织质量水平的完美表现，需要一种高质量的设计方法使得产品或流程从根源上有一个近乎完美的开端。所以，六西格玛质量设计（DFSS）应运而生，希望作为 DMAIC 方法的有效补充来突破上述的“撞墙”，帮助组织持续地往 6σ 质量水平迈进。

相对于六西格玛质量改进的“救火”功能，六西格玛质量设计则是完美的预防机制。它通常是组织专业设计团队作为开端，运用科学的方法、按照合理的流程来准确理解和评估顾客需求；再进行机能分析、概念发展，并逐步开发详细的产品或流程设计方案，以及配套的生产和控制计划。在上述步骤中，所有可能发生的问题或破绽都被预先考虑进去，对新产品或新流程进行健壮性设计，使产品或流程本身具有抵抗各种干扰的能力。六西格玛质量设计可以使组织能够在开始阶段便瞄准六西格玛质量水平，开发出满足顾客需求的产品或服务；六西格玛质量设计有助于在提高产品质量和可靠性的同时降低成本和缩短研制周期，具有很高的实用价值。有一个比喻很恰当，如果将六西格玛看作是指导农民耕种粮食的方法，那么六西格玛质量改进的 DMAIC 方法就是告诉农民如何精耕细作、应该何时施肥何时浇水的操作规范，而如果当初选种的粮食种子质量不良或是不适合当地土质，则无论如何优化耕种过程，最终的粮食的质量和产量也不会达到预期的效果。而六西格玛质量设计则是指导农民如何根据土质选择品种、精选种子质量的方法，只有优良的种子加上科学的培育过程才能实现预想的质量效果。

为了与六西格玛质量改进（IFSS）配合得更加紧密，很多组织采用了一种类似的六西格玛质量设计（DFSS）方法——DMADV，即定义（define）、测量（measure）、分析（analyse）、设计（design）、验证（verify）。DMADV 过程可以将产品和过程设计中的方法、工具和程序进行系统化的整合，在顾客的需求和期望的基础上重新设计产品或过程。这种方法保留了 DMAIC 模型的部分内容，但是实践结果表明，这种方法除了在已经成功实施 DMAIC 的组织外并没有得到推广。除此之外，六西格玛质量设计还有其他多种实施模式，其中应用较多的 PIDOV，包括策划（plan）、识别（identify）、设计（design）、优化（optimize）、验证（verify）等步骤。这两种主要的六西格玛设计模式对比如表 5-7 所示。

表 5-7 六西格玛质量设计的 DMADV 与 PIDOV 模式内容对比

DMADV	PIDOV
定义阶段（define）： • 清晰界定项目范围 • 制定项目设计的相关计划	策划阶段（plan）： • 制定项目特许任务书 • 设立项目目标
测量阶段（measure）： • 获取顾客需求 • 将顾客心声（VOC）转化为关键质量特性（CTQs） • 识别少数重要的 CTQs	识别阶段（identify）： • 选择最佳的产品和服务概念 • 识别顾客认为重要的关键质量要素 • 分析实现关键质量要素对过程和技术性能指标的要求

续表

DMADV	PIDOV
分析阶段（analyse）： · 在相关约束条件下选择最合适的 CTQs	设计阶段（design）： · 形成设计概念 · 识别作用与处理关键质量要素
设计阶段（design）： · 制订详细设计方案 · 对设计方案进行测试 · 对实施进行准备	优化阶段（optimize）： · 在质量、成本和其他约束条件中寻找平衡点 · 实施优化
验证阶段（verify）： · 验证设计性能，实施试点测试 · 根据试点测试结果修正设计方案 · 实施设计方案	验证阶段（verify）： · 进行设计有效性验证，证明该产品或过程的确可以满足顾客需求 · 计算过程能力，评估过程可靠性 · 实施设计方案

具体选择何种模式予以实施，要视组织的质量现状即相应的资源配置情况而定。但是实施六西格玛质量管理方法对于组织有一定的能力要求，例如组织的数据收集分析能力、现有的质量管理水平、员工的质量文化意识等。根据美国质量协会（ASQ）研究结果，六西格玛质量管理要求企业质量管理运作达到一个相当高的层次，假如一个产品质量合格率只有 85%，就不必用六西格玛质量管理。此时可用比六西格玛质量管理更简单的办法，将 85%提高到 95%即可。例如推行 ISO9000 质量体系认证、顾客满意度、零缺陷管理等。另外，六西格玛质量管理对企业员工的素质提出了较高的要求，六西格玛质量管理需要员工参与测量、分析、改进和控制的各种项目，要自我管理而不像 ISO9000 那样需有人督促。如果组织和员工的质量管理能力和意识已经到一定的高度，质量水平达到3σ、4σ水平，这时采用六西格玛质量管理方法会比较顺利，也相对容易取得成功。

第三节　高绩效的工作系统

一、高绩效工作

高绩效工作（high-performance work）指的是系统地追求前所未有的高水平的组织总体绩效和人员绩效所使用的工作方法。绩效是指个人在组织目标实现过程中所做出的贡献的程度。高绩效工作一般具有以下几个特征：灵活性，创新性，知识和技能共享，与组织方向一致，以顾客为中心及迅速适应快速变化的业务需要和市场需求。

团队是高绩效工作系统的基础。组织可以分为以下三个层面：个人层面、过程层面和组织层面。可以根据这个框架来设计高绩效的工作系统。在个人层面上，工作系统应该能够促进工作活动的有效完成，提高灵活性并鼓励个人管理和改进工作过程的积极性。自然工作团队、质量圈和自我管理团队能够通过员工参与、授权和培训等方式为上述目标的实现提供理想手段。在过程层面上，合作、跨职能的团队协作和沟通是关键的要点。项目团队、问题解决团队都能够支持这些要点的实现。在组织层面上，薪酬和认可机制以及关注健康、安全和支持服务等员工福利问题是实现突出绩效的主要因素。

在设计工作系统时，管理者必须在人力资源管理的五个传统领域做出抉择：计划、人事安排、考评、薪酬以及培训教育。如表 5-8 所示，这五个领域的每个方面都可以视为一个连续统一体，一端是具有刻板惯行的结构化环境，另一端则是具有灵活惯行的非结构化环境。传统的 HRM 惯行位于各个连续体的左端，而支持 TQ 环境的 HRM 惯行则位于该表的右端。日常性的管理活动对于全面质量管理在组织中的成败具有重大的影响，这些活动包括如何挑选和培养员工，如何在工作中激励他们，以及如何对他们的工作进行评估和考核。

表 5-8 工作系统设计中的选择

	计划	
非正式	…………………………	正式
短期	…………………………	长期
清晰的职位分析	…………………………	含蓄的职位分析
职位简化	…………………………	职位丰富化
员工参与度低	…………………………	员工参与度高
	人事安排	
内部来源	…………………………	外部来源
狭窄路径	…………………………	多款路径
单一阶梯	…………………………	多重阶梯
清晰的准则	…………………………	含蓄的准则
有限社会化	…………………………	高度社会化
程序不公开	…………………………	程序公开
	考评	
行为性准则	…………………………	结构性准则
员工参与度低	…………………………	员工参与度高
短期准则	…………………………	长期准则
个人准则	…………………………	群体准则

续表

薪酬	
基础薪酬低 ……………………	基础薪酬高
内部权益 ……………………	外部权益
额外补贴很少 ……………………	多种额外补贴
标准、固定的工资方案 ……………………	灵活的工资方案
参与度低 ……………………	高度参与
没有激励 ……………………	多种激励
短期激励 ……………………	长期激励
没有雇佣保障 ……………………	高度的雇佣保障
等级制 ……………………	高度参与
培养教育	
短期 ……………………	长期
狭窄 ……………………	广泛
重点在生产率 ……………………	强调工作生活的质量
随意、无计划 ……………………	有计划、系统的
个人导向 ……………………	群体导向
参与度低 ……………………	高度参与

二、工作和职位设计

工作设计（work design）是指如何将员工组织到部门或团队这样的正式或非正式的单位中去。职位设计（job design）涉及的是为个人分配职责和任务。这对于组织的有效性和个人的工作满意度都是至关重要的。遗憾的是，管理者们往往不理解员工的需要。在工作场所，员工首要的五项需要是：（1）有意思的工作；（2）认可；（3）做主；（4）安全感；（5）报酬。但是，许多管理者却认为报酬是排第一位的。许多公司认识到，提高员工满意度和工作积极性的最好办法就是使得工作富有回报性，这意味着增加工作内容的多样性，强调工作的重要性和意义，提高自主性和主动性，并提供有意义的反馈。工作设计应该赋予员工实现质量目标和运营绩效目标的内在动机和外在动机。

哈克曼（Hackman）和奥尔德姆（Oldham）提出的一个理论可以帮助我们了解职位设计是如何影响动机、满意度和组织有效性的。这一理论的模型如图5-7所示，其有效性在许多的组织情境下都得到了证实。该模型包括四个主要的因素：（1）关键心理状态；（2）核心工作特征；（3）调节因素；（4）结果。

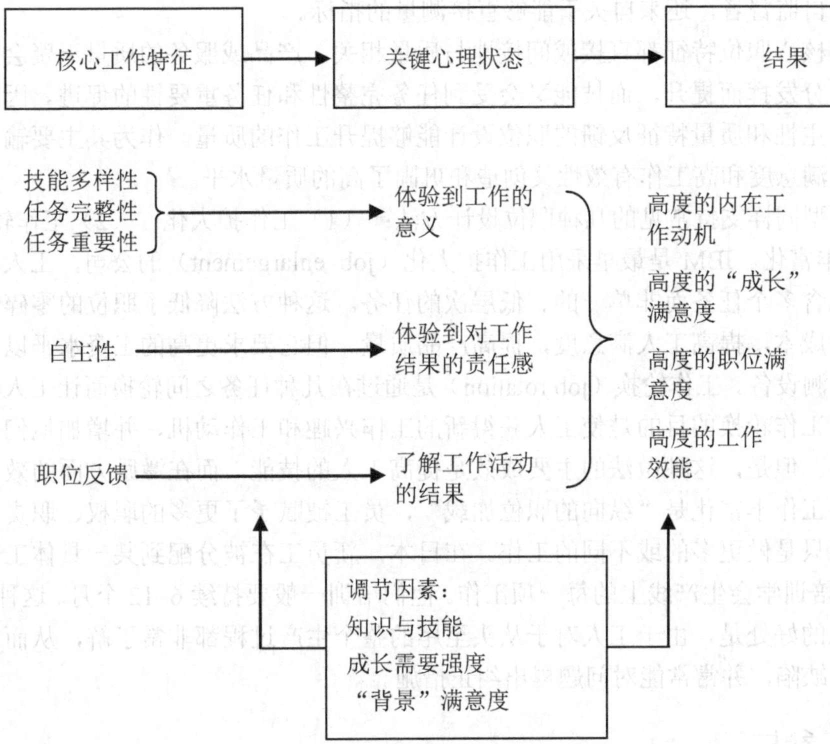

图 5-7 哈克曼和奥尔德姆的工作设计模型

这一模型由三种关键的心理状态所驱动：（1）体验到工作的意义，即员工觉得他们的工作对组织和社会具有重要的意义这样一种心理需要；（2）体验到对工作结果的责任感，指员工对其工作的质量和数量负责的这种需要；（3）了解工作活动的结果，指所有员工都需要知道他们的工作是如何被评价的以及评价的结果如何。

影响这些关键的心理状态有五种核心的职位特征：

（1）任务重要性。即所从事的工作使得员工在多大程度上觉得他们的工作对组织或社会非常重要，例如，是在解决顾客的问题而不只是在填写表格。

（2）任务完整性。即员工将任务视作一个整体的、可识别的、从头到尾的工作的程度。例如，制作一个部件而非执行一项简单重复性的任务。

（3）技能多样性。即某职位需要员工运用多种技能和才能的程度。例如，加工一个零部件所需的手工技能，用计算机跟踪质量指标的智力技能。

（4）自主性。即允许员工自由、独立和个人控制某项工作的程度。例如，停下生产线以解决某个问题。

（5）工作反馈。即员工能够及时、准确获知个人工作有效性的信息的程度。这些信息不仅来自监督者，还来自关于能够直接测量的指标。

这五项核心职位特征都直接或间接地与质量相关。产品或服务的质量无疑会因员工技能的充分发挥而提升，而技能又会受到任务完整性和任务重要性的促进。因此，能够体现自主性和质量特征反馈的职位设计能够提升工作的质量。作为其主要输出结果的高职位满意度和高工作有效性又创造和巩固了高的质量水平。

这一模型同样支持常见的几种职位设计方法：（1）工作扩大化；（2）工作轮换；（3）工作丰富化。IBM是最早采用工作扩大化（job enlargement）的公司，工人的工作扩大为包含多个任务而非单一的、低层次的任务。这种方法降低了职位的零碎性，有助于减少成本，提高工人满意度，提高产品质量。但它要求更高的工资水平以及购买更多的检测设备。工作轮换（job rotation）是通过在几种任务之间轮换而让工人学会多项任务。工作轮换的目的是使工人获得新的工作兴趣和工作动机，并增加他们的职业技能范围。但是，这种做法的主要成效是提高工人的技能，而在激励方面的效果则不甚显著。工作丰富化是“纵向的职位加载”，员工被赋予了更多的职权、职责和自主性，而不只是做更多的或不同的工作。在日本，新员工在被分配到某一具体工作之前，要通过培训学会生产线上的每一项工作。他们培训一般要持续6~12个月。这种“丰富化”训练的好处是，由于工人对于从头至尾的整个生产过程都非常了解，从而能够更好地找出缺陷，并常常能对问题提出纠正措施。

三、员工参与

员工参与（employee involvement，EI）是指一切员工参与的与工作相关的决策和改进活动，目的在于激发所有员工的创造潜能并提高其工作积极性。员工参与的形式可以只是简单的信息共享，或是针对工作方面的问题提一些意见和建议，也可以是以跨职能团队的方式来自主承担职责，如设定目标、做出业务决策、解决问题等。

员工参与的各种形式如表5-9所示。随着全面质量管理在组织中的逐渐深入，员工参与的水平也会相应提高。通用电气的“work-out”计划是最著名的员工参与活动之一。这个计划鼓励员工聚到一起通过一系列会议来讨论他们工作领域或部门的报告、会议、测量和认可等。会议一般历时三天，由来自外部的一位领导者主持，本部门的主管在头两天除了简单的开场露面外，不得出席会议。会议最后一天，本部门主管及其上司坐在会议室的前面，但他们对前两天所讨论的内容毫不知情。主管只能以下面的三种方式之一来回答员工提出的问题：（1）当场同意采纳建议；（2）否决建议；（3）询问更多的信息。

很久以前工业工程师、统计学家和行为科学家在员工参与方面就已经实施了大量的项目和实验。早期的尝试对当代的惯行也产生了重大影响。但是，这些早期的做法缺乏 TQ 中的其他因素，如以顾客为中心、高层管理者的领导和支持、解决问题和持续改进的通用工具等。

表 5-9 员工参与的各种形式

员工参与水平	行为方式	主要结果
（1）信息共享	管理者做决定，然后通知员工	符合要求
（2）对话	管理者听取员工意见然后做决定	接受
（3）解决特定问题	管理者向选定的员工委任一次性的问题	贡献
（4）群体内解决问题	小组每周活动以解决本单位内的问题	承诺
（5）群体间解决问题	跨职能小组解决职能间的共同话题	合作
（6）集中解决问题	小组每日活动以攻克特定问题	全神贯注
（7）有限的自我导向	团队在选定的场址全面发挥作用，上级的监督降到最低限度	责任
（8）全面的自我导向	最高管理层在全面由团队构成的公司中促进自我管理	当家做主

员工参与根源于心理学中的人的需要，并受到马斯洛、赫茨伯格和麦克雷戈的机理模型的支持。令人激动的工作、责任感以及认可对员工形成了激励。员工参与应当始于个人对质量的承诺，其为人们满足自我实现这一最高层次的需要提供了有力的途径。员工参与具有很多的优点：（1）信任和合作取代了敌对心态；（2）培养个人的技能和领导能力，树立使命感，促进信任；（3）提升员工士气和对组织的承诺；（4）促进创造性和创新，这是竞争优势的源泉；（5）有助于人们理解质量管理原则，并将这些原则融入企业文化中；（6）使员工能够从源头及时解决问题；（7）改进质量和生产率。

最简单的个人层面的员工参与方式便是提案制度（suggestion system）。员工提案制度是关于员工建议的提交、评估和实施的一种管理手段，目的在于降低成本、提高质量以及改进工作的其他方面，如安全等。一般而言，公司对员工提出并经采纳的建议都会予以奖励。但是有许多组织的提案制度没有融入日常的运营中。贯彻员工参与应从以下几方面克服上述缺点：（1）使员工聚焦于自身职责范围和可控领域的细小的、渐进的改进；（2）依据员工的参与水平对所有员工进行奖励，而不是依据改进所取得的价值；（3）以停工时间最少的方式来安排团队改进活动，同时为人们提供取得成果所必需的工具和方法；（4）管理者在员工参与和改进的过程中，通过发挥指导和支持的作用，成为促进文化变革的催化剂。表 5-10 总结了有助于提案制度成功的一些策略。

表5-10　提案制度成功的要素

（1）首要的是确保管理层参与其中。参与应当从最高层开始，由上至下，一直到全体员工
（2）将有关提案评审的决议尽可能交给下级来做
（3）承诺不因提案改进了生产率而裁员，获取工会的支持
（4）就有关提案制度的方方面面进行充分的培训。通过应用七种工具来促进创造性地解决问题，提升人们解决问题的能力
（5）要在当月内使所有的提案得到解决
（6）鼓励提案者亲自将他们的想法表述给主管、工程师或经理
（7）提案制度应重在促进人们对于公众以及质量和生产率的改进而产生的自豪感，而非金钱奖励的数额
（8）不应限制抽象的提案。要修改提案评价制度，使得对抽象提案的重视不亚于对具体提案的重视
（9）要取消提案只能是关于本职工作的限制
（10）要持续地推动提案制度，基层主管尤其要大力支持
（11）要充分信任员工，允许他们在工作时间设想、讨论和提交提案
（12）尽可能使提案制度保持简单

四、培训与教育

推行全面质量管理的公司都会投巨资来对员工进行培训和教育，坚信这方面的投入能够提高组织的能力。质量管理的先驱者——戴明、朱兰和克劳斯比——也都积极倡导质量培训和教育。例如，戴明十四点中有两点涉及这一问题。培训是推行全面质量管理的最大的先期投入成本之一，也是许多公司不愿意投资的领域之一。但是研究表明，重视培训投入的公司的证券市场总回报率要比那些培训投入显著较少的公司高得多。即使公司进行培训方面的投入，它们也很难测量相对于投入成本而言的收益。培训和教育现已成为TQ公司中HRM部门的重要职责。

培训的内容一般包括质量意识、领导力、项目管理、沟通技巧、团队协作、问题解决方法、数据分析与应用、满足顾客要求、过程分析、过程简化、减少浪费、减少周期时间、防止错误，以及其他一些影响员工效果、效率和安全的问题。培训策略取决于顾客的需要和公司的战略方向。教育则可能包括一些基本的技能，如阅读、写作、语言、数理以及计算机操作等。

一般来说，与顾客接触的员工比制造工程师需要更高层次的行为方面的培训，而制造工程师则可能需要的是先进的统计技术的培训。许多大公司都设有正规的培训部门，其体系和工作方法随着总的质量体系的改变而演变。教育和培训的具体方法多种多样，既包括在职培训，也包括传统的课堂讲授。对于在培训中学到的东西进行持续的强化是十分必要的。有些公司采取在岗辅导的方式来巩固培训效果，还有一些公司采取了在岗评估或模拟工作环境测试等方式，许多公司还测量了员工行为和态度的转变。但是，培训效果的最终衡量还是要看结果。通过明确培训活动与结果之间的联系，企业可以确定培训对于顾客满意度的影响，并发现培训工作存在的不足之处。

五、健康与安全

员工对于任何一个公司而言都是关键的利益相关者，所以，员工的健康、安全和福祉就是工作环境中非常重要的因素。健康和安全向来都是大多数公司优先考虑的因素，但是现在工作环境已不再仅仅局限于保证安全、整洁这些基本问题了，要求雇佣方在制订人力资源计划时在健康和安全方面承担更大的责任。许多公司都为提高工作生活的质量创造了大量条件，包括：个人职业咨询、职业生涯规划和就业能力服务、文娱活动、日常保健、为家庭责任和社区服务提供特殊的假期、灵活的工作时间、公司外的一些服务以及退休工人保健计划等。

六、绩效评价

绩效评价（performance appraisal）是对有关员工工作的效果和效率的信息进行评价和总结的过程。组织进行绩效评价的目的包括：为员工提供反馈，使员工认识到自己的优缺点并取长补短；确定工资的提升；确定培训的需要；识别提拔的员工；处理人力资源的法律事务。许多公司还通过绩效评价来改变企业文化。常规的绩效评价过程一般包括为某一期间（一般都是为来年）设定目标，这可以由管理人员来进行，也可以由上下级共同完成。这些目标包括知识或技能的提高、产出或生产率结果，再就是行为方面的目标。在评价期结束时，由上级对某一岗位人员的目标完成情况、优势和劣势、个性特征等进行评价。一般而言，绩效评价表格包括 10~15 项具体的或抽象的评价指标，如产品的数量和质量、和他人协同工作的程度、工作积极性等。每个指标从“优”到“不满”或“差”分为五或七档。在绩效评价面谈时，常常会宣布提薪、奖金和晋升等。有些情况下，公司会规定结果的分布情况，如“任何部门评为优秀的员工不得超过 10%”，或“只有被评为优秀或良好的员工才能获得晋升或奖励”。

被评价的员工及身为评价者的管理者都觉得传统绩效评价制度存在一些不合理的地方。例如，通用汽车发现公司 90%的员工认为自己的表现应该排在前 10%，实际上却被评价过低。考虑到可能带来的负面影响，许多管理者都倾向于为员工打高分。有大量研究指出了绩效评价中存在的众多问题和缺陷，包括：（1）鼓励平庸，不鼓励风险承担；（2）过度关注短期的、可测量的结果，阻碍长期的计划和思考，忽视难以测量的非常重要的行为因素；（3）过于重视个人，忽视甚至挫伤了部门内或部门间的团队合作；（4）事后检查，而非事先预防；（5）常常是不公平的，因为管理人员观察的不准确性；（6）不能区分员工可控因素和员工不能控制的系统决定的因素。

许多公司在绩效评价过程中应用了同事互评、顾客评价以及自我评价的方法。越来越多的公司采用一种名为 360 度反馈（360-degree feedback）的考核办法，它能够克服之前我们提到的传统评价制度中的一些弊端。在一个理想的 360 度方法当中，一个由供货商、顾客、工作同事、内部顾客、管理人员和下属人员组成的工作小组将参加目标的制定和绩效评价过程，这些人与该员工（或团队）有着密切的交互关系。这一评价方法使得双方能够就服务水平、响应时间以及工作准确性等问题进行双向交流和沟通，并将这些要求以书面服务合约的形式写下来。在考核结束时，参加工作目标设定的员工代表将会对服务合约中的目标的实现程度进行评估，并提供相应的反馈。最终的绩效评价由员工的自我陈述和其他人在进行讨论协商之后对该员工的评价结果组成，并作为设定下一阶段目标和员工个人发展的参考依据。由于这种方法还是全新的，学者对其实施的有效性尚缺乏系统性研究，但是就采用该方法的公司的效果反馈来看，结果是令人满意的。

以目标为依据的绩效评价是最有效的，这些目标要支持组织的战略方向、最佳惯性和持续改进。在戴明理念的指导下，许多公司开始用个人计划与发展系统来取代绩效评价。绩效评价的本质是使每个人都得到最大限度的发挥。

七、员工满意度和人力资源管理有效性的测量

对员工满意度和 HRM 的有效性的测量能够评价其与公司战略的衔接是否良好，并为改进提供一个坚实的基础。研究发现，在一系列平衡的指标中加入员工指标来管理公司业务的组织，比没有这样做的组织，在投资回报率和资产回报率上都要高得多。对于那些认为员工调查给决策制定提供了有价值的信息的公司而言，也具有类似的结果。但是，没有多少公司拥有健全的员工指标体系，或者是能够利用它们来进行经营预测。

人力资源方面的指标使得公司能够预测顾客的满意度，识别对于经营绩效具有重大影响的问题，合理地分配资源。可以用结果指标和过程指标的数据来评估 HRM 的有效性。结果指标既包括如成本节约、生产率提高、缺陷品降低、顾客满意度改进、生产周期缩短以及员工流失率等“硬性”指标，也包括如团队工作和管理有效性、员工的投入、员工满意度以及授权水平等“软性”指标。典型的过程指标包括员工提建议的数量、参与项目团队的人员数量以及进行教育培训的员工数等。团队过程的有效性可通过跟踪完成一项流程改进项目的平均时间以及判断团队是不是能够更快、更好、更聪明地进行改进来评价。此外，推动者和项目协调者可以用其他一些指标来评价其绩效，例如，团队选择和计划过程的改进、员工使用质量改进工具的频率、员工对问

题解决方法的理解以及高层管理者的参与等。针对员工的调查同样能够提供这些信息。

调查问题一般可分为以下几种基本类型：工作生活的质量、团队合作、沟通、机会和培训、设备、领导、薪酬、奖励和公司整体。调查同样可以涉及重要的团队和员工的个人行为问题，例如，目标的一致性、有效的倾听以及对他人贡献的认可、所有团队成员的积极参与、相关数据和信息的收集和分析、责任的共担、问题解决流程和方法的使用，以及公司质量改进目标的完成情况等。有大量的研究和商业调查工具可供我们使用。员工调查可以帮助公司更好地了解“员工的心声”，特别是他们对工作满意度、管理政策以及内部顾客和供货商的意见。这些反馈意见有助于改善组织的人力资源管理惯行。例如，施乐公司的调查问卷有 25 种语言。该调查包括 54 道题目，分为八大类别：指令/沟通、看重人的价值、信任、学习、反馈、奖励、工作参与度以及团队合作。某公司的一个调查中的大多数问题如表 5-11 所示，所有的回答基于从完全不同意到非常同意五个级别。

表 5-11 员工质量调查

管理层支持度
（1）公司总裁对质量工作非常支持
（2）高层（副总们）对质量工作非常支持
（3）我的主管对质量工作非常支持
（4）我的主管对我的工作质量要比对数量更为重视
（5）我的主管能够帮助我把工作做得更好
（6）我的主管鼓励良好的现场管理
（7）我因工作质量高而受到表扬
全面质量体系
（1）本公司的全面质量体系并非徒有其表，它会一直发挥作用
（2）全面质量体系使我的工作绩效得到了改善
（3）全面质量体系使我的工作能力得到了改善
（4）我理解质量方针的含义
（5）我相信质量方针的内容
（6）我理解质量誓言的含义
（7）我相信质量誓言
（8）公司的所有部门都支持全面质量体系
（9）我的同事赞成质量第一
（10）我的同事相信质量誓言
（11）我的“供应商”同事视我为其顾客并满足了我的需要
（12）我知道谁是我的“内部顾客”
（13）我能够满足我的“内部顾客”的要求
（14）我相信质量改进是公司成功的关键

续表

组织有效性
（1）我得到了反馈，这有助于我把工作做得更好
（2）我得到了鼓励，当遇到问题时叫停并提出质疑
（3）我们提供给外部顾客的产品的质量很高
（4）公司提供了可靠的过程和设备，从而使我一开始就把工作做好
（5）我不使用有缺陷的原材料
（6）公司给我提供了适当的程序从而使我把事情做对
（7）我的同事对公司的产品质量十分重视
（8）我相信控制图有助于我们改进质量
（9）我相信公司提供了高质量的工作环境
（10）我很享受我的工作
培训
（1）我接受了相应的培训，从而能够一开始就把我的工作做好
（2）我接受了相应的培训，从而能够判断我所做的工作是否符合公司工作标准和顾客的要求
（3）我接受了充分的有关安全的培训，我清楚我的工作中的安全和健康要求
（4）我的主管接受了相应的培训，从而能够一开始就把他的工作做好
（5）我的同事接受了相应的培训，从而能够一开始就把他的工作做好
（6）我受到了持续不断的培训
（7）我所受到的培训对于我的工作非常有帮助
工作满意度和士气
（1）我本人的工作满意度很高
（2）我的士气很高
（3）我所在的单位的士气很高
参与
（1）我参与得很充分
（2）我希望能够进一步参与

在对结果进行评价时，应特别重视趋势和长期结果，应将这些信息与员工共享。一个好的评价系统应该定期报告（每个月或者是每季度），还包括一个总结性的年终报告，并尽可能地使用图表的形式。详细的报告应分发到基层管理者的手中，以便他们了解自身的结果，而总结性报告则应该送到高层管理者的手中。基于这些结果，应该采取相应的措施，如培训、奖励和认可机制的改变、改善员工福利等。

思考题

1．定义人力资源管理，并与传统的人事管理的作用加以比较。

2．对比质量圈与自我导向团队，后者具有哪些前者所不具备的重要特征？

3．团队结构中必须具有哪些角色？团队领导者可以采取哪些步骤来帮助缺乏经验的团队成员提升团队技能？

4．组织在组建成功的团队时必须考虑哪些主要的问题？

5．六西格玛团队与传统的项目团队有何异同？

6．什么是六西格玛质量管理？六西格玛质量管理都有哪些主要观点？

7．简述六西格玛质量改进 DMAIC 模型各阶段的主要工作。

8．什么是六西格玛质量设计（DFSS）？

9．何谓“高绩效工作”？哪些 HRM 惯行有助于营造高绩效工作环境？

10．管理者如何克服对员工参与的抵触？

11．什么是 360 度反馈？它与传统的绩效评价有什么不同？

案例讨论

案例 5-1　一个“H”引发的质量事件

2009 年某个礼拜的最后一个工作日，当大连 A 模具制造有限公司的大多数员工都沉浸在即将进入双休日的美好时刻，采购科的刘科长的脸上却是愁云满布，紧张却也有些慌乱地接着公司最高领导打来的问责电话：“是，是，徐总，我会在明天中午前把整个事件的调查结果报告给您，您放心，销售和生产那边我会马上和他们协调和联系，争取将损失降低到最小。”放下电话，刘科长又马不停蹄地联系采购员小张，吩咐他尽快跟原材料供应商联系，准备调换原材料。随后还有生产科、销售科……都需要一一确认，看来今晚将是一个不眠之夜了。

一、大连 A 模具制造有限公司概况

大连 A 模具制造有限公司成立于 1999 年 9 月，是一家历史悠久的模具制造企业。主要产品以生产制造汽车仪表盘零部件、汽车车门门板零部件等中大型注塑模具。公司现以生产 50～650 吨成型机吨位的模具为主。目前生产的模具产品主要以出口日本和提供给中国国内汽车产业零部件供应商为主。

作为模具的生产制造商，A 公司不仅按照客户提供的产品数据、设计指示进行设计，而且更能高度认识到客户的需求、对应客户，从模具设计的初期阶段开始研究、探讨模具的结构，从真正意义上降低产品的生产成本，这是该公司长期发展的一贯宗旨。

公司有进口的加工中心，放电加工机床，慢走丝线切割机床，精密磨床达 20 台，

具备雄厚的加工实力。同时公司拥有一大批技术精湛、经验丰富的模具设计师和技师，每年设计制造各类塑料模及压铸模达 300 套。公司一直以质量为根本，完善的质量体系，精密的检测仪器确保模具的优秀品质。

公司具备从产品三维造型，注射模拟分析，模具结构设计，编程、制作、检测至试模的整套解决能力。A 公司的模具的设计生产流程如图 5-8 所示。

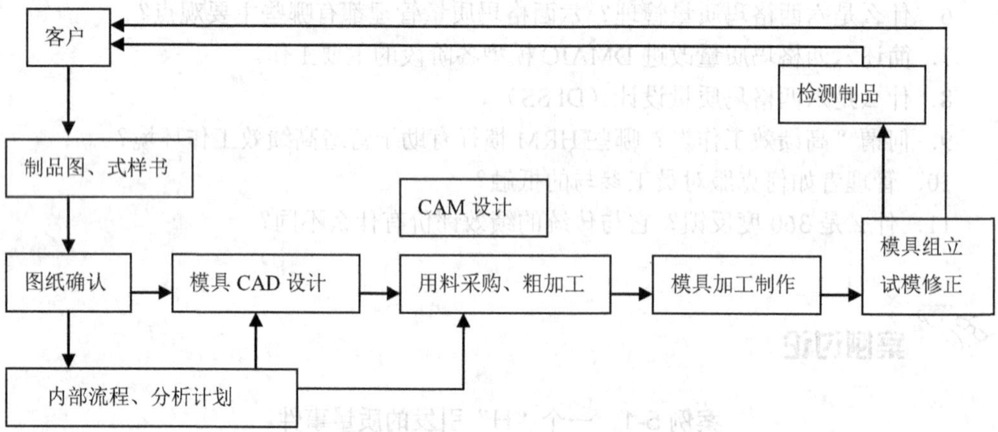

图 5-8 模具生产工艺流程

二、塑料模具模芯材料选用错误事件

2009 年 5 月 18 日早，A 模具制造有限公司模具车间王主任坐在电脑前，正在整理近期大修立功受奖名单。当班班长李扬拿着安全帽急匆匆地走了进来。“王主任，不知道怎么回事，试模的成型产品不达标!”李扬焦急地说。这次试模的产品是客户 B 公司需要的 r 系列产品。客户 B 公司这次订购的产品数量多，时间紧，近一个月来，由于生产量的加大（比上个月增加 30%），公司各个部门都在加班加点，几乎每个人每天都要加班至很晚，试模成型产品的不达标，意味着不能到期交货，问题非常严重，于是王主任赶紧跟着李扬赶到现场。王主任带着大家一起检查了操作和设备上每一个可能出现的细小的问题。随着误操作和设备问题的一一排除，剩下的只能是原料问题了。

王主任拿起电话，拨给采购科的刘科长：“刘科长，r 系列产品试模不达标，我们反复测试，都没有发现问题，现在只好麻烦你们对材料进行检测了。”王主任忍不住问了一句，“这次选择的模具材料没问题吧？”刘科长听了有些不太高兴：“老王，你这话什么意思，我们对原材料的选择一向准确，难道你们信不过吗？”“我不是那个意思，小刘，你们采购科我是信得过的，但今天这事，我们必须得查找原因啊，还得请你们协助啊!”

模具材料之选择是否适当，对模具寿命、加工性、精度等大有影响。客户所需产品的机能、外观、尺寸精度、物性、机能不同，所需模具的原材料也不相同。客户 B 公司要求的 r 系列产品所需模具的模芯都是不需要热处理（预加硬）的 420（2083H）钢材，该钢材具有高镜面度，抛光性能好，抗锈防酸佳，适合 PVC、PP、EP、PC、PMMA 塑胶模的特点。于是王主任要求当班班长李扬带着班上成员对材料进行检测确认一下，过了一会儿，李扬拿着模具材料过来给王主任看："主任，各项指标都测试了，没有问题，但我觉得这次的材料是 420（2083），而不是 420（2083H）。" 420（2083）钢材的各项指标都与 420（2083H）相近，但是 420（2083）却是需要热处理 HRC48-52 的。"生产前为什么没确认一下？""这段时间，由于该业务纳期紧，工作量又大，原材料从来没出现过问题。所以……""赶紧通知采购科，确认此事。"王主任的心情越发沉重。

刘科长接到王主任的电话，并没当回事，只是让本科的小张看看记录，等接到原材料是 420（2083）的通知，才感到问题的严重性，自己亲自开始查对，结果发现采购单上采购的确实是 420（2083），采购人的落款是本科的小张。刘科长基本就知道，这个事他是难辞其咎了。这段时间，由于生产量的加大，公司各个部门都在加班加点，几乎每个人每天都要加班至很晚，而就在这个关键时刻，采购科却出现了人员的变动，原本负责该系列产品采购的员工突然离职，接替其工作的新人小张却在没有完全熟悉业务的情况下接手了工作。小张由于对整个业务流程了解的不足，以及经验的欠缺，造成了采购该 420（2083H）钢材时，将 420（2083H）错写成了 420（2083）。

（资料来源：丁正强．2010 年广播电视大学学生案例设计与分析大赛．）

思考题：

1．在该案例中，r 系列产品试模不达标问题反映了什么？刘科长应该为这件事负哪些责任？

2．从人力资源管理方向谈谈如何避免类似的质量问题发生。

3．通过此案例，提出完善该公司质量控制的管理办法？

案例 5-2　通用汽车如何渡过内部危机？

一 、改革引发了危机

1971 年 12 月，通用汽车公司洛兹敦厂的管理部门开始对装配线上装配的维加车出现异乎寻常的不合格率感到极为担心。前几周，在可容纳 2 000 辆汽车的存车厂里放满了发送给全国汽车商之前需要返修的维加车。

管理部门特别感到恼火的是，许多毛病是一般汽车装配生产中不应出现的质量缺陷。有数不清的维加车风挡玻璃碎了，内饰割伤，点火开关坏了，后视镜打碎……该厂经理说，在有些情况下，"整个发动机装置经过 40 个人，可是谁也没有为它们做什么工作!"

总之，公司在分厂一级的管理中遇到了危机：工人缺勤、质量下降、成本增加，甚至出现了罢工等严重问题。有些人把这件事看作是“年轻工人的反抗”，简言之，可称做一次企业内部的伦理危机。

企业伦理涉及企业与员工、企业与消费者、企业与政府、企业与环境等方面的相互关系，通用汽车公司的企业伦理危机发生在企业与员工、企业与工会之间的相互关系，以及因公司改革或重组所产生的裁员等问题。从表面上看，通用汽车公司的危机产生于 GMAD（通用汽车公司装配改革计划）——为了提高产品质量和劳动生产率，对汽车生产装配技术操作加强控制，并把这个管理系统扩展到六个工厂。

二、福特模式已难以为继

在实施 GMAD 改革后，虽然企业的管理部门声称改革不会给装配工人带来太大的压力，但是工会指责说这次改革又恢复了 30 年代“血汗工厂式”的管理，要工人以同样的工资做更多的工作。一个工人抱怨说：“那是世界上最快的生产线，它置我们于死地，我们无法在规定的时间内完成工作，每天两班倒，而公司还要埋怨我们低质量、低效率。”

工人的不满大大增加。在 GMAD 改革以前，厂里的不满指责大约有 100 个，自改革后，增至 5 000 个，其中 1 000 个是指责工作岗位上加了太多的活。

当工人们抵制管理部门命令时，一些迹象表明，第一线的管理人员并没有受过适当的训练，不能很好地执行管理人员的任务，当时管理人员的平均工作经验不到 3 年，其中 20%还不到 1 年。一般地说，他们都很年轻，对工会合同的条款和管理人员的其他职责缺乏了解，同时，对如何处理正在发展的工人的抱怨和敌对情绪缺乏经验，从前没受过这方面的训练。

另一个重要事实是，工人的强烈反应并不完全由于 GMAD 的组织和工作的变革。管理部门发现，公司没有对他们进行必要的企业伦理、规章制度、知识技能方面的教育和培训。

一个高级管理人员承认，公司没有采取有效的手段使工人对工作产生兴趣。许多工人受益于公司补助学费支持他们上夜大的计划。但受了这种教育后，装配工作显然就不能满足他们的要求及做高级工作的期望。此外，当时的劳工市场很困难，他们在别处找不到有意义的工作，同时，他们也不愿意放弃在装配线上挣得的优厚工资。公司的高级职员们说，这使工人感到困惑和灰心丧气。

许多管理者和工程师都在问：不知管理部门所采用的这种管理模式能否继续下去。随着作业越来越容易、简单和重复，体力劳动越少，对工人的技能要求是低了，但工作却更单调了。有一个工人说：“公司必须想点办法，使一个小伙子能对所干的活感兴趣。一个小伙子总不能一天 8 小时年复一年地干同一个活呀!公司也不能仅对小伙子说：

‘好，原来你有 6 个点要焊，现在你只要焊 5 个了。’”

由于工人的不满增长，汽车工人工会于 1972 年 1 月初决定举行一次罢工，由于高达 97%的工人表示赞成，罢工于 3 月初开始。公司估计由于工人不满和怠工造成的对工作的破坏已使公司损失总额达 4 500 万美元。

此后，公司管理部门考虑对 GMAD 的改革中某些不合理的地方进行修正，洛兹敦厂的一些矛盾才得到了缓和。

三、危机产生的根源

在危机事件解决以后的几个月中，通用汽车公司发动了一次深入的恢复正常工作环境的活动。因为工人们回去工作后，许多思想问题并没有很好解决，还存在不安的情绪。在公司总部办公室的协助下，洛兹敦厂的管理部门制订了企业伦理建设计划，首先从诊断上一次发生的危机开始。他们对全厂工人进行了问卷调查，与各级领导管理人员一起举行了一系列会议，并征求了工会的意见，最后得出了以下结论：

第一，工人们认为管理部门不关心他们的需要、情感等问题。

第二，工人的工作无保障，他们认为管理部门不事先通知或协商就改变他们的工作计划。

第三，工人们认为管理部门对他们改进工作方法的意见不感兴趣。

第四，有些工人对装配工作中繁重、机械、重复的劳动感到厌倦和不满。

第五，许多工人对公司的目标和计划不了解，企业和员工之间缺乏共同的目标，因此未能形成凝聚力。

第六，第一线的管理人员也不十分了解整个管理部门的目标和计划，因此未能把这些目标和计划同他们每天对工人的管理工作结合起来。

四、解决危机——交流计划

通过上述诊断，公司认为产生危机的主要根源是管理部门和工人之间缺乏及时的沟通和必要的交往。于是，从 1972 年开始实施“交流计划”，该交流计划的内容如下。

第一，工厂每天的无线电广播。管理部门每天用 5 分钟时间在工厂公众讲话网广播与汽车工业、公司和工厂有关的新闻，使工人对汽车工业、公司和工厂的情况有大体的了解。其内容也张贴在工厂各处布告栏里。

第二，消息公报。作为工厂经理和工人之间一种直接交流的方法，所有有关工厂业务的主要消息都直接传给工人，工厂经理还告诉大家该厂存在的问题，并征求工人对解决这些问题的意见。

第三，管理训练。为了加强管理人员在工作中起个人之间交往的作用，所有管理人员，从工厂经理到基层的管理人员，以及职员都要经过人际关系和交往的训练。这个计划的目的在于提高管理人员同他们的部下进行组织联络和交往的自觉性。训练计划由富有组织装配线经验的公共关系协调员和质量控制主任来设计和指导。

管理部门任命公共关系协调员担任工厂交往协调员，负责厂内外计划。此外，管理部门还发展了一种作业轮换计划，对轮换工作有兴趣的工人给予必要的训练，帮助他们扩大在同一装配工作组内的工作能力。

1973年10月，查尔斯·艾伯内西任洛兹敦厂新经理。他被认为是GMAD组织中最能干的经理之一，对交往计划热烈赞成，他自己也参加了培训计划。

洛兹敦厂经过一段时间，不仅恢复到正常情况，而且在1975年一年中，出现了争取成为效率最高的装配厂之一的这种令人鼓舞的迹象。工人不满下降到1971—1972年的1/3，生产效率也有明显提高。

洛兹敦管理部门深信，齐心协力改善管理部门和工人的关系是取得积极成果的主要因素。正如工厂经理所说："我们的最终目的是形成这样一种组织风气，经理和工人都共同感到我们是在这里一起工作。现在我们这里相互之间分得太清楚，管理部门、工人和工会之间都人为地分开了，我看不出会有什么理由不能通过直接交往加强管理部门和工人之间的关系。"

"由于汽车装配业中有许多限制，因此工人不能意识到自己是该组织的一分子。我们必须用现有的技术生产一定数量的汽车，以便在该行业中站住脚。只要我们很好地解释，相信大多数工人是能够理解的。"

"我认为工作多样化和组织发展这两个计划是对的，但是我们必须承认装配厂的技术局限性。在洛兹敦厂，我们有一支年轻而且受过相当教育的劳动力，他们希望知道正在进行的每件事。令人意外的是，如果你诚恳地同他们交往，你告诉他们什么，他们就会接受。相互交往正是把每天的生产连贯在一起的最好办法。"

五、交流，交流，再交流

洛兹敦厂的管理部门就是根据这种管理哲学和企业伦理，考虑于1975年夏在原有的几个交流计划上增加了一个新的交流计划。他们对原有计划所取得的进步感到满意，但是认为，如果正式把这些计划联结在一起，使工人和管理人员进行人与人之间的直接交往，可以进一步达到交往的目的。由于认识到第一线的管理人员太忙，对人与人之间的交往，特别是对他们的部下，无法给予足够的关心，因此管理部门发展了一个计划，以促进和加强高级管理人员和其他管理人员在交往中的作用。建议的计划有以下特点：

第一，建立称为通讯员和训练员的新职务，主要目的是把管理人员、工人和职能人员的工作结合在一起。要在11个生产部门中各委派一个通讯员和训练员，由他们向工厂经理直接汇报情况。

第二，通讯员和训练员的作用，对于装配线工人来说是一种"综合者"，因而可以加强工人和管理人员之间，装配线工人和职能人员之间的交往联系。

第三，由于通讯员和训练员大部分时间在工厂，因此他们能搞清楚工人和第一线管理人员之间以及上级管理人员之间是否进行了合适交往。在需要促进生产部门和职能部门的交往及设法使职能部门的服务及时满足生产线的需要时，还可以起“中间作用”。

第四，通讯员和训练员每天要和工厂经理及交往协调员见面，检查和讨论工厂中存在的“人的问题”。

大家认为选择和训练通讯员和训练员对于这个新计划能否成功至关紧要，通讯员与训练员应该有相当的工作经验，要当过总厂长，并在工作中显示出具有组织和处理人与人之间关系的才能。

（资料来源：刘光明．通用汽车如何渡过内部危机？[J]．中外管理，2001(7)．）

思考题：

1．企业伦理包含哪些内容，如何通过人力资源管理加以协调？

2．通用公司通过哪些人力资源管理惯行来提高员工士气和提高工作效率的？

3．请结合案例谈谈员工满意度对质量的影响。

本章参考文献

1．（美）詹姆斯·R. 埃文斯，威廉·M. 林赛．质量管理与质量控制[M]．焦叔斌，译．北京：中国人民大学出版社，2010.

2．唐晓芬．六西格玛核心教程[M]．北京：中国标准出版社，2002.

3．美国朱兰质量研究院．六西格玛基础教程[M]．上海质量管理研究院，译．北京：中国财政经济出版社，2002.

4．Evans, J R, Lindsay, W M．The Management and Control of Quality[M]．3rd ed．West Publishing Company，St．Paul：1996.

5．（美）约瑟夫·M. 朱兰．朱兰质量手册[M]．焦叔斌，等，译．北京：中国人民大学出版社，2003.

6．（美）詹姆斯·R. 埃文斯，小詹姆斯·W. 迪安．全方位质量管理[M]．吴蓉，译．北京：机械工业出版社，2004.

7．埃里克森等．UML 业务建模[M]．夏昕，何克清，译．北京：机械工业出版社，2004.

8．约翰·E. 鲍尔，格雷斯·L. 达菲，拉塞尔·T. 维斯科特．质量改进手册[M]．克劳士比中国学院，等，译．北京：中国城市出版社，2003.

9. 唐纳德 •W. 本堡，等. 注册质量工程师手册[M]. 克劳士比中国学院，等，译. 北京：中国城市出版社，2003.

10．（英）杰夫・坦南特．六西格玛设计[M]．吴源俊，译．北京：电子工业出版社，2002．

11．张驰．六西格玛定义测量阶段[M]．广州：广东经济出版社，2003．

12．颜光华，刘正周．企业再造[M]．上海：上海财经大学出版社，1999．

13．Blackburn, Rosen．Total Quality and Human Resources Management: Lessons Learned from Baldrige Award-Winning Companies[J]．The Academy of Management Executive 1993, 7(3), 49-66.

14．Adapted from Paul E.Pisek．Defining Quality at the Marketing/Development Interface[J]．Quality Progress, 1987, 20(6), 28-36.

第六章 过程质量控制

本章内容要点

- 质量变异原因；质量变异规律；过程分析；过程控制
- 过程能力；过程能力指数；过程能力分析；过程不合格品率计算；过程性能指数
- 控制图的基本原理；常规控制图应用方法；控制图的判断准则
- 红珠实验；漏斗实验
- 排列图；因果图；直方图；流程图；KJ 法；矩阵图等常用方法

第一节 质量变异与过程控制

一、质量变异及规律

（一）质量变异产生的原因

所谓质量变异，指同一批量的产品，即使所采用的原材料、生产工艺和操作方法相同，其中每个产品的质量也不会丝毫不差，完全相同，它们之间或多或少总会有些差别，这种差别被称为变异。产生这种变异的原因在于产品的生产过程中都存在着太多的变异源。如图 6-1 所示，生产中的各种要素如原材料、工艺方法、操作员、机器设备、测量方法和环境等都存在着变异性。

人们经过反复的实践和研究，对变异已经达成了以下的共识：① 一个过程中存在着很多变异源；② 每个变异源的发生都是随机的；③ 质量产生变异是一个正常现象，没有变异反倒是虚假现象；④ 完全消灭变异是不可能的，但减少变异却是可能的。

为了进一步认识变异和减少变异，人们又把质量变异分为正常变异和异常变异。

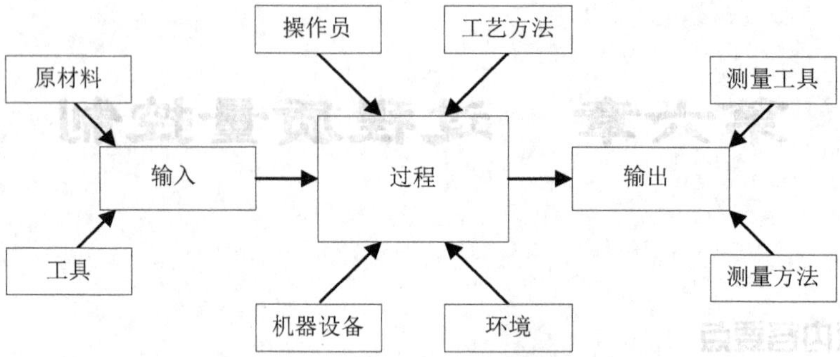

图 6-1　制造过程中的变异源

1．正常变异

产品质量的正常变异是指由生产过程中的偶然因素引起的变异。这些因素的特点是数量多，来源广，表现形式多种多样，大小和方向又随机性变化，作用时间没有一定的规律，但对产品质量的影响均比较小，不会因此造成不合格产品。如原材料、成品、半成品及构配件的物理、化学性能，化学成分，表面形状的微小差异；机械设备、工具的正常磨损；模具、量具的微小变形；工人操作的微小变化；温度、湿度的微小变动；载荷、计量、精度的微小偏差等这些都属于偶然性因素。偶然性因素在加工过程中几乎是不可避免的。这里所说的不可避免并不是说全不可避免，而是指在现有条件下没有很好的办法对这些偶然性因素加以消除，或者即使可以消除也会因为所花费的代价太大而不值得去这么做。事实上，大多数产品产生变异，就是因为有偶然性因素的存在。生产过程只存在偶然因素影响的状态称为处于稳定状态或统计控制状态。

2．异常变异

产品质量的异常变异是指由生产过程中的系统性因素引起的变异。如混入不同规格成分的原材料、设备过度耗损或者调整不准确、不同人员进行操作等。这类因素的特点是数目不多但对产品质量的影响却很大，可能造成不合格产品，但在一定的条件下却可以发现并能相对经济地消除。生产过程中存在系统性因素的状态称为非稳定状态或非统计控制状态。

偶然性因素和系统性因素之间的关系也是相对而言的，在一定条件下偶然因素引起的正常变异可以转化为异常变异，对微小的、不可控的偶然因素缺乏有效的控制，常常会累计成或诱发出系统性因素，从而导致异常变异。由于技术和管理的进步，使得原来难以识别和消除的正常变异变得可以识别和消除，这时，原来的正常波动在新的生产技术条件下将被转化为异常变异。为了不断提高生产过程质量控制的水平，在有效控制正常变异，及时消除异常变异的基础上，应当通过质量改进，使一些不可控的随机性因素逐渐成为可控的系统性因素，不断提高质量管理的水平。

（二）产品质量变异规律

在产品生产过程中，对于单个产品来说，偶然性因素的作用结果是随机的，但对同一批量产品来说，却有一定的规律可循。概率论中的中心极限定理告诉我们：n 个相互独立的、具有同分布的随机变量之和的分布渐近于正态分布。也就是说，在生产过程中，当众多彼此相互独立的偶然性因素共同对生产对象产生影响时，由于彼此之间的相互作用、相互抵消，而最终使产品的质量特性呈正态分布。因此，如图 6-2 所示（图中 μ 为质量特性值的平均值，σ 为其标准偏差），在正常生产的情况下，质量特性在区间 $\mu\pm\sigma$ 的产品有 68.25%；在区间 $\mu\pm2\sigma$ 的产品有 95.45%；在区间 $\mu\pm3\sigma$ 的产品有 99.73%。这说明凡是在 $\mu\pm3\sigma$ 范围内的质量差异都是正常的，不可避免的，是偶然性因素作用的结果。如果质量差异超过了这个界限，则是系统因素造成的。

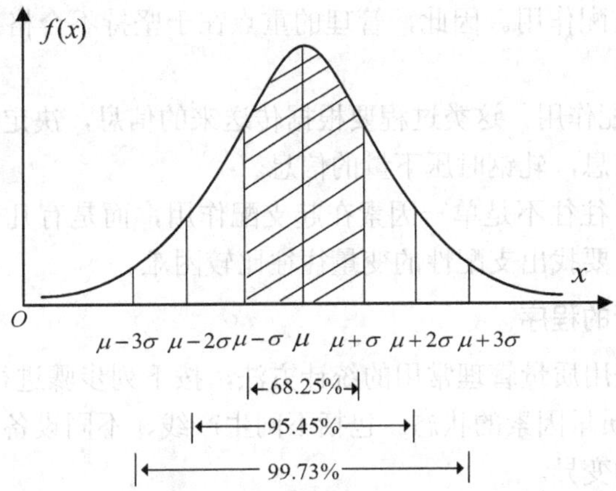

图 6-2　质量变异分布图

二、过程分析

（一）过程分析的概念

过程分析就是对过程中影响产品质量的各类因素进行分析，找出主导性因素，调查这些因素与产品质量之间的关系（特别是一些数量关系），然后建立过程因素的管理标准，根据标准要求开展过程质量控制活动。

（二）过程质量的支配性因素

支配性因素是过程中对质量起支配作用的少数因素，支配性因素取决于不同行业和不同产品。在制造过程中一般起支配作用的因素有：

（1）定位装置起支配作用。如孔加工、印刷、线圈绕制、模具冲压等过程，定位装置即为支配性因素。只要装置定位正确，就能保证产品精度一致。

（2）机器设备起支配作用。在生产过程中，机器设备的技术完好状态将随时间的推移而产生磨损、升温，致使产品质量发生变化。因此，对机器设备必须定期检查和调整。

（3）操作人员起支配作用。在机械化和自动化程度低的生产过程中，操作人员都起支配作用，如手工焊接、纺纱和织布等。对于这些过程，操作人员的技能和责任心是保证质量的关键，因而进行控制时，重点是搞好工人的技术培训和加强考核，提高工人的技术素质，调动他们的积极性。

（4）原材料起支配作用。广义的原材料指原材料、零配件和元器件。对于装配、合成等过程，如机电设备、机器仪表的装配，化工产品的合成、食品配置等，原材料对保证质量将起着支配作用。因此，管理的重点在于坚持不合格原材料不投产、不合格元器件不装配。

（5）信息起支配作用。这类过程要根据传送来的信息，决定如何完成操作，例如炼钢时钢水成分的信息，轧钢时压下量的信息。

对于有些过程，往往不是单一因素在起支配作用，而是有几个因素混合起支配作用。对于这类过程，要找出支配性的变量往往比较困难。

（三）过程分析的程序

过程分析一般采用质量管理常用的统计方法，按下列步骤进行：

（1）分析过程质量因素的状态。包括不同生产线、不同设备、不同时间、不同操作者、不同批次间的变异。

（2）选择过程质量特性值。主要选择不能稳定地达到标准要求的那些关键质量特性或主要质量特性。

（3）分析影响质量特性值变异的因素，也就是要分析哪些因素处于受控状态下，才能保证其质量特性值达到标准要求。

（4）确定支配性因素的控制标准。即建立控制管理标准，纳入经常性的过程分析活动。

（5）实施控制，验证效果。主要是严格执行控制手段、措施，衡量控制效果，并将控制效果的措施纳入质量体系文件中，形成标准。

三、过程控制

（一）过程控制的含义

过程控制就是维持工作长期处于稳定状态的活动。具体来说，就是根据产品的工艺要求，安排合适的工人和配置适当的设备，组织有关部门密切配合，根据产品质量波动的规律，判断过程异常因素所造成的变异，并采取各种措施保证产品达到技术要求的活动。

为了搞好过程控制，必须具备以下条件：

（1）要制定过程控制所需要的各种标准，包括产品标准、作业标准、设备保证标准等。这些标准是作为判断过程是否处于稳定状态的依据。

（2）要建立一套灵敏的信息反馈系统，把握过程实际执行结果及其可能发展的趋势。

（3）要具有纠正执行结果同原有结果之间所产生偏差的措施。没有纠正措施，过程控制就失去意义。

（二）过程控制的内容

过程控制内容主要有：

（1）对生产条件的控制。就是对人、机、料、法、环等五大影响因素进行控制。也就是为生产提供并保持合乎生产技术业务部门标准要求的条件，以工作质量去保证过程质量。

（2）对关键过程的控制。对关键过程除了控制上述生产条件外，还要随时掌握过程质量变化趋势，使其始终处于良好的状态。关键过程的具体控制方法，是通过过程能力的验证和分析，按实际需要选用控制图或记录表，将其编入工艺文件，作为工艺纪律要求操作者执行，检验人员监督检查。

（3）计量和测试的控制。计量测试关系到质量数据的准确性，必须严加控制。要规定严格的检测制度，编制计量标准器具、周期送检进度表，合格者有明显的标志，超期和不合格者要挂禁用牌，同时，应保证合格的环境条件。

（4）不合格品控制。不合格品控制应由质量管理或质量保证部门负责，不能由检验部门负责。质量管理或质量保证部门，除对不合格品的适用性作出判断外，还应该据此掌握质量信息，进行预防性质量控制，组织质量改进，改善外购件供应等，不合格品控制应有明确的制度和程序。

（三）过程控制的程序

对生产性企业来说，过程控制是控制和提高产品质量的基础。企业应根据自身产品的生产特点，制定其过程控制的基本工作技术程序。如图 6-3 所示，即在系统调研的基础上，确定过程监控点，进行过程能力分析，利用 SPC 方法对过程加以控制，确保过程处于受控状态，使产品质量变异处于可接受水平。对于过程能力不符合目标要求的过程，首先进行多变异分析，找出主要变异源，然后对变异源进行分析，找出原因，再对过程和工艺进行优化，减少过程变异，提高过程能力，最终使过程能力达到要求，稳定和提高过程质量。

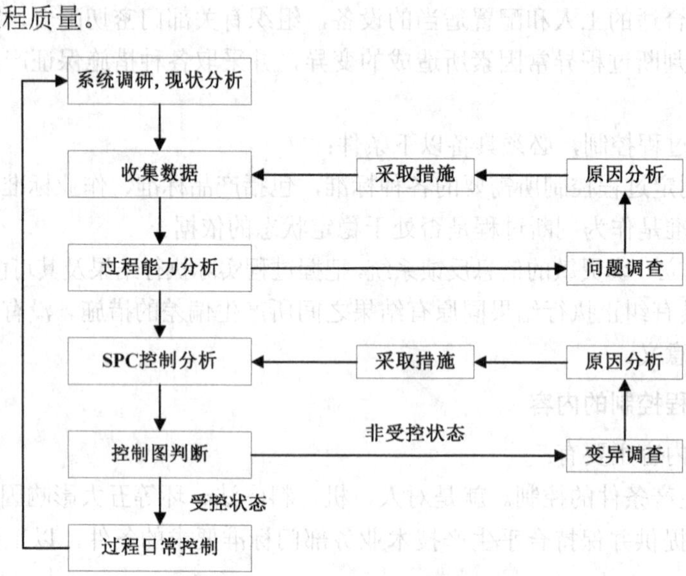

图 6-3　过程控制程序图

在生产过程中，为了保证设计质量，必须解决两个方面问题：一是怎么使各过程具有生产合格品的保证能力；二是如何把保证产品质量的能力保持下去。上述两个问题就是过程控制的核心。

第二节　过 程 能 力

一、过程能力概述

（一）过程能力的概念

一般来说，过程能力泛指一个过程的再生能力，即在每一周期里都能重复其成果的能力。在制造过程中，过程能力是指处于稳定状态下的过程的实际加工能力。过程处于稳定生产状态应该具备以下几个方面的条件：① 原材料或上一过程半成品按照标准要求供应；② 本过程按作业标准实施，并应在影响过程质量各主要因素无异常的条件下进行；③ 过程完成后，产品检测按标准要求进行。

当过程处于稳定状态时，一般用产品质量特性值的变异程度来表示过程能力。在质量管理中，平均值 μ 反映了质量特性值的集中程度，标准偏差 σ 反映了质量特性值的分散程度。根据正态分布的性质，落在$\mu \pm 3\sigma$范围内的产品质量特性值占到全部产品的99.73%。通常以$\pm 3\sigma$，即6σ为标准来衡量过程能力。记过程能力为B，则$B = 6\sigma$。

当然也可以取$B = 8\sigma$或者10σ，这样包括的产品会更多一些，如落在$\mu \pm 4\sigma$范围内的产品特性值占全部产品的 99.994%，落在$\mu \pm 5\sigma$范围内的产品占全部产品的99.999 96%。但事实上，从6σ的范围增加到8σ或10σ的范围所包括的产品增加的比例很小，从经济角度来看并不合算。因此用$B = 6\sigma$的幅度来表示过程能力是一个“经济的幅度”。

（二）对于过程能力的理解

1. 过程能力和资源的关系

任何过程都会涉及资源，过程吸纳了资源就储备了能量，在过程应用时这些能量就会释放出来，从而产生过程效应和影响，就表现为过程能力。投入过程的资源越多越先进，过程所表现出来的能力就越大，但资源在过程中是无法储存的，就如同发电机一样，它启动后投入的能源所发出的电即使用不完也不能储存。因而，过程能力应确保在一个适度的范围内，使过程能力不至于过剩，否则会造成资源的浪费，这一点，在生产过程中是非常明显的。如果过程能力过剩，保留或增加过渡性的过程是必要的。

过程能力与资源有密切的关系，但资源不管是设施还是人都存在不稳定的问题，例如，设备的参数发生了变化，人将情绪带到过程中等，这些都会使过程能力出现不稳定性，即出现“变异性”。当然，过程能力发生变异必然会对过程的结果产生影响。所以要确保过程结果一致就必须使过程能力处于稳定的状态，使“变异”最小。

2. 过程能力和人的关系

人对于过程来说可以分为两类：一是过程中的人；二是过程之外的人。过程中的人属于过程的自然属性，是过程的执行者，而过程之外的人属于系统属性，是过程的改造者。在大多数情况下，过程的制造者与过程的执行者并非同一个人，在制定过程时是人的能力决定过程能力，在执行过程时是过程能力决定人的能力。因此，当让一个有能力的人去制定过程，而让一个能力不足的人去执行过程时，执行者便能做出超出其本人能力的事情来。这是因为方法本身是具有能力的，制定者将方法固化在过程后，只要能让人理解，在实施过程中人便能通过过程能力赋予自己能力。

（三）分析过程能力的意义

首先，过程能力的测定和分析是保证产品质量的基础工作。因为只有掌握了过程能力，才能控制制造过程的符合性质量。如果过程能力不能满足产品设计的要求，那么质量就无从谈起，所以说过程能力的调查、测试分析是现场质量管理的基础工作，是保证产品质量的基础。

其次，过程能力的测试分析是提高过程能力的有效手段。过程能力是由各种因素造成的，所以通过过程能力的测试分析，可以找到影响过程能力的主导因素，从而通过改进工艺，改进设备，提高操作水平，改善环境条件，制定有效的工艺方法和操作规程，严格工艺纪律等来提高过程能力。

最后，过程能力的测试分析为质量改进找到方向。因为过程能力是过程加工的实际质量状态，是产品质量得到保证的客观依据。通过过程能力的测试分析，为设计人员和工艺人员提供关键的过程能力数据，可以为产品设计提供参考。同时通过过程能力分析，找到影响过程能力的主要问题，为提高加工能力和改进产品质量找到努力的方向。

（四）过程能力的测定方法

（1）直接测量产品方法。通过测量某过程生产出来的产品的特性值，计算该过程的过程能力。这是应用较广泛的一种方法。

（2）间接测量法。是对影响过程进行的因素的主要特性值进行测量的方法。比如用量具、量仪检查设备是否达到规定的精度要求。

（3）差错分析法。用于分析过程中人的因素对过程能力的保证程度。从差错出现的频次和分析差错的情况，可以达到调查过程能力的目的。

（4）分析过程因素对产品质量特性值影响的相关关系。通过对收集的数据进行分析，找出过程因素的变化和产品特性值变化的关系，从而判断过程能力对产品质量的保证程度。

二、过程能力指数

（一）过程能力指数的概念

过程能力只是表示过程的实际加工能力，它与产品技术要求之间的关系并不是很明显。为了进一步衡量过程能力满足过程技术要求的程度，人们提出了过程能力指数的概念。所谓过程能力指数是指过程质量要求与过程能力的比值，常用 C_p 来表示。

$$C_p = \frac{T}{6\sigma} \tag{6.1}$$

式中，T 为产品的技术要求或者质量标准。

从这个公式中不难看出，过程能力指数与过程能力不同。对于同一过程而言，过程能力是过程自身实际达到的质量水平，是一个比较稳定的数值；而过程能力指数则是一个相对的概念，即使是同一过程，C_p 值也可能因为质量标准要求的不同而不同。

同时作为技术要求满足程度的指标，过程能力指数越大，说明过程能力越能满足技术要求，甚至有一定的技术储备。但是不能认为过程能力指数越大，加工精度就越高，或者说技术要求越低。

（二）过程能力指数的计算

过程能力指数的计算是在稳定的前提下，用过程能力与技术要求做比较，分析过程能力满足技术要求的程度。根据所采用数据类型的不同和技术要求的不同，过程能力指数的计算可以分为以下几种情况。

1．计量值的过程能力指数的计算

所谓计量值是指对产品质量特性进行测量所得的观察值。如以米（m）表示的长度，以欧姆（Ω）表示的电阻，以分贝（dB）表示的噪声等。

考察公式（6.1），可以看出 C_p 值的大小是 T 与 6σ 的相对比值，实际上这个公式仅仅适用于双侧公差且 T 的中心（标准中心 M）和分布中心 μ 相重合的情况，这仅是实际生产运作中的一种理想状态。在实际生产过程中往往很难保证标准中心与分布中心重合，而且有的质量标准只有单侧界限，因此在计算过程能力指数时要把这些情况都考虑进去。

（1）双侧公差且分布中心和标准中心重合的情况

过程分布中心 μ 和标准中心 M 重合的情况如图 6-4 所示。这时，可以直接用 C_p 的定义式进行计算，即

$$C_p = \frac{T}{6\sigma} = \frac{T_U - T_L}{6\sigma} \tag{6.2}$$

式中，T_U 为质量标准的上限值，T_L 为质量标准的下限值。

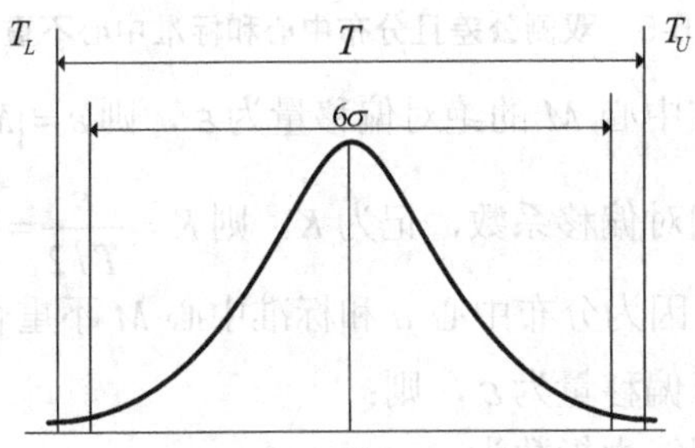

图 6-4　双侧公差且分布中心和标准中心重合

由于通常情况下总体标准差 σ 是未知的，所以一般用 σ 的估计值来代替。当过程稳定，样本足够大时，常利用所有样本数据的标准偏差 S 来估计标准差 σ。

【例 6-1】某螺栓大径的设计要求是 7.9~7.95mm，从生产现场随机抽取 100 个样本，测得 $\bar{x} = 7.925\text{mm}$，$S = 0.00519\text{mm}$，求过程能力指数。

解：当过程处于稳定状态，而样本大小 n=100 也足够大时，可以用 S 来代替 σ。

因为$M=\dfrac{T_U+T_L}{2}=\dfrac{7.95+7.9}{2}=7.925\text{mm}=\bar{x}$，所以

$$C_p=\frac{T}{6S}=\frac{7.95-7.9}{6\times 0.00519}=1.61$$

（2）双侧公差且分布中心和标准中心不重合的情况

过程分布中心μ和标准中心M不重合的情况如图6-5所示，公差分布中心μ与标准中心M发生了偏移。虽然分布标准差σ没有改变，但是却出现了过程能力不足的现象。这时对于过程能力指数的计算就不能直接利用公式（6.2）计算了，必须对该式进行适当的修正。

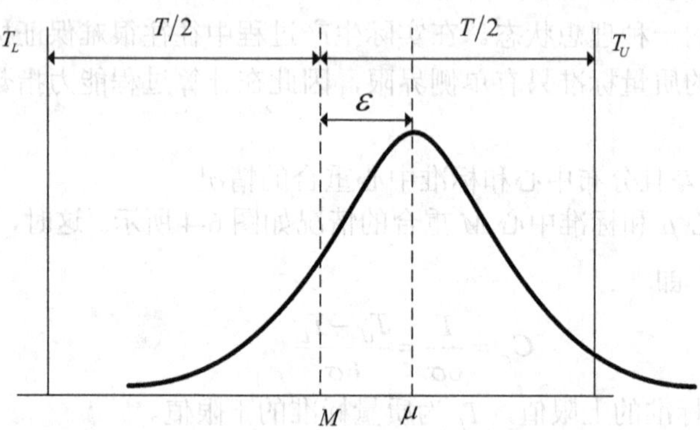

图6-5　双侧公差且分布中心和标准中心不重合

记分布中心μ对标准中心M的绝对偏移量为ε，则$\varepsilon=|M-\mu|$。把ε与$T/2$的比值称为相对偏移量或者相对偏移系数，记为K，则$K=\dfrac{\varepsilon}{T/2}=\dfrac{|M-\mu|}{T/2}$。

从图6-5可以看出，因为分布中心μ和标准中心M不重合，所以实际有效的标准范围就不能完全利用。若偏移量为ε，则：

分布中心右侧的过程能力指数为

$$C_{pu}=\frac{T_U-\mu}{3\sigma}=\frac{T/2-\varepsilon}{3\sigma}$$

分布中心左侧的过程能力指数为

$$C_{pl}=\frac{\mu-T_L}{3\sigma}=\frac{T/2+\varepsilon}{3\sigma}$$

我们知道，左侧过程能力的增加不能补偿右侧过程能力的损失，所以在有偏移值时，只要以两者之间较小的值来计算过程能力指数即可，这个过程能力指数称为修正过程能力指数，记作C_{pk}。则

$$C_{pk}=\min(C_{pu},C_{pl})=\frac{T/2-\varepsilon}{3\sigma}=\frac{T}{6\sigma}(1-\frac{2\varepsilon}{T})$$

由于

$$K=\frac{2\varepsilon}{T}，\quad C_p=\frac{T}{6\sigma}$$

所以

$$C_{pk}=C_p(1-K) \tag{6.3}$$

对$K=\dfrac{\varepsilon}{T/2}=\dfrac{|M-\mu|}{T/2}$进一步讨论，由于

$$M=\frac{T_U+T_L}{2}，\quad T=T_U-T_L$$

所以

$$K=\frac{\left|\frac{1}{2}(T_U+T_L)-\mu\right|}{\frac{1}{2}(T_U-T_L)}$$

从上述公式可知：① 当μ恰好位于标准中心时，$|M-\mu|=0$，即$K=0$，由公式（6.3）可得$C_{pk}=C_p$，此时修正过程能力指数就是一般过程能力指数；② 当μ恰好位于标准上限或者下限的时候，即$\mu=T_U$或者$\mu=T_L$，此时$K=1$，$C_{pk}=0$；③ 当μ位于标准界限之外时，即$\varepsilon>T/2$，则$K>1$，$C_{pk}=0$。所以K值越小越好，K=0是理想状态。

【例 6-2】某过程$C_p=1$，分布中心向公差上限偏移，$K=0.4$，试求C_{pk}。

解：已知C_p和K值，则直接利用公式（6.3）得

$$C_{pk}=C_p(1-K)=1\times(1-0.4)=0.6$$

C_{pk}定义式中的总体均值μ和总体标准差σ一般都是未知，通常用样本均值$\overline{x}$和样本标准偏差S来代替。

【例 6-3】某过程加工的零件尺寸要求为$\phi 20\pm 0.023$mm，现经过随机抽样，测得样本平均值$\overline{x}=19.997$mm，样本标准差$S=0.007$mm，求C_{pk}。

解：因为

$$M=\frac{T_U+T_L}{2}=\frac{20.023+19.977}{2}\text{mm}=20\text{mm}$$

$$\varepsilon=|M-\overline{x}|=|20-19.997|\text{mm}=0.003\text{mm}$$

$$T=T_U-T_L=0.046\text{ mm}$$

$$K=\frac{2\varepsilon}{T}=\frac{2\times 0.003}{0.046}=0.13$$

$$C_p = \frac{T}{6S} = \frac{0.046}{6 \times 0.007} = 1.095$$

所以

$$C_{pk} = C_p(1-K) = 1.095 \times (1-0.13) = 0.95$$

（3）单侧公差情况下 C_p 值的计算

在某些情况下，质量标准只有单侧界限值。如材料的强度、产品寿命等质量指标，通常只规定了下限值，又如某些材料的杂质含量、机械行业的形位公差等，往往只规定了上限标准。在只给定单侧标准的情况下，特性值的分布中心与标准的距离决定了过程能力的大小。

① 只规定标准上限

只规定上限时如图 6-6 所示，这时过程能力指数为

$$C_{pu} = \frac{T_U - \mu}{3\sigma} \approx \frac{T_U - \bar{x}}{3S} \tag{6.4}$$

在公式（6.4）中，如果 $\mu \geqslant T_U$ 时，分布中心已超过标准上限，$T_U - \mu$ 为负值，故认为 $C_{pu} = 0$，这时过程可能出现的不合格品率高达 50%~100%，过程能力严重不足。

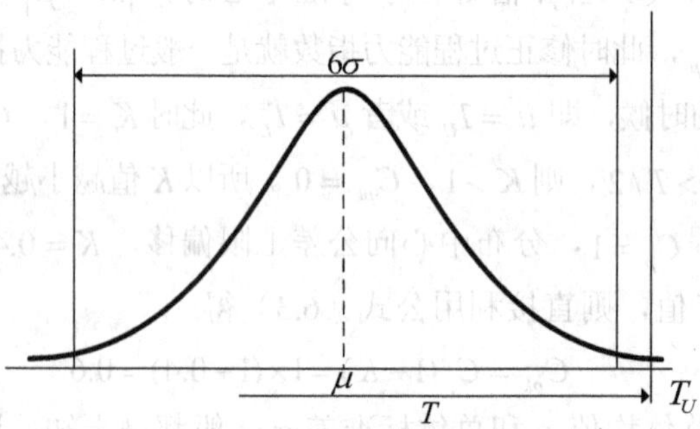

图 6-6　只规定标准上限

【例 6-4】某产品含某一杂质要求最高不能超过 12.2mg，样本标准偏差 S 为 0.038mg，$\bar{x}$ 为 12.1mg，求过程能力指数。

解：

$$C_p = \frac{T_U - \bar{x}}{3S} = \frac{12.2 - 12.1}{3 \times 0.038} = 0.877$$

② 只规定标准下限

只规定下限时如图 6-7 所示，这时过程能力指数为

$$C_{pl} = \frac{\mu - T_L}{3\sigma} \approx \frac{\bar{x} - T_L}{3S} \tag{6.5}$$

同理，当 $\mu \leqslant T_L$ 时，也认为 $C_{pl}=0$，这时过程可能出现的不合格品率高达 50%以上，过程能力严重不足。

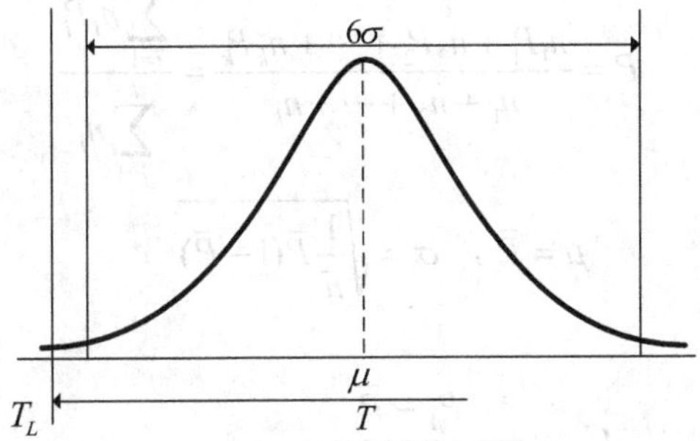

图 6-7 只规定标准下限

【例 6-5】某塑胶板技术要求其击穿电压不低于 1 200V，现随机抽样，得知 $\overline{x}$ =1 260V，S =24V，求过程能力指数。

解：

$$C_{pl}=\frac{\overline{x}-T_L}{3S}=\frac{1\,260-1\,200}{3\times 24}=0.83$$

2．计件值过程能力指数的计算

所谓计件值是以“件”为单位统计不合格产品的数据。

在计件值情况下，过程能力指数的计算相当于单公差情况，C_p 计算公式为

$$C_p=\frac{T_U-\mu}{3\sigma}$$

（1）当以不合格品数 nP 作为检验产品质量标准，并以 $(nP)_\mu$ 作为标准要求时，取样本 k 个，每个样本大小为 n，其中不合格品数分别为 $(nP)_1,(nP)_2,\cdots,(nP)_k$，则样本不合格品数的平均值为 $n\overline{P}$，其中

$$\overline{P}=\frac{(nP)_1+(nP)_2+\cdots+(nP)_k}{kn}=\frac{\sum_{i=1}^{k}(nP)_i}{kn}$$

由二项分布可得 $\mu=n\overline{P}$，$\sigma=\sqrt{n\overline{P}(1-\overline{P})}$

则

$$C_p=\frac{(nP)_\mu-n\overline{P}}{3\sqrt{n\overline{P}(1-\overline{P})}} \tag{6.6}$$

（2）当以不合格率 P 作为检验产品质量标准，并以 P_μ 作为标准要求时，取样本 k 个，每个样本大小分别为 $n_1,n_2,\cdots,n_k$，其样本平均值与不合格品率平均值 $\overline{P}$ 分别为

$$\bar{n}=\frac{1}{k}(n_1+n_2+\cdots+n_k)=\frac{1}{k}\sum_{i=1}^{k}n_i$$

$$\bar{P}=\frac{n_1P_1+n_2P_2+\cdots+n_kP_k}{n_1+n_2+\cdots+n_k}=\frac{\sum_{i=1}^{k}n_iP_i}{\sum_{i=1}^{k}n_i}$$

这时有
$$\mu=\bar{P},\quad \sigma=\sqrt{\frac{1}{\bar{n}}\bar{P}(1-\bar{P})}$$

则

$$C_p=\frac{P_\mu-\bar{P}}{3\sqrt{\frac{1}{\bar{n}}\bar{P}(1-\bar{P})}} \tag{6.7}$$

一般来说，样本大小 n 最好为定值，这样可以减少误差。

3．计点值过程能力指数的计算

所谓计点值是指单位产品上的缺陷数，如一件铸件上的砂眼数，1m^2 玻璃上的气泡数等。

在计点值情况下仍相当于单侧情况，其中 C_p 值可以用公式 $C_p=\frac{T_U-\mu}{3\sigma}$ 计算求得。

当以不合格数 C 作为检验产品质量标准，并以 C_μ 作为标准要求时，取样本 k 个，每个样本大小为 n，其中不合格数分别为 $c_1,c_2,\cdots,c_k$，则样本不合格数的平均值为

$$\bar{c}=\frac{1}{k}(c_1+c_2+\cdots+c_k)=\frac{1}{k}\sum_{i=1}^{k}c_i$$

由泊松分布可得
$$\mu=\bar{c},\quad \sigma=\sqrt{\bar{c}}$$

则

$$C_p=\frac{c_\mu-\bar{c}}{3\sqrt{\bar{c}}} \tag{6.8}$$

三、过程不合格品率的计算

当质量特性的分布呈正态分布时，一定的过程能力指数就与一定的不合格品率相对应。

明确 C_p 与不合格品率之间的关系有利于我们更深刻地认识过程能力指数 C_p。

（一）分布中心和标准中心重合的情况

分布中心和标准中心重合的情况如图 6-8 所示。现在来估算这种情况下的过程不合格品率。若用 P_U 表示质量特性值超出标准上限而造成的不合格品率，则

$$\begin{aligned}P_U &= P(x > T_U) = P(\frac{x-\mu}{\sigma} > \frac{T_U-\mu}{\sigma}) \\ &= P(t > \frac{T/2}{\sigma}) + P(t > \frac{3\sigma C_p}{\sigma}) \\ &= 1 - P(t < 3C_p) = 1 - \Phi(3C_p)\end{aligned}$$

式中，t 为标准正态分布值。

若用 P_L 表示质量特性值低于标准下限而造成的不合格品率，则同理可得

$$P_L = 1 - \Phi(3C_p)$$

所以总的不合格品率为

$$P = P_U + P_L = 2\left[1 - \Phi(3C_p)\right] = 2\Phi(-3C_p) \tag{6.9}$$

由公式（6.9）可以看出，只要知道 C_p 值就可以求出该过程的不合格品率。同时也可以看出，对任何一个过程而言，无论其过程控制水平多高，都不可能绝对保证过程不产生不合格品，而只能说明过程能力指数的大小不同而产生不合格品的几率不同。

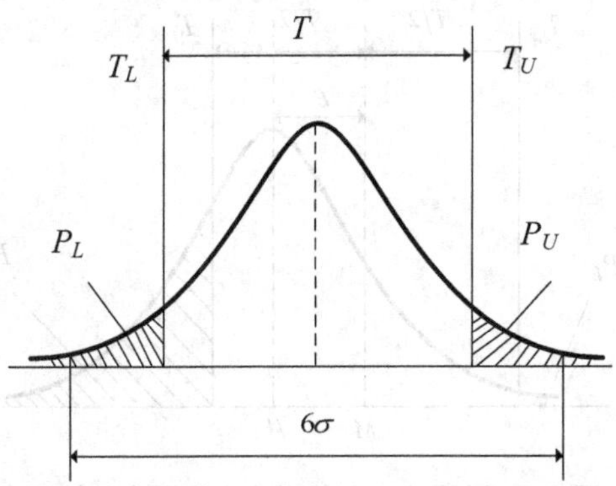

图 6-8　分布中心和标准中心重合的情况

【例 6-6】 当 C_p=1 时求相应不合格品率。

解： $P = 2\Phi(-3\times 1) = 2\Phi(-3) = 2\times 0.00135 = 0.0027$

（二）分布中心和标准中心不重合的情况

分布中心和标准中心不重合的情况如图 6-9 所示。现在来计算这种情况下的过程不合格品率。当分布中心向标准上限偏移时，质量特性值超出标准上限造成不合格品率

P_U为

$$\begin{aligned}P_U &= P(x > T_U) = P(\frac{x-\mu}{\sigma} > \frac{T_U-\mu}{\sigma})\\ &= P(t > \frac{T/2-\varepsilon}{\sigma}) = P(t > 3C_{pk})\\ &= P[t > 3C_p(1-K)] = 1 - P[t < 3C_p(1-K)]\\ &= 1 - \Phi[3C_p(1-K)]\end{aligned}$$

同理可得

$$P_L = P(x < T_L) = 1 - \Phi[3C_p(1+K)]$$

所以总的不合格品率为

$$P = P_U + P_L = 2 - \Phi[3C_p(1-K)] - \Phi[3C_p(1+K)] \tag{6.10}$$

当分布中心向标准下限偏移时，同理可得

$$P_U = P(x > T_U) = 1 - \Phi[3C_p(1+K)]$$

$$P_L = P(x < T_L) = 1 - \Phi[3C_p(1-K)]$$

所以总的不合格品率为

$$P = P_L + P_U = 2 - \Phi[3C_p(1+K)] - \Phi[3C_p(1-K)] \tag{6.11}$$

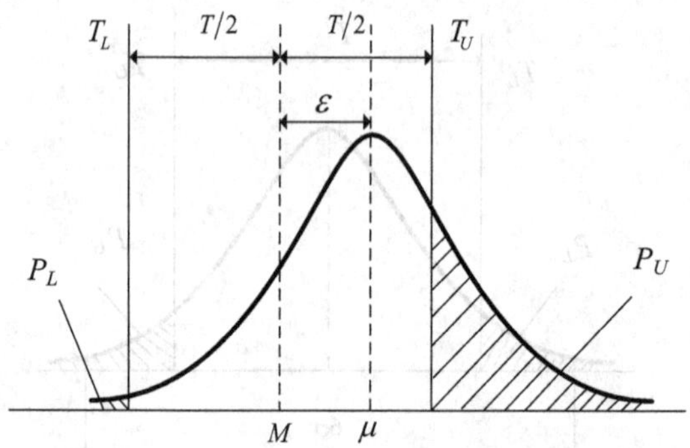

图 6-9　分布中心与标准中心不重合的情况

【例 6-7】已知某零件尺寸要求为$\phi 50 \pm 1.5\text{mm}$，抽取样本$\bar{x} = 50.6\text{mm}$，$S = 0.5\text{mm}$，求零件的不合格率。

解：

$$C_p = \frac{T}{6S} = \frac{51.5-48.5}{6\times 0.5} = 1.0$$

$$K = \frac{\varepsilon}{T/2} = \frac{|M-\bar{x}|}{T/2} = \frac{0.6}{1.5} = 0.40$$

分布中心向标准上限偏移，所以由公式（6.10）得

$$P = 2 - \Phi[3C_p(1-K)] - \Phi[3C_p(1+K)]$$
$$= 2 - \Phi[3\times1\times(1-0.4)] - \Phi[3\times1\times(1+0.4)]$$
$$= 3.59\%$$

【例 6-8】已知某零件尺寸要求为$\phi 20\pm0.023\text{mm}$，随机抽样后计算的样本特性值$\bar{x}=19.997\text{mm}$，样本标准偏差$S=0.007\text{mm}$，求零件的不合格率。

解：
$$C_p=\frac{T}{6S}=\frac{0.046}{6\times0.007}=1.095$$
$$K=\frac{\varepsilon}{T/2}=\frac{|M-\bar{x}|}{T/2}=\frac{0.003}{0.023}=0.13$$

分布中心向标准下限偏移，所以由公式（6.11）得

$$P = 2 - \Phi[3C_p(1+K)] - \Phi[3C_p(1-K)]$$
$$= 2 - \Phi[3\times1.095\times(1+0.13)] - \Phi[3\times1.095\times(1-0.13)]$$
$$= 0.229\%$$

四、过程能力分析

（一）过程能力的综合评定

当过程能力指数求出以后，就可以对过程能力是否充分做出分析和判断。我们知道，C_p 值越大，表明加工质量越高，但这时加工过程中各个要素的要求也越高，加工成本也就越大，所以对于 C_p 值的选定应根据技术与经济综合分析来确定。在过程质量控制中，一般采用“过程能力等级评定表”来衡量过程能力满足过程技术要求的程度。根据质量特性重要程度和过程能力指数的关系，结合 6σ 管理的基本原理，可分三种情况分析。

1．关键质量特性过程能力综合评定

关键质量特性的过程能力综合评定如表 6-1 所示。

表 6-1　关键质量特性过程能力综合评定表

范　围	判　断	措　施
$2.33>C_p>2$	理想状态	用控制图或其他有效的手段对过程进行监督和控制
$2\geqslant C_p>1.67$	低风险	分析影响过程能力的主要因素，建立质量控制点
$1.67\geqslant C_p>1.33$	中风险	强化质量控制检验，增加检验频次，即使反馈质量信息，分析质量变异原因，采取有效措施，提高 C_p 值
$1.33\geqslant C_p>1$	高风险	进行全数检验，剔除不合格品或进行分级筛选
$1\geqslant C_p$	极高风险	停止生产，查明系统性因素，采取措施，提高 C_p 值

2．重要质量特性过程能力综合评定

重要质量特性过程能力综合评定如表6-2所示。

表6-2　重要质量特性过程能力综合评定表

范　围	判　断	措　施
$2.33>C_p>2$	能力过剩	简化质量检验，采用抽样检验或减少抽样频次等
$2\geqslant C_p>1.67$	理想状态	用控制图或者其他方式对过程进行监督和控制
$1.67\geqslant C_p>1.33$	低风险	对产品按正常规定进行检验，完善质量控制点
$1.33\geqslant C_p>1$	中风险	实行监控，加强检查，采取措施，提高过程能力
$1\geqslant C_p$	高风险	实行全数检验，剔除不合格品或进行分级筛选

3．一般质量特性过程能力综合评定

一般质量特性过程能力综合评定如表6-3所示。

表6-3　一般质量特性过程能力综合评定表

范　围	判　断	措　施
$2.33>C_p>2$	能力极过剩	更换设备，降低对设备精度的要求
$2\geqslant C_p>1.67$	能力过剩	采用抽样检验，减少抽样频次，也可考虑降低设备精度
$1.67\geqslant C_p>1.33$	理想状态	对过程进行标准化作业
$1.33\geqslant C_p>1$	低风险	在不影响正常使用的情况下，可适度放宽标准范围
$1\geqslant C_p$	中风险	适当增加检验频次，如对后续过程有影响时，找出原因，加以改进

（二）过程能力处置

在过程质量控制中，要求过程能力指数处于理想状态。但在实际过程能力指数可能处于过剩区或者风险区，对此都要采取相应的措施进行处置。

在实际进行过程能力分析时，过程能力分布中心往往和标准中心不完全重合，所以在计算过程能力指数时一般都是采用修正过程能力指数计算公式。从修正过程能力指数计算公式$C_{pk}=\dfrac{T-2\varepsilon}{6\sigma}$中可以看出，影响过程能力指数的变量有质量标准$T$、偏移量$\varepsilon$和过程质量特性的分布的标准差$\sigma$。因此对于过程能力的处置一般也是从这三个方面入手。

1．过程能力指数过大时的处置方法

当关键质量特性值的过程能力指数大于2.33、重要质量特性值的过程能力指数大于2、一般质量特性值的过程能力指数大于1.67时，就可以认为过程能力储备过大，这意味着生产成本过高，此时，可以根据实际情况采取以下措施。

（1）降低过程能力。可以采用精度较低但效率高、成本低的设备或降低对工艺技术和原材料的要求，通过增大σ合理地将过程能力指数下降到一个适当的程度，以提高经济效益。

（2）提高质量标准，在产品不满足质量要求的前提下，可通过提高规格要求的方法使产品质量处于最佳质量水平，进而将过程能力指数下降到适当的程度。

2．过程能力指数过小时的处置方法

当过程能力指数处于风险区时，意味着产品不合格率的增大。此时，可根据实际过程情况采取以下措施。

（1）调整过程加工的分布中心，减少偏移量ε。对影响过程质量的人、机、料、法、环、测这六大因素进行分析，找出造成加工分布中心偏移的原因。减少过程中心偏移量的主要措施包括：① 对大量生产过程进行统计分析，得出六大因素随时间的推移而逐渐变化的规律，及时进行调整或采取设备自补偿调整等；② 根据中心偏移量，通过首件检验调整设备；③ 改变操作者的操作习惯，如孔、轴加工向最大实体尺寸偏移的倾向性习惯，以标准中心为加工依据。

（2）提高过程能力，减少分散程度。由于材料的不均匀、设备精度等级低、过程安排不合理和工艺方法不正确等，对过程能力指数的影响是十分显著的。一般来说，可以通过以下措施来提高过程能力，减少分散程度：① 修订过程，改进工艺方法，优化工艺参数，推广应用新材料、新工艺、新技术；② 改造更新与产品质量标准要求相适应的设备，对设备进行周期性检查，按计划进行维护，从而保证设备的精度；③ 提高工具、工艺装备的精度，对大型的工艺设备进行周期性检查，加强维护保养，以保证工艺装备的精度；④ 按产品质量要求和设备精度要求，保证环境条件；⑤ 加强人员培训，提高操作者的技术水平和质量意识；⑥ 改变材料的进货周期，尽可能减少因材料的进货批次不同而造成的质量变异；⑦ 加强现场质量控制，设置关键、重点过程的过程管理点，开展 QC 小组活动，使过程处于控制状态。

（3）适当放宽标准范围。标准范围的大小直接影响着过程能力指数，当确信降低标准要求不至于影响产品质量时，就可以修订不切实际的现有标准要求。这样既可以提高过程能力指数，又可以提高劳动生产率，但必须以不影响产品质量、不影响用户使用效果为依据。

五、过程性能和过程性能指数

（一）过程性能和过程性能指数的概念

前面所叙述的过程能力指数都是用短期数据来计算，并且要求过程稳定。这样算出来的过程能力指数称为短期过程能力指数，实际中通常把“短期”两字省略。短期过程能力指数主要用于：① 验证过程生产出来的产品是否能符合顾客要求；② 验证一个新的过程或经历修改的过程的实际性能是否符合工程参数。当一个过程已达到稳定，且能符合短期的要求，那么就应该进行长期过程能力指数的研究。

长期过程能力指数称为过程性能指数，记为P_p、P_{pk}，它们反映了长期过程能力满足技术要求的程度，是由美国三大汽车公司（福特、通用、克莱斯勒）在 QS9000 标准中对统计方法的应用提出的更高要求。过程性能指数也有很多种，它们分别与过程能力指数相对应，如表 6-4 所示。

表 6-4　过程能力指数系列

C 系列过程能力指数	P 系列过程能力指数
C_p 无偏移过程能力指数	P_p 无偏移过程性能指数
C_{pu} 无偏移上单侧过程能力指数	P_{pu} 无偏移上单侧过程性能指数
C_{pl} 无偏移下单侧过程能力指数	P_{pl} 无偏移下单侧过程性能指数
C_{pk} 有偏移过程能力指数	P_{pk} 有偏移过程性能指数

（二）过程性能指数的计算方法

过程性能指数和过程能力指数的计算公式其实很类似，以无偏移过程性能指数为例，当给定标准范围和总体标准差σ时，无偏差过程性能指数的计算公式为$P_p=\dfrac{T}{6\sigma}$，它与无偏差过程能力指数的差别主要在标准差σ的估计上。如果把短期和长期的标准差分别记为σ_{ST}和σ_{LT}（下标 ST 是 Short Time 的缩写，LT 是 Long Time 的缩写），那么σ_{ST}可用样本标准差S或者样本极差R经过修正而得，即$\sigma_{\text{ST}}=\dfrac{S}{c_4}$或$\sigma_{\text{ST}}=\dfrac{R}{d_2}$，其中$c_4$和$d_2$均为修正系数。但$\sigma_{\text{LT}}$只能通过样本标准差$S$而获得，并不需要作任何修正。因为长期数据至少也有 100 以上，修正系数c_4也近似等于 1。这时$\sigma_{\text{LT}}=S$，因此：

无偏移过程性能指数的计算公式为

$$P_p=\frac{T}{6S} \tag{6.12}$$

无偏移上单侧过程性能指数的计算公式为

$$P_{pu}=\frac{T_U-\mu}{3S} \tag{6.13}$$

无偏移下单侧过程性能指数的计算公式为

$$P_{pl}=\frac{\mu-T_L}{3S} \tag{6.14}$$

实际过程性能指数的计算公式为

$$P_{pk} = P_p(1-K) \tag{6.15}$$

（三）过程性能指数和过程能力指数的区别

通过过程性能指数的计算公式可以看出，过程性能指数和过程能力指数之间的主要区别在于总体标准差的估计方法的不同。另一个重要区别在于过程性能指数反映的是当前的过程能力是否满足技术要求的程度，并不要求过程稳定，即不要求过程输出的质量特性值一定服从某个正态分布，因为长期的数据很难保证具有正态性。很多变异原因在短期观察中可能不会出现，或很少出现，而经长期收集到的数据就可能含有各种变异源，如机器的老化、原材料供应商的变动、突发事件的影响等。

一般来说，对于同一个过程，过程性能指数使用的样本标准差 S 往往大于在稳定状态下总体标准差 σ 的估计值，因此过程性能指数一般小于过程能力指数。

第三节　过程控制图

一、控制图的基本原理

（一）控制图概述

控制图，也称为管理图，是用来分析和判断过程是否处于稳定状态并带有控制界限的图形。它是 1924 年由美国贝尔电话研究所的休哈特博士首先提出来的，是一种将显著性检验的统计原理应用于控制生产过程的图形方法。由于其用法简单、效果显著，自问世以来，在生产过程管理中得到了广泛的应用。时至今日，控制图已成为实施质量管理时一种常用的工具。

1．控制图的基本形式

控制图的种类很多，本书主要介绍常规控制图，也就是休哈特控制图。控制图的基本形式如图 6-10 所示。纵坐标表示需要控制的质量特性；横坐标表示按系统取样方式得到的样本编号；上、下两条虚线表示上控制界限（UCL）和下控制界限（LCL），中间的细直线表示中心线（CL）。在控制图上，采取系统取样方式取得的样本质量特性值，用点子描在图上的相应位置。如果点子全部落在上、下控制界限之内，而且点子的排列又没有什么不合格，就判断生产过程处于稳定状态。否则，就认为生产过程中存在异常因素，就要查明原因、采取措施，设法消除。

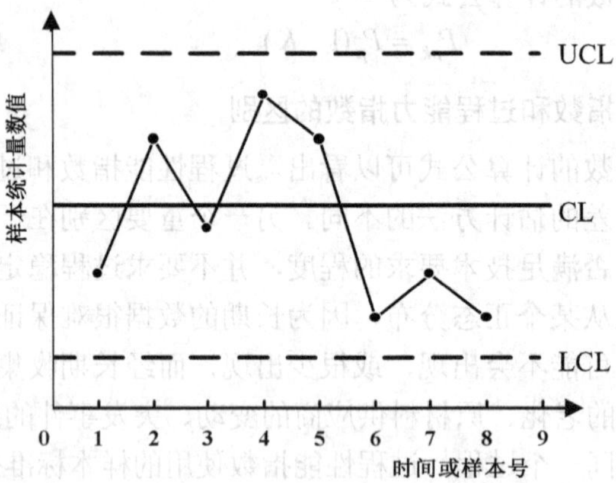

图 6-10 控制图示例

2．控制图的作用

（1）能及时发现生产过程中的异常现象和缓慢变异，预防不合格品发生，从而减少生产费用，提高生产效率。

（2）能有效地分析判断生产过程质量的稳定性，从而可降低检验、测试费用，包括通过供货方制造过程中有效的控制图记录等证据，购买方可免除进货检验，同时仍能在较高程度上保证进货质量。

（3）可查明设备和工艺手段的实际精度，以便做出正确的技术决定。为真正地制定生产目标和规格界限，特别是配合零部件的最优化确立了可靠的基础，也为改变未来符合经济性的规格标准提供了依据。

（4）使生产成本和质量成为可预测的参数，并能以较快的速度和准确性测量出系统误差的影响程度，从而使同一生产内产品之间的质量差别减至最小，以评价、保证和提高产品质量，提高经济效益。

（二）控制图的统计原理

1．3σ 原理

如果质量特性值服从正态分布，即 $x \sim N(\mu,\sigma^2)$ 。当生产过程中仅有偶然性因素存在时，则从过程中测得的产品质量特性值 x 有 99.27%在 $\mu \pm 3\sigma$ 的范围内。也就是如果抽取少数产品，测得的质量特性值均应落在 $\mu \pm 3\sigma$ 范围内，如果有特性值落在 $\mu \pm 3\sigma$ 的界限外，可以认为过程出现系统性因素引起的变异，使 x 的分布发生了偏离。这就是休哈特的 3σ 原理。

如果分组采集数据，可以先计算样本的统计量，此时样本均值的分布亦服从正态

分布 $\bar{x} \sim N(\mu, \frac{\sigma^2}{n})$，因此同样可以利用 3σ 原理绘制控制图，对过程进行控制。

2. 控制图控制界限的确定

在稳定状态下生产出来的产品，其质量特性值分布为正态分布。根据正态分布的性质，取 $\mu \pm 3\sigma$ 作为上下控制界限，这样质量特性值出现在 3σ 界限以外的概率为 0.27%，即 1 000 次中大约有 3 次。如果这 3 次忽略不计，即认为产品质量特性值全部分布在 3σ 界限内；如果在生产过程中有质量特性值超过 3σ 界限以外的情况，就可以判断为有异常原因使生产状态发生了变化。由此可推出在 3σ 原则下，控制界限的一般公式为

$$\begin{cases} \mathrm{UCL} = E(x) + 3\sigma(x) \\ \mathrm{LCL} = E(x) - 3\sigma(x) \\ \mathrm{CL} = E(x) \end{cases} \tag{6.16}$$

（三）两类错误

根据控制图的控制界限所作的判断也可能产生错误。这种可能的错误有两类：第一类错误是将正常的过程判为异常；第二类错误是将异常判为正常。两类错误如图 6-11 所示。

在生产正常的情况下，打点出界限的可能性为 0.27%。因此，根据小概率事件实际上不发生的原理，如果它发生，就可以判断有异常。这样，对于纯粹由于偶然打点出界的情形，我们根据打点出界判断生产过程异常就犯了虚发警报的错误。这类错误称为第一类错误，其发生的概率一般记为 α。

如果生产过程已经发生了变化，产品质量的分布偏离了典型分布，可是总还有一部分产品的质量特性值是在上下控制界限之间的。如果抽取这样的产品进行检验，那么，这时由于打点未出界而判断生产过程正常，就犯了漏发警报的错误。这类错误称为第二类错误，其发生的概率一般记为 β。

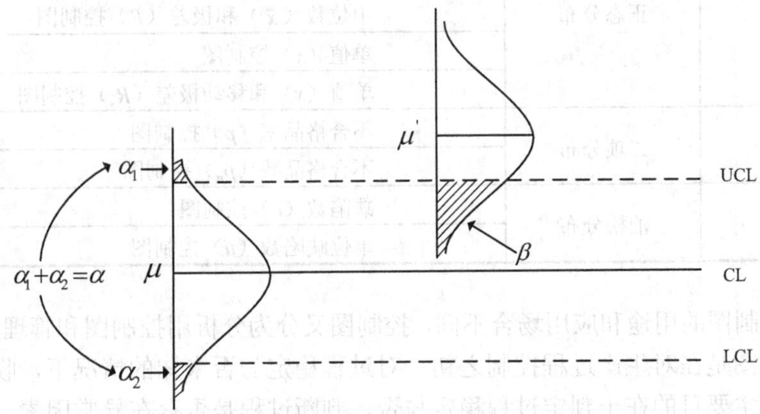

图 6-11 两类错误及其发生概率示意图

由于应用控制图的过程是通过抽样来检验产品质量的，所以要想不犯错误是办不到的。如何减少两类错误所造成的损失呢？关键在于减少犯两类错误的概率α和β。理论研究表明，减少α必然导致增加β，减少β必然导致增加α。如图6-11所示，若扩大控制界限到$\mu \pm 4\sigma$，这时α减少，但β显然扩大；若缩小控制界限到$\mu \pm 2\sigma$，这时β明显缩小，但α显著增加。

要使α和β同时减少，只有不断增加样本量n，这在实际中又很难实现。另外，β的计算与失控状态时的总体分布有关，此时总体分布多种多样，很难对β做出确切的估计。为此常规控制图仅考虑犯第一类错误的概率α。实践证明，能使两类错误总损失最小的控制界限幅度大致为3σ，因此选取$\mu \pm 3\sigma$作为上下控制界限是经济合理的。美国、日本和我国等世界大多数国家都采用3σ方式。

（四）控制图的分类

根据控制图控制的数据不同，控制图可以分为两大类，即计量值控制图和计数值控制图。计量值控制图一般适用于计量值为控制对象的场合，这类控制图有单值控制图（x控制图）、平均值和极差控制图（$\overline{x}-R$控制图）以及中位数和极差控制图（$\overline{x}-R$控制图）等。计数值控制图是以计数值数据的质量特性值作为控制对象，这类控制图又可以分为计件控制图和计点控制图。计件控制图有不合格品率控制图（p控制图）和不合格品数控制图（p_n控制图）。计点控制图有缺陷数控制图（c控制图）和单位缺陷数控制图（u控制图）。常规控制图的类型如表6-5所示。

表6-5　控制图类型

数　据	分　布	控　制　图
计量值	正态分布	平均值（$\overline{x}$）和极差（R）控制图
		平均值（$\overline{x}$）和标准差（S）控制图
		中位数（$\tilde{x}$）和极差（R）控制图
		单值（x）控制图
		单值（x）和移动极差（R_s）控制图
计件值	二项分布	不合格品率（p）控制图
		不合格品数（p_n）控制图
计点值	泊松分布	缺陷数（c）控制图
		单位缺陷数（u）控制图

根据控制图的用途和应用场合不同，控制图又分为分析用控制图和管理用控制图。分析用控制图是在对生产过程控制之初，对过程稳定与否未知的情况下，收集几组数据绘制的，主要目的在于判定过程稳定与否，判断过程是否存在异常因素。当过程稳

定且过程能满足技术要求时，将分析用控制图的控制界限作为控制标准，将分析用的控制图转化为管理用的控制图，延长控制界限，对过程进行日常控制，以便及时预警。

（五）过程控制图的应用程序

应用控制图对过程进行控制，具体步骤如下：

（1）选定控制图。对于不同控制项目或不同质量特性，应选用不同类型的控制图。

（2）确定样本组。样本组大小的确定，应从控制图的类型、需要控制质量特性值的时间间隔及经济性等方面来考虑。

（3）确定抽样方法。抽样方法不同，控制图所反映出来的质量特性变化也不同。因此，必须注意过程控制的变化情况，采用合适的抽样方法。

（4）搜集预备数据作分析用控制图。必须采取近期生产中的数据，一般需 20~25 组数据，每组数据的多少由控制图种类及经济性来决定，根据预备数据作分析用控制图。

（5）稳定状态的判断。用预备数据作出了分析控制图后，观察过程是否处于控制状态。若未发生异常情况则进行下一步骤；若发生了异常情况，则要查明原因，采取措施，消除异常，直到处于控制状态后将控制措施纳入标准，再进行下一步。

（6）同标准对比。利用分析用控制图的全部数据作直方图，并同标准对比。如满足标准，即可进行下一步；如不满足标准，要采取措施进行处理，以消除异常原因。对没有满足标准的已生产出来的产品，要进行全数检验和批量处理。

（7）诊断和采取调节措施。通常利用质量管理常用统计方法及诊断理论对过程进行分析与诊断，并提出改进措施。

（8）转化为管理用控制图进行日常控制。当过程处于稳定状态时，在分析用控制图上延长控制界限，收集数据打点。若发现过程有异常情况，就要立即追查原因，采取措施，并保留记录。

（9）控制界限的再计算。如果过程能继续处于控制状态时，要定期评价控制界限。当操作者、原材料、机器设备、操作方法发生变化时，要进行控制界限再计算，继续实施过程控制。

二、常规控制图的应用方法

（一）计量值控制图

计量值控制图一般包含两张控制图，其中一张用于控制平均值，而另一张用于控制离散程度。上述做法是因为计量值控制图是基于正态分布，而正态分布取决于上述两个参数。

1．平均值和极差控制图（$\bar{x}-R$ 控制图）

对于计量值数据，$\bar{x}-R$ 控制图是最常用、最重要的控制图。它是由平均值（$\bar{x}$）

控制图和极差（R）控制图联合使用的一种控制图。平均值（$\bar{x}$）控制图用来控制平均值的变化；极差（R）控制图用来控制标准差的变化。它是通过调查平均值$\bar{x}$和极差R是否有异常变化来对过程进行控制的。

（1）$\bar{x}-R$控制图控制界限的确定

① $\bar{x}$控制图的控制界限。由数理统计理论可知，质量特性值x服从$N(\mu,\sigma)$分布时，对于大小为n的样本$x_1,x_2,\cdots,x_n$的平均值$\bar{x}$有以下公式成立。

$\bar{x}$的期望值：　　　$E(\bar{x})=\mu$

$\bar{x}$的标准偏差：　　　$\sigma(\bar{x})=\sigma/\sqrt{n}$

而μ和σ可通过k组大小为n的样本数据求得

$$\hat{\mu}=\bar{\bar{x}}\text{，}\ \hat{\sigma}=\frac{\bar{R}}{d_2}$$

式中，d_2是由n确定的系数，可由表6-6查得。所以根据控制界限计算的一般公式可得$\bar{x}$控制图的控制界限的控制界限为

$$\begin{cases}\text{UCL}=\mu+3\dfrac{\sigma}{\sqrt{n}}=\bar{\bar{x}}+3\dfrac{\bar{R}}{d_2\sqrt{n}}=\bar{\bar{x}}+A_2\bar{R}\\ \text{LCL}=\mu-3\dfrac{\sigma}{\sqrt{n}}=\bar{\bar{x}}-3\dfrac{\bar{R}}{d_2\sqrt{n}}=\bar{\bar{x}}-A_2\bar{R}\\ \text{CL}=\bar{\bar{x}}\end{cases}\tag{6.17}$$

式中，$A_2=3/(\sqrt{n}d_2)$是由n确定的系数，也可以由表6-6查得。

② R控制图的控制界限。由数理统计理论可知，质量特性值x服从$N(\mu,\sigma)$分布时，对于大小为n的样本$x_1,x_2,\cdots,x_n$的极差R有以下公式成立。

$\bar{x}$的期望值：　　　$E(R)=d_2\sigma$

$\bar{x}$的标准偏差：　　　$\sigma(R)=d_3\sigma$

式中，d_2,d_3是由n确定的系数。所以根据控制界限计算的一般公式可得R控制图的控制界限的控制界限为

$$\begin{cases}\text{UCL}=d_2\sigma+3d_3\sigma=(1+3\dfrac{d_3}{d_2})\bar{R}=D_4\bar{R}\\ \text{LCL}=d_2\sigma-3d_3\sigma=(1-3\dfrac{d_3}{d_2})\bar{R}=D_3\bar{R}\\ \text{CL}=\bar{R}\end{cases}\tag{6.18}$$

式中，$D_4=1+3\dfrac{d_3}{d_2},D_3=1-3\dfrac{d_3}{d_2}$是由$n$确定的系数，可以由表6-6查得。

表 6-6　控制界限系数表

n	A_2	D_4	D_3	A_3	m_3A_2	d_2	d_3	B_4	B_3
2	1.880	3.267	—	2.659	1.880	1.128	0.853	3.267	0
3	1.023	2.575	—	1.945	1.187	1.693	0.888	2.568	0
4	0.729	2.282	—	1.628	0.796	2.059	0.880	2.266	0
5	0.577	2.115	—	1.427	0.691	2.326	0.864	2.089	0
6	0.483	2.004	—	1.287	0.549	2.534	0.848	1.970	0.029
7	0.419	1.924	0.076	1.182	0.509	2.704	0.833	1.882	0.113
8	0.373	1.864	0.136	1.099	0.432	2.847	0.820	1.815	0.179
9	0.337	1.816	0.184	0.032	0.412	2.97	0.808	1.761	0.232
10	0.308	1.777	0.223	0.975	0.363	3.078	0.797	1.716	0.276
11	0.285	1.744	0.256	0.927	—	3.173	0.787	1.679	0.313
12	0.266	1.717	0.283	0.886	—	3.258	0.778	1.646	0.346
13	0.249	1.693	0.307	0.850	—	3.336	0.770	1.618	0.374
14	0.235	1.673	0.328	0.817	—	3.407	0.763	1.594	0.399
15	0.223	1.653	0.347	0.789	—	3.472	0.756	1.572	0.421

（2）$\bar{x}-R$ 控制图的作图步骤

现在结合例 6-9 来说明建立 $\bar{x}-R$ 控制图的步骤，其他控制图的建立步骤也与此相同。

【例 6-9】设某金属零件的长度是一个重要的质量特性。为了对其进行控制，在生产现场每隔 1 小时连续测量 n=5 件产品的长度，数据为零件真正的长度与某一特定尺寸之差，如表 6-7 所示，试作 $\bar{x}-R$ 图。

表 6-7　数据及计算表

	A	B	C	D	E	F	G	H	I	J	K	L	M	N	O	P
1	平均值和极差控制图															
2	A2=0.577, D3=0, D4=2.115															
3	样本组号	Xi1	Xi2	Xi3	Xi4	Xi5		均值	LCL	CL	UCL		极差	LCL	CL	UCL
4	1	12	8	5	12	3		7.6	3.48	7.7	11.92		9	0	7.32	15.48
5	2	11	13	8	11	4		9.0	3.48	7.7	11.92		9	0	7.32	15.48
6	3	10	3	6	2	7		4.8	3.48	7.7	11.92		8	0	7.32	15.48
7	4	12	12	6	12	4		9.2	3.48	7.7	11.92		8	0	7.32	15.48
8	5	6	9	6	5	5		6.2	3.48	7.7	11.92		4	0	7.32	15.48
9	6	8	11	8	9	2		8.4	3.48	7.7	11.92		9	0	7.32	15.48
10	7	10	9	6	3	7		7.0	3.48	7.7	11.92		7	0	7.32	15.48
11	8	7	12	9	1	3		7.4	3.48	7.7	11.92		11	0	7.32	15.48
12	9	5	9	11	6	7		8.0	3.48	7.7	11.92		6	0	7.32	15.48
13	10	7	7	6	11	11		8.2	3.48	7.7	11.92		5	0	7.32	15.48
14	11	10	13	9	12	15		11.0	3.48	7.7	11.92		6	0	7.32	15.48
15	12	4	7	6	8	13		7.4	3.48	7.7	11.92		9	0	7.32	15.48
16	13	8	4	13	7	11		9.0	3.48	7.7	11.92		9	0	7.32	15.48
17	14	8	4	7	7	4		8.0	3.48	7.7	11.92		4	0	7.32	15.48
18	15	10	6	9	10	14		10.0	3.48	7.7	11.92		8	0	7.32	15.48
19	16	14	7	8	6	5		10.2	3.48	7.7	11.92		9	0	7.32	15.48
20	17	1	11	2	8	8		7.8	3.48	7.7	11.92		10	0	7.32	15.48
21	18	5	6	3	10	6		8.4	3.48	7.7	11.92		7	0	7.32	15.48
22	19	6	7	4	7	10		8.6	3.48	7.7	11.92		6	0	7.32	15.48
23	20	12	7	9	9	13		11.4	3.48	7.7	11.92		6	0	7.32	15.48
24	21	3	11	6	12	6		10.6	3.48	7.7	11.92		9	0	7.32	15.48
25	22	4	2	5	9	8		8.4	3.48	7.7	11.92		7	0	7.32	15.48
26	23	7	12	7	11	10		12.0	3.48	7.7	11.92		5	0	7.32	15.48
27	24	4	5	8	9	7		10.0	3.48	7.7	11.92		5	0	7.32	15.48
28	25	5	9	6	12	5		11.4	3.48	7.7	11.92		7	0	7.32	15.48

解：按下列步骤进行。

步骤一：取预备数据。已取得预备数据如表 6-7 所示，共分 k=25 个子组，每个子组大小 n=5。

步骤二：计算各子组样本的平均值 $\overline{x}$，将结果填入表 6-7 中，计算应精确到比原始数据多一位小数。例如，对于第一个样本，我们有 $\overline{x}_1=\dfrac{12+8+5+12+3}{5}=8.0$，其余依此类推。

步骤三：计算各组的极差值 R，并将计算结果填入表 6-7 中。例如，对于第一个样本，$x_{\max}=12$，$x_{\min}=3$，于是有 R_1=12−3=9，其余依此类推。

步骤四：计算样本总均值 $\overline{\overline{x}}$ 和平均样本极差 $\overline{R}$，其中

$$\overline{\overline{x}}=\frac{\overline{x}_1+\overline{x}_2+\cdots+\overline{x}_k}{k}=\frac{1}{k}\sum_{j=1}^{k}\overline{x}_j$$

$$\overline{R}=\frac{R_1+R_2+\cdots+R_k}{k}=\frac{1}{k}\sum_{j=1}^{k}R_j$$

本例中 $\overline{\overline{x}}=7.70$，$\overline{R}=7.32$。

步骤五：计算 $\overline{x}-R$ 控制图的控制界限。本例中 n=5，查表 6-6 可得 A_2=0.577，D_4=2.115，D_3=-（不考虑），则根据公式（6.17）得 $\overline{x}$ 图控制界限为

$$\begin{cases}\mathrm{UCL}=\overline{\overline{x}}+A_2\overline{R}=7.70+0.577\times7.32=11.92\\ \mathrm{LCL}=\overline{\overline{x}}-A_2\overline{R}=7.70-0.577\times7.32=3.48\\ \mathrm{CL}=\overline{\overline{x}}=7.70\end{cases}$$

根据公式（6.18）得 R 图控制界限为

$$\begin{cases}\mathrm{UCL}=D_4\overline{R}=2.115\times7.32=15.48\\ \mathrm{LCL}=D_3\overline{R}=-\text{（不考虑）}\\ \mathrm{CL}=\overline{R}=7.32\end{cases}$$

步骤六：画控制图。用普通方格纸或控制图专用纸来画。上面安排 $\overline{x}$ 控制图，下面安排 R 控制图，横坐标表示样本序号，纵坐标表示 $\overline{x}$ 值或者 R 值，中心常用实线表示，控制界限常用虚线表示。在各控制界限的右方记入相应的符号和数值，如图 6-12 所示。

2．单值和移动极差控制图（$x-R_s$ 控制图）

在某些过程控制情形下，取得合理的子组要么不可能，要么不切实际。由于测量单个观测值所需要的时间太长或者费用太大，所以不能考虑重复观测。当产品质量相对均匀时，可以使用单值控制图，尽管单值控制图的检出率不如均值控制图，但其具有良好的经济性。

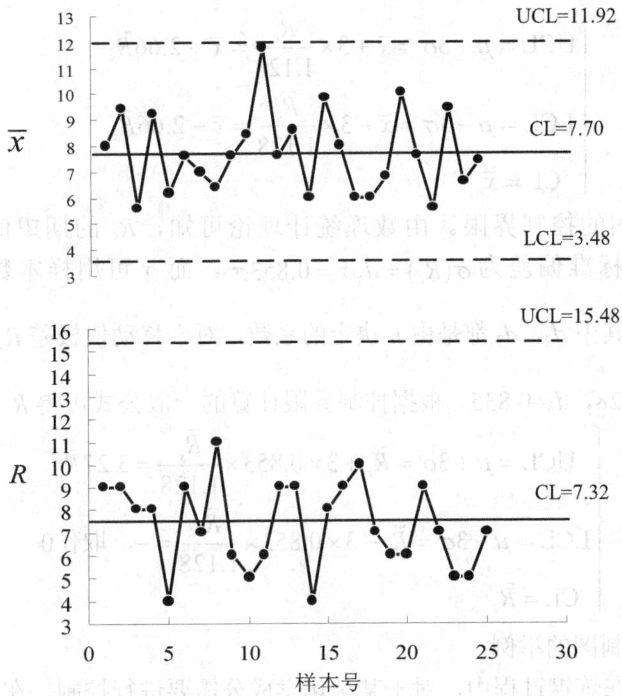

图 6-12　$\overline{x}-R$ 控制图

（1）$x-R_s$ 控制图控制界限的确定

由于采用单值数据，所以样本大小为 1，因此对过程标准差 σ 的估计要通过相邻两个样本间的移动极差 R_s 来进行。设过程抽样的样本为 $x_1, x_2, \cdots, x_n$，则移动极差定义为

$$R_{si} = |x_i - x_{i+1}|, i = 1, 2, \cdots, n-1$$

而平均移动极差定义为

$$\overline{R}_s = \frac{1}{n-1}\sum_{i=1}^{n-1} R_{si}$$

① x 控制图的控制界限。由数理统计理论可知，质量特性值 x 服从 $N(\mu,\sigma)$ 分布时，x 的期望值为 $E(x)=\mu$；x 的标准偏差为 $\sigma(x)=\sigma$。而 μ、σ 可用样本数据来估计，即

$$\hat{\mu} = \overline{x}$$

$$\hat{\sigma} = \frac{\overline{R}_s}{d_2} = \frac{\overline{R}_s}{1.128}$$

式中，d_2 是由 n 决定的系数，对于移动值极差 R_s 常取 n=2，所以当 n=2 时，d_2=1.128。

根据控制界限计算的一般公式可得 x 控制图的控制界限为

$$\begin{cases} UCL = \mu + 3\sigma = \overline{x} + 3 \times \dfrac{\overline{R}_s}{1.128} = \overline{x} + 2.66\overline{R}_s \\ LCL = \mu - 3\sigma = \overline{x} - 3 \times \dfrac{\overline{R}_s}{1.128} = \overline{x} - 2.66\overline{R}_s \\ CL = \overline{x} \end{cases} \tag{6.19}$$

② R_s 控制图的控制界限。由数理统计理论可知，R_s 的期望值为 $E(R_s) = d_s\sigma = 1.128\sigma$，$R_s$ 的标准偏差为 $\sigma(R_s) = d_3\sigma = 0.853\sigma$。而 σ 可用样本数据来估计，即 $\hat{\sigma} = \dfrac{\overline{R}_s}{d_2} = \dfrac{\overline{R}_s}{1.128}$。其中 d_2，d_3 都是由 n 决定的系数，对于移动值极差 R_s 常取 n=2，所以当 n=2 时，d_2=1.128，d_3=0.835。根据控制界限计算的一般公式可得 R_s 图的控制界限为

$$\begin{cases} UCL = \mu + 3\sigma = \overline{R}_s + 3 \times 0.853 \times \dfrac{\overline{R}_s}{1.128} = 3.27\overline{R}_s \\ LCL = \mu - 3\sigma = \overline{R}_s - 3 \times 0.853 \times \dfrac{\overline{R}_s}{1.128} = -\text{，取作0} \\ CL = \overline{R}_s \end{cases} \tag{6.20}$$

（2）x-R_s 控制图的举例

【例 6-10】在炼钢过程中，对于某种化学成分需要进行控制。在生产稳定时已得到 25 组数据，如表 6-8 所示。由于该化学成分的化验需要很长的时间，试制定 $x-R_s$ 控制图来对其进行控制。

解：按照下列步骤进行。

步骤一：取预备数据。如表 6-8 所示，已收集样本大小为 1 的数据 25 组。

步骤二：计算均值。

$$\overline{x} = \frac{1}{25}\sum_{i=1}^{25} x_i = 67.036$$

步骤三：计算各个样本的移动极差 R_s。例如，第 2 号样本 $R_{s2} = |67.05 - 67.00| = 0.05$，依此类推，并将计算结果填入表 6-8。

步骤四：计算移动极差平均值 $\overline{R}_s$。

$$\overline{R}_s = \frac{\sum_{i=1}^{k-1} R_{si}}{k-1} = \frac{0.05 + 0.06 + \cdots + 0.01}{25-1} = 0.122$$

步骤五：计算 x 控制图的控制界限。

$$
\begin{cases}
\text{UCL} = \bar{x} + 2.66\bar{R}_s = 67.036 + 2.66 \times 0.123 = 67.363 \approx 67.36 \\
\text{LCL} = \bar{x} - 2.66\bar{R}_s = 67.036 - 2.66 \times 0.123 = 66.709 \approx 66.71 \\
\text{CL} = \bar{x} = 67.036 \approx 67.04
\end{cases}
$$

表 6-8 化学成分的测定数据和计算表

	A	B	C	D	E	F	G	H	I	J	K	L
1	**单值和移动极差控制图**											
2	**d2=1.128, d3=0.853**											
3	**样本组号**	**测定值**	**LCL**	**CL**	**UCL**		**移动极差**	**LCL**	**CL**	**UCL**		
4	**1**	67.00	66.71	67.04	67.36		\	0	0.12	0.4		
5	**2**	67.05	66.71	67.04	67.36		0.05	0	0.12	0.4		
6	**3**	66.99	66.71	67.04	67.36		0.06	0	0.12	0.4		
7	**4**	67.09	66.71	67.04	67.36		0.10	0	0.12	0.4		
8	**5**	67.07	66.71	67.04	67.36		0.02	0	0.12	0.4		
9	**6**	67.26	66.71	67.04	67.36		0.19	0	0.12	0.4		
10	**7**	67.00	66.71	67.04	67.36		0.26	0	0.12	0.4		
11	**8**	67.06	66.71	67.04	67.36		0.06	0	0.12	0.4		
12	**9**	66.92	66.71	67.04	67.36		0.14	0	0.12	0.4		
13	**10**	67.11	66.71	67.04	67.36		0.19	0	0.12	0.4		
14	**11**	67.02	66.71	67.04	67.36		0.09	0	0.12	0.4		
15	**12**	67.15	66.71	67.04	67.36		0.13	0	0.12	0.4		
16	**13**	66.93	66.71	67.04	67.36		0.22	0	0.12	0.4		
17	**14**	66.98	66.71	67.04	67.36		0.05	0	0.12	0.4		
18	**15**	66.97	66.71	67.04	67.36		0.01	0	0.12	0.4		
19	**16**	67.02	66.71	67.04	67.36		0.05	0	0.12	0.4		
20	**17**	66.93	66.71	67.04	67.36		0.09	0	0.12	0.4		
21	**18**	66.90	66.71	67.04	67.36		0.03	0	0.12	0.4		
22	**19**	67.08	66.71	67.04	67.36		0.18	0	0.12	0.4		
23	**20**	66.99	66.71	67.04	67.36		0.09	0	0.12	0.4		
24	**21**	67.19	66.71	67.04	67.36		0.20	0	0.12	0.4		
25	**22**	67.03	66.71	67.04	67.36		0.16	0	0.12	0.4		
26	**23**	67.22	66.71	67.04	67.36		0.19	0	0.12	0.4		
27	**24**	67.03	66.71	67.04	67.36		0.19	0	0.12	0.4		
28	**25**	67.04	66.71	67.04	67.36		0.01	0	0.12	0.4		

步骤六：计算 R_s 控制图的控制界限。

$$
\begin{cases}
\text{UCL} = 3.27\bar{R}_s = 3.27 \times 0.122 \approx 0.40 \\
\text{LCL} = \bar{R}_s - 3 \times 0.853 \times \dfrac{\bar{R}_s}{1.1.28} = -\text{，取作}0 \\
\text{CL} = \bar{R}_s = 0.122 \approx 0.12
\end{cases}
$$

步骤七：画控制图。如图 6-13 所示。

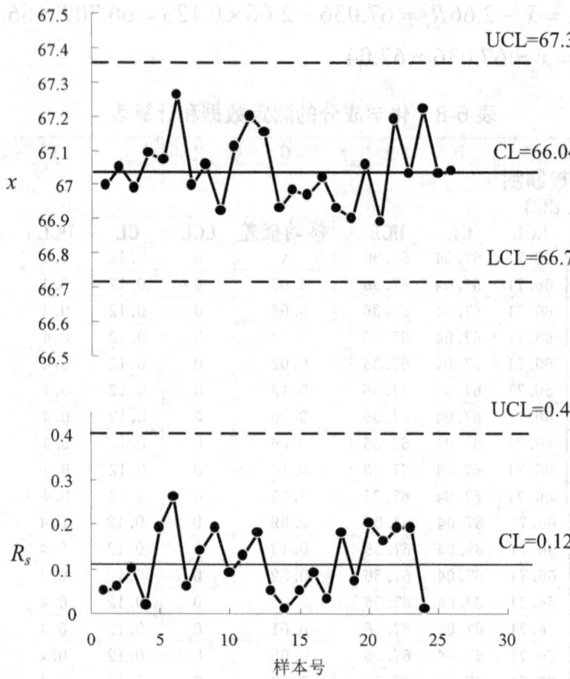

图 6-13　x-R_s 控制图

（二）计数值控制图

计数值控制图表示通过记录所考察的子组中每个字体是否具有某种特性，如合格或不合格，计算具有该特性的个体的数量；或记录一个单位产品、一组产品或一定面积内某种事件发生的次数对过程进行监控的控制图。根据计数值的不同，这类控制图又可以分为计件值控制图和计点值控制图。

计数值控制图与计量值控制图不同，通常只用一张控制图就足够了。因为计数值控制图所假定的分布只有一个独立的参数，即平均值水平。如计件值控制图是基于二项分布，计点值控制图是基于泊松分布。

1．计件值控制图

（1）不合格品数控制图（p_n 图）

p_n 控制图一般是在样本含量 n 固定的情况下使用。使用这种控制图时，应该使每个样本含有 1~5 个不合格品，因为 p_n 常为 0 时控制图的作用就会失去。

① p_n 控制图的控制界限。若过程处于稳定状态，过程的不合格品率为 p，则在包

含 n 个样本的一个随机样本中出现的不合格品数 p_n 服从二项分布。由数理统计理论可知，p_n 的期望值为 $E(p_n)=np$，p_n 的标准偏差为 $\sigma(p_n)=\sqrt{np(1-p)}$。若过程的不合格品率 p 未知，可用 $\overline{p}$ 进行估计。设检验了 k 个样本产品，每个样本容量为 n，每个样本的不合格品数分别为 $p_{ni}(i=1,2,\cdots,n)$，则 $\overline{p}=\dfrac{\sum_{i=1}^{k}p_{ni}}{kn}$。根据控制界限计算的一般公式可得 p_n 控制图的控制界限为

$$\begin{cases}\text{UCL}=\mu+3\sigma=n\overline{p}+3\sqrt{n\overline{p}(1-\overline{p})}\\ \text{LCL}=\mu-3\sigma=n\overline{p}-3\sqrt{n\overline{p}(1-\overline{p})}\\ \text{CL}=n\overline{p}\end{cases} \tag{6.21}$$

② p_n 控制图的作图步骤。下面结合例 6-11 来介绍 p_n 控制图的绘制过程。

【例 6-11】小型自动开关由一自动装配线生产。由于开关失效是严重的质量问题，要利用不合格品数图对过程进行监控。表 6-9 给出了对小型开关使用自动检测装置进行全检验所发现的关于开关失效的每小时不合格数的统计资料。试画出 p_n 控制图。

表 6-9　开关检测数据和计算表

	A	B	C	D	E	F	G	H	I
1	**不合格品数控制图**								
2	**样本号**	**样本容量**	**不合格数**	**LCL**	**CL**	**UCL**			
3	**1**	4000	8	1.0	10.8	20.6			
4	**2**	4000	14	1.0	10.8	20.6			
5	**3**	4000	10	1.0	10.8	20.6			
6	**4**	4000	4	1.0	10.8	20.6			
7	**5**	4000	13	1.0	10.8	20.6			
8	**6**	4000	9	1.0	10.8	20.6			
9	**7**	4000	7	1.0	10.8	20.6			
10	**8**	4000	11	1.0	10.8	20.6			
11	**9**	4000	15	1.0	10.8	20.6			
12	**10**	4000	13	1.0	10.8	20.6			
13	**11**	4000	5	1.0	10.8	20.6			
14	**12**	4000	14	1.0	10.8	20.6			
15	**13**	4000	12	1.0	10.8	20.6			
16	**14**	4000	8	1.0	10.8	20.6			
17	**15**	4000	15	1.0	10.8	20.6			
18	**16**	4000	11	1.0	10.8	20.6			
19	**17**	4000	9	1.0	10.8	20.6			
20	**18**	4000	18	1.0	10.8	20.6			
21	**19**	4000	6	1.0	10.8	20.6			
22	**20**	4000	12	1.0	10.8	20.6			
23	**21**	4000	6	1.0	10.8	20.6			
24	**22**	4000	12	1.0	10.8	20.6			
25	**23**	4000	8	1.0	10.8	20.6			
26	**24**	4000	15	1.0	10.8	20.6			
27	**25**	4000	14	1.0	10.8	20.6			

解：按照下列步骤进行。

步骤一：计算平均不合格品率。$\overline{p}=\frac{\sum_{i=1}^{k}p_{ni}}{kn}=\frac{8+14+\cdots+14}{4\,000\times 25}\approx 0.002\,7=0.27\%$

步骤二：计算平均不合格品数。$n\overline{p}=4\,000\times 0.002\,7=10.8$

步骤三：计算 p_n 图的控制界限。

$$\begin{cases}\text{UCL}=n\overline{p}+3\sqrt{n\overline{p}(1-\overline{p})}=10.8+3\sqrt{10.8\times(1-0.002\,7)}=20.6\\ \text{LCL}=n\overline{p}-3\sqrt{n\overline{p}(1-\overline{p})}=10.8-3\sqrt{10.8\times(1-0.002\,7)}=1.0\\ \text{CL}=n\overline{p}=10.8\end{cases}$$

步骤四：画控制图。如图 6-14 所示。

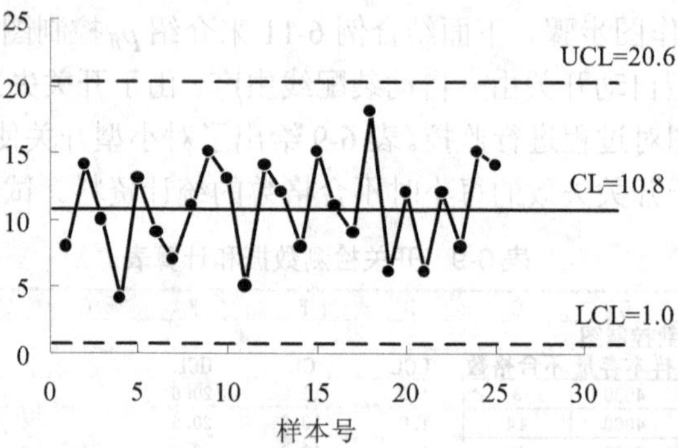

图 6-14　p_n 控制图

（2）不合格品率控制图（p 控制图）

当样本含量 n 无法固定时，那么只能使用 p 控制图。

① p 控制图的控制界限。若过程处于稳定状态，过程的不合格品率为 p。设样本不合格品率为 P'，则 $P'=\frac{p_n}{n}$，其中 p_n 为样本中的不合格数，n 为样本大小。由数理统计理论可知，P' 的期望值为 $E(P')=P$，P' 的标准偏差为 $\sigma(P')=\sqrt{\frac{p(1-p)}{n}}$。若过程的不合格品率 p 未知，可用 $\overline{p}$ 进行估计。设检验了 k 个样本产品，每个样本容量分别为 $n_i(i=1,2,\cdots,n)$，每个样本的不合格率分别为 $p_i(i=1,2,\cdots,n)$，则 $\overline{p}=\frac{\sum_{i=1}^{k}n_ip_i}{\sum_{i=1}^{k}n_i}$。根据控制界限计算的一般公式可得 p 控制图的控制界限为

$$\begin{cases} \mathrm{UCL} = \mu + 3\sigma = \overline{p} + 3\sqrt{\dfrac{\overline{p}(1-\overline{p})}{n_i}} \\ \mathrm{LCL} = \mu - 3\sigma = \overline{p} - 3\sqrt{\dfrac{\overline{p}(1-\overline{p})}{n_i}} \\ \mathrm{CL} = \overline{p} \end{cases} \tag{6.22}$$

注意，上述计算公式中 LCL 有可能出现负值，由于 p 不可能出现负值，所以一般取 LCL=0 作为控制图的自然下界。由公式（6.22）可以看出，随着样本 n_i 的变化，控制界限也随之改变，每个样本都有自己的控制界限，所以不合格品率控制图的控制界限不是一条直线，而是一条阶梯状的直线。为了避免控制界限复杂化，一般采取修匀方法，即用 n_i 的平均值 $\overline{n}$ 代替 n_i 将控制界限绘成直线。但这种修匀必须满足下述条件：最大样本含量 $n_{\max} < 2\overline{n}$，最小样本含量 $n_{\min} > \dfrac{1}{2}\overline{n}$。则 p 控制图的控制界限的近似计算公式为

$$\begin{cases} \mathrm{UCL} = \mu + 3\sigma = \overline{p} + 3\sqrt{\dfrac{\overline{p}(1-\overline{p})}{\overline{n}}} \\ \mathrm{LCL} = \mu - 3\sigma = \overline{p} - 3\sqrt{\dfrac{\overline{p}(1-\overline{p})}{\overline{n}}} \\ \mathrm{CL} = \overline{p} \end{cases} \tag{6.23}$$

② p 控制图的作图步骤。下面结合例 6-12 来介绍 p 控制图的绘制过程。

【例 6-12】一个生产晶体管的公司决定建立不合格率 p 控制图。每天生产结束后，在当天产品中随即抽取一个样本，并检查其不合格数，这样连续 26 个工作日，获得的数据列于表 6-10 中。

解：按照下列步骤进行。

步骤一：计算每个样本的不合格品率 p_i，计算结果如表 6-10 所示。

步骤二：计算平均不合格率。

$$\overline{p} = \frac{\sum_{i=1}^{26} p_{ni}}{\sum_{i=1}^{26} n_i} = \frac{233}{3\,893} = 0.060$$

步骤三：计算每个样本的 UCL 和 LCL，计算结果如表 6-10 所示。

步骤四：从表 6-10 观察可知，第 17 号样本和第 26 号样本的不合格品率都已经超过了相应的控制界限。所以查找出原因以后，应该剔除这两个样本。

步骤五：对于留下来的 24 个样本重新计算修正后的平均不合格率。

$$\overline{p}=\frac{195}{3\,596}=0.054$$

步骤六：计算留下来的24个样本的平均样本容量$\overline{n}=150$。考虑到这24个样本容量的变化满足修匀条件的要求，所以可以建立统一的上下控制界限。

步骤七：计算修匀后的p图控制界限。

$$\begin{cases}\mathrm{UCL}=\overline{p}+3\sqrt{\dfrac{\overline{p}(1-\overline{p})}{\overline{n}}}=0.054+3\sqrt{\dfrac{0.054\times(1-0.054)}{150}}=0.109\\ \mathrm{LCL}=\overline{p}-3\sqrt{\dfrac{\overline{p}(1-\overline{p})}{\overline{n}}}=0.054-3\sqrt{\dfrac{0.054\times(1-0.054)}{150}}<0,\text{取}0\\ \mathrm{CL}=\overline{p}=0.054\end{cases}$$

步骤八：画控制图。如图6-15所示。

表6-10 晶体管检测数据和计算表

	A	B	C	D	E	F	G	H	I	J	K	L
1	**不合格品率控制图**											
2									**修正后的控制边界**			
3	**样本号**	**样本容量**	**不合格数**	**不合格率**	**UCL**	**CL**	**LCL**		**LCL**	**CL**	**UCL**	
4	**1**	158	11	0.070	0.117	0.060	0.003		0.000	0.054	0.109	
5	**2**	140	11	0.079	0.120	0.060	0.000		0.000	0.054	0.109	
6	**3**	140	8	0.057	0.120	0.060	0.000		0.000	0.054	0.109	
7	**4**	155	6	0.039	0.177	0.060	0.003		0.000	0.054	0.109	
8	**5**	160	4	0.025	0.116	0.060	0.004		0.000	0.054	0.109	
9	**6**	144	7	0.049	0.119	0.060	0.001		0.000	0.054	0.109	
10	**7**	139	10	0.072	0.120	0.060	0.000		0.000	0.054	0.109	
11	**8**	151	11	0.073	0.118	0.060	0.002		0.000	0.054	0.109	
12	**9**	163	9	0.055	0.116	0.060	0.004		0.000	0.054	0.109	
13	**10**	148	5	0.034	0.119	0.060	0.001		0.000	0.054	0.109	
14	**11**	150	2	0.013	0.118	0.060	0.002		0.000	0.054	0.109	
15	**12**	153	7	0.046	0.118	0.060	0.002		0.000	0.054	0.109	
16	**13**	149	7	0.047	0.118	0.060	0.002		0.000	0.054	0.109	
17	**14**	145	8	0.055	0.119	0.060	0.001		0.000	0.054	0.109	
18	**15**	160	6	0.038	0.116	0.060	0.004		0.000	0.054	0.109	
19	**16**	165	15	0.091	0.115	0.060	0.005		0.000	0.054	0.109	
20	**17**	136	18	0.132	0.121	0.060	0.000		\	\	\	
21	**18**	153	10	0.065	0.118	0.060	0.002		0.000	0.054	0.109	
22	**19**	150	9	0.060	0.118	0.060	0.002		0.000	0.054	0.109	
23	**20**	148	5	0.034	0.119	0.060	0.001		0.000	0.054	0.109	
24	**21**	135	0	0.000	0.121	0.060	0.000		0.000	0.054	0.109	
25	**22**	165	12	0.073	0.115	0.060	0.005		0.000	0.054	0.109	
26	**23**	143	10	0.070	0.120	0.060	0.000		0.000	0.054	0.109	
27	**24**	138	8	0.058	0.121	0.060	0.000		0.000	0.054	0.109	
28	**25**	144	14	0.097	0.119	0.060	0.001		0.000	0.054	0.109	
29	**26**	161	20	0.124	0.116	0.060	0.004		\	\	\	

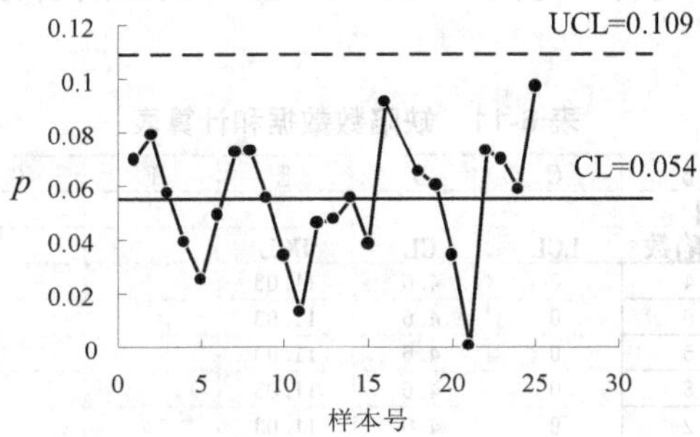

图 6-15　p 控制图

在使用 p 控制图时要注意几点：① 在使用 p 控制图时，样本容量不能太小，这样往往会抽不到不合格品，从而使 p=0，这样就不能反映出不合格品率 p 的波动情况，也就失去了控制图的意义。但是样本容量也不能取得太大，这样容易增加检查费用和管理费用。通常的做法是，n 的取值只要使 p 控制图满足 LCL≥0；② 当 p 控制图上的点子超出 LCL 时，表示过程不合格率异常低，这是好现象，应该认真总结经验。但也必须注意这是不是由于检验仪表出现问题或者数据不真实等原因造成的；③ 当应用近似公式计算 p 控制图控制界限时，若点子十分接近控制界限仍需重新计算精确的控制界限，以判断该点子是否真的出界。

2．计点值控制图

（1）缺陷数控制图（c 控制图）

c 控制图在某种程度上来说和 p_n 控制图是类似的，因为一般它样本的检查单位是固定的。使用这种控制图时，应该使每个样本中含有的缺陷数为 1~5 个，因为 c 常为 0 时控制图的作用就会失去。

① c 控制图的控制界限。一定检查单位的产品的缺陷数 c 通常服从参数为 λ 的泊松分布。由数理统计理论可知，c 的期望值为 $E(c)=\lambda$，c 的标准偏差为 $\sigma(c)=\sqrt{\lambda}$。若参数 λ 未知，可用样本的平均缺陷数 $\overline{c}$ 进行估计。设检验了 m 个一定检查单位的产品，每个检查单位的缺陷数分别为 $c_i(i=1,2,\cdots,n)$，则 $\overline{c}=\frac{1}{m}\sum_{i=1}^{m}c_i$。根据控制界限计算的一般公式可得 c 图的控制界限为

$$\begin{cases} \text{UCL}=\mu+3\sigma=\overline{c}+3\sqrt{\overline{c}} \\ \text{LCL}=\mu-3\sigma=\overline{c}-3\sqrt{\overline{c}} \\ \text{CL}=\overline{c} \end{cases} \tag{6.24}$$

② c 控制图的作图步骤。下面结合例 6-13 来介绍 c 控制图的绘制过程。

【例 6-13】已知某铸件一定面积（$n=10\text{cm}^2$）的缺陷数的统计数据如表 6-11 所示，试绘制 c 控制图。

表 6-11　缺陷数数据和计算表

	A	B	C	D	E	F	G	H	I
1	**缺陷数控制图**								
2	**样本号**	**缺陷数**	**LCL**	**CL**	**UCL**				
3	**1**	4	0	4.6	11.03				
4	**2**	6	0	4.6	11.03				
5	**3**	5	0	4.6	11.03				
6	**4**	8	0	4.6	11.03				
7	**5**	2	0	4.6	11.03				
8	**6**	4	0	4.6	11.03				
9	**7**	4	0	4.6	11.03				
10	**8**	5	0	4.6	11.03				
11	**9**	3	0	4.6	11.03				
12	**10**	6	0	4.6	11.03				
13	**11**	2	0	4.6	11.03				
14	**12**	4	0	4.6	11.03				
15	**13**	8	0	4.6	11.03				
16	**14**	5	0	4.6	11.03				
17	**15**	6	0	4.6	11.03				
18	**16**	3	0	4.6	11.03				
19	**17**	4	0	4.6	11.03				
20	**18**	5	0	4.6	11.03				
21	**19**	3	0	4.6	11.03				
22	**20**	7	0	4.6	11.03				
23	**21**	5	0	4.6	11.03				
24	**22**	4	0	4.6	11.03				
25	**23**	5	0	4.6	11.03				
26	**24**	4	0	4.6	11.03				
27	**25**	3	0	4.6	11.03				

解：按照以下步骤进行。

步骤一：计算平均缺陷数。

$$\overline{c}=\frac{1}{m}\sum_{i=1}^{m}c_i=\frac{115}{25}=4.6$$

步骤二：计算 c 图的控制界限。

$$\begin{cases}\text{UCL}=\overline{c}+3\sqrt{\overline{c}}=11.03\\ \text{LCL}=\overline{c}-3\sqrt{\overline{c}}<0\\ \text{CL}=\overline{c}=4.6\end{cases}$$

注意，这里 $\text{LCL}<0$，由于 c 不可能为负，所以一般取 LCL=0。

步骤三：画控制图。如图 6-16 所示。

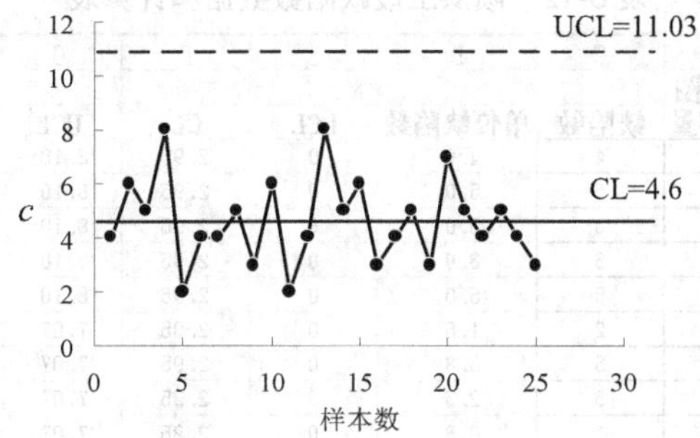

图 6-16 c 控制图

（2）单位缺陷数控制图（u 控制图）

当各个样本的检验单位无法固定时，就需要将各个样本的缺陷数折算成标准单位的缺陷数来进行控制，这时就只能使用单位缺陷数控制图。

① u 控制图的控制界限。设样本单位缺陷数为 u，则 $u=\dfrac{c}{n}$，其中 c 为样本中的缺陷数，n 为样本大小。由数理统计理论可知，u 的期望值为 $E(u)=U$，c 的标准偏差为 $\sigma(u)=\sqrt{\dfrac{U}{n}}$。若参数 λ 未知可用样本的平均缺陷数 $\bar{c}$ 进行估计。这里，U 为过程单位缺陷数，如果 U 未知，可用样本平均单位缺陷数 $\bar{u}$ 来估计，$\bar{u}=\dfrac{\sum_{i=1}^{m}c_i}{\sum_{i=1}^{m}n_i}$。根据控制界限计算的一般公式可得 u 图的控制界限为：

$$\begin{cases}\text{UCL}=\mu+3\sigma=\bar{u}+3\sqrt{\dfrac{\bar{u}}{n_i}}\\ \text{LCL}=\mu-3\sigma=\bar{u}-3\sqrt{\dfrac{\bar{u}}{n_i}}\\ \text{CL}=\bar{u}\end{cases}\tag{6.25}$$

② u 控制图的作图步骤。下面结合例 6-14 来介绍 u 控制图的绘制过程。

【例 6-14】汽车喷漆工段对各种型号汽车外壳喷漆，现对 20 辆汽车顶盖部分进行检查，发现气泡数 c_i 记于表 6-12 中。由于顶盖面积不同，把最小顶盖面积作为一个单位产品，其他汽车顶盖面积可折算为不同个数的单位面积 n_i，结果也记于表 6-12 中，试画出 u 控制图。

表 6-12　喷漆工段缺陷数数据和计算表

	A	B	C	D	E	F	G	H	I
1	单位缺陷数控制图								
2	样本号	样本容量	缺陷数	单位缺陷数	LCL	CL	UCL		
3	1	1.0	4	4.0	0	2.95	8.10		
4	2	1.0	5	5.0	0	2.95	8.10		
5	3	1.0	3	3.0	0	2.95	8.10		
6	4	1.0	3	3.0	0	2.95	8.10		
7	5	1.0	5	5.0	0	2.95	8.10		
8	6	1.3	2	1.5	0	2.95	7.07		
9	7	1.3	5	3.8	0	2.95	7.07		
10	8	1.3	3	2.3	0	2.95	7.07		
11	9	1.3	1	0.8	0	2.95	7.07		
12	10	1.3	2	1.5	0	2.95	7.07		
13	11	1.3	5	3.8	0	2.95	7.07		
14	12	1.3	2	1.5	0	2.95	7.07		
15	13	1.3	4	3.1	0	2.95	7.07		
16	14	1.3	2	1.5	0	2.95	7.07		
17	15	1.2	6	5.0	0	2.95	7.65		
18	16	1.2	4	3.3	0	2.95	7.65		
19	17	1.2	0	0.0	0	2.95	7.65		
20	18	1.7	8	4.7	0	2.95	6.90		
21	19	1.7	3	1.8	0	2.95	6.90		
22	20	1.7	8	4.7	0	2.95	6.90		

解：按照以下步骤进行。

步骤一：计算每个样本的单位缺陷数，记于表 6-12 中。

步骤二：计算平均单位缺陷数。

$$\bar{u}=\frac{\sum_{i=1}^{m}c_i}{\sum_{i=1}^{m}n_i}=\frac{75}{25.4}=2.95$$

步骤三：计算每个样本的 UCL 和 LCL，注意这里 LCL 可能出现负值，由于 c 不可能为负，所以一般取 LCL=0 作为自然下界。

步骤四：画控制图。如图 6-17 所示。

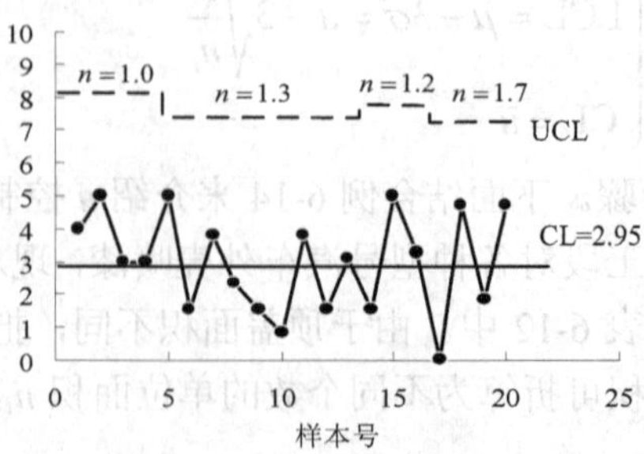

图 6-17　u 控制图

三、控制图的判断准则

（一）控制图的设计思想

控制图的设计思想是先确定第一类错误的概率α，然后再根据第二类错误的概率β的大小来考虑是否需要采取必要的措施。通常为了增加使用者的信心，α值都取得特别小，小到$0.27\% \sim 0.3\%$。所以，当控制图上的点子超出界限时，就可以认为过程失控。这条判异准则虽然不能说百发百中，也具有很高的准确性。但α小，β就大。为了减少第二类错误，对于控制图中的界内点又增添了第二条判异准则，即当控制界限内的点子排列不随机时，就认为过程失控。于是判断异常的准则就是两大类：① 点子出界判断异常；② 界内点排列不随机判断异常。

（二）判断稳态的准则

稳态是生产过程追求的目标。那么在控制图上如何判断过程是否处于稳态？为此，需要制定判断稳态的准则。

在统计量为正态分布的情况下，由于第一类的概率$\alpha = 0.27\%$，取得很小，所以只要有一个点子在界外就可以判断有异常。但既然α很小，第二类错误的概率β就大，故只根据一个点子在界内远不能判断生产过程处于稳态。如果连续有许多点子，如 25 个点子，全部都在控制界限内，情况就大不相同。这时，根据概率乘法定理，总的β，即$\beta_{总} = \beta^{25}$，要比单个点在界内的β减少很多。如果连续在控制界内的点子更多，则即使有个别点子出界，过程仍可看作是稳态，这就是判稳准则。

根据判稳准则，在下述情况下可以认为过程基本处于稳态：① 连续 25 个点子都在控制界限内；② 连续 35 个点子至多 1 个点子落在控制界限外；③ 连续 100 个点子至多 2 个点子落在控制界限外。

（三）判断异常的标准

我们已经知道点子出界就判断异常，这是判断异常的最基本的一条准则。通常为了增加控制图使用者的信心，第一类错误的概率α取为$\alpha_0 = 0.0027$，很小，于是第二类错误的概率β就一定很大，针对这种情况，即使点子在控制界限内也要观察其排列是否随机。若界内点排列非随机，则判断异常。

点子非随机排列的模式有若干种，现分别介绍如下。

模式一：点子屡屡接近控制界限。所谓接近控制界限指点子距离控制界限在1σ以内。这时，属于下列情况的就判断点子排列不随机，存在异常因素：① 连续 3 个点中，至少有 2 点接近控制界限；② 连续 7 个点中，至少有 3 点接近控制界限；③ 连续 10 个点中，至少有 4 点接近控制界限。

直观看来，若点子接近一侧的控制界限，表明过程的均值向这一侧偏移；若点子上下接近两侧的控制界限，则表明过程的方差增大。注意，这三条准则是至少有 2 点、3 点、4 点来排列的。后两条准则由于需要观察的点子数较多，应用起来不很方便，所以主要应用第一条，即连续 3 个点中，至少 2 点接近控制界限判异，如图 6-18 所示。

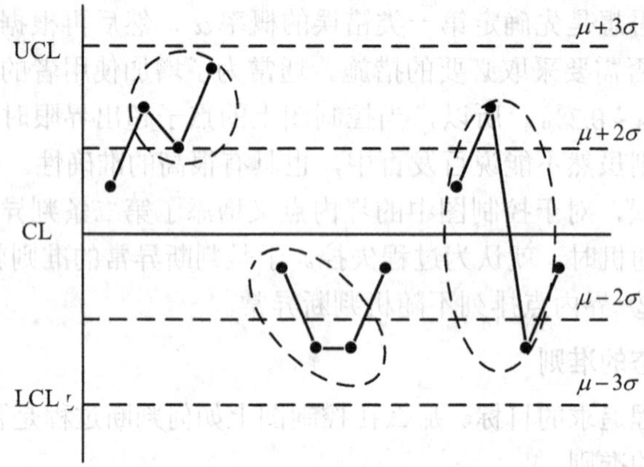

图 6-18　连续 3 点中有 2 点接近控制界限

模式二：链。在控制图中心线一侧连续出现的点称为链，其点子数目称做链长，如图 6-19 所示。链长不少于 7 时判断点子排列非随机，存在异常因素。直观看来，出现链表示过程均值向链这一侧偏移。如果链较长，那么即使个别点子出现在中心线的另一侧面形成间断链，也可按照与链类似的方式处理。

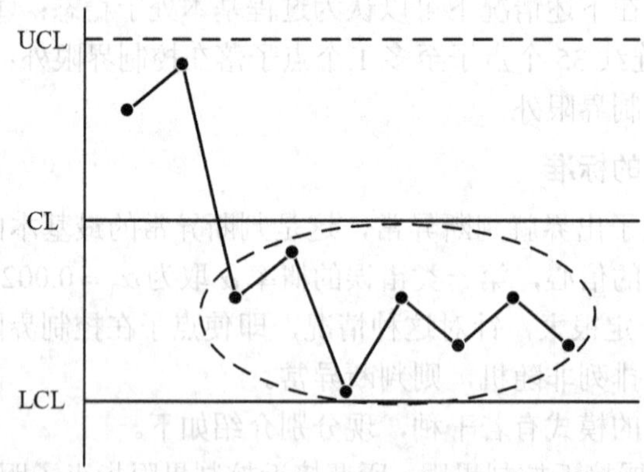

图 6-19　长为 7 的链

模式三：间断链，如图 6-20 所示。属下列情况的就判断点子排列非随机，存在异常因素：① 连续 11 个点中，至少有 10 点在中心线一侧；② 连续 14 个点中，至少有

12 点在中心线一侧；③ 连续 17 个点中，至少有 14 点在中心线一侧；④ 连续 20 个点中，至少有 16 点在中心线一侧。

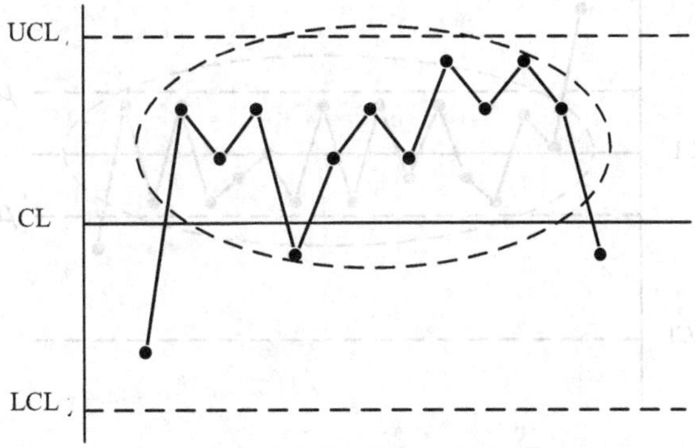

图 6-20　连续 11 点中有 10 点在一侧

模式四：单调链。若干个点连续上升或下降时，这些点所连成的折线称为单调链。如图 6-21 所示，当有连续不少于 7 个点的上升或下降的趋向时就判断点子排列非随机，存在异常因素。出现倾向表明过程均值逐渐增大或逐渐减少。

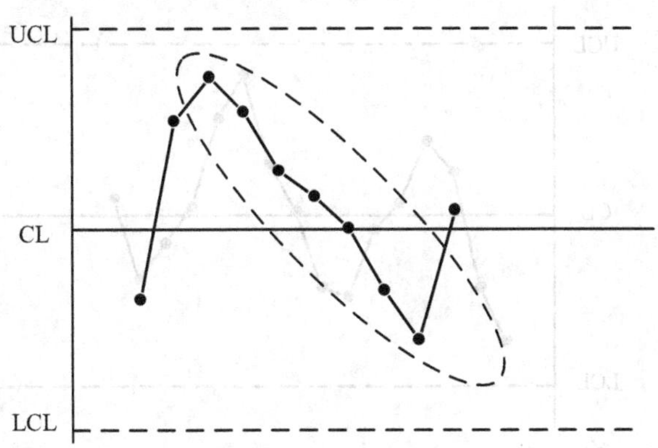

图 6-21　7 点下降趋向

模式五：点子集中在中心线附近。所谓中心线附近指点子距离中心线在 1σ 以内，如图 6-22 所示。出现这种情况表明过程方差异常小，这似乎是件好事。但通常，模式五可能由于下列两个原因所致：数据不真实或者数据分层不当。对于后者来说，如果把方差大的数据与方差小的数据混合在一起而未分层，则混合数据的方差将更大，于是控制图上下控制界限的间隔距离也将较大，这时如将方差小的数据描点就可以出现模式五。

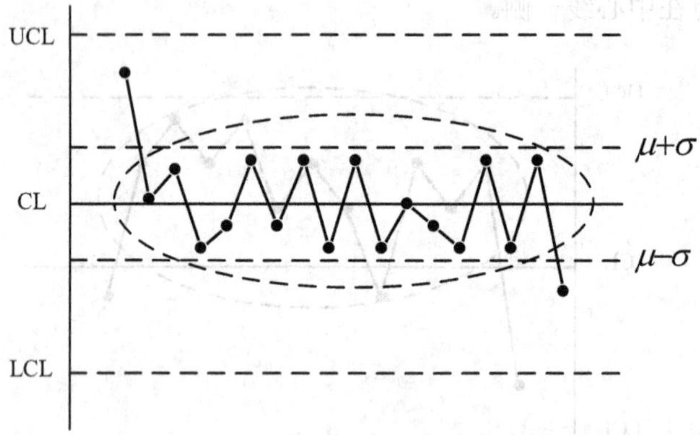

图 6-22　连续 16 点集中在中心

模式六：点子呈现周期性变化，如图 6-23 所示。造成点子周期性变化可能有下列原因：操作人员疲劳、原材料的发送有问题、某些化工过程热积累或某些机械设备应用过程中的应力积累等。消除上述周期性变化可以减少产品质量的波动，改进产品的质量。

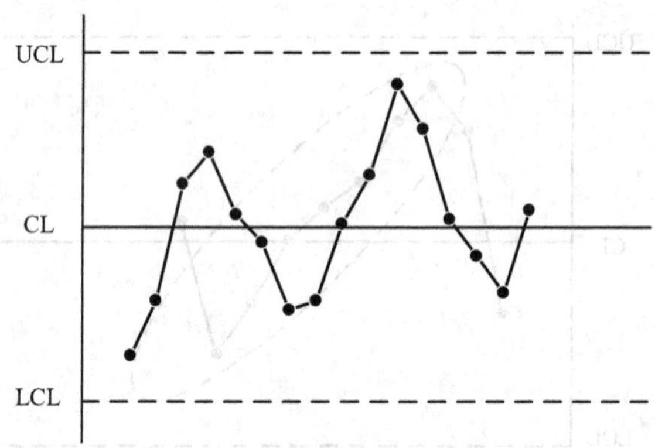

图 6-23　点子呈周期性变化

第四节　红珠实验和漏斗实验

在戴明博士为期四天的研讨会上，经常会用到两个实验，一个是红珠实验，另一个是漏斗实验。这两个实验虽然很简单，但对观看者却有很好的教育意义。

一、红珠实验

在这个实验中，戴明通常扮演领班这个角色，因为这个角色一般需要经过几个月培训才能胜任，而实验中其他的角色，一般由听众中的自愿者来担任。

（一）实验材料

（1）4 000 粒木珠，直径大约 3cm，其中 800 粒为红色，3 200 粒为白色。

（2）一把有 50 个孔的勺子，要求能够盛起 50 粒木珠。

（3）两个长方形容器，一大一小，容器的大小只要确保能放得下 4 000 粒珠子和勺子。

（二）实验程序

首先领班宣布，公司将为一位新客户建设新厂生产珠子。这个新客户要求很奇怪，他只需要白色的木珠而不需要红色的木珠，但公司的进料中的确混合有红珠。根据建厂的需要，公司准备招收 10 名新员工，要求如下：

（1）六名作业员，要求工作努力积极，教育程度可以不限，但必须要有倒珠子的工作经验。

（2）两名检验员，要求能够区分红珠和白珠，并掌握基本的计数能力，无需工作经验。

（3）一名检验长，要求同（2）。

（4）一名记录员，要求书写工整，擅长加法和除法，并且反应灵活。

所有员工都是从参加研讨会的学员中选出，员工选定以后走上前台来，领班告诉他们整个生产过程。

（1）混合进料。具体做法是握住大容器的宽边，将珠子由大容器边角斜倒出，不必振摇。然后以同样的方法，将珠子由小容器倒回大容器。

（2）使用有 50 个孔的勺子取出珠子。具体做法为握住勺子的长柄，把勺子插入大容器内搅拌，然后把勺子以倾斜 44° 的方式抽出，以便每个孔内都要有珠子。

（3）检验。作业员先将“成果”带到第一位检验员处，由他来检视“成果”，并默默地登记其中红珠的数目。然后作业员再把“成果”带到第二位检验员处，同样由他默默地登记红珠的数目。接着由检验长比较两个检验员的记录，如果数目不同，则必然有错；如果数目相同，仍然有可能是两个人同时数错。最后的数目以检验长的点算为准，他会大声地宣布红珠的数目。

（4）记录结果。当检验长宣布结果后，记录员就要把红珠数目写在记录表上。不过，在作业员实习期间，记录员不需要做记录。

领班向作业员们说明他们必须要参加三天的实习，以学习整个工作。在实习期间，他们可以提问，但是一旦开始生产，就不可以提问，也不能评论，只能埋头苦干。领班强调整个生产程序是非常严格的，不能随意变动，因此在绩效上是不会有变异的。同时领班也强调员工们能否保住自己的职位完全取决于个人的表现，解雇没有什么正式的程序，被免职的人只要结算清自己的工资就可以走下讲台，台下还有很多人可以替代他们的工作。

（三）实验结果

实验结果如表 6-13 所示。

表 6-13 实验结果

	A	B	C	D	E	F	G
1	作业员姓名	日期					
2		1	2	3	4	总和	5
3	Jeff	9	11	7	8	35	16 11
4	Dave	6	11	11	9	37	8 10
5	Tom	12	7	5	5	29	6 9
6	Dennis	11	10	13	9	43	
7	Marty	14	8	9	11	42	
8	Ann	4	11	12	12	39	
9	六人总和	56	58	57	54	225	60
10	累计平均数	9.3	9.5	9.5	9.4	37.5	

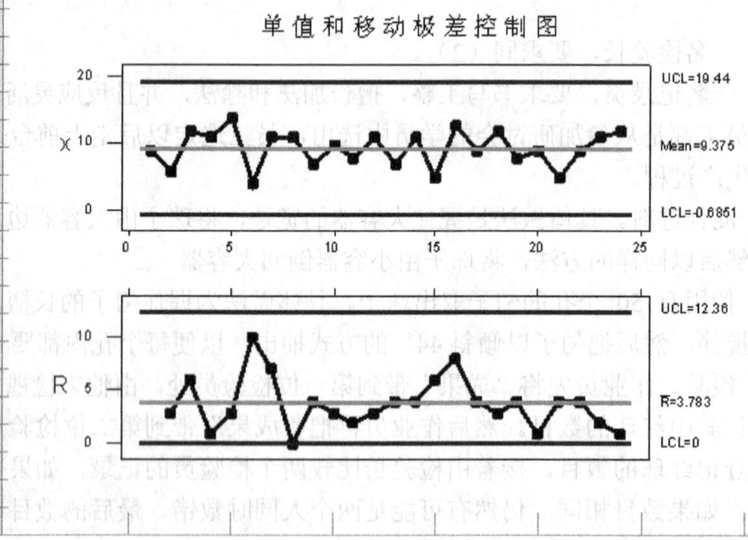

第一天的结果让领班很失望。他提醒六名作业员，他们的工作是生产白珠而非红珠，这是他一开始就已经讲清楚的了。领班强调工厂实行的是绩效制度，所以要奖励绩效良好的员工。显然 Ann 值得加薪奖励，因为他只产出 4 粒红珠，他是最佳工人。

而 Marty，大家可以清楚地看到，他的绩效最差，有 14 粒红珠。领班宣布公司管理层已经制定了一个新的目标数——每个人每天不得产出 3 粒以上的红珠，同时他认为毫无疑问每个人都可以和 Ann 一样出色。

第二天的结果又一次让领班失望，比前一天更糟。虽然管理得很细心，但员工的表现并不理想。领班再次提醒这六名作业员他们的工作报酬取决于他们的表现。Ann 太让人失望了，她显然是被加薪冲昏了头脑，第二天竟然有了 11 粒红珠。显然 Tom 开始认真工作了，由昨天的 12 粒红珠进步到今天的 7 粒，值得加薪奖励，是今天的最佳工人。

第三天，公司管理层宣布今天是公司的零缺陷日。但是这一天的成果仍然让领班十分沮丧，在零缺陷日的表现仍然没有任何起色。领班提醒工人，管理层在看着数字，成本已经完全失控。管理层贴出通告，如果第四天没有大幅改进，公司准备关闭工厂。

第四天，这天的成果仍然没有改进，领班再次失望。但是他也带来了一项好消息，上级主管中有人提出一个很棒的建议，决定保留三位绩效最好的工人，让工厂继续运营。三位表现最佳者为 Jeff、Dave 和 Tom。他们每天上两个班以补足产量。其他三位可以去领工资，以后不必来了，他们已经尽了最大努力，我们对他们表示感谢。

第五天，奇迹没有出现，结果并不如预期的那么好。领班和管理层都感到失望，因为雇用最佳工人的构想，仍然没有达到预期的效果。

（四）红珠实验的启示

红珠实验会带给我们很多重要的启示：

（1）实验本身来说是一个稳定的系统，工人的产出及其变异程度其实都是可以预测的。

（2）所有的变异——包括工人之间产出的红珠数量的差异，以及每位工人每天产出红珠数量的变异完全来自于过程本身。没有任何证据显示，哪一位工人比其他工人更优秀，因此也就没有最佳工人这一说法。

（3）工人的产出（白珠）显然是处于一种稳定的状态，如表 6-13 所示。在现有的状况下，工人已经尽力了，不可能再有更好的表现了。

（4）对工人进行奖励或者惩罚，是完全没有意义的。因为工人的表现完全与努力与否无关，而只受到工作过程的左右。

（5）过程改进的责任在于管理层。在这个实验中，由于程序僵化，工人们根本没有机会提出改进过程的建议。

二、漏斗实验

戴明的第二个实验为漏斗实验。这个实验的目的在于想让人们知道对于过程进行人为的干预将会产生不必要的差异，进而导致损失。

（一）实验材料

（1）漏斗一个。一般厨房用的漏斗就可以，因为这并不是实验室的正规实验。

（2）一粒可以通过漏斗的弹珠。

（3）一张桌子，最好能铺上桌布，以便能标出目标点以及弹珠落下后静止的位置。

（二）实验程序

首先在桌子上标出一点作为目标。按照以下的规则让弹珠从漏斗中通过，以便击中目标。

规则 1：将漏斗口瞄准目标点。保持这个状态，将弹珠由漏斗口落下 50 次，然后在弹珠每次的静止位置作记号。

如图 6-24（a）所示，规则 1 的结果令人失望。我们得到是一个近似圆形的轨迹，范围远大于我们的预期。虽然漏斗口一直都是对准目标点的，但是弹珠似乎会落到任何地方，有时候很靠近目标点，下一次又落在目标点东北 30cm 处，再下一次则落在目标点西南 15cm 处。

很多人也许会认为我们还可以做得更好一点，为什么不在每次弹珠落地以后，对漏斗的位置进行调整，使得下一次的结果更靠近目标？那么可以按照规则 2 来办。

规则 2：根据每次弹珠落下后的静止位置与目标位置的差距，将漏斗由现有的位置移动，以弥补前次的偏差。例如，弹珠停在目标点东北 30cm 处，则将漏斗由现在的位置往西北移 30cm。

如图 6-24（b）所示，规则 2 的结果也让人失望，这次得到的结果比规则 1 的结果还糟。依据规则 2 所形成的落点轨迹也近似为一个圆形，不过其直径比规则 1 所形成圆的直径大一倍。

看来规则 2 成效不佳，也许是调整出了问题，那么可以按照规则 3 来办。

规则 3：每次弹珠落地后调整漏斗位置，但以目标点作为移动的参考点。按照落点与目标的差距，把漏斗移往与目标点等距但方向相反的位置，以弥补前次的误差。

如图 6-24（c）所示，规则 3 的结果更糟。弹珠的落点来回移动的幅度越来越大，只有少数几次幅度渐小，其后幅度又越来越大。

规则 3 再次让人失望，也许没有比规则 1 更好的办法了。现在不去追求弹珠一定要落在目标点上，而只是要求落点的一致性，那么可以按照规则 4 来办。

规则 4：在每次弹珠落地之后，就将漏斗移至该静止点之上。

如图 6-24（d）所示，规则 4 的结果更是令人失望，弹珠的落点几乎没有规律可循。

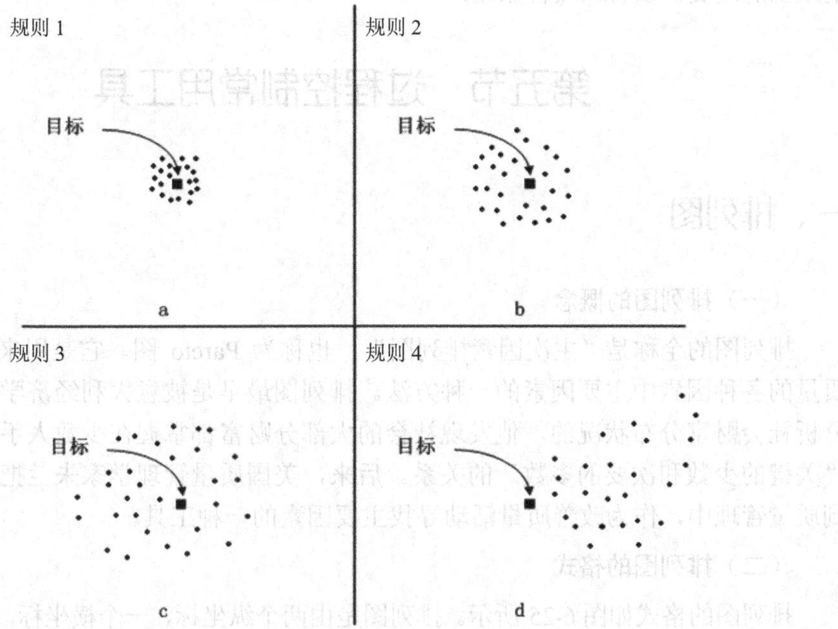

图 6-24　漏斗实验的结果图

（三）漏斗实验的启示

第一次实验中的规则是所有规则中最有效果的。但人们对第一次规则不满，所以又进行了第二、三、四次改变规则的实验。规则改变的思路是消除落点误差，但结果会越来越差。在现实管理中，用仪器测量零件，根据零件的误差进行反向调整，就相当于规则 2；根据上月的预算执行差异调整本月预算，就相当于规则 3（防止核扩散、贸易壁垒、药物干预，都属于这一规则）；由老员工来训练新员工，就相当于规则 4（每生产一个产品都用上一个成品为样本也属于这一规则）。

漏斗实验告诉管理者，对于系统误差的干预，只会增大下次的误差。比如，我们根据财务资料做出调整决定，所看到的资料就相当于上次的弹珠落点。正确的做法是，保持第一次实验的规则，改善系统。例如，这一漏斗系统可以做出两种改善：第一，降低漏斗的高度，效果越好，落点形成的近似圆形半径就会越缩小，这样做无需增加成本；第二，改用比较粗糙的桌布，这样弹珠滚动的距离就会缩短，成本只需一个桌布的价格。

漏斗实验强调的是管理人员必须利用统计的思考方式，以分辨制程系统的变异是共同原因造成还是特殊原因造成。一有特殊原因，管理人员能够立即发现并采取矫正措施。若制程系统只有共同原因且变异太大，管理人员就须针对系统的关键因素，做基本上的改变，以有效改善系统。

第五节　过程控制常用工具

一、排列图

（一）排列图的概念

排列图的全称是“主次因素排列图”，也称为 Pareto 图。它是用来寻找影响产品质量的各种因素中主要因素的一种方法。排列图最早是被意大利经济学家帕累托用来分析社会财富分布状况的，他发现社会的大部分财富都掌握在少数人手里，即所谓的“关键的少数和次要的多数”的关系。后来，美国质量管理学家朱兰把这一原理应用到质量管理中，作为改善质量活动寻找主要因素的一种工具。

（二）排列图的格式

排列图的格式如图 6-25 所示。排列图是由两个纵坐标，一个横坐标，几个直方图和一条曲线组成。左边的纵坐标表示频数（件数、金额、时间等），右边的纵坐标表示频率（以百分数表示）。有时候为了方便，也可以把两个纵坐标都画在左边。横坐标表示影响质量的各个因素，按其影响程度的大小从左到右顺序排列，直方图的高度表示着某个因素的影响大小，而图中的曲线表示各个影响因素大小的累计百分数。通常这条曲线所对应的累计百分数划分为三个区域：累计百分数 0%~80%为 A 类区，相对于 A 类区的因素一般称为主要因素；累计百分数 80%~90%为 B 类区，相对于 B 类区的因素称为次要因素；累计百分数 90%~100%称为 C 类区，对应该区的因素称为更次要因素。

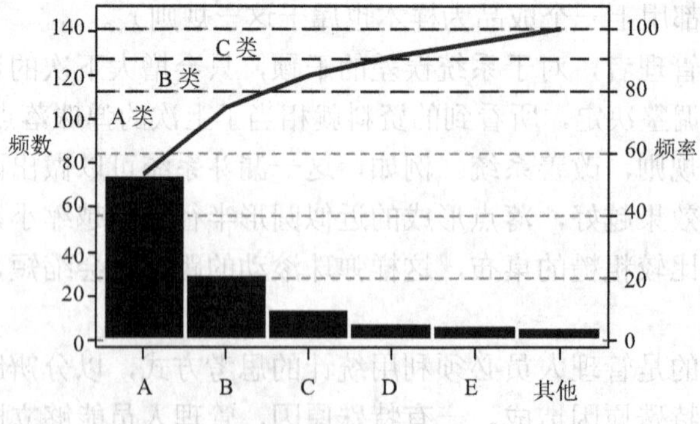

图 6-25　排列图

（三）排列图的作图步骤

（1）在一定时期内收集有关质量问题的数据。

（2）将收集到的数据资料，按不同的问题进行分层处理，每一层作为一个项目，然后统计出每一个项目反复出现的频数，一些小问题可以合并在一起统称为“其他”一项；最后将这些项目和相应的频数按照频数的大小列成数据表，作为计算和作图的依据。

（3）计算数据表中每个项目的频数占总频数的百分比和累计百分数，把这些数据填在记录表中。

（4）画两根纵轴和一根横轴。左边纵轴，标上频数的刻度，最大刻度为总频数；右边纵轴，标上频率的刻度，最大刻度为100%；在横轴上按频数大小依次列出各项。

（5）在横轴上按频数大小画出直方柱。

（6）在每个直方柱右侧上方，按累计值描点并用直线连接，画出排列线。

（四）作排列图的注意事项

（1）一般来说，主要原因有一两个，至多不能超过三个，即它们所占的频数必须高于50%（如果项目少时，则应高于70%或80%），否则就失去了找主要问题的意义，要考虑重新进行分类。

（2）纵坐标可以用件数或金额表示，也可以用时间表示，也有用“可能性”来表示的。原则是以能够较好地找出“主要问题”为准。

（3）不重要的项目很多时，为了避免横坐标过长，通常合并列入“其他”栏内，并置于最末一项。对于一些较小的问题，如果不容易分类，也可将其归入其他项里。如“其他”项的频数太多时，需要考虑重新分类。

（4）为作排列图而取数据时，应考虑不同的原因、状况和条件后对数据进行分类，如按时间、设备、工序、人员等分类，以取得更多有效的信息。

（五）排列图举例

【例6-15】某厂对一种产品进行质量检查，发现220件不合格品，按产生不合格品的原因进行分类，如表6-14所示。试作出排列图并分析。

表6-14 按产生不合格的原因进行分类表

原　因	设　备	操　作	工　艺	工　具	其 他
频数	35	105	23	56	1

作图步骤：

（1）按排列图的作图要求将各种原因进行重新排列，如表6-15所示。

（2）计算各排列原因所占百分比（频率）。

（3）计算各排列原因所占累计百分比（累计频率）。

（4）根据各种原因的统计数（频数）画出排列图中的直方图，如表 6-15 所示。

（5）根据各排列原因所占累计百分比画出排列图中的排列线。

表 6-15　例 6-15 的直方图

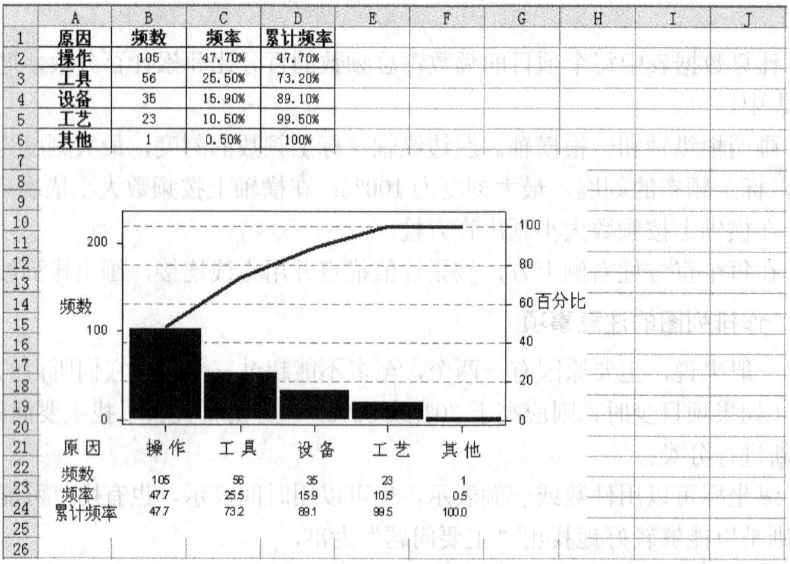

原因	频数	频率	累计频率
操作	105	47.70%	47.70%
工具	56	25.50%	73.20%
设备	35	15.90%	89.10%
工艺	23	10.50%	99.50%
其他	1	0.50%	100%

分析：从表 6-15 上可以看出，造成不合格品的主要原因是操作和工具存在问题，所以要减少不合格产品首先要从这两个方面入手。

排列图不仅可以用在制造业中，也可以用在服务业等其他行业中，下面再举一例。

【例 6-16】某电信公司查号台测得月平均查号差错率为 0.7%，为提高查号正确率，收集了近几个月中出现的 391 次查号差错，并进行了分类统计，结果如表 6-16 所示。

分析：从表 6-16 上可以看出，造成查号差错的主要原因是业务不熟悉，要降低差错应该从提高查号人员的业务能力着手。

二、因果图

（一）因果图的概念

因果图又叫特性因素图，是一种分析质量特性（结果）与影响质量特性的因素（原因）之间关系的图。它是已故日本质量管理学者石川磐首先提出来的，故也称为石川图。

表 6-16 查号差错原因分析表

差错原因	频数	频率	累计频率
业务不熟悉	316	80.80%	80.80%
主观套	40	10.20%	91.00%
误操作	21	5.40%	96.40%
其他	14	3.60%	100.00%

(注:主观套指话务员对查询不作分析，根据自己的理解，
立即把自己认为正确的电话号码给了用户而产生差错的种类。)

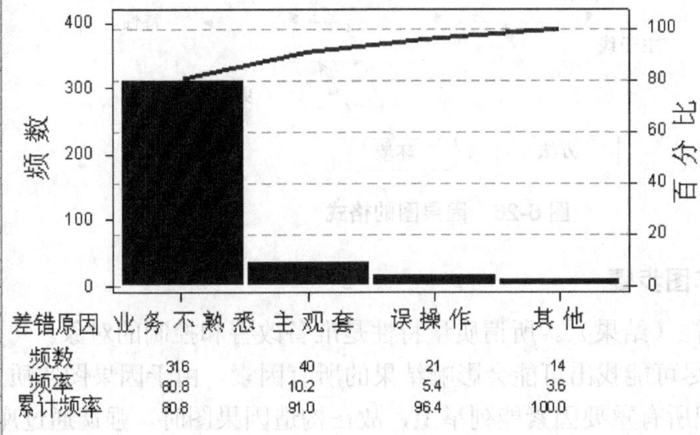

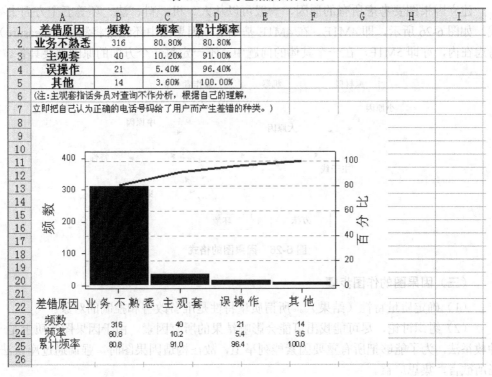

任何一项质量问题的发生或者存在都是有原因的，而且经常是多种复杂因素平行或交错地共同作用的结果。要想有效地解决质量问题，首先要从不遗漏地找出这些原因入手，而且要从粗到细地追究到最原始的因素，因果图正是解决这一问题的有效工具。它把对某项质量特性具有影响的各种主要因素加以归类和分解，并在图上用箭头表示其间关系。由于它使用起来简单有效，所以在质量管理活动中应用很广泛。

（二）因果图的格式

因果图的格式如图 6-26 所示，它由以下几个部分组成。

（1）特性。因果图中所提出的特性，是指要通过管理工作和技术措施予以解决并能够解决的问题。

（2）原因。原因对质量特性产生影响的主要因素，一般是导致质量特性发生分散的几个主要来源。原因通常又分为大原因、中原因、小原因等。

（3）枝干。枝干是表示特性与原因关系或者原因与原因关系的各种箭头，其中，把全部原因同质量特性联系起来的是主干；把个别原因同主干联系起来的是大枝；把

逐层细分的因素同各个原因联系起来是中枝、小枝和细枝。

建立因果图要考虑所有的原因，一般可以从人、机、料、法、环等五个方面去寻找，如图6-26所示，即4M1E。在4M1E基础上，因果图中还经常将测量（measure）考虑在内，亦即5M1E。在一个具体的问题中，不一定每一个方面的原因都要具备。

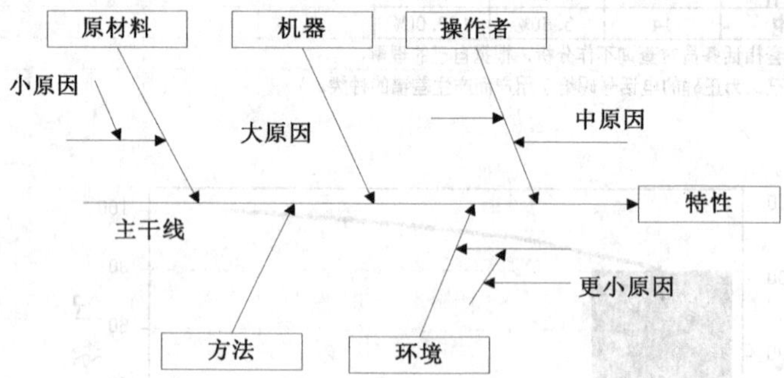

图6-26 因果图的格式

（三）因果图的作图步骤

（1）确定质量特性（结果）。所谓质量特性是准备改善和控制的对象。

（2）组织讨论，尽可能找出可能会影响结果的所有因素。由于因果图实质上是一种枚举法，为了能够把所有重要因素能列举上，故在构造因果图时，强调通过座谈法，畅所欲言，集思广益。

（3）找出各因素之间的因果关系。先找出影响质量特性的大原因，再进一步找出影响质量的中原因、小原因，在图上画出中枝、小枝和细枝等。注意所分析的各层次原因之间的关系必须是因果关系，分析原因直到能采取措施为止。

（4）根据对结果影响的程度，将对结果有显著影响的重要原因用明显的符号标示出来。

（5）记载必要的有关事项，如因果图的标题、制图者、时间及其他备查事项。

（四）作因果图的注意事项

（1）所要分析的某种质量问题只能是一个，并且该问题要提得具体。

（2）最后细分出来的原因应是具体的，以便采取措施。

（3）在分析原因时，要设法找到主要原因，注意大原因不一定都是主要原因。为了找出主要原因，可作进一步调查、验证。

（五）因果图举例

【例6-17】一商店某种家具的销售额低于指标的要求，为了提高该种家具的销售额，进行分析后，列出了四大原因：商品、人员、环境和服务，对每一原因又进一步作分析，最后列出了因果图，如图 6-27 所示。从图的末端着手，经过进一步的讨论，得出了销售额低的四个重要原因：家具品种不全、人员缺少专业培训、陈列格局没有突出主题、售后服务缺少特色。

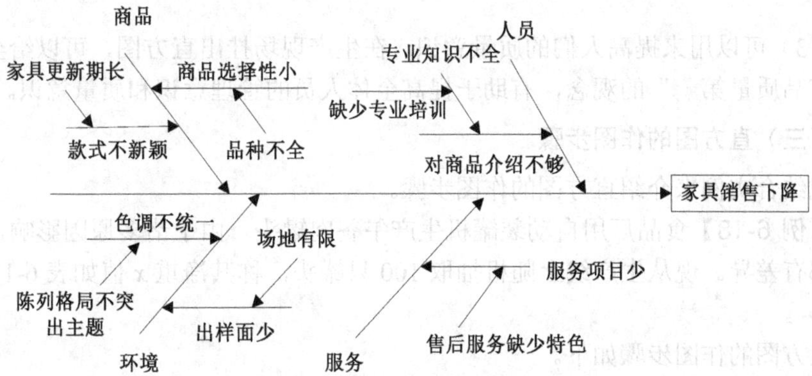

图 6-27　家具销售下降的因果图

三、直方图

（一）直方图的概念

直方图法是从总体中随机抽取样本，将从样本中获得的数据进行整理，从而根据这些数据找出数据变化的规律，来判断生产过程质量的一种常用方法。直方图的格式如图 6-28 所示。

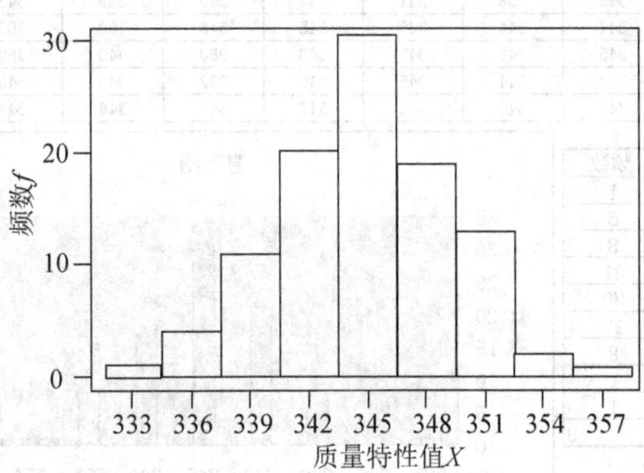

图 6-28　直方图

（二）直方图的作用

（1）比较直观地反映出质量特性分布状态，便于及时掌握质量分布状况和判断一批已加工完毕的产品质量。

（2）考察过程能力，估计生产过程的不合格率，了解过程能力对产品质量的保证情况。

（3）可以用来提高人们的质量意识。在生产现场挂出直方图，可以给全体人员一个“产品质量第一”的观念，有助于提高全体人员的管理意识和质量意识。

（三）直方图的作图步骤

现结合实例来介绍直方图的作图步骤。

【例 6-18】食品厂用自动装罐机生产午餐肉罐头。由于诸多原因影响，罐头的重量间都有差异。现从生产线上随机抽取 100 只罐头，称其净重 x 值如表 6-17 所示（单位：g）。

直方图的作图步骤如下。

步骤一：求极差 R。从样本中找出最大值 $x_{\max}$ 和最小值 $x_{\min}$，计算两者的差值，即极差。在本例中 $x_{\max}=356\text{ g}$，$x_{\min}=332\text{ g}$，则 $R=x_{\max}-x_{\min}=356-332=24\text{ g}$。

步骤二：对样本进行分组，确定分组的组数 K 和组距 h。一般对样本分为 7~15 组为宜。具体组数可根据样本量 n 的大小而定，通常可参照表 6-18 来选择组数。

表 6-17　直方图原始数据表

	B	C	D	E	F	G	H	I	J
1	342	346	344	343	339	336	342	347	340
2	350	340	336	341	339	346	338	342	346
3	346	346	345	344	350	348	342	340	356
4	348	338	342	347	347	344	343	339	341
5	341	340	340	342	337	344	340	344	346
6	344	345	338	341	348	345	339	343	345
7	344	344	344	343	345	345	350	353	345
8	350	345	343	347	343	350	343	350	344
9	348	342	344	345	349	332	343	340	346
10	335	349	343	344	347	341	346	341	342
11									
12	接收	频数							
13	333	1							
14	336	3							
15	339	8							
16	342	21							
17	345	30							
18	348	17							
19	351	8							
20	354	1							
21	357	1							
22	其他	0							
23									
24									
25									
26									

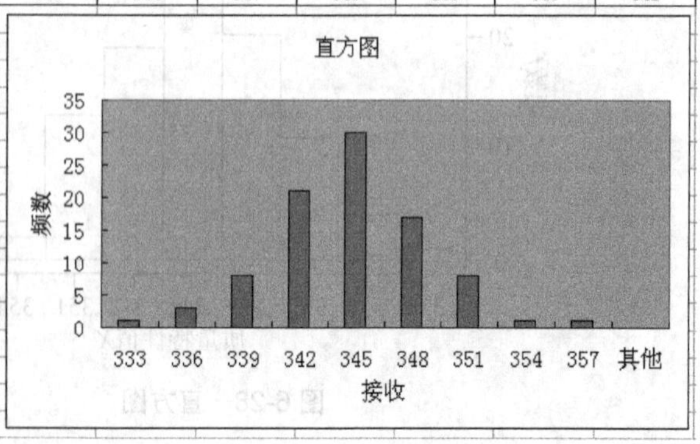

每个区间长度可以相同也可以不同，实际中常选用长度相同的区间，以便相对比较。当组数 K 确定以后，组距 h 可用极差 R 和组数 K 来确定：$h = R/K$。

在本例中，取 K=9，则 $h = 24/9 \approx 3$，即组距为 3。

表 6-18　数据数量与分组数的对应表

样本数 n	组数 K
40~99	6~8
100~200	8~10
201~500	9~11
501~1 000	10~13
1 000 以上	12~15

步骤三：确定各组界限。为了确定组界，通常从最小值开始，先把最小值放在第一组的中间位置上，则第一组的上下界限为 $x_{\min} \pm (h/2)$。第二组的上界限值就是第一组的下界限值，第二组的上界限值加上组距就是第二组的下界限值。依此类推，可确定出各组的组界。

在本例中，样本中最小值 $x_{\min}$=332，组距 $h = 3$，则第一组的组界为 331.5~334.5。同理可以求出其他各组的组界分别为 334.5~337.5；337.5~340.5；340.5~343.5；343.5~346.5；346.5~349.5；349.5~352.5；352.5~355.5 和 355.5~358.5。

步骤四：统计各组频数，作频数分布表。将 100 个数据按大小归入各组，计算各组的频数，作成频数分布表，如表 6-17 所示。

步骤五：画直方图。以横坐标表示质量特性，纵坐标表示频数，以组距为底，频数为高依次画出各组直方柱得到直方图，如表 6-17 所示。

（四）直方图的观察和分析

作直方图的目的是通过对直方图形状的观察来分析、判断生产过程的质量状况。一般可以从以下两个方面进行观察和分析：首先是看图形本身的形状，然后用公差（标准）要求来比较，这样分析得出的结论才不会片面。

1．直方图的形状分析

对直方图形状的分析，是为了考察分布状态，看分布状态是否正常，如不正常，则判断其不正常的类型原因。常见的直方图类型有以下几种。

（1）标准型，如图 6-29（a）所示。标准型的直方图是以中间为顶峰，左右大体对称，呈“山”形。

（2）锯齿型，如图 6-29（b）所示。这种图形的形成，大都是由于分组不当或者是因为测量错误。

（3）陡壁型，如图 6-29（c）所示。这种图形的形成，往往是由于工序能力不足，进行了全数检查剔除不合格品后造成方法或者读数有问题引起的。

（4）孤岛型，如图 6-29（d）所示。这种图形的形成，往往是由于加工过程中出现异常变动而引起的。

（5）双峰型，如图 6-29（e）所示。这种图形的形成，通常是由于对数据没有进行适当的分层，从而使均值相差较大的两种分布混合在一起造成两个高峰。

（6）偏峰型，如图 6-29（f）所示。这种图形的形成，往往是由于加工习惯造成的，如加工者想留有余量，便于返修，所以在加工孔时往往尺寸偏小，造成高峰偏左，而在加工轴时往往尺寸偏大，造成高峰偏右。

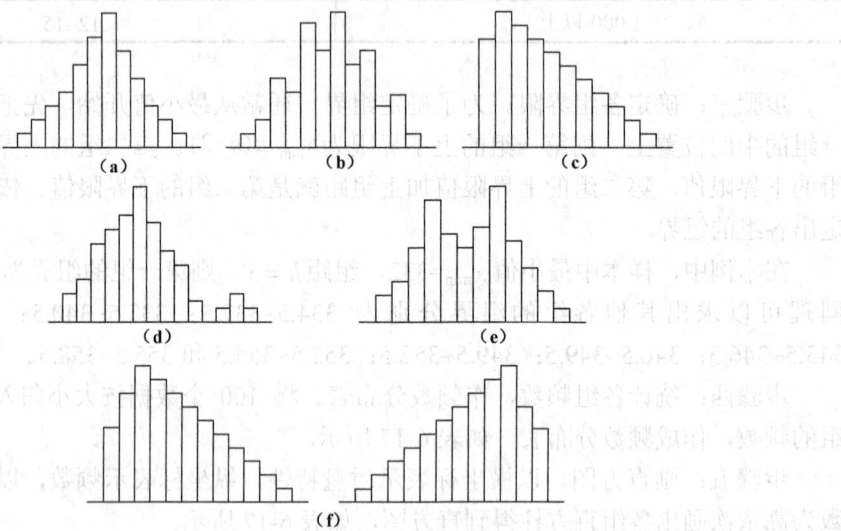

图 6-29 直方图形状类型

2. 直方图与质量标准比较

以上各种类型的直方图，除了标准型外，其余的都属于异常型直方图。对于异常型直方图，应进一步利用其他质量管理的方法分析异常的原因。对于正常型直方图，则应该标上质量标准的规格界限，进一步比较分析，看生产过程是否满足标准要求。

设 T 表示标准公差范围，B 表示直方图的实际质量分布范围，则这种比较通常会出现以下几种典型情况。

（1）理想状况。如图 6-30（a）所示，$T>B$，实际分布中心与公差中心重合或者接近。这说明实际分布满足标准要求，两边还有适当的余量，生产过程良好，通常不会产生不合格品。

（2）余量过剩的状况。如图 6-30（b）所示，$T>B$，实际分布中心与公差中心重合或者接近。该生产过程能保证满足标准要求，但两侧余量太大。此时应该考虑适当加严标准，缩小规格的范围，提高产品质量，或者适当放宽对原材料、工艺、工具、设备精度的要求，降低成本。

（3）单侧无余量的状况。如图 6-30（c）所示，$T>B$，实际分布中心发生偏移，致使单侧余量太小。这说明实际分布满足标准要求的程度降低，如果生产过程稍有恶化，就会有不合格品产生。

（4）单侧超差的状况。如图 6-30（d）所示，实际分布中心偏移公差中心较大，一边已经有超差品出现。这说明生产过程已经恶化，应设法调整实际分布中心，使之与公差中心接近。

（5）双侧无余量的状况。如图 6-30（e）所示，$T=B$，实际分布中心与公差中心重合或者接近，两侧余量很小。这说明实际分布满足标准要求的程度降低，如果生产过程稍有恶化，就会出现大量不合格品。

（6）双侧超差的状况。如图 6-30（f）所示，$T<B$，两侧都出现超差品。这说明生产过程已经恶化，质量保证能力很差，应该设法缩小实际分布的范围。

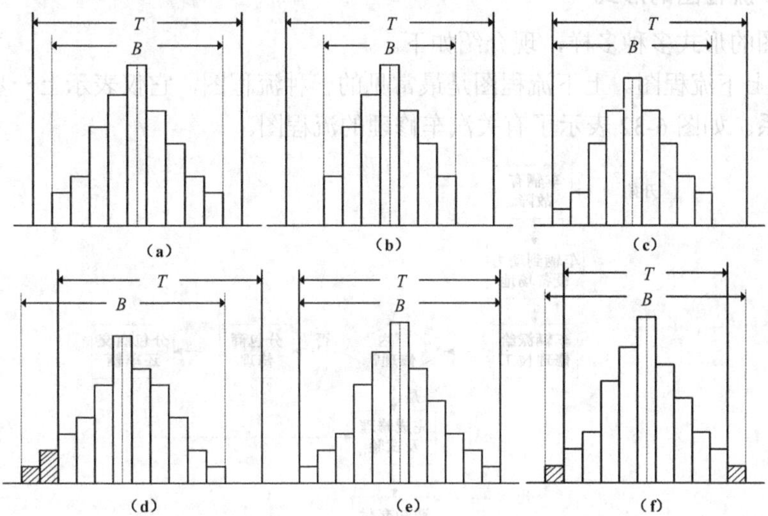

图 6-30 直方图与质量标准比较

四、流程图

（一）流程图的概念

流程图是一种通过显示构成过程的步骤、事件和操作（按时间顺序），以简单、主观的方式定义过程的工具。流程图有助于加深对过程的理解并发现过程中潜在的问题，如系统中的瓶颈、非必需的步骤、不必要的循环等。

流程图由一系列容易识别的标志构成。一般使用的标志如图6-31所示。

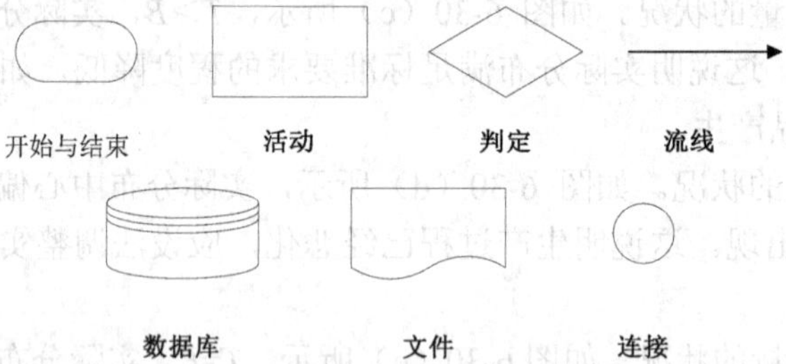

图6-31　流程图标志

这些基本符号是用来表示一个过程的实际步骤，其走向永远是从页面的顶部到底部，或从左边到右边。

（二）流程图的形式

流程图的形式多种多样，现介绍如下。

（1）上下流程图。上下流程图是最常见的一种流程图，它仅表示上一步与下一步的顺序关系。如图6-32表示了有关汽车修理的流程图。

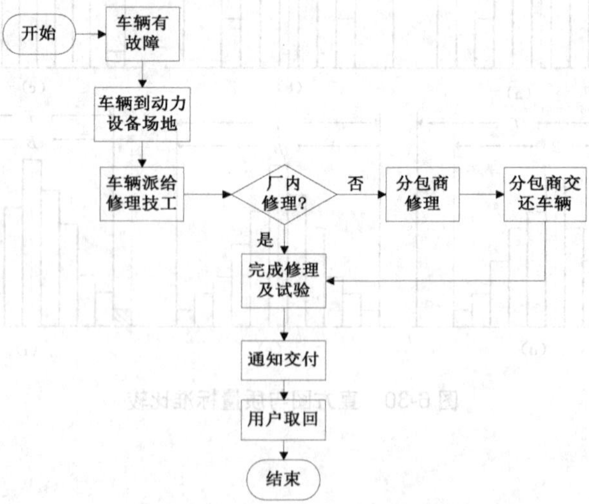

图6-32　上下流程图——修理车辆

（2）矩阵流程图。矩阵流程图不仅表示上下关系，还可看出某一过程块的负责部门。如图6-33所示为采购件进货流程图。

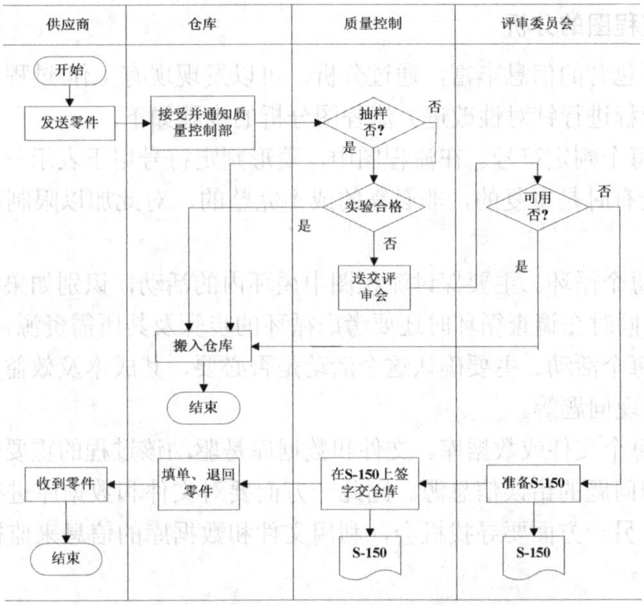

图 6-33　矩阵流程图——采购件进货过程

（3）“前后”流程图。在比较质量改进前后的流程时，可以采用“前后”流程图。如图 6-34 所示为航空公司的购票过程。

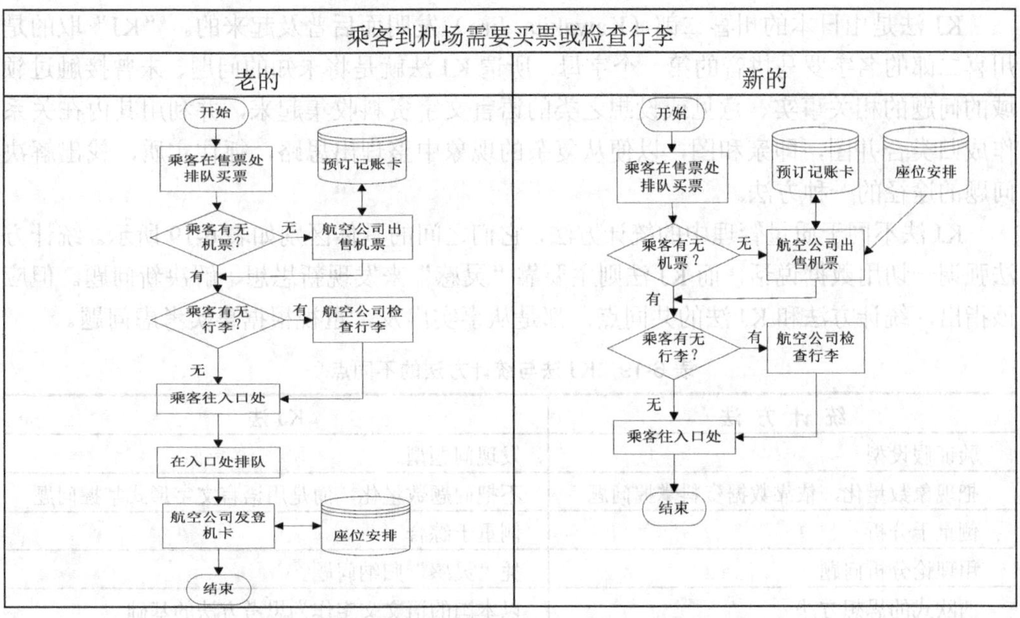

图 6-34　“前后”流程图——航空公司购票过程

（三）对流程图的分析

流程图中所包含的信息丰富，通过分析，可以发现现有工作/过程流程图中存在的问题，据此对流程进行针对性改进。流程图分析的步骤如下。

（1）调查每个判定符号。在流程图中，菱形判定符号用于表示一次检查活动，但在过程中的检查有时是重复的，非必需的或不完整的，对此加以限制可以降低成本，提高生产效率。

（2）调查每个循环。主要探讨流程图中循环内的活动，识别如果没有故障，哪些活动可以省略。同时在调查循环时还要考虑循环的步骤及其所需资源，循环的作用等。

（3）调查每个活动。主要确认这个活动是否必要，其成本及效益如何，在本次活动中应该防止出现问题等。

（4）调查每个文件或数据库。文件和数据库是驱动该过程的重要信息源，但也可能是产生错误和问题的错误信息源。因此一方面要对文件和数据库进行结构调查，以保持信息更新；另一方面要寻找机会，利用文件和数据库的信息来监视并进一步改进该过程。

五、KJ 法

（一）KJ 法的概念

KJ 法是由日本的川喜二郎（Kawakita Jiro）发明而后普及起来的。“KJ”取的是川喜二郎的名字罗马拼音的第一个字母。所谓 KJ 法就是将未知的问题、未曾接触过领域的问题的相关事实、意见或设想之类的语言文字资料收集起来，并利用其内在关系作成归类合并图，即亲和图，以便从复杂的现象中整理出思路，抓住实质，找出解决问题的途径的一种方法。

KJ 法不同于质量管理中的统计方法，它们之间的具体区别如表 6-19 所示。统计方法强调一切用数据说话，而 KJ 法则主要靠“灵感”来发现新思想、解决新问题。但应该指出，统计方法和 KJ 法的共同点，都是从事实出发，重视根据事实考虑问题。

表 6-19　KJ 法与统计方法的不同点

统 计 方 法	KJ 法
验证假设型	发现问题型
把现象数量化，依靠数据资料掌握问题	不把问题数量化，而是用语言文字形式掌握问题
侧重于分析	侧重于综合
用理论分析问题	凭“灵感”归纳问题
西欧式的思想方法	以本国的语文文字作为思考方法的基础

（二）KJ 法的主要用途

（1）归纳思想，认识新事物。对未知的事物或领域，收集现有的资料，并从杂乱无章的资料中整理出事物的相互关系和脉络，从而达成共识。

（2）打破现状，提出新的创意。由于以往的认识定式往往阻碍或误导人们的认识，所以需要去除固有观念对人们的束缚，从而产生新的创意。

（3）协调和统一认识。不同观点的人集中在一起，很难统一意见。此时，为了共同的目标，小组成员提出自己的经验、意见和想法，然后将这些资料编成卡片并利用该方法进行整理，在这个过程中逐步达成共识。

（4）贯彻方针。向下级贯彻管理人员的想法，靠强迫命令不会取得好结果。KJ 法可以帮助人们彼此互动，从而有助于方针的理解和贯彻。

（三）KJ 法的工作步骤

（1）确定对象。KJ 法适用于解决那些需要时间慢慢解决、不容易解决而又非解决不可的问题，不适用于简单、需迅速解决的问题。

（2）收集语言、文字资料。收集时，要尊重事实，找出原始思想。收集这种资料的方法有四种：

① 直接观察法。直接观察法就是指亲自到现场去听、去看、去摸，直接掌握情况，增加感性认识，从中得到某种启发，立即记下来。

② 文献调查法和面谈阅读法。这两种方法包括查阅文献资料、直接征求别人的意见以及启发多数人新构思的集体创造性思考方法。因为直接到现场去接触实物是有限度的，所以为了广泛收集情况，这种间接调查方法也是有效的。

③ 头脑风暴法。采用会议方式，引导每个参加会议的人围绕某个中心议题广开言路，激发灵感，在自己的头脑中掀起思想风暴，毫无顾忌、畅所欲言地发表独立见解的一种集体创造性思维的方法。

④ 回忆法和内省法。这两种方法又称为“个人头脑风暴法”，是个人对过去的经验进行回忆，探索自己内心状态的方法。采用这种方法时，要边思考边把想到的东西记在纸上。

通常应根据不同的使用目的对以上收集资料的方法进行适当的选择，如表 6-20 所示。

表 6-20　资料收集方向选择

目　　的	事实资料	意见资料	设想资料
认识事物	●	×	×
归纳思想	◎	●	●
打破现状	●	◎	●
参与计划	○	●	○
参与方针	○	●	◎

说明：●常用　○不常使用　×不用　◎使用

（3）将语言资料制成卡片。将收集的语言资料，按内容进行逐个分类，并分别用独立、简洁的语言写在一张张卡片上。注意不要用抽象化的语言表述，而应尽量采用形象生动的、让大家都能理解的语言来表示。

（4）整体综合卡片。对于这些杂乱无章的卡片，不是按照已有的理论和分类方法来处理，而是把自己觉得相似的归并在一起，逐步整理出新的思路来。

（5）把同类的卡片集中起来，并写出分类卡片。

（6）根据不同的目的，选用上面的卡片，整理出思想，或画出亲和图，或写出文章来。

（四）KJ 法应用实例

一加工车间经常为完成订单而突击生产、加班加点，长此下去，职工、干部身心疲惫，工作干劲不高，质量问题时有发生。为此，车间也想了很多办法和措施，诸如增加检查频次、严明工艺纪律、加大奖惩制度等，但仍然没有解决质量问题，生产任务完成困难，顾客投诉增多。为此成立了专门对“保证生产订单完成”的 QC 小组，在明确了课题的情况下，小组成员首先作了现状调查，他们将收集到的 12 条主要信息资料用 KJ 法进行了归类。按照感觉将有关系的归纳在一起，并作了四个卡片标签“工艺线路不合理”、“设备维修不及时”、“夜班效率低”、“分配不合理”四个重要环节，图 6-35 是根据这些绘制的亲和图。

图 6-35　亲和图

在理清了现状，经过进一步获取数据并进行现场一一确认后，他们找到了影响生产任务的主要原因，并制定了对策，即：

（1）调整工艺线路，合理安排工序，减少窝工待料。

（2）配齐机电维修人员跟班服务，减少停机工时。

（3）修改奖励制度，体现多劳多得。

既然夜班效率低，又可以调整工艺线路，提高白班工时利用率，故决定取消夜班。

经过实施，以后每个月的生产任务、质量指标都能完成，而且生产现场及职工的精神面貌也大有改观。

六、矩阵图法

（一）矩阵图法的含义

矩阵图法是把与问题有关的各个成对因素排列成一个矩阵，然后根据矩阵图进行分析，找到关键点。如把属于因素组 L 的因素 $L_1, L_2, \cdots, L_n$ 和属于因素组 R 的因素 $R_1, R_2, \cdots, R_m$ 分别排成行和列，构成矩阵图，找到关键点，如图 6-36 所示。L 因素和 R 因素的交点可以起到以下作用：

（1）表示行因素和列因素的关系程度。

（2）从二元排列中找到关键性问题。

（3）从二元配置的联系中，可得到解决问题的启示等。

		R					
		R_1	R_2	R_3	R_4	…	R_m
L	L_1		○				
	L_2	△					
	L_3			◎			
	L_4						
	…						
	L_n				◎		

◎密切关系　○有关系　△像有关系

图 6-36　矩阵图法示意图

（二）矩阵图法的主要用途

矩阵图法的用途较广，在企业质量管理方面主要有以下用途：

（1）把系列产品硬件的性能和软件的性能对应起来，找出新产品和老产品改进的重点。

（2）将质量职能展开，分配落实质量职能。

（3）分析产品出现质量问题的原因。

（4）建立质量管理体系时，明确产品质量特性与负责部门的关系。

（5）在进行多因素分析时，寻找解决问题的方法。

（6）制定质量审核计划表，对产品质量和质量管理体系评价。

（7）分析真正质量特性和代用质量特性的关系。

（8）可以以矩阵法的结果为依据，制定出产品—市场开发战略等。

（三）矩阵图的应用程序

（1）确定解决的问题。一般是涉及多方面、含多个因素的问题。

（2）确定因素组及有关因素。分析找出与问题有关的因素组，并明确每一组的具体因素。

（3）绘制矩阵图，将各因素组的因素分别对应排列成行和列，绘制出相应的矩阵图。

（4）分析因素间的相互关联程度。通过分析，在矩阵图对应因素的行和列的交叉点上，用符号表示它们的相互关系程度。

（5）写出分析报告。对矩阵图进行分析，研究解决问题的可行方案，写出分析报告，并制订措施计划，加以实施。

七、检查表

检查表又称为调查表或分析表，是使用表格形式来进行数据整理和粗略分析的一种方法。常用的检查表有不合格品分项检查表和缺陷位置检查表。

不合格品分项检查表，是将不合格品按其种类、原因、工序、部位和内容等情况进行分类记录，能简便、直观地反映出不合格品的分布情况，如表6-21所示。

表6-21　不合格品分项检查表

零件名称（代号）	××××	检查日期	2011年12月20日
工　　序	最终检查	加工单位	××××
检查总数	2 200	生产批号	××××
检查方式	全数检验	检查者	×××

不合格种类	检查记录	小计
表面缺陷	正正正正正正正一	36
裂纹	正正正正正正	30
加工不良	正一	6
形状不良	正正正	15
其他	正正一	11
总计		98

缺陷位置检查表，是将所发生的缺陷标记在产品或零件简图的相应位置上，并附以缺陷的种类和数量记录，因此也能直接地反映缺陷的情况，如表 6-22 所示。

表 6-22 缺陷位置检查表

车型	检查部位	车身
工序	检查人	×× ×年×月×日
检查目的	检查件数	×××

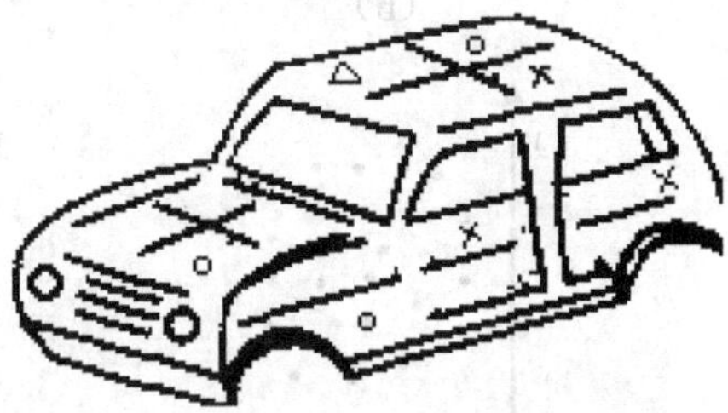

×流漆 ○色斑 △尘粒

八、散布图

散布图又名散点图或相关图，是用来分析研究两个对应变量之间是否存在相关关系的一种作图方法。例如，产品加工前后的尺寸，产品的硬度和强度等都是对应的两个变量，它们之间可能存在着一定的不确定关系，这可以用散布图来研究。

散布图的制作方法就是把由实验或观测得到的统计数据用点子在平面上表示出来即可。

常见的散布图有如图 6-38 所示的几种典型形式，反映了两个变量 y 与 x 之间的相关关系，即：

（1）强正相关。y 随着 x 的增大而增大，且点分散程度小，如图 6-37（a）所示。

（2）弱正相关。y 随着 x 的增大而增大，且点分散程度大，如图 6-37（b）所示。

（3）强负相关。y 随着 x 的增大而减小，且点分散程度小，如图 6-37（c）所示。

（4）弱负相关。y 随着 x 的增大而减小，且点分散程度大，如图 6-37（d）所示。

（5）不相关。y 与 x 无明显规律，如图 6-37（e）所示。

（6）非线性相关。y 与 x 呈曲线变化关系，如图 6-37（f）所示。

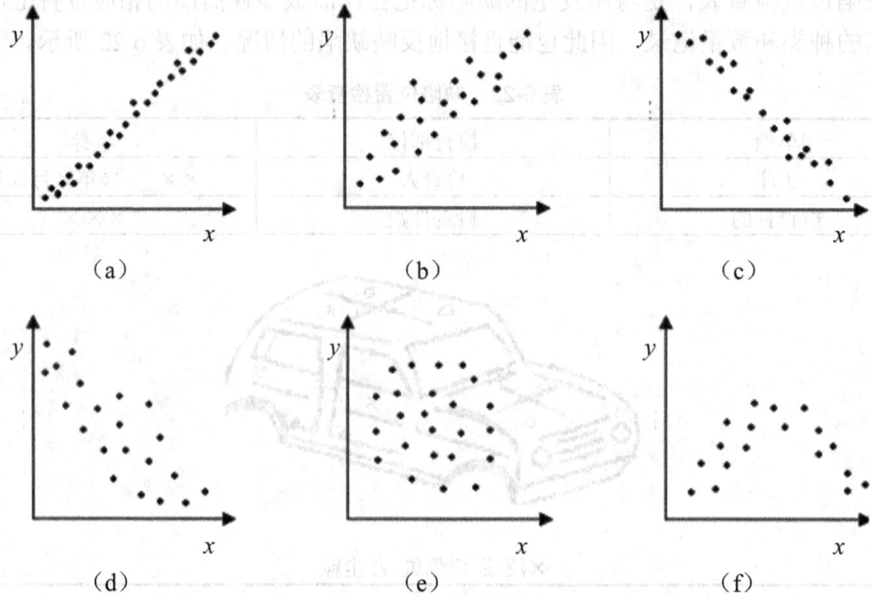

图 6-37　散布图的六种典型形状

思考题

1．质量的变异通常分为哪几类？各有什么特点？其变异性规律是什么？

2．过程能力指数和不合格率有什么关系？两者各有什么用途？

3．试简述控制图的基本原理。

4．红珠实验和漏斗实验对于质量管理的启示是什么？

5．某机械零件的技术要求为$\phi 50 \pm 0.05\text{mm}$，在一定的生产条件下随机抽样，测得$\overline{x} = 50\text{mm}$，$s = 0.015\text{mm}$，试求过程能力并估算过程不合格率。

6．某种绝缘材料的击穿电压的标准下限规定为1.2kV，现随机抽样150件，测得$\overline{x} = 4.5\text{kV}$，$s = 1\text{kV}$，试求过程能力指数并估算过程不合格率。

7．某零件加工尺寸要求为$80 \pm 1.5\text{mm}$，现随机抽样测得样本均值为80.2mm，样本标准偏差为0.3mm，试求过程能力并估算过程不合格品率。

8．对某过程加工结果进行抽样，测得数据如表6-23所示。试作$\overline{x} - R$图，并分析过程是否处于稳定状态。

表 6-23　某过程的加工结果数据表

样本号	x_1	x_2	x_3	x_4	x_5	样本号	x_1	x_2	x_3	x_4	x_5
1	72	74	70	82	77	11	70	69	72	67	69
2	82	74	66	69	78	12	80	75	70	82	80
3	78	78	85	82	73	13	73	69	62	78	67
4	83	78	76	69	73	14	74	65	61	59	69
5	75	85	82	80	80	15	65	81	77	75	72
6	81	76	74	79	71	16	74	81	81	77	77
7	77	55	86	71	66	17	78	70	67	82	73
8	77	63	66	73	68	18	81	76	72	69	66
9	76	71	81	76	78	19	81	83	75	77	79
10	61	70	68	75	73	20	78	69	84	68	61

9. 某化工厂在乙醇生产过程收集甲醇含量的数据如表 6-24 所示，试作甲醇含量的 $x-R_s$ 图，并分析该过程是否处于稳定状态。

表 6-24　收集甲醇含量的数据表

样本号	1	2	3	4	5	6	7	8	9	10	11	12
x	1.09	1.13	1.29	1.13	1.23	1.43	1.27	1.63	1.34	1.10	0.98	1.37
样本号	13	14	15	16	17	18	19	20	21	22	23	24
x	1.18	1.58	1.31	1.70	1.45	1.19	1.33	.1.18	1.40	1.68	1.58	0.90

10. 已知某零件的不合格品数的统计如表 6-25 所示，试画出 p_n 控制图并分析过程是否处于稳定状态。

表 6-25　某零件的不合格品数的统计表

样　本　号	样 本 大 小	不合格品数	样　本　号	样 本 大 小	不合格品数
1	50	4	14	50	5
2	50	4	15	50	2
3	50	4	16	50	4
4	50	5	17	50	4
5	50	1	18	50	2
6	50	4	19	50	3
7	50	1	20	50	3
8	50	4	21	50	2

续表

样本号	样本大小	不合格品数	样本号	样本大小	不合格品数
9	50	3	22	50	2
10	50	2	23	50	4
11	50	3	24	50	2
12	50	3	25	50	3
13	50	3			

11．已知某电镀件的外观不合格品件数统计如表6-26所示，试画出p控制图并分析过程是否处于稳定状态。

表6-26　某电镀件的外观不合格品件数统计表

样本号	样本容量	不合格品件数	样本号	样本容量	不合格品件数
1	724	48	14	748	57
2	763	83	15	770	51
3	748	70	16	756	71
4	748	85	17	719	53
5	724	45	18	757	33
6	727	56	19	760	29
7	726	48	20	737	49
8	719	67	21	750	61
9	759	37	22	752	39
10	745	52	23	726	50
11	736	47	24	730	58
12	739	50	25	747	61
13	723	47			

12．已知某产品喷漆缺陷如表6-27所示，试画出c控制图并分析过程是否处于稳定状态。

表6-27　某产品喷漆缺陷表

样本号	缺陷数	样本号	缺陷数
1	18	14	12
2	13	15	24
3	15	16	11
4	15	17	19
5	21	18	16

续表

样 本 号	缺 陷 数	样 本 号	缺 陷 数
6	17	19	13
7	28	20	14
8	10	21	12
9	23	22	25
10	16	23	16
11	15	24	13
12	22	25	15
13	18		

13．某织物的面积及上面的缺陷数如表 6-28 所示，试画出 u 控制图并分析过程是否处于稳定状态。

表 6-28 某织物的面积及上面的缺陷数表

样 本 号	面 积	缺 陷 数	样 本 号	面 积	缺 陷 数
1	1.0	4	14	1.3	5
2	1.0	5	15	1.3	2
3	1.0	3	16	1.3	4
4	1.0	3	17	1.3	2
5	1.0	4	18	1.2	6
6	1.0	5	19	1.2	4
7	1.0	3	20	1.2	3
8	1.3	2	21	1.2	0
9	1.3	5	22	1.7	8
10	1.3	3	23	1.7	3
11	1.3	2	24	1.7	8
12	1.3	4	25	1.7	5
13	1.3	1			

14．某工具厂废品损失金额最大的是钻头车间，经过对钻头车间几种主要产品的损失金额进行统计得到表 6-29 的结果，试作出钻头车间损失金额的排列图。

表 6-29 几种主要产品的损失金额表

钻 头 型 号	损失金额（万元）
2	33.1
4	10.4
1	4.8

续表

钻头型号	损失金额（万元）
5	1.5
3	0.8
合　计	50.6

15．用表6-30的数据作出直方图。

表6-30　第15题的数据表

样本号	数值	样本号	数值	样本号	数值	样本号	数值	样本号	数值
1	24.029	21	24.003	41	24.020	61	23.991	81	24.008
2	23.996	22	23.991	42	24.000	62	24.005	82	24.011
3	23.989	23	24.023	43	24.020	63	24.004	83	24.004
4	24.002	24	23.998	44	23.993	64	24.016	84	24.010
5	23.991	25	24.008	45	24.015	65	23.990	85	24.013
6	24.010	26	23.995	46	23.997	66	23.988	86	23.996
7	23.995	27	24.004	47	23.994	67	24.001	87	24.006
8	23.986	28	24.001	48	23.995	68	24.013	88	23.990
9	24.008	29	23.996	49	24.010	69	24.002	89	24.005
10	23.999	30	24.000	50	23.991	70	24.007	90	23.992
11	23.994	31	23.997	51	23.995	71	23.994	91	24.001
12	24.000	32	24.001	52	24.007	72	23.995	92	24.000
13	23.984	33	24.001	53	23.996	73	24.013	93	23.999
14	23.984	34	24.000	54	23.994	74	23.971	94	24.008
15	24.011	35	24.015	55	23.998	75	23.997	95	24.009
16	23.995	36	23.999	56	24.005	76	23.985	96	24.002
17	24.994	37	24.010	57	23.998	77	24.003	97	24.009
18	24.005	38	24.009	58	24.018	78	24.003	98	23.998
19	23.983	39	24.001	59	24.003	79	24.006	99	23.996
20	24.000	40	24.013	60	24.009	80	24.019	100	24.007

案例讨论

案例6-1　某纺织机械厂的统计质量控制

一、背景介绍

某纺织机械厂的主要产品之一是细纱机，也是该厂创效益、创外汇的产品。机梁是细纱机的主要零件，在细纱机中起着支承牵伸装置、导纱板升降装置、钢领板升降装置、纱架等部件的作用，其质量将直接影响细纱机装配质量。机梁自身结构属长向薄壁形，其长厚比达 130∶1，极易产生加工变形，而技术精度要求高，其中主要技术特性值平面度要求仅为 0.15mm。与同行业相比，为了减少切削，机梁毛坯加工余量仅为 3mm，给加工工艺带来了难度，机梁数量大，每台细纱机有 28 根，每年需 67 000 根机梁，机梁质量的好坏将直接影响该厂经济效益，而现在机梁质量波动较大，返修率较高。因此，提高机梁一次合格率具有更重要的意义。

充分利用统计质量控制中的七种工具找出质量问题，分析质量缺陷出现的原因，并制定对策计划和实施方案。

二、现场调查

为了提高机梁一次投入产出合格率，质量管理小组对机梁整个加工工艺过程进行了分析讨论。产品加工工艺流程如下。

铸坯→粗铣机梁两外角尺平面→精铣机梁两外角尺平面→铣机梁两里角尺铣机梁两里角尺凸肩面→粗、精铣机梁两端面总长→钻、攻机梁两角尺上螺纹及孔→去毛刺。如图 6-38 所示。

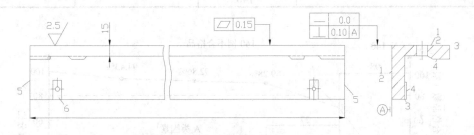

图 6-38　产品零件简图及加工工序

1 粗铣机梁两外角尺平面　2 精铣机梁两外角尺平面　3 铣机梁两条小平面
4 铣机梁两里角尺凸肩面　5 粗、精铣两端总长　6 钻、攻机梁角尺面上各螺纹及孔

1. 寻找原因

为了寻找出现废品的原因，对 500 件机梁加工工序的一次合格率进行测试，数据如表 6-31 所示。

表 6-31　机梁加工工序一次合格率测试表

序号	工　序　名　称	测试数（根）	合格数（根）	合格率（%）
1	粗铣机梁两外角尺平面	500	473	94.60
2	精铣机梁两外角尺平面	473	375	79.28

续表

序号	工 序 名 称	测试数（根）	合格数（根）	合格率（%）
3	铣机梁两条小平面	375	370	98.67
4	铣机梁两里角尺凸肩面	370	365	98.65
5	钻、攻机梁角尺面上各螺纹及孔	365	360	98.63
M=94.6%×79.28%×98.67%×98.65%×98.63%= 72%				

对各工序共产生的140件不合格品制成不合格品表（见表6-32）和它的排列图（见图6-39）。

表6-32 机梁各加工工序不合格品表

项 目	不合格品数（根）	累积不合格品数（根）	累积百分数（%）
精铣机梁两外角尺平面	98	98	70.00
粗铣机梁两外角尺平面	27	125	89.82
铣机梁两条小平面	5	130	92.86
铣机梁两里角尺凸肩面	5	135	94.43
钻、攻机梁角尺面上各螺纹及孔	5	140	100
N	140		

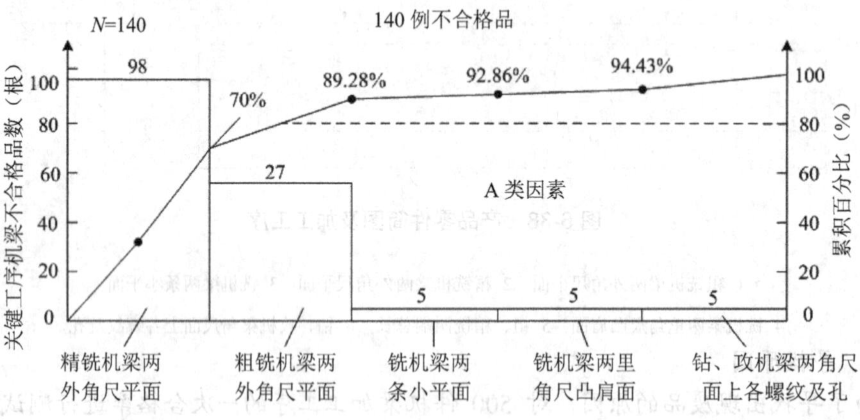

图6-39 机梁不合格品排列图

由图6-39可见，五道工序中精铣机梁两外角尺平面为出不合格品最多的工序。

2. 寻找影响精铣机梁两外角尺平面工序质量的主要因素

取118件由精铣机梁两外角尺平面工序所造成的不合格进行检测，得到精铣机梁工序不合格品表和它的排列图（见表6-33和图6-40）。

表 6-33 精铣机梁工序不合格品表

项目	不合格品数（根）	累积不合格品数（根）	累积百分数（%）
平面度 0.15mm	88	88	74.58
垂直度 0.16mm	15	103	87.29
直线度 0.04mm	7	110	93.22
表面粗糙度 Ra<2.5μm	5	115	97.46
厚度超差	2	117	99.15
其他	1	118	100

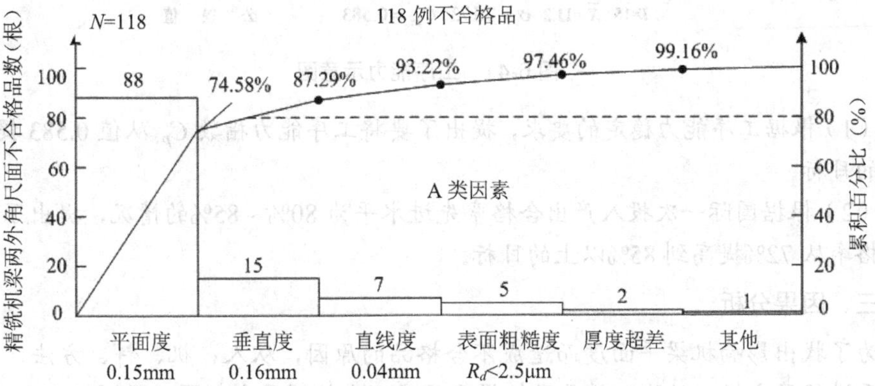

图 6-40 精铣机梁不合格品排列图

由图 6-40 可见，工序平面度是影响精铣机梁两外角尺质量的 A 类因素即为主要因素。

3. 平面工序能力指数分析

对精铣机梁两外角尺平面工序中 50 例产品进行平面度工序能力指数测定，数据如表 6-34 所示。

表 6-34 平面度工序能力指数测定表　　单位：$\times10^{-2}$mm

7	8	12	11	8	7	6	14	9	12	12	12	11
14	10	11	9	11	10	11	12	15	8	9	9	14
9	10	11	13	12	13	15	14	13	12	14	10	13
11	11	15	12	12	10	12	13	10	10	13	—	—

由图 6-41 可见：C_{ps}=0.583<1，说明工序能力不充分。

根据以上分析，质量管理小组制定了目标：

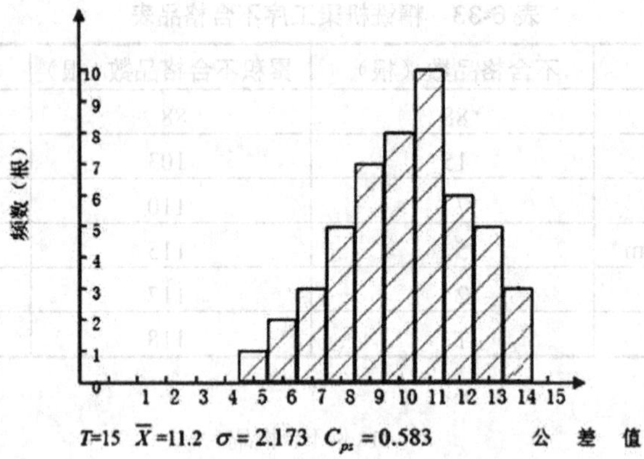

图 6-41　工序能力示意图

（1）根据工序能力稳定的要求，提出了要将工序能力指数 C_{ps} 从值 0.583 提高到 1 以上的目标。

（2）根据国际一次投入产出合格率先进水平为 80%～85%的情况，提出了机梁一次合格率从 72%提高到 85%以上的目标。

三、因果分析

为了找出影响机梁平面度而造成不合格品的原因，从人、机、料、方法、环境等五方面进行了分析、讨论，并画了机梁平面度不合格因果分析图（见图 6-42）。

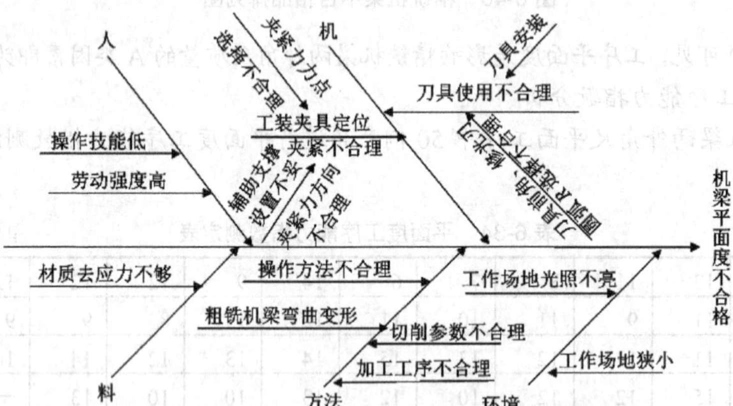

图 6-42　机梁平面度不合格因果分析图

对图上列出诸多原因进行逐条分析，找出下列五条为影响机梁平面度质量的主要原因：

1. 粗铣机梁弯曲变形

由于机梁属长向薄壁形结构，极易产生加工变形，粗铣机梁的加工变形和加工后由于堆放不当引起的弯曲变形，将会对精铣机梁质量造成直接的影响。

2. 零件加工工序不合理

精铣平面加工工序为先加工有平面度要求的一角尺面，后加工无平面度要求的一角尺面，这样就会造成有平面度要求的角尺面二次装夹变形，影响该面的平面度质量。

3. 夹紧点选择不合理

工件夹紧点选择是否合理将直接影响到工件的受力稳定，由于夹紧力 **F** 的力点设置在工件下端（见图 6-43），因此易引起工件受力不稳，影响平面质量。

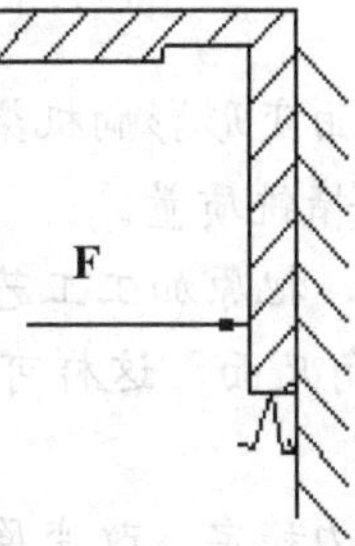

图 6-43　工件受力图

4. 切削参数不合理

切削参数是否合理，将直接影响到零件切削加工的质量，由于过去工艺文件中未定切削参数，操作工厂选择参数不合理，出现了高速切削，强力切削的现象，产生了热变形和表面粗糙度增大。

5. 刀具前角、修光刃圆弧 R 选择不合理

刀具的前角是影响切削时切削力大小的重要原因，由于机梁在结构上为长向薄壁形，自身刚性较差，原刀具前脚 $\gamma=0°$，切削抗力较大，工件在切削时，切削阻力较大，极易产生切削热变形，而修光刃圆弧 R，采用手工刃磨，圆弧 R 大小控制不一，圆弯过大，切削阻力大，切削热变形较大，圆弧 R 过小，表面粗糙度超差，影响零件表面质量。为了减少切削抗力，严格控制而修光刃圆弧 R 大小，须合理选择刀具前脚和修光刃圆弧 R。

四、制定对策计划表

针对主要原因制定对策计划表，如表 6-35 所示。

表 6-35　对策计划表

序号	要因项目	目标措施	负责人	完成日期
1	粗铣机梁弯曲变形	工艺规定粗铣机梁平面弯曲变形小于 0.40mm 以保证精铣质量	李　华	6 月
2	零件加工工序不合理	调整加工工序	王　辉	7 月
3	夹紧力点选择不合理	设计新夹具改进力点，使受力稳定	王　磊	7 月
4	切削参数不合理	合理选择切削参数	曹　明	8 月
5	刀具前角、修光刃圆弧 R 不合理	改进刀具前角，合理选择修光刃圆弧	张志林	8 月

五、对策和实施

（1）由于粗铣机梁造成机梁弯曲变形影响机梁平面质量，所以工艺规定粗铣机梁平面弯曲变形小于 0.40mm，以保证精铣质量。

（2）对加工工序进行合理调整，把原加工工艺秩序调整为先加工无平面度要求的一角尺面，再加工有平面度要求的角尺面，这样可减少二次装夹产生的变形，减少了影响平面度不合格的因素。

（3）改进工装夹具力点，使受力稳定。改变原夹具夹紧力点，使夹紧力点从工件底部移到工件的中间，提高工件夹紧稳定性，并设计制造新夹具。

（4）合理选择最佳切削参数，减少切削热量对零件质量的影响。经过反复试验比较，分析选定：转速 n=500r/min 、进给量 s=350mm/min、铣削深度 t=0.5mm 为最佳切削参数。

（5）对刀具前角进行改进，合理选择修光刃圆弧 R，改进修磨方法。

把原前角 $\gamma=0°$ 改为 $\gamma=10°$ ，有效地降低了切削阻力，减少了切削热变形对机梁平面度的影响。在确保零件表面粗糙度质量前提下，对修光刃圆弧 R 进行合理选择，取 R=83mm，以减少切削抗力对零件平面质量的影响，并对修光刃圆弧 R 采用专用工具机械刃磨。

六、效果检查

1．C_{ps} 值测定（见表 6-36 和图 6-44）

表 6-36　工序能力指数测定表　　单位：$\times10^{-2}$mm

7	8	8	10	10	9	8	11	12	10	10	10	9
9	6	7	8	7	10	6	7	8	9	10	10	11
11	13	12	11	11	11	8	13	12	8	9	9	12
9	10	10	9	9	10	10	10	9	9	10		

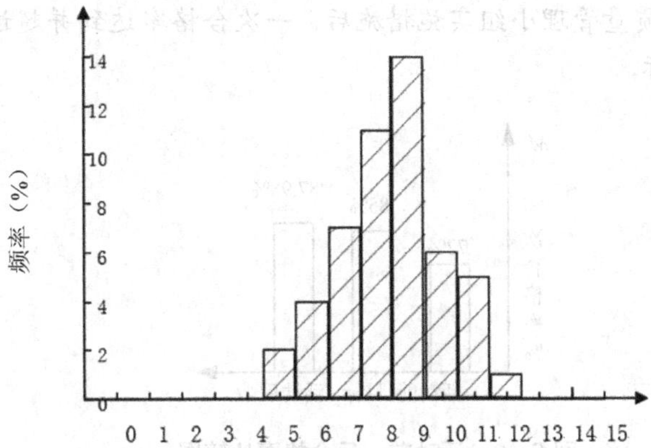

图 6-44 工序能力示意图

由图 6-44 可知 C_{ps}=1.1478>1。

由图 6-45 可见，活动后工序能力指数 C_{ps} 值提高并达到了提出的目标。

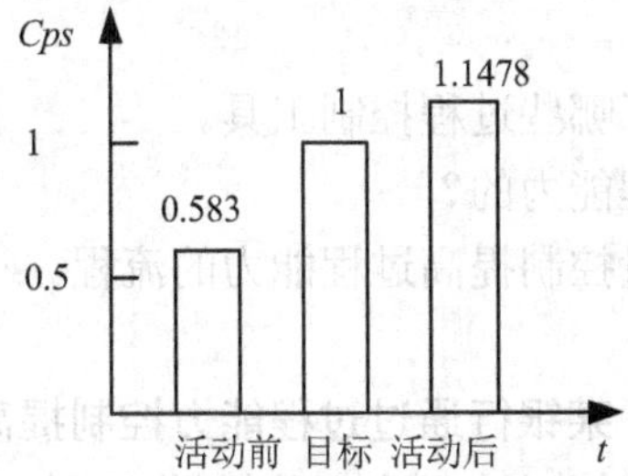

图 6-45 活动前、后 C_{ps} 值比较图

2. 质量管理小组活动前、后合格率比较（见表 6-37 和图 6-46）

表 6-37 活动后机梁关键工序一次合格率测试表

序 号	工 序 名 称	测试数（个）	合格数（个）	合格率（%）
1	粗铣机梁两外角尺平面	500	482	96.40
2	精铣机梁两外角尺平面	482	460	95.43
3	铣机梁两条小平面	460	452	98.26
4	铣机梁两里角尺凸肩面	452	446	98.67
5	钻、攻机梁两角尺面上各螺纹及孔	446	440	98.65
M=96.40%×95.43%×98.26%×98.67%×98.65%=87.98%				

由图6-46可见，质量管理小组实施措施后，一次合格率达到并超过小组预定的一次合格率为85%的目标。

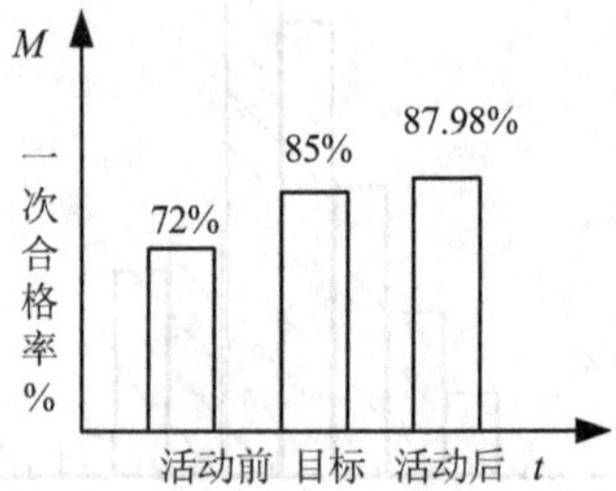

图6-46　活动前、后合格率比较图

七、巩固措施

为了进一步巩固已取得的成果，将这次质量管理活动的各项措施进行标准化，制定了“作业指导书”，使生产人员能按作业指导书中的加工方法及要求进行操作。

（资料来源：http://wenku.baidu.com/view/8b14fd5d804d2b160b4ec03a.html.　）

思考题：

1．请指出案例中应用了哪些过程控制工具。

2．该厂是如何提高过程能力的？

3．请总结通过过程质量控制提高过程能力的流程。

案例6-2　某银行通过过程能力控制提高服务水平

服务是一种无形的产品，对其如何进行质量控制呢？在工业质量管理的方法里，有一种指标叫做过程能力指标 C_{pk}，表示生产的部件与设计界限规定范围的吻合程度，我们发现，把它应用在服务业上，也是一种很好的控制方法。下面就以某银行为例来说明它的应用。

某银行在营业高峰期时，顾客的等待时间最少是4分钟，银行承诺最多11分钟要办理完其全部业务，这是银行对过去的业务经验的总结，同时认为，一般的平均等待时间是8分钟，这反映了其职员处理业务的平均速度和平均熟练程度。在某个高峰时段银行办理了50位客户业务，每位客户的等待时间如下（为了便于计算0.5表示半分钟）。

表6-38　顾客等待时间

9.5	6.0	8.0	8.5	10.5	8.5	10.0	9.0	6.0	9.5	8.0	8.5	7.5
9.0	8.5	10.0	7.5	9.0	6.5	9.5	8.0	8.5	10.0	7.0	9.5	8.5
9.0	8.0	8.0	11.0	7.5	8.5	6.5	10.5	8.0	7.0	9.0	8.5	9.0
8.0	8.0	6.5	7.5	8.5	8.5	7.0	7.5	9.0	9.0			

从这些数据可以看出银行实现了对顾客的承诺，每位顾客的等待时间都不超过 11 分钟，是否可以说该银行的服务质量达到了标准？部门经理应该如何评价本银行的业务处理能力呢？

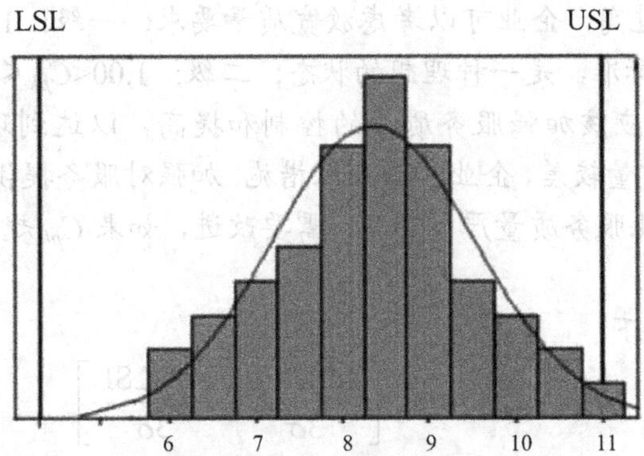

图 6-47　银行过程能力曲线

首先，我们要对这些数据作分析处理，如图 6-47 所示。从图中我们可以得到，直方图表示数据的频度，数据的分布大体上是服从正态分布的，且曲线中值偏向右侧。

USL 和 LSL 分别表示的是服务要求范围的上限和下限，在本案例中就是 11 分钟和 4 分钟，即落在这个界限内的顾客等待时间都是合适的。一般对于 USL 和 LSL 的获得，可以有两种方法。一是固有的标准，例如，某钢板厚度控制在 6.4 ~ 5.6mm 为合格品，这就是标准；另外一个是以往的经验的总结，例如根据某种经验，处理某些业务，根据正常的程序，一般要 3 ~ 8 天等。

使用统计软件可以计算出样本数据的平均值和标准差分别是 8.36 和 1.165，我们用 $\bar{X}$ 与 S 来表示，在数学上它们分别是 u 与 a 的无偏估计值。接下来让我们看一下平均值和标准差的现实意义。

平均值 $\bar{X}$ =8.36 分，反映了曲线的位置，是位置参数。这个数字对于顾客来说，它反映了在该银行办理业务的平均等待时间；对该银行来说，它反映了该部门的平均效率；而对于其职员来说，它反映了职员办理业务的平均熟练程度。

而标准差 S 反映了顾客等待时间，即银行服务速度的波动性，波动造成差异，这是服务质量变异的属性。差异的扩大会造成失控，在失控状态下，可能会造成业务的阻碍和客户的不满与抱怨。因此，S 当然是越小越好，因为它越小表示数据越集中，越靠近平均值，也就是时间长度的差异不大；如果 S 越大，就表示变化范围越大，也就是差异很大，很可能会造成服务质量变异。

顾客等待的标准差 S=1.165 分钟，它的意义就是在平均值的 ± 3S 的分钟里，即从

4.5分钟到12分钟，大约有99.73%的顾客等待的时间在这个界限范围内。

有了这些数据，我们可以用过程能力指数 C_{pk} 进行评价。过程能力指数 C_{pk} 原来指企业生产合格品能力的大小，在本案例中 C_{pk} 指银行对顾客履行承诺的能力大小。通常将 C_{pk} 分为五个等级，以便针对不同的情况采取不同的措施来改进质量。特级：$C_{pk}>1.67$，这时服务能力过高，企业可以考虑放宽质量要求；一级：$1.33<C_{pk}\leqslant 1.67$，那就是服务能很好地满足标准，是一种理想的状态；二级：$1.00<C_{pk}\leqslant 1.33$，可以认为服务质量是正常的，企业应该加强服务质量的控制和提高，以达到理想的状态；三级：$0.67<C_{pk}\leqslant 1.00$,服务质量较差，企业应该采取措施，加强对服务提供质量的控制与管理；四级：$C_{pk}\leqslant 0.67$，企业服务质量严重不足，需要改进，如果 C_{pk} 越小，那么服务很可能已经严重失控。

C_{pk} 的计算公式如下：

$$C_{pk}=\min\left[\frac{\text{USL}-\mu}{3\sigma}-\frac{\mu-\text{LSL}}{3\sigma}\right]$$

带入本案例数据计算出 C_{pk} 为0.76，该企业服务质量处于第三级，从管理层面来讲，表示服务质量不足，应立即采取措施改善。如果遇到这种情况，我们应该如何解决呢？管理者可以把曲线尽量向规定的中心位置移动。本案例中，一般顾客的平均等待时间是8分钟，可以说这是根据以往经验得到的平均效率，是正常的程序运作可以达到的，而顾客实际上平均的等待时间是8.36分钟，偏离了0.36。因而质量曲线表现出向右偏移的现象，这样就会导致偏移出规定的范围。所以，我们应该尽量把平均时间向中心位置（8分钟）靠近，即缩短顾客等待时间。产生顾客等待现象的根本原因是服务现场的抵达者数量超过系统的处理能力，因此，减少等待时间的最好方案是消除根本原因，这通常需要对现有的生产和人力资源策略进行重新考察。由于这样的改变可能需要花钱，所以商业银行管理人员必须高度重视服务质量和顾客满意度，把费用与提供给顾客更快服务的竞争优势联系起来。

鉴于此，我们拟将对减少顾客等待时间的策略浅述如下：

1. 加强员工培训，规范工作程序

管理者可以通过加强对员工的培训与监督，特别是效绩较差的员工，来改进服务质量，同时管理者应该建立一套规范的工作程序，使服务过程标准化，并且制定遇到特殊情况时的处理方式，以免顾客流失。此外，银行可向顾客提供“如何减少等待时间”宣传手册，提醒顾客高峰期的时间，并鼓励他们在不拥挤的非高峰时间寻求服务，那个时候服务会更快、更舒适。

2. 切实推行随机动态服务系统，实现服务时间的最优配置

一般情形下，商业银行提高服务水平自然就会降低顾客等待费用，但却常常增加

了服务机构的成本。为解决这个问题，有必要切实推行随机动态服务系统，最大限度缩短顾客等待时间，使商业银行的服务时间达到最优配置。其中要重点考虑和解决以下两个方面的内容：（1）性态问题。指各种顾客排队系统的概率规律性，研究队伍长度分布、等待时间分布和高峰期顾客分布等；（2）服务系统的统计推算。即判断一个给定的排队系统符合哪种模型，服从于哪种统计分布规律。

3. 改进窗口设置方式和采取叫号方法

银行营业厅需要改进服务窗口设置方式，即不应全部设置为综合窗口和让顾客不加区别地排队，而是应根据顾客类别（如根据顾客办理业务种类不同分为现金业务、非现金业务、理财业务等，根据顾客办理业务额大小分为大额业务和小额业务等）分设不同服务窗口和让不同顾客分别排在不同位置。其次，采取号码排队结构，即顾客到达银行营业厅后，通过号票打印机获得号码，当叫到自己所持号码时即到服务台接受服务。这种排队结构有效地减少了顾客的体力成本和精神成本，能够保证“先到先服务”，顾客隐私和安全得到最大程度保障，从而受到顾客极大欢迎。

4. 创新服务手段，提高服务效率

信息技术的飞速发展使银行逐渐改变了以柜面服务为主的营业方式，而侧重于服务体系的建设，以低成本高效率的“机构+鼠标”的方式发展，以实体银行的信誉、信用和基本功能为平台，延伸虚拟网点，从而收到“1+1>2”的效果。例如，扩展自助设备功能，方便服务一般客户。自助设备相对于柜面服务来说，操作简单快捷，是服务一般客户日常存取款、代缴费等业务的主要手段，并且能有效减轻柜面的人流压力，使需要办理复杂业务的客户能更快地得到服务。利用互联网技术开通网上银行服务，不仅降低了的运营成本，还克服了时间和空间上的障碍，使顾客金融交易和服务可在任何时间、任何地点进行。

管理者结合上述手段，通过具体的措施实现改进，缩短顾客的等待时间，提高服务效率。当部门可以稳定达到指标时，管理者可以调节 LSL 与 USL 的值或中心值，例如，管理者可以把 USL 的值调到 10 分钟，计算得 C_{pk} 为 0.47，显然降低，管理者需要进一步加强措施来提高效率。通过这样不断地调节，可以使服务标准得到不断改进与提高，并且在实际操作上加以配合，才可以达到顾客所意想不到的高效率与满意度。同时这是一种以数据和现实分析驱动的管理方法，它可以应用到很多地方，例如餐饮、物流、零售等服务业，帮助我们改进和提高服务质量。

（资料来源：解宝苗. 过程能力指数法在服务业中的应用——以商业银行为例[J]. 经济研究导刊，2009.）

思考题：

1. 过程能力在服务业中如何定义？
2. 如何用过程能力分析服务业的服务水平？

3．如何通过过程能力分析提高服务效率？

附录 应用 SPSS 18.0 作控制图

【例 6-19】设某金属零件的长度是一个重要的质量特性。为了对其进行控制，在生产现场每隔 1 小时连续测量 n=5 件产品的长度，数据为零件真正的长度与某一特定尺寸之差，如表 6-7 所示，试作 $\bar{x}-R$ 图。

步骤一：建立电子数据表格，如表 6-39 所示。

步骤二：根据 SPSS 18.0 的数据要求完成数据导入。（可跳过第一步直接按第二步输入数据），如表 6-40 所示。

表 6-39 原始数据

	A	B	C	D	E	F	G
1	平均值和极差控制图						
2	样本组号	Xi1	Xi2	Xi3	Xi4	Xi5	
3	1	12	8	5	12	3	
4	2	11	13	8	11	4	
5	3	10	3	6	2	7	
6	4	12	12	6	12	4	
7	5	6	9	6	5	5	
8	6	8	11	8	9	2	
9	7	10	9	6	3	7	
10	8	7	12	9	1	3	
11	9	5	9	11	6	7	
12	10	7	7	6	11	11	
13	11	10	13	9	12	15	
14	12	4	7	6	8	13	
15	13	8	4	13	7	11	
16	14	8	4	7	7	4	
17	15	10	6	9	10	14	
18	16	14	7	8	6	5	
19	17	1	11	2	8	8	
20	18	5	6	3	10	6	
21	19	6	7	4	7	10	
22	20	12	7	9	9	13	
23	21	3	11	6	12	6	
24	22	4	2	5	9	8	
25	23	7	12	7	11	10	
26	24	4	5	8	9	7	
27	25	5	9	6	12	5	

表 6-40 导入数据

	Xi	组别
1	12.00	1
2	11.00	2
3	10.00	3
4	12.00	4
5	6.00	5
6	8.00	6
7	10.00	7
8	7.00	8
9	5.00	9
10	7.00	10
11	10.00	11
12	4.00	12
13	8.00	13
14	8.00	14
15	10.00	15
16	14.00	16
17	1.00	17
18	5.00	18
19	6.00	19
20	12.00	20
21	3.00	21

步骤三：单击菜单栏按钮“分析”→“质量控制”→“控制图”。在弹出的对话框中选择“变量图表”和“数据组织”，如图 6-48 所示。

步骤四：将左侧栏中的变量依次拖入右侧对应变量框内。可根据需要设置控制图的标题、控制规则以及统计量等，在本题中无需设置。完成后单击“确定”按钮，如图 6-49 所示。

步骤五：完成均值控制图和极差控制图，如图 6-50、图 6-51 所示。（控制图的上

下限 SPSS 会自动计算生成）

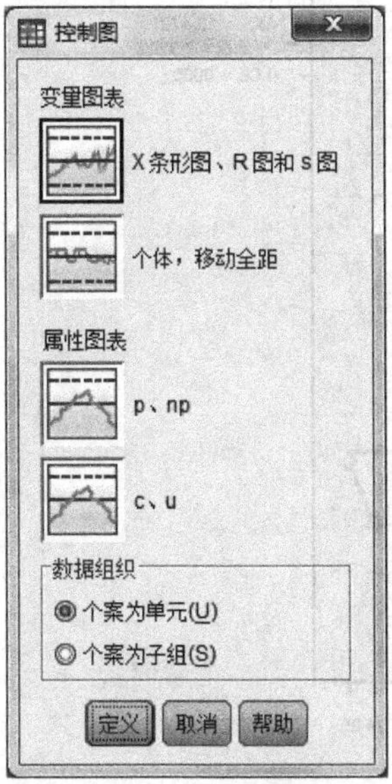

图 6-48　进入控制图选项

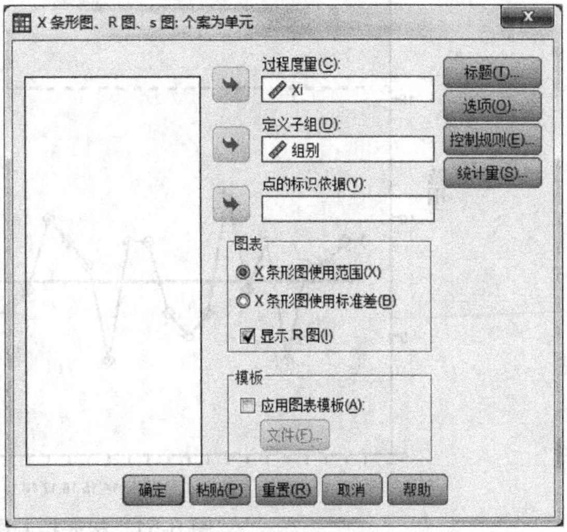

图 6-49　设置变量

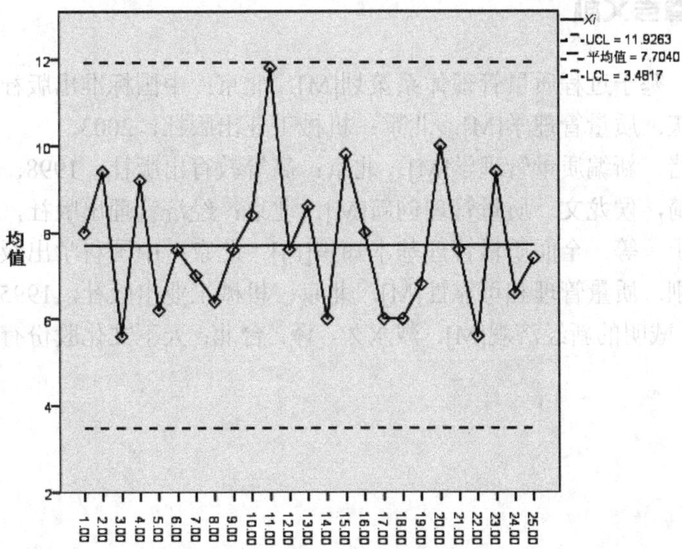

图 6-50　均值控制图

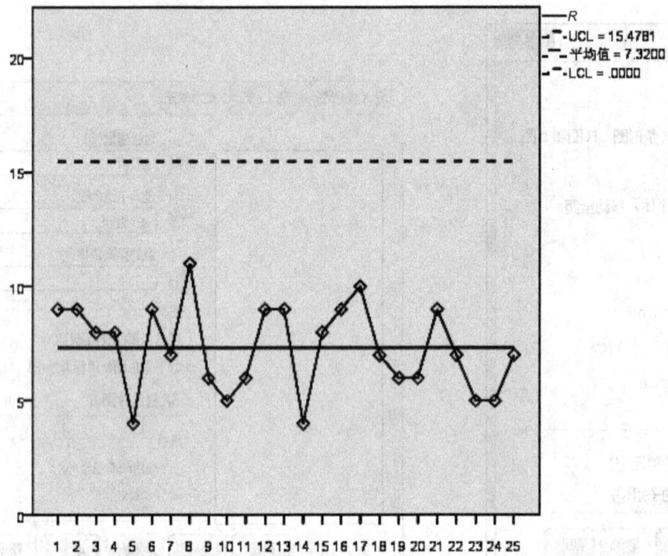

图 6-51　极差控制图

本章参考文献

1．敖景．基于过程质量管理体系策划[M]．北京：中国标准出版社，2004．

2．刘书庆．质量管理学[M]．北京：机械工业出版社，2003．

3．张公绪．新编质量管理学[M]．北京：高等教育出版社，1998．

4．周朝琦，侯龙文．质量管理创新[M]．北京：经济管理出版社，2001．

5．杨文士，等．全面质量管理基本知识[M]．北京：中国科学出版社，1995．

6．梁乃刚．质量管理和可靠性[M]．北京：机械工业出版社，1995．

7．戴明．戴明的新经济观[M]．戴永久，译．台北：天下文化股份有限公司，1997．

第七章 质量测量与分析

本章内容要点

- 质量检验职能；质量检验方法；接收概率与 OC 曲线
- 计数标准型抽样检验；计数调整型抽样检验
- 质量成本；质量成本核算；质量损失函数；质量成本构成；劣质成本
- 质量信息；质量信息管理系统；计算机辅助质量信息管理系统
- 业绩测量；卓越绩效；业绩测量体系的设计

第一节 质量检验

一、质量检验概述

质量检验就是对产品的一个或多个质量特性进行观察、测量、试验，并将结果与规定的质量要求进行比较，以判断每项质量特性是否合格以及产品是否合格的一种活动/过程。

质量检验的目的是对产品是否符合规定的质量标准取得判断的客观依据，并作出合格与否的判断，是在产品生产出来以后所作的判断。质量检验的对象是产品的质量特性。

（一）质量检验的主要职能

1．鉴别职能

这是质量检验最基本的职能，是要通过测量、比较，判断质量特性值是否符合规定的要求。鉴别职能是保证（把关）职能的前提。

2．保证职能

保证职能就是在对产品鉴别后将其区分为合格品与不合格品，将不合格品进行标记和隔离，以防止在做出适当的处理前被误用，保证不合格的原材料不投产，不合格的在制品/中间品不转序，不合格的成品不出售。从而达到保证产品质量并对质量进行把关的目的。从这个意义上说，质量检验的保证职能也可以称为“把关”职能。

3．报告职能

报告是信息反馈的过程，是质量改进过程中的重要环节。报告职能要求通过检验活动，系统地收集、积累、整理并分析研究各种质量信息，根据需要编制成各种报告或报表，按照企业规定向有关人员和部门报告企业产品质量的现状、动态和发展趋势，使相关部门和人员及时掌握企业的质量状况，为企业质量策划、质量控制、质量考核以及质量决策提供及时、可靠和充分的依据。

（二）质量检验的基本类型

根据产品质量的形成过程可以将企业质量检验分成三种基本类型：进货检验、过程检验和最终检验。

1．进货检验

进货检验是指对企业采购的原材料、辅料、外购件、外协件和配套件等入库前的接收检验。这是对企业外购货物的质量验证活动。进货检验包括首批样品检验和成批进货检验两种方式。

（1）首批样品检验。首批样品检验是指企业对已经选定或准备选定的合同供货单位第一次提供的一件或一批样品进行的鉴定性检验。其检验内容严格按规定的工作程序进行。

（2）成批进货检验。成批进货检验是指在正常生产情况下，对与企业有合同或合作关系的供货方按购销合同规定持续性的成批供货进行的进厂检验。

由于原材料等的合格是产品合格的重要前提，所以进货检验是保证生产正常进行和产品质量的重要措施。企业应制定相关的进货检验管理制度，检验人员对检验结果应做好记录。对于经检验不合格的产品应按规定进行退货或进行其他处置。

2．过程检验

过程检验又称工序检验或阶段检验，是指对原材料投产后陆续形成成品之前的每道工序上的在制品所做的符合性检验。过程检验的目的是防止出现大批不合格品并防止其流入后续工序继续加工，所以过程检验不仅要检验在制品的质量状况，还要对影响产品质量的工序因素进行检验，以判断生产过程是否处于正常的稳定状态，过程能力是否达到规定要求。因此，过程检验对于工序质量控制以及质量改进都有着重大的积极作用。过程检验的主要方式有三种。

（1）首件检验。对于改变加工对象（如，不同产品或同一产品的不同批次）或改变生产条件（如，不同班次、不同操作者、更换工艺装备、重新调整设备等5M1E的变更）后生产出来的第一件（或几件）产品叫做首件产品。对首件产品进行的检验，称为首件检验。

操作者必须认真对首件（批）进行自检，自检合格后送专业检验人员“专检”。检验人员检验合格后，要作出首件合格的表示，作为记录，并打上检验人员的责任标记。只有当首件检验合格后，才允许操作者进行批量加工。这对于成批报废起着预防作用。

（2）巡回检验。巡回检验是指检验人员在生产现场对加工过程巡回地进行现场检验。巡回检验要求检验人员以“三按”（按图纸、按工艺规程、按标准规范）为依据，当好“三员”（检验员、质量宣传员、技术辅导员），做好“三帮”（帮助操作者掌握操作方法和保证质量要领；发现质量不符合要求时帮助操作者分析原因；发现工序异常时帮助操作者分析调整）工作，以保证工序质量。

在批量生产时，巡回检验常与使用控制图的检验结合起来，起到及时“报警”，预防工序出现成批不合格品的作用。

（3）末件检验。末件检验是指主要依靠模具或专用工艺装备加工并保证质量的产品，在批量加工完成后，对加工的最后一件（或几件）进行检查验证的活动。末件检验的主要目的是为下批生产作好生产技术准备，保证下批生产时能有较好的生产技术状态。这种检验活动，由检验人员和操作者共同进行，检验合格后双方应在“末件检验卡”上签字。

3．最终检验

最终检验包括完工检验和成品验收检验。

（1）完工检验。完工检验是对全部加工活动结束后的半成品或完工的产品进行的检验。它是一种综合性的核对活动，应按产品图纸等有关规范，认真仔细地核对。

（2）成品验收检验。成品验收检验是指将经过完工检验的零部件组装成成品（或完成大型成套产品各部套的生产）后，以验收为目的的产品检验。它是产品出厂前的最后一道质量防线和关口，必须认真按有关程序进行，确保出厂产品的质量，防止给用户造成重大的损失。

二、质量检验方法

产品质量检验中广泛使用的是抽样检验的方法。所谓抽样检验是利用所抽取的样本对产品或过程进行检验，对这批产品的质量进行评估，以便对这批产品作出合格与否，能否接收的判断。经过抽样检验判为合格的批，不等于该批中所有产品都合格；经过抽样检验判为不合格的批，不等于该批中所有产品都不合格。

抽样检验一般用于以下情况：

（1）破坏性检查验收，如产品的寿命、材料的强度检验。

（2）被测对象是流程性材料，如钢水化验、整盘钢材的检验。

（3）产品数量很多或检验费用很高，希望节省时间和检验费用。

（一）抽样检验常用术语

（1）单位产品。单位产品是指为实施抽样检验而划分的基本产品单位。

（2）检验批。检验批是指为实施抽样检验而汇集起来的一定数量的单位产品。

（3）批量。批量是指检验批中所包含的单位产品的数量，常用 N 表示。

（4）缺陷。缺陷是指质量特性未满足预期的使用要求。

（5）不合格。不合格是指单位产品的任何一个质量特性不满足规定要求。

（6）不合格品。有一个或一个以上不合格的单位产品称为不合格品。

（7）抽样方案。规定了每批应检验的单位产品数量和有关批接收准则的一个具体的方案。

（8）抽样计划。抽样计划是指一组严格不同的抽样方案和转移规则的组合。

（二）产品批质量的表示方法

批质量是指检验批的质量。衡量批质量的方法主要有以下几种：

1．批不合格品率 p

批不合格品率是指批中不合格的单位所占的比例，即

$$p=\frac{D}{N}$$

式中，N 为批量；D 为批中的不合格品数。

2．批不合格品百分数

批不合格品百分数是指批中的不合格品数除以批量，再乘以 100，即

$$100p=\frac{D}{N}\times 100$$

3．批每百单位产品不合格数

批每百单位产品不合格数是指批中每百个单位产品平均包含的不合格数，即

$$100p=\frac{C}{N}\times 100$$

式中，C 为批中的不合格数。

（三）抽样检验的分类

抽样检验根据检验特性值的属性不同可以分为两类：计量型抽样检验和计数型抽样检验。计数型抽样检验包括计件抽样检验和计点抽样检验。计件抽样检验是根据被

检验样本中的产品是否接收，进而推断整批产品是否接收的活动。计点抽样检验是根据被检验样本中的产品包含不合格数的多少来推断整批产品是否接收的活动。而计量抽样检验是通过测量被检验样本中的产品质量特性的具体数值并与标准进行比较来推断整批产品是否接收的活动。

抽样检验根据抽取样本的个数可以分为一次抽样检验、二次抽样检验、多次抽样检验和序贯抽样检验。一次抽样检验是指只从检验批中抽取一个样本就应对该批产品作出是否接收的判断；二次抽样检验是一次抽样检验的延伸，它要求对一批产品抽取一个或两个样本后作出整批接收与否的结论，但抽取的样本不得多于两个；多次抽样检验可以抽取 3~7 个样本才对抽检批作出判断；序贯抽样检验不限抽样次数，但每次抽取一个单位产品，直至按规则作出判断为止。

（四）抽样方法

从总体中抽取样本时，为尽量代表总体质量水平，最重要的原则是不能存在偏好，即应用随机抽样法来抽取样本。依此原则，抽样方法有以下四种：简单随机抽样、系统抽样、分层抽样和整群抽样法。

1．简单随机抽样

一般来说，若一批产品共有 N 件，如其中任意 n 件产品都有同样的可能性被抽到，这样的方法称简单随机抽样。如抽奖时摇奖的方法就是一种简单随机抽样。简单随机抽样时须注意不能有意识抽好的或差的，或为了方便只抽表面摆放或容易取得的。

2．系统抽样

系统抽样又叫等距抽样法或机械抽样法，是每隔一定时间或一定编号进行一次抽样，而每一次又是从一定时间间隔内生产出的产品或一段编号产品中任意抽取一个或几个样本的方法。它主要用于无法知道总体的确切数量的场合，如每个班次的确切产量，多见于流水生产线产品的抽样。

3．分层抽样

分层抽样是针对同类产品有不同的加工设备、不同的操作者、不同的操作方法时对其质量进行评价时的一种抽样方法。它是先根据不同的生产条件将产品分成若干层，在每层按生产比例抽取若干样本进行检验，此类方法多见于采用模块结构化生产线所生产的产品。

4．整群抽样法

整群抽样法又叫集团抽样法。这种方法是将总体分成许多群，每个群由个体按一定的方式结合而成，然后随机抽取若干群，并由这些群中的所有个体组成样本。

三、接收概率与 OC 曲线

（一）产品批质量的验收判断过程

抽样检验是通过对样本的检验来判断整批产品是否合格的，为使判断更加合理有效，需要制定一个科学的判断方案。在最简单的计数型抽样方案中通常要确定两个参数：一个是抽取的样本量 n；一个是对样本进行检验时，判断合格与否的合格判定数 Ac。有了这两个参数后，就能够容易地进行抽样检验并评定产品是否合格。于是，对于计数抽样检验来说，批质量的验收判断过程是：从批量 N 中随机抽取样本量为 n 的一个样本，检验测量样本中全部产品，记下其中的不合格品数（或不合格数）d。如果 $d \leqslant Ac$，则认为该批产品质量合格，予以接受；如果 $d \geqslant Re$（Re 为不合格判定数或拒收数，一般 $Re=Ac+1$），则认为该批产品质量不合格，予以拒收，其判断程序如图 7-1 所示。

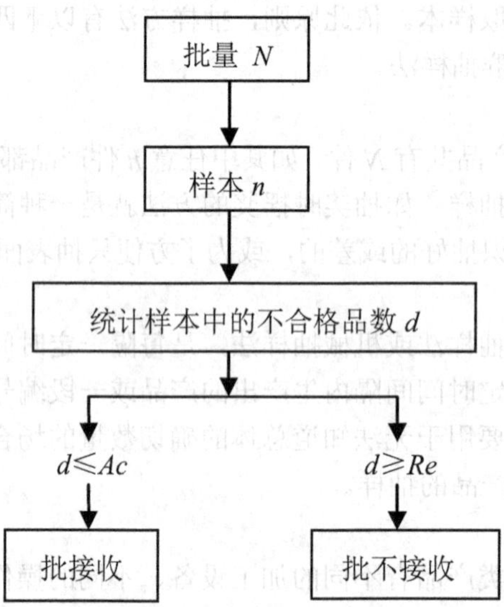

图 7-1　产品质量判断过程

（二）抽样方案的接收概率

接收概率是指根据规定的抽样方案，把具有给定的质量水平的检验批或过程判为合格并接收的概率。也就是用给定的抽样方案(n, Ac)（n 为样本量，Ac 为批合格判定数）去验收批量 N 和批质量 p 已知的检验批时，把检验批判断为合格并接收的概率。接收概率通常记为 $L(p)$，它是批不合格率 p 的函数，随着 p 的增大而减小，所以 $L(p)$又叫抽样方案(n, Ac)的抽检特性函数。接收概率的计算方法通常有超几何分布计算法、二项分布计算法、泊松分布计算法三种。

1．超几何分布计算法

设从不合格品率为p的批量N中随机抽取n个单位产品组成样本，则样本中出现d个不合格品的概率可按超几何分布公式计算，公式为

$$L(p)=\sum_{d=0}^{A}\frac{\binom{Np}{d}\binom{N-Np}{n-d}}{\binom{N}{n}}=\sum_{d=0}^{A}H(d;n,p,N)$$

式中，$\binom{Np}{d}$为从批的不合格品数Np中抽取d不合格品的全部组合数；

$\binom{N-Np}{n-d}$为从批的合格品数$N-Np$中抽取$n-d$个合格品的全部组合数；

$\binom{N}{n}$为从批量N的一批产品中抽取n个单位产品的全部组合数。

上式是有限总体计件抽样检验时，计算接收概率的精确公式。

2．二项分布计算法

当总体为无穷大或接近无穷大（$\frac{n}{N}\leqslant 0.1$）时，可以用二项概率去近似超几何概率，故利用二项分布计算接受概率的公式为

$$L(p)=\sum_{d=0}^{Ac}\binom{n}{d}p^{d}\left(1-p\right)^{n-d}$$

式中，$\binom{n}{d}$为从样本n中抽取d个不合格品的全部组合数；p为批不合格率。

3．泊松分布计算法

当$\frac{n}{N}\leqslant 0.1$且$p\leqslant 0.1$时，又可用泊松分布表示为

$$L(p)=\sum_{d=0}^{Ac}\frac{(np)^{d}}{d!}e^{-np}\qquad (e=2.718\ 28)$$

上式是计点抽样检验时，计算接收概率的精确公式。

（三）OC 曲线

1．OC 曲线的概念

OC 曲线就是接收概率 $L(p)$随着批质量变化而形成的曲线。当检验批的批质量 p 已知时，根据前面介绍的公式就可以计算出该批产品的接收概率 $L(p)$。但是，实际工作中产品的批质量 p 并不知道，而且是一个不固定的值。而每给一个 p 值，就可以计算出一个接收概率 $L(p)$的值。这样以横坐标表示自变量批质量 p，以纵坐标表示因变量接收概率 $L(p)$就可以得到一条表示抽样检验特性的 OC 曲线。

根据接收概率的计算公式可知，OC 曲线与抽样方案是一一对应的，每一个抽样方案都对应着一条 OC 曲线，而每一条 OC 曲线又反映了它所对应的抽检方案的特性。OC 曲线可以定量地告诉人们产品质量状况和被接收可能性大小之间的关系，也可以告诉人们采用该抽检方案时，具有某种不合格品率 p 的批，被判接收的可能性有多大，或者要使检验批以某种概率接收，它应有多大的批不合格品率 p。同时，人们可以通过比较不同抽样方案的 OC 曲线，从而比较他们对产品质量的辨别能力，选择合适的抽检方案。

2．OC 曲线分析

（1）理想的 OC 曲线

理想的 OC 曲线代表了这样一种抽样方案：当 $p \leqslant p_t$ 时，接收概率 $L(p)=1$；当 $p>p_t$ 时，接收概率 $L(p)=0$，如图 7-2 所示。

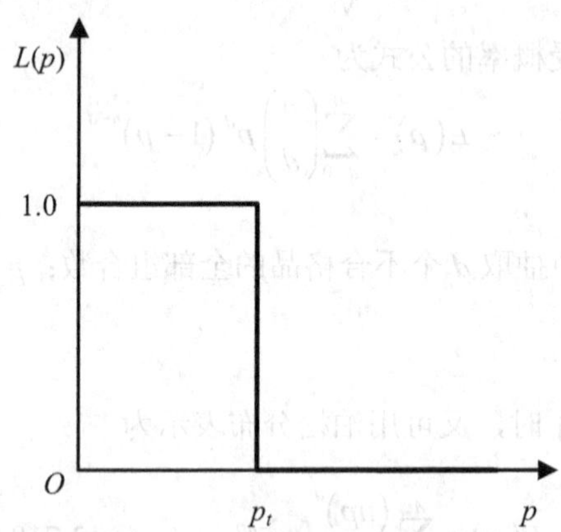

图 7-2　理想的 OC 曲线

但是，理想的 OC 曲线实际上是不存在的，除非 100%检验并且保证不发生错检和漏检。

（2）实际的 OC 曲线与两类风险

理想的 OC 曲线显然是我们最想要的，但是由于受到实际条件的限制，我们是不可能得到的。所以我们能够得到的只能是一种较为理想的折中方案：当批质量好时（$p \leqslant p_0$），能以较高的接收概率判它接收；当批质量差到某个规定的界限（$p \geqslant p_1$）时，能以较高的概率判它拒收；当产品质量变坏（比如 $p_0 \leqslant p \leqslant p_1$）时，接收概率要能够迅速减少。这样的 OC 曲线如图 7-3 所示。

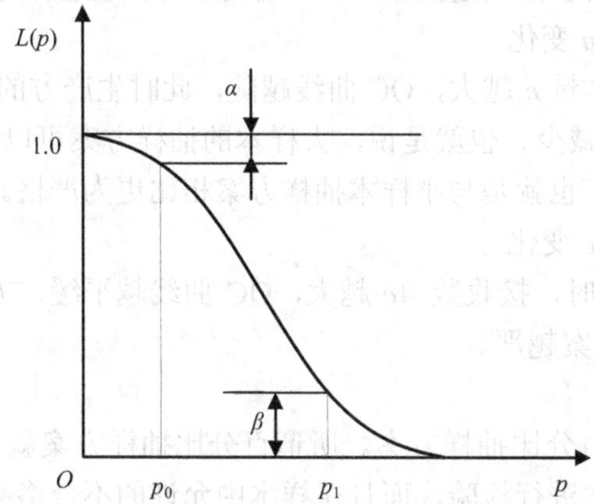

图 7-3　实际的 OC 曲线

在这样的一条实际的 OC 曲线所表示的方案中，当产品的批质量比较好（$p \leqslant p_0$）时，不可能 100%地接收，而只能以较高的概率接收，并以一个较低的概率 α 予以拒收。这种由于抽检方案的原因而把合格品判为不合格品并予以拒收的错误称为第一类错误。拒收的概率 α 叫做第一类错判概率。这种错判会给生产者带来损失，因此这种错判的风险又称为生产方风险，拒收概率 α 又称为生产方风险率，它反映了把质量较好的产品批错判为不合格并予以拒收的概率。

同时，当产品不合格率较高（如 $p \geqslant p_1$）时，也不会 100%地予以拒收，而是以较小的概率 β 接收。这种由于抽样检验的原因把不合格品错判为合格品并予以接收的错误称为第二类错误，它会使用方受到损失。这个将不合格品错判为接收的概率 β 叫做第二类错误概率，又叫使用方风险率。

3．OC 曲线与 N、n、Ac 之间的关系

抽样特性曲线和抽样方案是一一对应的关系，也就是说，有一个抽样方案就有与之对应的一条 OC 曲线；同时，有一条抽样特性曲线，就有与之对应的一个抽样检验方案。因此，当抽样检验方案变化，即 N、n 和 Ac 变化时，OC 曲线也必然随之发生变化。下面具体讨论 OC 曲线是怎样随着这三个参数的变化而变化的。

（1）n、Ac 固定，N 变化

当 n、Ac 固定时，批量大小 N 对 OC 曲线影响不大。一般来说，如果 $\frac{N}{n} \geqslant 10$，即 $N \geqslant 10n$，那么在决定抽样方案时，就可以不考虑批量大小 N 的影响。所以，抽样方案一般只简单地用(n,Ac)来表示。但是，应当注意的是，抽样检验总会存在误判的可能。所以，如果 N 过大，那么在抽样检验时一旦犯错误，将产品误判为不合格并予以拒收，就会带来巨大的损失。所以在决定批量时，不能为了分摊检验成本而将批量取得过大。

（2）N、Ac 固定，n 变化

N、Ac 固定时，样本量 n 越大，OC 曲线越陡，此时生产方的风险率 α 略有下降，使用方的风险率 β 显著减少。也就是说，大样本的抽样方案可以使接收劣质批和拒收优质批的概率都比较小，也就是与小样本抽样方案相比更为严格。

（3）N、n 固定，Ac 变化

很明显，N、n 固定时，接收数 Ac 越大，OC 曲线越平缓，方案越松；接收数 Ac 越小，OC 曲线越陡，方案越严。

4．百分比抽样方案

有些企业使用的是百分比抽样方案。所谓百分比抽样方案就是不论批量大小，都按一定的百分比抽取样本进行检验，而且在样本中允许的不合格品数（即接收数 Ac）都是一样的。仅从表面上看，这种抽样方案好像是很公平合理的，其实这种方案是一种很不科学的方案。

设有批量不同但批质量相同（比如，批不合格品率均为 6%）的三批产品，批量分别为 500，1 000 和 2 000。根据百分比抽样方案假定抽取样本比例为 5%，接收数 Ac=2。则三批产品的相应的抽样方案分别为 I(25,2)；II(50,2)；III(100,2)。在确定了抽样方案之后，就可以绘出各抽样方案的 OC 曲线。为便于比较，将三种方案的 OC 曲线绘于同一个图中，如图 7-4 所示。

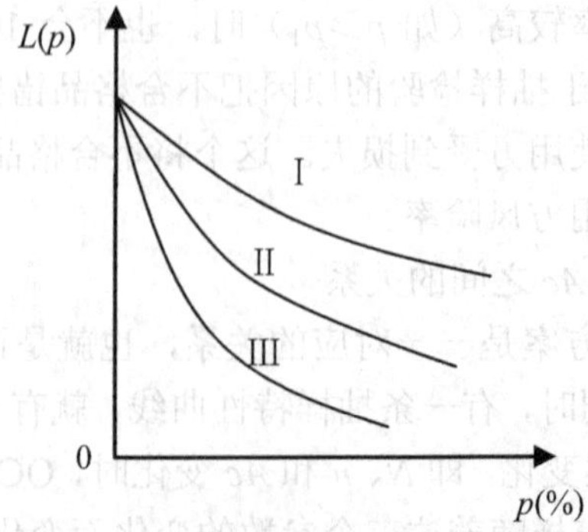

图 7-4　百分比抽样方案的特性曲线

从图 7-4 中可以很明显地看出，方案 III 比方案 II 严，方案 II 比方案 I 严。也就是说，百分比抽样是大批严，小批宽，即对批量大的检验批提高了验收标准，而对批量小的批却降低了验收标准。对相同质量水平的产品却采用了不同的验收标准，可见百分比抽样是不合理的。

四、计数标准型抽样检验

（一）计数标准型抽样检验相关概念

计数标准型抽样检验就是按照生产方和使用方共同协商确定的 OC 曲线所进行的抽样检验。这种抽检方案可以同时严格控制生产方和使用方的风险，也就是同时规定了对生产方的质量要求和对使用方的质量保护，是最基本的一种抽检方案。

典型的计数标准型抽样检验方案是这样确定的：希望不合格品率为 p_1 批尽量拒收，设其接收概率为 $L(p_1)=\beta$；希望不合格品率为 p_0 批尽量接收，设其拒收概率为 $1-L(p_0)=\alpha$。一般规定 $\alpha=0.05$，$\beta=0.10$。其 OC 曲线如图 7-5 所示。

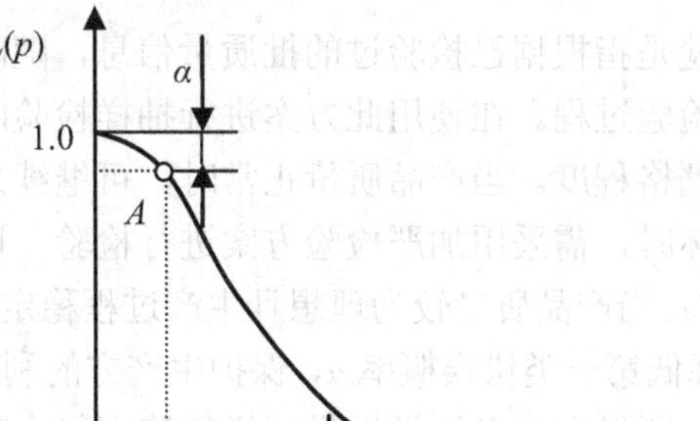

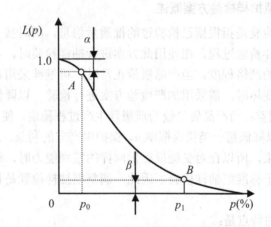

图 7-5　计数标准型抽样检验方案的确定

下面对图 7-5 中的 α、β、p_0、p_1、A 和 B 作简单的解释：

α 为生产方风险概率，即对于给定的抽样方案，当批质量水平为某一确定的可接收水平时的拒收概率。也就是当把好的质量批判为拒收时生产方所承担的风险。

β 为使用方风险概率，即对于给定的抽样方案，当批质量水平为某一确定的不合格水平时的接收概率。也就是当把差的质量批判为接收时使用方所承担的风险。

p_0 为生产方风险质量，即对于给定的抽样方案，与规定的生产方风险概率相对应的质量水平。

p_1 为使用方风险质量，即对于给定的抽样方案，与规定的使用方风险概率相对应的质量水平。

A 为生产方风险点，即OC曲线上对应于生产方风险质量和生产方风险概率的点。

B 为使用方风险点，即OC曲线上对应于使用方风险质量和使用方风险概率的点。

（二）计数标准型抽样检验方案的确定

在计数标准型抽样检验方案中，p_0 和 p_1 是两个重要的质量参数。只要确定了这两个参数的值，就可以从我国国家标准 GB/T13262—2008《不合格品率的计数标准型一次抽样检查程序及抽样表》中查出样本量和可接收数 Ac，从而确定抽样检验的方案。如果从该表中查得的样本量大于批量，则应进行全数检验，但保持可接收数 Ac 不变。

计数标准型抽样检验一般可用于孤立批的产品验收，但是它需要很大的样本量。所以，该方案很不经济，在国际上已基本不用。

五、计数调整型抽样检验

（一）计数调整型抽样检验方案概述

计数调整型抽样检验是指根据已检验过的批质量信息，随时按一套规则“调整”检验的严格程度的抽样检验过程。在使用此方案进行抽样检验时，可根据以往的质量信息，动态调整检验的严格程度。当产品质量正常时，可继续采用正常的检验方案进行检验；当产品质量变坏时，需采用加严检验方案进行检验，以降低第二类错判的概率 β，保护使用方的利益；当产品质量较为理想且生产过程稳定，使用方满意时，可采用放宽的检验方案，以降低第一类错误概率 α，保护生产方的利益。由于充分利用了过去抽样检验的历史结果，所以在对受检批提供同样的鉴别能力时，调整型抽样检验需要抽取的样本量要少于标准型抽样检验。因此，调整型抽样检验是目前使用最广泛的抽样检验方法。

调整型抽样检验的特点是：

（1）对于一个特定的受检批，该方案不是采用一个固定的方案，而是采用一组方案，根据具体情况不同，动态转换。

（2）因为是动态调整的，所以可以充分刺激生产方提高产品质量。

（3）适用于连续多批的产品检验。

具有代表性的调整型抽样检验标准由美国、英国和加拿大三国联合制定，在国际上一般称为MIL-STD-105D。该标准最早起源于美国，后经美国、英国和加拿大三国联合组成的ABC小组修订而成。该标准在美国称为MIL-STD-105D，在英国称为BS-9001，在加拿大称为105-GP-1。日本在此基础上制定了自己的国家标准JIS-Z-9015。

1974 年，国际标准化组织（ISO）在 MIL-STD-105D 的基础上，制定了计数调整型抽样检验的国际标准 ISO2859—1974。1989 年将其修订为 ISO2859—1，1999 年又将其修改为 ISO2859—1:1999。

中国在博采众长的基础上，于 1987 年制定了《逐批检查计数调整型抽样程序及抽样表》，国标代号为 GB2828（1987），并于 1988 年 5 月 1 日起实施。

（二）计数调整型抽样方案的建立

相对于标准型抽样检验方案，调整型抽样检验方案要复杂一些。下面就介绍在建立调整型抽样检验方案时需要考虑的主要因素。

1．不合格品分类

一般将产品质量特性的不合格划为 A 类、B 类及 C 类三种类别。例如，螺钉的直径不合格为 A 类不合格、长度不合格为 B 类不合格、螺纹不合格为 C 类不合格。

2．可接收质量限（acceptable quality level，AQL）

AQL 是指当一个连续系列批被提交验收抽样时，可允许的最差过程平均质量水平。

AQL 是接收和不可接收的过程平均的分界线。AQL 的这一性质可以鼓励生产方提供一贯优于 AQL 的过程平均。如果生产方的过程平均优于 AQL，抽样方案应保证绝大部分的产品被接收。如果生产方的过程平均低于 AQL，应该用加严检验，如果不合格批继续增加，就应该停止检验。当然了，AQL 只是过程平均质量限，它并不能保证质量水平优于 AQL 的产品不被拒收，也不能保证比 AQL 低的批不被接收。但是，只要对生产方的过程平均等于或小于 AQL，那么从长远来看，使用方得到的产品一定不比 AQL 差。也就是说，以 AQL 为基础的计数调整型抽样检验关注的是长期质量水平的控制，而不是某一批质量水平的控制。

AQL 是对所希望的生产过程的一种要求，它描述的是过程平均质量，而不是生产方生产过程的实际过程平均，应将二者区分开。

AQL 是计数调整型抽样检验的基础和重要质量参数，确定了它就可以检索抽样方案。所以，AQL 的确定是至关重要的，下面就介绍几种确定 AQL 的方法。

（1）根据过程平均确定

根据生产方近期提交的初检产品批的样本检验结果对过程平均的上限加以估计，与此值相等或稍大的标称值如能被使用方接收，则以此作为 AQL 值。

（2）按不合格类别确定

对于不同的不合格类别的产品，分别规定不同的 AQL 值。越是重要的检验项目，验收后的不合格造成的损失越大，越应指定严格的 AQL 值。原则上，对 A 类规定的 AQL 值要小于对 B 类规定的 AQL 值，对 C 类规定的 AQL 值要大于对 B 类规定的 AQL 值。另外，可以考虑在同类中对部分或单个不合格再规定 AQL 值，也可以考虑在不同类别之间再规定 AQL 值。

（3）考虑检验项目数目确定

同一类的检验项目有多个（如同属 B 类不合格的检验项目有三个时），AQL 值应比只有一个检验项目时的规定值要适当大一些。表 7-1 是美国陆军对严重缺陷按检验项目数来规定的 AQL 值。

表 7-1　美国陆军对严重缺陷按检验项目数来规定的 AQL 值

检 验 项 目	AQL（%）
1~2	0.25
3~4	0.40
5~7	0.65
8~11	1.0
12~19	1.5
20~48	2.5
≥49	4.0

（4）双方共同确定

AQL 值意味着使用方期望得到的和他能买得起的质量之间的一种折中质量。从这个意义上说，为使用户要求的质量同供应方的过程能力协调，双方需要彼此信赖，共同协商确定一个合理的 AQL 值。这样可以减少由 AQL 值引起的一些纠纷。

3．检验水平（IL）

检验水平反映的是 N 与 n 之间的关系。计数调整型抽样检验方案规定了两大类共七种检验水平：一类是一般检验水平，有三种：I、II、III，另外一类是特殊检验水平，共有四种，分别是 S-1、S-2、S-3、S-4。按照 I、II、III、S-1、S-2、S-3、S-4 的顺序，当批量一定时，样本量 n 逐渐减小，也就是检验的严格程度逐渐变小。

检验水平的确定实际上也就是确定 N 与 n 之间的关系。一般来说，批量越大，所选取的样本量也应该越大。但是，它们之间并不是成比例地增大的，而是在大批量中样本所占的比例比小批量中所占的比例要小。这主要是因为批量大小对检验水平的影响比样本量的影响要小的缘故。

4．抽样类型

计数调整型抽样检验共有三种抽样方案：一次、二次和五次抽样方案，分别介绍如下。

（1）一次抽样方案

这是一种最基本和最简单的抽样检查方法，它对从总体 N 中抽取的 n 个样品进行检验，根据 n 中的不合格品数 d 和预先规定的允许不合格品数 Ac 对比，从而判断该批产品是否合格。

（2）二次抽样方案

这种抽检方法是在一次抽检方法的基础上发展起来的。它是对交验批抽取两个样本 n_1 和 n_2（GB2828 中规定 $n_1=n_2$）对应也有两个合格判定数 Ac_1 和 Ac_2，两个不合格判定数为 Re_1 和 Re_2，两次样本中的不合格数分别为 d_1 和 d_2，其抽检和判断过程如下：

① 先抽取第一个样本 n_1，检验后如不合格品数是 $d_1 \leqslant Ac_1$，判为合格，如 $d_1 > Re_1$ 则判为不合格，当 $Ac_1 < d_1 \leqslant Re_1$ 则需抽取第二个样本 n_2 来判定。

② n_2 中的不合格品数 d_2，由 d_2 和 d_1 加在一起与 Ac_2 的 Re_2 进行比较，如 $d_1+d_2 \leqslant Ac_2$，判为合格，当 $d_1+d_2 \geqslant Re_2$ 时判为不合格。具体操作程序如图 7-6 所示。

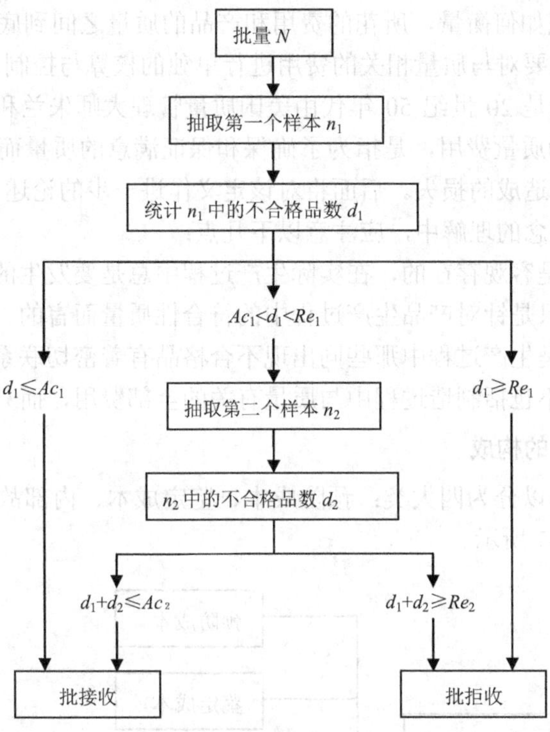

图 7-6　二次抽样方案表

（3）五次抽样方案

计数五次抽样检验方案是在二次抽样方案基础上进一步扩展而成的，具体操作程序与二次抽样方案相似，只是抽检次数增加，相应的合格判定数和不合格判定数也增加而已。

第二节　质量成本

一、质量成本的概念与构成

（一）质量成本的基本概念

质量管理在企业中已具有越来越重要的地位，也已经发展成了一个完整、独立的管理体系。企业为了提高产品的质量就要开展质量管理活动，因此也就必然产生各种相关费用。很明显，为了得到更高的质量就要付出更多的努力，花费一般也会更多。那么，这些费用到底如何衡量，所花的费用和产品的质量之间到底是怎样的关系？为解决这些问题，就需要对与质量相关的费用进行单独的核算与控制。

质量成本的概念是 20 世纪 50 年代由美国质量管理大师朱兰和费根鲍姆等人提出的。质量成本又称为质量费用，是指为了确保和保证满意的质量而发生的费用以及没有达到满意的质量所造成的损失。后面将对该定义作进一步的论述。

在对质量成本概念的理解中，应注意以下几点：

（1）质量成本是客观存在的，在实际生产过程中总是要发生的。

（2）质量成本只是针对产品生产过程中的符合性质量而言的。

（3）质量成本是生产过程中那些同出现不合格品有着密切联系的费用。

（4）质量成本不包括制造过程中与质量有关的全部费用，而只是其中的一部分。

（二）质量成本的构成

质量成本一共可以分为四大类：预防成本、鉴定成本、内部故障成本和外部故障成本。其结构如图 7-7 所示。

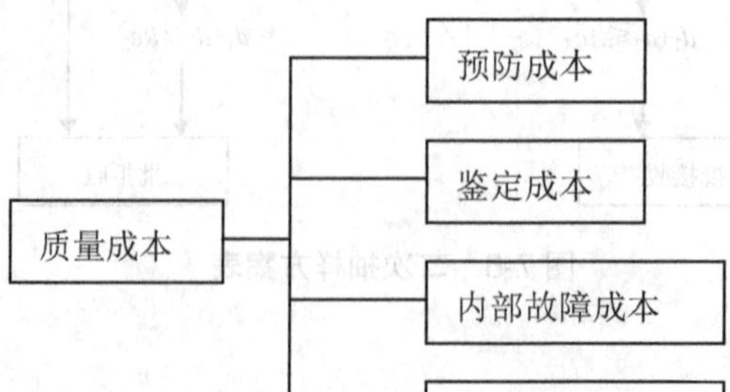

图 7-7　质量成本构成

现将各部分简要介绍如下。

1．预防成本

预防成本是指为预防缺陷和故障发生而支付的费用。主要包括以下具体项目：质量策划费用、新产品评审费用、工序能力控制及研究费用、质量管理体系的研究和管理费用、供应商评价费用、顾客调查费用以及质量管理相关人员的费用。

2．鉴定成本

鉴定成本是指为评定产品的质量是否达到规定的要求而进行的测量、试验、检验以及数据分析等鉴定活动所耗费的费用。其目的主要是发现并纠正问题，确保中间产品、产成品符合质量标准并减少废次品流向市场。主要包括以下具体项目：外购材料及外协外购件的试验和检验费，计量仪器和仪表的校准和维护费，工序检验废油、检验和试验费，质量审核费用以及其他鉴定费用。

3．内部故障成本

内部故障成本又称为内部损失成本，指产品出厂之前由于质量不符合要求而造成的损失，以及为处理故障所发生的费用。主要包括以下几项：报废损失、返工返修损失、降级使用损失（产品未达到规定质量时，降低要求接收并使用所带来的损失）、停工损失、质量事故分析及处理费以及其他费用。

4．外部故障成本

外部故障成本又称为外部损失成本，是指产品交付使用后因不能满足质量要求而造成的各种损失。主要包括以下几项：顾客投诉处理费、退货损失、赔偿损失、产品售后服务费以及其他相关费用。

在质量成本的定义中，确保满意的质量而导致的费用是指质量控制和内部质量保证成本，也就是预防成本和鉴定成本；保证满意的质量而导致的费用是指顾客提出外部质量保证要求时，组织为提供证据所花费的费用；没有达到满意的质量而导致的损失包括内部故障（损失）成本和外部故障（损失）成本。

二、质量成本核算

（一）质量成本科目的设置

质量成本科目的设置是核算的基础，只有在设置了规范的质量成本科目以后，质量成本的核算才能更科学、规范和易于操作。但是，在我国，质量成本的核算还没有正式纳入会计体系，还没有统一的强制性的标准。各组织在性质、规模、产品类型以及成本核算制度上都存在差异性，这就使得质量成本科目的设置不可能完全相同。但是，应遵循以下基本原则：

（1）符合国家现行的基本会计制度和原则。

（2）能够具体反映质量管理和经济核算的要求。

（3）便于统计、核算、比较、分析和有利于质量改进。

（4）要依据实际质量费用和发生范围。

质量成本一般分为三级科目。一级科目：质量成本；二级科目：预防成本、鉴定成本、内部故障（损失）成本和外部故障（损失）成本；三级科目：质量成本细目。我国国家标准 GB/T13339—1991《质量成本管理导则》中推荐了21个三级科目，各企业在设置各自的质量成本科目时可作为参考，可根据企业实际情况进行增删。这21个科目的科目名称、归集内容、费用指出范围以及费用来源如表7-2所示。

表7-2　质量成本费用范围归集明细表

二级科目	三级科目	归集内容	费用支出范围	费用来源
预防成本	质量培训费	为达到质量要求或改进质量的目的，提高职工的质量意识和质量管理的业务水平进行培训所支付的费用	授课人员和培训人员的有关书籍费、文具费、资料费及授课补助费	企业管理费
	质量管理活动费	为推行质量管理所支付的费用和为制定质量政策、计划、目标，编制质量手册及有关文件等一系列活动所支付的费用以及质量管理部门的办公费	质量管理协会经费、质量管理咨询诊断费、质量奖励费、QC小组活动费、质量审核费、质量情报费、印刷费、办公费、差旅费及有关的行政费	企业管理费、专用基金、车间经费
	质量改进措施费	为保证或改进质量所支付的费用	有关的购置设备、工艺研究、检测手段改进费，包括产品创优、整顿质量的措施费	企业管理费、车间经费
	质量评审费	对本部门、本企业的产品质量审核和质量管理体系进行评审所支付的费用及新产品评审前进行质量评审所支付的费用	资料费、会议费、办公费及有关费用	企业管理费
	工资及福利基金	从事质量管理人员的工资总额及提取的职工福利基金	工资及提取的职工福利基金	企业管理费、车间经费
鉴定成本	试验检验费	对外购原材料、零部件、元器件和外协件以及生产过程中的在制品、半成品、产成品，按质量要求进行试验、检验所支付的费用	委托外部检验和鉴定支付的费用、送检人员的差旅费、材料费、能源费、劳保费、破坏性检验费及有关费用	企业管理费、车间经费

续表

二级科目	三级科目	归集内容	费用支出范围	费用来源
鉴定成本	质量检验部门办公费	质量检验部门为开展日常检验工作所支付的办公费	办公费	企业管理费
	工资及福利基金	从事质量试验、检验工作人员的工资总额及提取的职工福利基金	工资及提取的职工福利基金	企业管理费、车间经费
	检测设备维修折旧费	检测设备的维护、校准、修理和折旧费	大修折旧费，中、小修理费，维护校准费	企业管理费、车间经费
内部故障成本	报废损失费	因产成品、半成品、在制品达不到质量要求且无法修复或在经济上不值得修复造成报废所损失的费用，以及外购元器件、零部件、原材料在采购、运输、仓储、筛选等过程中因质量问题所损失的费用	在生产过程中以及在采购、运输、仓储、筛选等过程中报废的产成品、半成品、元器件、零部件，在制品、原材料费用和能源动力等消耗	基本生产、辅助生产
	返修费	为修复不合格品并使之达到质量要求所支付的费用	人工费及所更换零部件、原材料的费用	基本生产
	降级损失费	因质量达不到规定的质量等级而降级所损失的费用	合格品价格与降级品价格之间的差额损失	基本生产
	停工损失费	因质量问题造成停工所损失的费用	停工期间损失的净产值	基本生产、辅助生产
	产品质量事故处理费	因处理内部质量事故所支付的费用	重复检验费用、重新筛选费用等	企业管理费、车间经费
外部故障成本	索赔费	因质量未达到标准，对顾客提出的申诉进行赔偿、处理所支付的费用	支付用户的赔偿金（包括罚金）、索赔处理费及差旅费	企业管理费
	退货损失费	因质量未达到标准造成顾客退货、换货所损失的费用	产品包装损失费、运输费和退回产品净损失等	企业管理费
	折价损失费	因质量未达到标准而折价销售所损失的费用	销售价格与折价后的差价损失	销售费用
	保修费	根据保修规定，为用户提供修理服务所支付的费用和保修服务人员的工资总额及提取的职工福利基金	差旅费、办公费、劳保费、更换零部件成本、所需器件、工具、运输费用，以及工资总额和提取的职工福利基金	企业管理费

续表

二级科目	三级科目	归集内容	费用支出范围	费用来源
外部质量保证成本	质量保证措施费	应用户特殊要求而增加的质量管理费用		企业管理费
	产品质量证实试验费	为用户提供产品质量受控依据进行质量证实试验所支付的费用		企业管理费
	评定费	应用户特殊要求进行产品质量认证所支付的费用		企业管理费

（二）质量成本核算方法

在设置了质量成本科目后，就可以进行质量成本的核算了。在具体核算时，需要考虑质量成本的存在形式，根据不同的存在形式，可采取不同的核算方法。根据存在形式的不同，可将质量成本分为显见质量成本和隐含质量成本。

显见质量成本是指根据国家现行成本核算制度规定列入成本开支范围的质量费用，以及有专用基金开支的费用。这类成本可通过会计成本系统、依据原始凭证和报表采用会计核算方法进行核算。

隐含质量成本是指未列入国家现行成本核算制度规定的成本开支范围，也未列入专用基金，通常不是实际支出的费用，而是反映实际收益的减少，如产品降级、降价、停工损失等。这类质量成本需根据实际情况采用统计核算方法进行核算。

1．统计核算法

采用货币、实物量、工时等多种计量单位，运用一系列的统计指标和统计图表，运用统计调查的方法取得资料，并通过对统计数据进行分组、整理，获得所要求的各种信息，以揭示质量经济性的基本规律为目的，不注重质量成本数据的完整性及准确性（只需要相对准确）。

2．会计核算法

采用货币作为统一度量；采用设置账户、复式记账、填制凭证、登记账簿、成本计算和分析、编制会计报表等一系列专门方法，对质量管理全过程进行连续、系统、全面和综合的记录和反映；严格地以审核无误的凭证为依据，质量成本资料必须准确、完整，整个核算过程与现行成本核算相类似。

因质量成本自身的特殊性，企业在实际核算的过程中，一般应采用以会计核算为主，统计核算和业务核算为辅的核算方法。也就是以货币计量为主，以实物和工时计量为辅，对显见质量成本主要采取会计核算法进行核算，对那些隐含质量成本则主要采取统计核算法进行核算。

三、质量损失与质量损失函数

（一）质量损失的概念与分类

追求效益的最大化是每个企业追求的目标，为此就需要减少生产过程中的各种损失。损失的减少也就相当于效益的增加，损失和效益之间是对立的统一体。即使非营利组织也应该努力减少损失，这样可以最大程度地节约成本。

据统计，目前中国工业企业的不合格品损失至少占工业产值的 10%左右，也就是说，我国每年因不合格品造成的损失超过千亿元。正如美国著名质量管理专家朱兰所说："在次品上发生的成本等于一座金矿，可以对它进行有利的开采。"所以我们应研究质量损失，研究其成因和降低办法，努力开采这座"金矿"。

质量损失指的是产品在整个生命周期过程中，由于质量不满足规定要求，对生产者、使用者和整个社会所造成的全部损失之和。它存在于产品的设计、制造、销售、使用直至报废的全过程，涉及生产者、使用者和整个社会。下面就从这几个方面对质量损失作详细的论述。

1．生产者的损失

因产品不合格给生产者造成的损失包括有形损失和无形损失两方面。有形损失指可以计算出所损失的价值的多少的损失，如废次品损失，返修损失，退货、赔偿、降价损失等。无形损失指无法用价值方式直接度量的损失，如因产品不合格影响企业的信誉，使订货量减少，市场占有率降低等。这种损失往往是巨大且难于发现的，所以对企业的影响也更大。

2．使用者的损失

使用者的损失是指使用者在使用产品的过程中，因产品质量未达到规定的要求而带来的各种损失。如造成人身伤害，能耗、物耗的增加，停用、停工、停产、误期或维修费用增加等。

3．社会（环境）的损失

社会（环境）损失主要是指由于产品缺陷对社会造成的公害和污染，对环境和社会资源的破坏和浪费，以及对社会秩序、社会安定造成的不良影响等。

日本质量管理专家田口玄一（Taguchi）认为产品的质量与质量损失是密切相关的。为此他创立了质量损失函数对产品的质量用货币单位来度量。

（二）质量特性

田口玄一对质量特性重新作了分类，如图 7-8 所示。

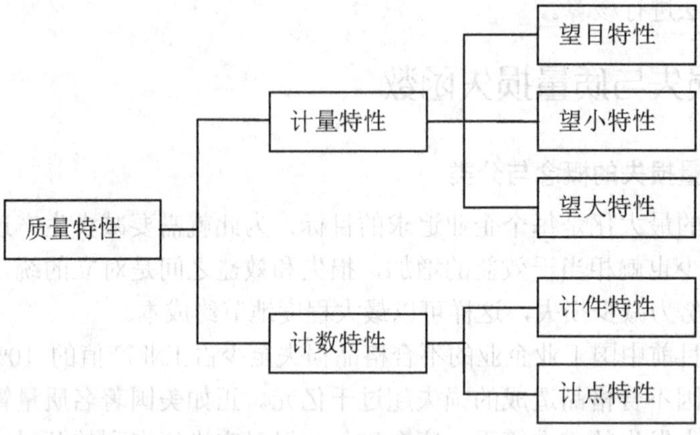

图 7-8 质量特性分类

计数特性值与前面介绍的基本相同，下面介绍一下计量特性。设质量特性值为 y，其目标值为 m。

（1）望目特性。质量特性 y 围绕目标值 m 波动，希望波动越小越好，则 y 就被称为望目特性。这类特性值最为常见。

（2）望小特性。在不取负值的情况下，希望质量特性值 y 越小越好，波动越小越好，则 y 被称为望小特性。如零件表面的粗糙度等。

（3）望大特性。在不取负值的情况下，希望质量特性值 y 越大越好，波动越小越好，则 y 被称为望大特性。如产品的寿命、强度等。

（三）质量特性的影响因素

（1）外干扰。外干扰又称为外噪声，指的是使用条件和环境条件（如温度、湿度、位置、输入电压、磁场、操作者等）的变化。

（2）内干扰。内干扰又称为内噪声，指的是材料老化现象。

（3）随机干扰。随机干扰又称为产品间干扰，指在生产制造过程中，由于机器、材料、加工方法、操作者、测量方法和环境（5M1E）等生产条件的微小变化而引起的产品质量特性的波动。

（四）质量损失函数

有干扰就会引起产品质量的波动，有波动就会造成质量损失。那么怎么测量这种损失呢？田口玄一提出了用质量损失函数来测量。田口玄一认为质量损失的产生是由于质量特性 y 偏离了设计目标 m，有偏离就会有损失。下面分别介绍望目特性、望小特性和望大特性的损失函数。

1．望目特性损失函数

根据田口玄一的定义，质量特性值 Y 偏离目标值 m 越大，即$|Y-m|$的值越大，则损失越大。以 $L(Y)$表示质量特性值 Y 的损失函数，如果 $L(Y)$在 $Y=m$ 处二阶可导，则进行二阶泰勒公式展开得

$$L(Y)=L(m)+L'(m)(Y-m)+\frac{L''(m)}{2!}(Y-m)^2 \tag{7.1}$$

因 $Y=m$ 时质量特性值没有偏离，也就没有损失，所以 $L(m)=0$。又因为 $L(Y)$在 $Y=m$ 时取得最小值 $L(m)=0$，所以 $L'(m)=0$。因此，式 7-1 可以简化为

$$L(Y)=\mathrm{K}(Y-m)^2 \tag{7.2}$$

$\mathrm{K}=\dfrac{L''(m)}{2!}$ 是不依赖于 Y 的常数。式（7.2）就是质量损失函数。其特性图解如图 7-9 所示。如果共有 n 件产品，它们的质量特性值分别为 $Y_1,Y_2,Y_3,\cdots,Y_n$，则这 n 件产品的平均质量损失为：

$$\overline{L}(Y)=\mathrm{K}[\frac{1}{n}\sum_{i=1}^{n}(Y_i-m)^2] \tag{7.3}$$

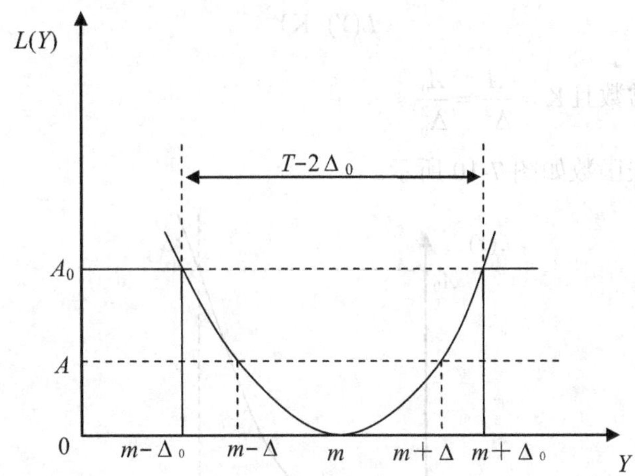

图 7-9　质量损失函数

质量损失函数说明，因质量特性值波动所造成的损失与偏离目标值 m 的偏差平方或偏差均方和成正比，而且即使是合格品也会造成损失，只要质量特性值偏离目标值就会有损失，偏离越远，所造成的损失越大。需要说明的是，田口玄一的质量损失函数反映的主要是“社会的损失”，是产品交付用户后造成的综合损失，而不只是由于产品质量缺陷给制造方造成的损失。

在质量损失函数中，还需要确定K值。其确定方法一般有以下两种。

（1）由功能界限Δ_0和丧失功能的损失A_0来求K。功能界限Δ_0也就是判断产品能否正常发挥功能的界限值。从图7-9中可以看出，当$|Y-m|\leqslant\Delta_0$时，产品才能正常发挥功能，否则产品将丧失功能。设产品丧失功能时，将给社会带来A_0元的损失。由公式7.3可得

$$K=\frac{A_0}{\Delta_0^2} \tag{7.4}$$

（2）由公差Δ和不合格损失A求K。公差Δ是产品合格与否的界限。从图7-9中可以看出，当$|Y-m|\leqslant\Delta$时，产品才合格，否则为不合格品。设产品不合格时，会给企业带来损失A。由公式7.4可得

$$K=\frac{A}{\Delta^2} \tag{7.5}$$

2．望小特性损失函数

根据望小特性的定义，可以把它看作是以 0 为目标值，但不能取负值的望目特性值。于是，在望目特性损失函数中，令m=0就可以得到望小特性的损失函数为

$$L(Y)=KY^2 \tag{7.6}$$

式中，K为比例常数且$K=\frac{A}{\Delta^2}=\frac{A_0}{\Delta_0^2}$。

望小特性损失函数如图7-10所示。

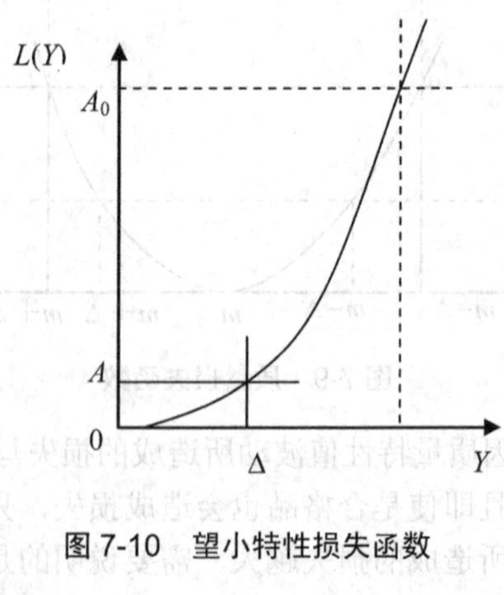

图7-10　望小特性损失函数

3．望大特性损失函数

望大特性值是希望越大越好且波动越小越好的特性值，所以望大特性值 Y 的倒数

就是望小特性值。根据望小特性值的损失函数公式（7.6），就可以得到望大特性值的损失函数

$$L(Y)=\frac{K}{Y^2} \tag{7.7}$$

式中，K 为比例常数且 $K=\frac{A}{\Delta^2}=\frac{A_0}{\Delta_0^2}$。

望大特性损失函数如图 7-11 所示。

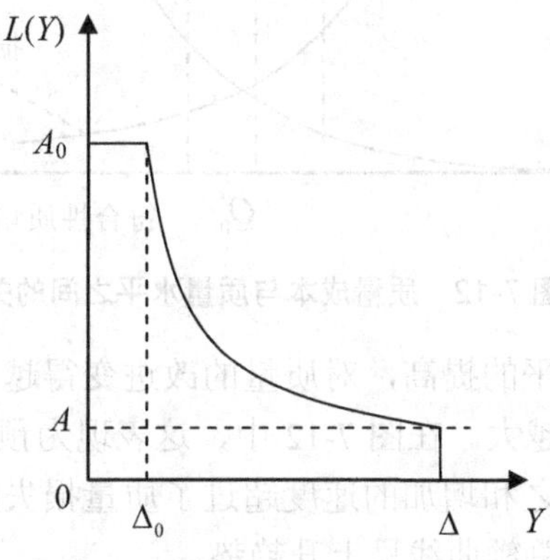

图 7-11 望大特性损失函数

四、合理的质量成本构成

所谓质量成本的构成指的是预防成本、鉴定成本、内部故障成本和外部故障成本四种成本在质量总成本中所占的比例。一般来说，预防成本和鉴定成本越高，质量就会越高；而质量越高，质量损失成本（包括内部故障成本和外部故障成本）就越低。

下面结合图 7-12 所示的质量成本特性曲线，具体讨论一下它们之间的关系。图中，横坐标代表用产品合格率表示的质量水平，从左到右，质量水平逐渐提高；纵坐标表示为达到相应的质量水平所需支付的质量成本，自下而上，逐渐增加。图中的三条曲线分别表示了预防和鉴定成本、损失成本以及质量成本总额的变化曲线。

当预防和鉴定成本为 0 时，表示企业对质量不加任何控制，此时的质量水平显然是最低的，于是质量损失成本也就最高，总质量成本也就会最高。随着预防和鉴定成本的增加，质量水平逐渐提高，质量损失成本也就逐渐降低。而且，质量损失成本降低的速度超过了预防和鉴定成本增加的速度，质量成本总额逐渐降低，质量成本总额曲线呈下降趋势。

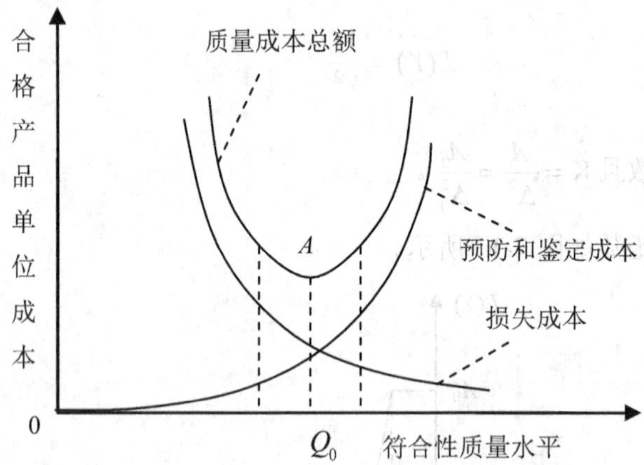

图 7-12　质量成本与质量水平之间的关系曲线

但是，随着质量水平的提高，对质量的改进变得越来越难，所付出的代价（预防和鉴定成本）也就越来越大。在图 7-12 中，这表现为预防和鉴定成本曲线越来越陡。此时，预防和鉴定成本之和增加的速度超过了质量损失成本降低的速度，质量成本之和越来越大，质量成本总额曲线呈上升趋势。

所以，质量成本总额在图 7-12 上表现为一条抛物线，它存在一个最低点 A，在这一点质量成本总额最小，相应的质量水平 Q_0 称为最经济的符合性质量水平。如果企业能把质量水平控制在 A 点，那么就可以获得最低的质量成本。当然，这只是一个理论上的最低点，在实际中往往很难做到。所以，通常用 A 点附近的区间表示一个最经济的质量水平区间，只要能把质量水平控制在该区间内，就可以获得较为经济的质量水平。

为了便于对质量成本总额进行研究和改进，可以把总额曲线划分为三个区域，如图 7-13 所示。

I 区为质量改进区。当企业的质量水平处于这个区域时，损失成本的比重过大，可以达到 70%，而预防成本的比重过小，有时甚至达不到 5%。这样，企业的质量成本总额就过高。此时，应该加强质量管理中的预防工作，提高产品质量。这样就可以用较低的预防成本的增加换取较多的损失成本的降低，从而可以使质量成本总额大幅度降低。

II 区为质量控制区。在此区域内，损失成本大约占 50%，预防成本占 10%左右，质量成本总额较低，是较为理想的状态。这时，企业质量工作的重点应该是维持现有的质量水平。

III区为质量过剩区。此时预防和鉴定成本之和占总成本的比重超过了 50%，这使得企业的质量水平很高。但是这种高质量水平往往是超过用户的需求的，所以称为质量过剩。这时就应当适当放宽质量标准，使质量水平回到质量控制区，获得较低的质量成本和合适的质量水平。

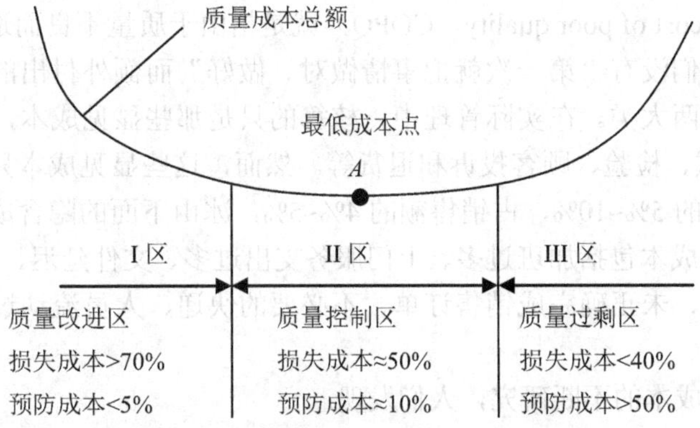

图 7-13　质量成本曲线区域划分示意图

五、劣质成本与现代成本观

（一）劣质成本的概念

如前所述，传统的质量成本观认为，质量成本存在一个最佳点，质量水平不能过低也不宜过高。但是，六西格玛质量管理提出，质量水平越高越好。质量水平越高，总的质量成本不是增加而是降低。其变化过程如图 7-14 所示。

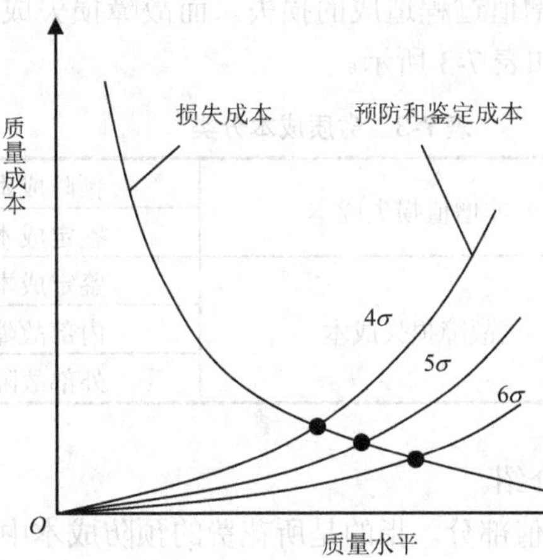

图 7-14　不同质量水平的质量成本

从图7-14中可以看出，随着质量水平的不断提高，从4σ水平到6σ水平，损失成本不断降低，预防和鉴定成本曲线也不断下移。所以，交点处的所有类别的成本都在不断降低，质量成本总额也就不断降低。而使质量成本降低的最好的办法就是降低劣质成本。

劣质成本（cost of poor quality，COPQ）就是指由于质量不良而造成的成本损失，或者说是由于我们没有“第一次就把事情做对、做好”而额外付出的成本。包括显见成本和隐含成本两大类。在实际管理中，核算的只是那些显见成本，如浪费、报废、返工/返修、测试、检验、顾客投诉和退货等。然而，这些显见成本只是冰山的一角，仅占总质量成本的5%~10%，占销售额的4%~5%，冰山下面的隐含成本却占总成本的15%~20%。这些成本包括加班过多、上门服务支出过多、文件延迟、对现状缺少跟踪、报价或结账错误、未正确完成销售订单、不必要的快递、人员流动过于频繁、顾客赔偿备用金等。

通过对劣质成本的不断研究，人们发现：

（1）劣质成本要远大于财务报表上显示的数字。

（2）不仅在产品的实现过程中会产生劣质成本，在支持过程中同样会产生。

（3）这些成本大多是可以降低，甚至消除的。

所以要研究劣质成本的构成和识别方法。如果能够准确识别劣质成本，尤其是那些隐含劣质成本，不仅可以降低产品成本，还能同时找出问题的原因所在，真正地消除产生劣质成本的因素。

（二）劣质成本的构成

劣质成本按其构成可分为非增值损失成本和故障损失成本。所谓非增值损失成本是指由现行过程中存在的非增值过程造成的损失。而故障损失成本是指由现行过程中的故障造成的损失。其结构如表7-3所示。

表7-3 劣质成本分类

劣质成本分类	非增值损失成本	预防成本（非增值部分）
		鉴定成本（非增值部分）
	故障损失成本	鉴定成本（分析故障原因）
		内部故障损失成本
		外部故障损失成本

下面对其中几项作简要介绍。

（1）预防成本中的非增值部分。指的是所花费的预防成本中，没有达到预期目的的那部分成本。

（2）鉴定成本中的非增值部分。指为了预防而进行检验，但是却未达到预防目的的那部分成本。

（3）鉴定成本中的分析故障原因部分。指为了分析质量低劣的原因而进行的试验、检验和检查所产生的费用。

第三节　质量信息管理

一、质量信息概述

（一）质量信息相关概念

质量信息就是企业质量管理活动中产生的反映产品质量和工作质量情况及其变化的各种数据、图表、图像、文字及符号的总称。质量信息覆盖了产品寿命循环的各个阶段，也覆盖了企业的各级、各类人员和各个部门，是企业质量管理得以顺利推行的保障。

质量信息与质量数据既有联系又有区别。质量数据是对生产过程测量结果的直接反映，而质量信息则是在对质量数据进一步分析的基础上得到的，更能反映问题的本质。

作为信息的一种，质量信息具有以下特点：

1．分散性

在产品寿命周期的各个阶段，企业的各个部门和各级、各类人员中都会产生各种质量信息。因此，质量信息必然具有很大的分散性。这就要求企业要建立全面广泛的质量信息传输网络，及时高效地传递质量信息。

2．相关性

各部门、各阶段的质量信息虽然是分散的，但是由于它们都是在生产同一种产品中产生的，所以必然互相关联、互相影响，具有相关性的特征。

3．随机性

在产品生产和服务的形成过程中，肯定会产生各种质量信息。但是，这些信息什么时候产生事前却常常无法知道，具有很大的随机性。

4．继承性

质量信息的继承性主要表现在：对后面的质量工作具有指导和借鉴作用，能够促进质量改进活动的顺利开展；在产品质量出现问题时，可依据质量信息追溯问题产生的根源。

（二）质量信息的作用

1．质量信息对提高产品质量有重要作用

产品质量信息反映了企业产品质量情况，要搞好产品质量，必须掌握好本企业的全部质量信息。质量信息可以帮助人们发现问题，认识产品质量的内在规律，及时掌握质量动态，分析质量趋势，采取预防措施，使研制、生产的各个环节随时处于受控状态，有效控制和改善产品质量。

2．质量信息是企业进行质量决策的重要依据

质量管理的重要内容是决策，决策就是确定企业质量管理活动的目标及实现目标的方案。要使目标定得贴切，方案切实可行，就要有可靠的信息作为依据。即掌握信息量的多少以及能否及时地满足企业经济效益的需要是正确决策的关键。

信息是一种资源，其作用不亚于物质资源、动力资源和人才资源。由于质量信息能推进产品质量的提高，因而可以提高企业的经济效益。

二、质量信息分析

（一）质量信息的内容

1．产品符合性信息

产品符合性信息是指反映所生产的产品和提供的服务与设定的质量标准符合程度的信息。这类信息主要是通过用一定的手段和方法去测定产品的质量特性，并将结果与所规定的要求相比较来获得。具体可以参考质量检验部分的内容。

2．生产过程信息

生产过程信息是指能反映生产过程能力和稳定性的信息。通过对生产过程信息的分析，可以找出影响生产过程的主导因素，从而采取针对性措施提高生产过程能力和稳定性。生产过程信息主要是通过对生产过程的监控和对质量特性指标的测量以及对测量结果的分析获得。

3．顾客满意信息

顾客满意信息是指能反映顾客对组织是否已满足其要求的感受的信息。组织生产的产品和提供的服务的质量水平，最终都是要有顾客来评判的。只有令顾客满意的产品和服务才是高质量的产品和服务，才能吸引并留住顾客，获得市场和利润。所以，组织应调查、了解此类信息，计算出顾客满意度，作为评价质量管理体系的业绩指标之一，并用来指导质量决策。

4．采购信息

采购信息主要指与所采购的产品有关的信息，如产品名称、规格、型号、数量、

质量要求、进货时间等信息。采购信息一般体现为采购需求计划、采购计划、采购协议等。

（二）质量信息的类别

质量信息的合理分类，对于确定质量信息管理系统的组织结构及分工，选择合适的信息加工技术，方便信息的检索和使用都有着重要的意义。因此，在讨论质量信息的有效管理之前，首先要对质量信息进行分类。按照不同的分类标准，可对质量信息进行不同的分类。

1．根据质量信息的来源不同分类

根据质量信息的来源不同，分为内部质量信息和外部质量信息。内部质量信息来自于企业内部的生产经营过程，包括设计过程质量信息、工艺过程质量信息、检验过程质量信息等。它反映了企业的生产条件和能力，是产品质量的基础。外部质量信息来自于企业外部，包括市场动态信息、顾客需求信息、供应商信息、协作厂质量水平、竞争者的质量信息等。

2．根据质量信息的功能不同分类

根据质量信息的功能不同，分为状态质量信息、质量指令信息和质量反馈信息。状态质量信息是反映质量状态及其变化的信息，如质量检验、工序控制的统计数据、完成质量计划和质量指标的情况、协作厂的质量状况、用户的质量投诉等。质量指令信息主要指来自上级部门的指示和规定，企业领导层的各种决策指示和目标要求等。质量反馈信息指执行质量指令全过程中产生的偏差信息。反馈信息往往导致决策部门产生新的调节指令，达到纠正偏差的目的。

3．根据质量信息的影响不同分类

根据质量信息的影响不同，分为正常质量信息和异常质量信息。所谓正常质量信息是指在产品寿命循环中满足规定质量要求的质量信息。而异常质量信息则是指在产品寿命循环中不满足规定质量要求的质量信息。

4．根据质量信息的性质不同分类

根据质量信息的性质不同，分为工作质量信息、工序质量信息、产品质量信息和服务质量信息。工作质量信息指工作能力、工作态度、工作业绩和质量计划等；工序质量信息指设备的完好状态、工序能力、重大质量事故和加工过程中的反馈信息等；产品质量信息指不合格品率、质量改进状况和返修状况等；服务质量信息指对用户的投诉和赔款的处理、“三包”完成状况等。

5．根据在产品寿命周期中所处的阶段不同分类

根据在产品寿命周期中所处的阶段不同，质量信息可分为设计质量信息、制造质量信息、检验质量信息、使用质量信息、用后质量信息和市场质量信息，分别表示在

产品寿命周期的相应阶段产生的质量信息。

6．根据表述形式的不同分类

根据表述形式的不同，分为定性质量信息和定量质量信息。定性质量信息是指那些用文字形式表示的质量信息，定量质量信息则是指用定量数据表示的质量信息。

（三）有效的质量信息

为给质量管理活动提供真实可靠的依据，促进产品质量的不断提高，质量信息应具有以下特性：

1．可靠性

可靠性要求质量信息要能够准确无误地反映产品和生产过程的质量信息。这是对质量信息最起码的要求。准确可靠的质量信息能够帮助企业做出正确的决策，而错误的质量信息则很有可能导致企业据此做出错误的决策，这将会给企业带来巨大的损失。

2．有效性

有效性要求质量信息不仅要准确可靠，而且要能够反映企业存在的质量问题，要有针对性，要是决策需要的，要有助于企业做出正确的质量改进决策。如果不能反映存在的质量问题，对质量决策毫无帮助，那么这样的质量信息即使是正确的，也毫无用处。

3．可获得性

可获得性要求企业做到在适当的时间使适当的人员能够获得适当的质量信息。信息是用来帮助决策的，如果相关人员在需要的时候得不到想要的信息，那么这些信息就没有发挥应有的作用。

4．时效性

信息一般都有很强的时间价值，随着时间的延长，其价值会越来越小。因此，及时获得需要的质量信息也是成功地进行质量管理的关键之一。

5．安全性

信息的安全对一个企业无疑是很重要的，如果信息被有恶意的人员获得，可能对企业造成很大的损失。因此，企业必须保证只有经过授权的人员才能获得相应的信息。

三、质量信息管理系统

（一）质量信息管理系统概述

质量信息管理系统是指由一定的人员、组织、设备和软件组成的，按照规定的程序和要求对质量信息进行收集、加工处理、存储、传递、反馈和交换，以支持和控制质量管理活动有效运行的系统。质量信息管理系统是企业内部、企业与外部供应商和用户之间质量信息联系的纽带，是企业质量管理体系的重要组成部分，也是完善企业质量管理体系不可缺少的“神经网络系统”。

现代化企业每天都会产生大量的质量信息，这些信息必须得到有效的管理和应用才能充分发挥作用，而这正是质量信息管理系统的功能。概括起来，质量信息管理的功能主要有以下几个方面：为质量决策提供信息、调节和控制生产过程、为质量的考核和检查提供依据、建立质量信息档案。

（二）质量信息的流程

质量信息的流程是指按质量管理的需要，遵循信息管理的基本原理，事先设计的作为准则的质量信息流转程序。对企业中实际的质量信息流程进行抽象，可以得到一般的信息流程，如图 7-15 所示。

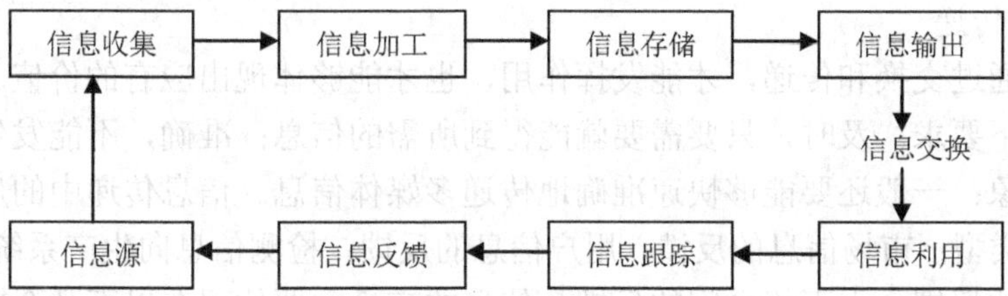

图 7-15　信息流程示意图

从图 7-15 可以看出，在信息流转过程中主要包括以下要素：质量信息的收集、质量信息的加工处理、质量信息的存储、质量信息的传递以及利用和加工等。下面对几个关键环节加以具体介绍。

1．信息收集

质量信息是质量信息管理的对象，没有相应的信息就无法进行后续管理工作，所以质量信息的收集也就成了质量信息管理的第一步工作。为给质量管理活动提供真实可靠的依据，应确保所收集的信息具有前面提到的可靠、及时、有效等特性。在具体进行收集时，一般可以按照以下程序进行：首先确定所要收集信息的内容，接着确定信息源，第三步确定信息的收集方式，最后一步就是具体实施收集工作以及对信息的整理。

2．信息的加工处理

所谓信息的加工处理就是指对已收集到的原始信息按照一定的程序和方法进行审查、筛选、分类、统计、计算和分析的过程。信息的加工处理可以提高信息的可用性，使信息易于处理和识别，同时还能够进一步挖掘信息的价值。信息的加工处理应满足以下基本要求：真实准确，要能准确地反映客观质量活动的状态和变化规律；处理结果应能满足使用要求；应站在系统的高度对信息进行处理；处理结果的表达方式要简单明了；符合经济性要求。一般来说，信息的加工处理应包括以下内容：按照要求确定信息分析的各项内容和对分析结果的要求；对信息的审查和筛选，以检查信息的完整性和准确性；对信息进行分类和排序，以便于确定信息的相对重要性；根据分析内容选择恰当的方法对信息进行统计计算；对分析后输出的结果进行判断，得出有价值的结论；编写分析报告。

3．信息的存储

无论是加工过的信息还是未加工的信息，都应该按照类别有效地存储起来，这样才能方便地查询和使用，也有助于信息资源的再开发和充分利用。信息的存储应满足以下基本要求：安全可靠，防止信息的丢失；便于查询和检索；信息之间要建立相关关系，以便于信息的追溯；在满足以上要求的同时，还要尽可能少地占用资源。目前普遍采用的存储方式是建立分布式质量信息数据库。

4．信息的传递

信息只有通过交换和传递，才能发挥作用，也才能够体现出应有的价值。信息的传递应满足以下要求：及时，只要需要就能得到所需的信息；准确，不能发生信息丢失和失真等现象；一般还要能够快速准确地传递多媒体信息。信息传递中的反馈主要包括下面几种类型：市场信息的反馈；用户信息的反馈；检测信息向生产系统的反馈；工作流程之间的反馈；上下级之间的反馈。信息的交换主要体现在以下几个方面：系统内部的信息交换；部门之间的信息交换；与企业外部之间的信息交换。信息的传递方式主要有书面文件方式、电子文件方式以及电讯方式。目前信息技术和计算机技术已经非常成熟，应用也已经非常普及，使用这些技术可以方便地进行信息的传递。

（三）建立质量信息管理系统基本原则

1．统一性原则

在产品寿命周期的全过程中所产生的所有质量信息都要由质量信息管理系统统一管理；所有质量信息必须最终仅由一个机构管理，在一个质量信息系统中只能设一个信息中心，在一个子系统中也只能设一个信息分中心。

2．适应性原则

建立质量信息管理系统的目的是更好地进行质量管理，所以，所建立的系统应与企业的质量管理系统以及整个企业的管理系统相适应。

3．有效性原则

质量信息管理系统要做到使信息始于信息源、终于信息源，不能使信息有去无回。这样有利于从发生问题的根源上彻底解决质量问题，起到预防问题再次发生的作用。

4．分层有序原则

为了高效地进行信息管理，应按照信息的重要性和紧迫性以及信息源位置，抓住重点、区别对待、统一管理、分级负责，各级质量信息分别由相应部门和人员负责管理。整个系统在职责明确的同时要做到环节少、流程短、速度快。

5．标准化原则

所建立的系统应符合标准化的原则，对质量信息流程、管理手段、处理方法、信息表示形式和报告的现实形式等内容都要实行标准化管理，以提高信息管理的效率。

（四）质量信息管理系统的组织结构

现代企业质量信息管理系统一般采用的是“集中—分层—分部”相结合的管理方式，与之相适应的组织结构形式是集中领导下的分层管理。其具体结构如图 7-16 所示。

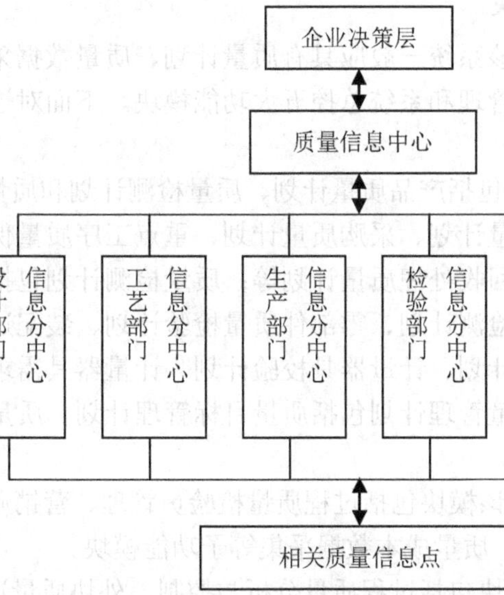

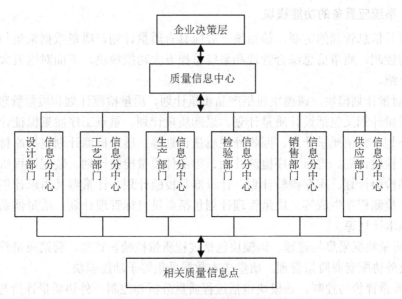

图 7-16 质量信息管理组织机构图

在该系统中，一般是在企业的质量主管部门设立信息管理中心，统一负责整个企业的质量信息管理工作。再按信息类型在有关职能部门分别建立若干个质量信息管理分中心，由各分中心与有关科室、车间的信息点建立联系，收集信息。

这种信息管理系统的运行模式如下：各信息点向信息分中心提供各种原始质量信息，信息分中心对数据分类整理后，将数据分成两类：一类是子系统内部使用的信息；另一类是其他子系统使用的全局信息。对于局部质量信息，由本信息分中心保管、处理和应用；对于全局质量信息，则上报企业的质量信息中心。信息中心对来自各方面的信息综合汇总、加工处理后，为企业领导提供反映整个企业质量状况的综合信息，并向各职能部门提供所需信息。信息中心要建立全企业质量信息综合数据库，以供保存数据和查询之用。另外，信息中心还要负责与企业外部的质量信息的交换。

四、计算机辅助质量信息管理系统

（一）概述

计算机辅助质量信息管理系统指的是利用计算机和网络技术，通过建立数据库实现产品寿命周期全过程质量信息的集成化管理。利用这样一个系统，能方便快速地收集、存储和传递产品寿命周期全过程的各种质量信息，能准确高效地应用各种数理统计方法对质量信息进行加工处理，还能使各类人员方便地检索所需要的信息。

（二）系统应具备的功能模块

根据质量信息管理的需要，该系统一般应具有质量计划、质量数据采集与管理、质量评价与控制、质量信息综合管理和系统总控五大功能模块。下面对这五大功能模块作简单介绍。

（1）质量计划模块。该模块包括产品质量计划、质量检测计划和质量管理计划。其中产品质量计划又包括设计质量计划、采购质量计划、重点工序质量保证计划、零部件质量计划、营销质量计划、回收处理质量计划等；质量检测计划包括原材料检验计划、配套检验计划、重点工序检测计划、零部件质量检验计划、装配过程质量检测计划、成品检验计划、库存检验计划、计量器具校验计划、计量器具需求计划、检测规程生成、检测程序生成等；质量管理计划包括质量目标管理计划、质量体系审核计划和质量成本计划等。

（2）质量数据采集与管理。该模块包括过程质量检验员管理、营销质量管理、外协配套件及外协配套商质量管理，质量成本数据采集等子功能模块。

（3）质量评价与控制。该模块包括过程质量分析与控制、外协质量评价与控制、营销质量评价与控制、工作质量评价与控制的子功能模块。

（4）质量信息综合管理。该模块包括质量体系管理、质量分析工具管理、市场及技术信息管理、计量器具及人员管理和设备质量管理等子功能模块。

（5）系统总控制模块。该模块一般包括用户帮助、数据备份与恢复、用户权限管理、用户口令更改控制、CIMS 接口及基础信息管理等功能模块。

（三）系统的开发

作为信息系统的一种，质量信息系统的开发方法也有很多种，比如生命周期开发方法、模型驱动开发方法、快速原型开发方法、商业软件包法以及综合开发方法等。限于篇幅，下面仅简要介绍生命周期开发方法，并结合生命周期法介绍质量信息管理系统的开发流程。

生命周期法的主要特点有：自顶向下的设计，强调系统的整体性；严格按阶段进行，各阶段前后衔接，前一个阶段的结束就是后一个阶段的开始；工作文档规范、标准，可以作为开发人员和用户共同的语言和依据；系统模块化，是开发过程的简化；对需求分析特别重视；强调阶段成果的审定。主要缺点是开发周期长。

生命周期法主要包括项目开发准备阶段、需求分析与决策分析阶段、设计阶段、系统构造阶段、实现阶段以及运行维护阶段。

在开发准备阶段主要是通过对当前存在问题的分析，提出应该采取的解决措施和系统要达到的目标。在需求分析与决策分析阶段要确定新系统要实现的功能，开发这样的系统是否有必要以及企业是否有能力开发，并最终做出开发与否的决策。设计阶段是按照给定的信息系统方案，设计目标系统。在系统构造阶段要按照已设计好的目标系统创建并测试信息系统。实现阶段就是把创建好的质量信息管理系统在企业中实际运行。运行维护阶段是指对实际运行的系统进行维护，如修复系统中出现的问题、执行数据的备份和恢复等。

第四节 业绩测量

过去，大多数组织都是用投资回报率、每股收益率等财务指标来衡量组织的业绩的。然而，这些指标却有着诸多的缺陷。比如，它们反映的只是组织过去的业绩，对企业当前的业绩反映得不够灵敏，更无法预测企业未来的业绩。而且，对那些无法量化的指标往往无法准确地反映。在传统的制造和服务领域，特别是那些竞争激烈的行业，通常是以成本来衡量业绩的。而现在，质量已成为组织战略决策的重要决定因素，这就需要对组织业绩进行更加有效的测评。

一、业绩测量概述

所谓业绩就是指从过程、产品和服务中获取的输出结果或成果。对业绩进行测量和分析的目标是指导组织的过程管理，以实现关键经营结果和战略目标，预料并响应快速的、难以预期的组织内外部的变化。在各个工作单元、关键过程、部门以及组织整体层面上，为确定和校准组织的方向和资源运用，做出基于事实的决策。对业绩的测量在不同的时期，曾经采用过不同的方法，下面就具体进行介绍。

（一）组织业绩测量的发展沿革

对企业的业绩进行测评，在不同的时期，根据具体的生产经营特点以及所处的社会经济环境的不同，采用了不同的方法。从其发展历程看，大致分为以下四个阶段：

（1）观察性业绩测评阶段。在 19 世纪以前，由于当时企业规模很小，对其业绩进行测评的意义不大，故测评以观察为主。

（2）统计性业绩测评阶段。19 世纪工业革命以后，由于企业规模日益扩大，产权关系日趋复杂，测评工作也愈来愈重要，因而便出现了一些对企业业绩进行测评的指标。但是，这些指标与财务会计均无必然联系，只是一些统计性指标。

（3）财务性业绩测评阶段。从 20 世纪初开始，企业逐渐向跨行业经营的大规模企业集团方向发展，统计性业绩测评已不能适应此时企业的经营特点，于是开始采用综合性财务指标对企业业绩进行测评，并且产生了杜邦财务分析体系。

（4）综合性业绩测评阶段。正如前面提到的，财务测评方法有许多难以克服的局限，比如，容易产生短期行为；容易导致利润操纵行为等。因此，在 20 世纪 90 年代，出现了综合性业绩测评方法。该方法的指导思想是通过系统的业绩管理，全面提高公司的业绩。根据组织具体条件的不同，又出现了各种不同的测评体系，包括利益相关者评价体系、高标定位法、EVA 体系、KPI 体系、平衡记分卡等。

以上所述各测评体系有一些共同的局限：（1）缺乏能对不同企业业绩进行横向比较的体系，不利于企业间的相互交流，也不利于企业管理经验的积累。（2）缺乏有效的顾客驱动传递机制，不利于及时有效地发现和满足顾客的需要，因而就不利于培植顾客的忠诚程度。（3）缺乏持续改进机制，不利于企业的持续发展。

美国波多里奇国家质量奖提出的卓越绩效标准提出了卓越绩效的概念，为解决以上局限提供了很好的标准平台和理论依据。我国也在参考国外质量奖标准的基础上，结合我国的实际制定并实施了 GB/T19580—2004《卓越绩效评价准则》，可以作为我们进行业绩测评的依据。

（二）常用术语

这里以新颁布的《卓越绩效评价准则》为依据，简要介绍业绩测量中常用的一些术语。

（1）治理。治理是指在组织工作中实行的管理和控制系统。包括批准战略方向、监视和评价高层领导绩效、财务审计、风险管理、信息披露等活动。

（2）标杆。标杆是指针对相似的活动，其过程和结果代表组织所在行业的内部或外部最佳的运作实施和绩效。

（3）价值创造过程。价值创造过程就是为组织的顾客和组织的经营创造收益的过程。价值创造过程是组织运营最重要的过程，多数员工介入这些过程，通过这些过程产生组织的产品或服务，并给组织的股东和其他主要相关方带来实际的经营结果。

（4）支持过程。支持过程即支持组织日常运作、生产以及服务交付的过程。支持过程可以包括财务与统计、设备管理、法律服务、人力资源服务、公共关系和其他行政服务。这些过程虽然不能直接为顾客增加价值或创造价值，但为价值创造过程的实施起到保证、支持作用。组织需识别全部支持过程，必要时确定关键支持过程。

（三）卓越绩效

所谓卓越绩效，就是通过综合的组织绩效管理方法，为顾客、员工和其他相关方不断创造价值，提高组织整体的绩效和能力，促进组织获得持续发展和成功。我国于2012年3月9日发布并于2012年8月1日实施的《卓越绩效评价准则》给出了评价组织经营绩效的六个方面，包括产品与服务、顾客与市场、财务、资源、过程有效性和领导等方面的绩效，下面分别予以详细介绍。

1．产品与服务结果

组织在产品与服务方面的绩效结果，包括主要产品和服务的关键绩效指标（如实物质量指标和服务水平等）的当前水平和趋势；主要产品和服务的关键绩效指标与竞争对手对比的结果，与国内、国际同类产品和服务的对比结果；主要产品和服务所具有的特色及创新成果。

2．顾客与市场结果

组织在顾客与市场方面的绩效结果，包括顾客满意和忠诚以及市场方面的绩效结果。必要时，将结果按顾客群与市场区域加以细分。

顾客方面的结果应包括但不限于以下方面：① 顾客满意的关键绩效指标的当前水平和趋势；② 顾客满意与竞争对手和本行业标杆对比的结果；③ 顾客忠诚的关键绩效指标的当前水平和趋势。

市场的关键绩效指标的当前水平和趋势，可包括市场占有率、市场地位、业务增长或新增市场等。市场绩效与竞争对手和本行业标杆的对比结果，在国内外同行业中的水平。

3．财务结果

组织在财务绩效方面的关键绩效指标的当前水平和趋势，可包括主营业务收入、投资收益、营业外收入、利润总额、总资产贡献率、资本保值增值率、资产负债率、流动资金周转率等综合指标。

4．资源结果

组织人力资源方面的结果，应包括工作的组织和管理、员工绩效管理、员工学习和发展、员工权益与满意程度等方面的关键绩效指标的当前水平和趋势；组织在人力、财务、信息和知识、技术、基础设施和相关方关系等资源方面的关键绩效指标的当前水平和趋势。

5．过程有效性结果

组织在反映关键过程有效性和效率方面的关键绩效指标的当前水平和趋势，应包括全员劳动生产率、质量、成本、周期、供方和合作伙伴绩效以及其他有效性的测量结果。适当时，将结果按产品和服务类别或市场区域加以细分。

6．领导方面的结果

组织在领导方面的绩效结果，应包括实现战略目标、组织治理、公共责任、道德行为以及公益支持等方面的绩效结果。必要时按业务单元加以细分。

二、业绩测量体系的设计

业绩测量体系对组织的战略决策具有很重要的意义，概括起来，其作用主要有以下几点：（1）识别组织当前的业绩状况和所取得的成就；（2）便于发现因素间的因果关系，寻找关键因素；（3）可将组织的业绩与标杆比较，寻找差距；（4）对组织过去、现在和将来的业绩状况有综合的了解；（5）帮助组织寻找持续改进的方向和改进方法。组织要设计出有效的业绩测量体系，以支持组织的战略决策，就要避免犯两类错误：（1）所测量的因素不是对组织的业绩和顾客满意度起关键影响作用的因素；（2）采取的测量方法是不恰当的。一般可参考以下设计准则：

（1）指标越少越好。将注意力集中于那些关键要素，而不是琐碎的无关紧要的因素。

（2）测量应紧紧围绕那些有利于成功的因素进行。

（3）既要能对过去和现在的业绩进行测量，也要能对未来的业绩进行预测。

（4）要充分考虑顾客、股东和主要经理人的需要。

（5）要对组织范围内的所有员工（包括最高管理者和一般员工）的业绩进行测量。

（6）为了对组织的业绩进行更好的估计，可以将多个指标整合为一个指标。

（7）要能适应环境的变化。

（8）要设定一定的目标，而且是建立在调查研究而不是主观的基础上的。

为了设计出有效的业绩测量体系，组织既要使测量紧紧围绕组织的战略目标进行，又要选择合适的过程水平测量方法。

（一）业绩测量与组织战略

有效的业绩测量要紧紧围绕组织的战略目标进行，要能充分反映组织的关键成功要素的业绩水平。所谓关键成功要素是指组织为了实现战略目标，必须做得卓越的因素。这些要素往往能使组织在竞争中脱颖而出，组织可以根据这些要素寻找并减小与标杆的差距，以提高竞争力。这些成功要素一般包括：企业产品和服务的特性；关键顾客以及他们的关键需求和期望；组织文化（目的、任务、观点等）；核心竞争力（人力资源、设备、技术等）；供应商、供应链需求、合作伙伴关系；环境适应性；市场地位与竞争环境；组织面临的挑战等。

对于不同行业类型的企业来说，所面临的成功要素并不完全相同。比如，计算机软件行业就不需要过多考虑环境质量问题，而化工行业却不得不高度关注此类问题。相应地，它们需要有各自不同的业绩测量体系以准确测量企业的业绩水平。所以，企业首先要全面准确地识别企业的生产经营特点以及所面临的外部环境，确定关键成功要素，然后才能有针对性地制定出有效的业绩测量体系。

在确定了关键成功要素以后，就可以为每一个要素设计相应的测量指标，从而建立业绩测量体系。比如，产品的质量就可以用尺寸、精确度、稳定性、颜色等指标来测量。

好的业绩测量体系应具有的特性可用英文缩写“SMART”来概括。它是由 simple、measurable、actionable、related 和 timely 五个英文单词的首字母构成的缩写词，意思分别为简单、可测量、有指导意义（可提供决策的依据）、相关（与顾客需求相关，指标间相关）和及时。

（二）过程业绩测量

过程业绩测量所关注的是制造行业生产的产品以及服务行业提供的服务型产品。顾客需要的产品是能够满足要求的没有缺陷的产品。所以在对产品的质量进行测量时，可以用单位产品的不符合数或者缺陷数来衡量产品质量的高低。在制造业，常用的业绩测量指标是单位缺陷数，也就是每单位产品所包含的缺陷数量。在服务行业，质量水平是用每个服务机会产生的差错数来衡量的，也就是在每一个为顾客提供服务的机会中，所犯的各种不同的错误数，这与产品缺陷数类似。如果服务质量的指标能够反映顾客的满意度，那么就不仅可以测量服务的质量，还可以促进服务质量的提高。

产品的缺陷率或服务的差错率通常是用每 1 000 或每 100 万件产品的缺陷数来衡量的。最常用的衡量标准是每 100 万件产品的缺陷数——DPMO。比如，如果每 1 000 件产品中有两件次品，那么该产品的缺陷率就是 2 000 DPMO。

根据产品缺陷对产品质量的影响程度，可以把产品的缺陷分为以下三类：

1．关键缺陷

关键缺陷指的是一旦出现就会使顾客在使用时出现危险或无法实现产品正常功能的缺陷。因为这种缺陷对产品的功能的实现具有决定性的影响，绝对不允许出现，所以必须严格控制，甚至不惜花费一切代价。

2．主要缺陷

这种缺陷虽然不是关键性的，但是一旦出现也很有可能会使产品无法使用或者无法实现全部功能。对主要缺陷的控制要视企业的发展战略而定。如果企业为了长久的发展想要保住竞争优势，就应该尽可能地避免主要缺陷的出现。

3．次要缺陷

次要缺陷指的是即使出现也不太可能会对产品的功能有太大影响的缺陷。在很多行业，次要缺陷因为不会直接使产品功能下降，所以一般不太容易监测到。但是对有些产品而言，次要缺陷也可能导致严重的问题，所以也应该予以控制。

（三）测量指标的选取

为了选取有效的业绩测量指标体系，组织可采取提问的方法，按以下步骤进行：

1．确定组织的所有顾客以及他们的需要和期望

组织需要询问并回答以下问题：谁是我的顾客？他（她）们期望什么？需要注意的是，顾客的需求是随着时间变化的，所以要有规律地调查。

2．确定为顾客提供所需要的产品和服务的工作过程

组织需要询问并回答以下问题：什么能满足顾客的需要？我的过程是什么？在这一步中，可以使用流程图来确定工作流程以及内部顾客和供应商之间的关系。

3．确定价值创造过程以及组成工作过程的产出

在这一步可以剔除掉那些不增加价值而只是产生浪费的活动，因此需要分析工作过程中的内部顾客以及他们的需要。

4．设计详细的测量指标体系

在第三步中所确定的每一个活动都代表一个可以为下一个内部顾客提供增值产品的关键点。业绩测量就在这些关键点上进行。可以针对以下问题进行测量：哪些因素决定了过程的好坏？会产生怎样的偏差？能产生什么信息？

5．评价测量体系以确定其是否有效

评价需要回答以下问题：测量是不是在那些可以增加价值的关键点上进行？测量是不是可控制的？每一步测量中能否得到需要的信息？所测量的那些操作是不是都有明确的定义？操作的定义可以提供一个全面的理解，并有助于增强整个组织范围内的交流。

三、测量数据的分析与使用

按照前面的步骤得到的测量数据对决策有一定的作用，但是为了更充分地发挥其作用，我们还需要对数据进行分析。对数据进行分析的目的在于支持组织的业绩评审，帮助确定问题的根本原因，确定资源运用的重点。相应地，这些分析使用业绩测量所获取的各种类型的数据，即有关顾客的数据、财务及市场数据、运营数据等。

通常的分析应包括以下方面：趋势分析、比较分析、相关分析、因果分析、成本/收益分析等。通过这些分析，可以将通过测量获得的数据转化为真正的信息，便于高层管理者理解和参考，从而更好地为企业决策提供依据。数据分析的具体内容如表 7-4 所示。

表 7-4　测量数据分析的内容

分析类型	可用的分析实例
趋势分析	关键运营指标（如劳动生产率、循环周期时间、浪费的减少、新产品的引入、缺陷水平）的改进趋势；产品和服务质量、运营业绩指标以及总体财务业绩指标趋势之间的关系；经济指数、市场指数和股东价值指数的变化趋势
比较分析	相对于竞争对手的单个或累积的劳动生产率、质量指标；相对于竞争对手的成本趋势；通过经营单元之间比较所显示的质量和运营业绩如何影响财务业绩
相关分析	员工和组织学习与员工的增加值之间的关系；知识管理与创新之间的关系；如何将识别和满足员工要求与员工保留率、激励和劳动生产率相关联；顾客保留率对利润的影响；由电子商务及互联网、内联网的应用所产生的或扩展所带来的成本和收入、顾客、劳动生产率；基于成本/收益关系、环境和社区影响分配各个改进项目之间的资源
因果分析	产品和服务质量改进与顾客业绩指标（如顾客满意度、顾客保有率）和市场份额的因果关系；根据顾客获取、流失率的变化和顾客满意度的变化解释市场份额的变化
成本/收益分析（综合）	与顾客相联系的问题以及有效地解决问题所涉及的成本和收入；从员工安全、矿工和流失率的改进中获取的财务收益；与教育和培训相关的收益和成本；与改进组织知识管理和知识共享相关的收益和成本；由于更好的知识和信息管理为顾客和组织创造的增加值；与员工有关的问题以及有效地解决问题所涉及的成本和收入；由于质量、运营和人力资源绩效改进的净收益；改进活动对现金流、流动资本和股东价值的贡献；市场份额与利润；与进入新市场相关的成本和收入，包括进入或扩展全球市场

在对测量数据进行分析时，应充分利用比较性数据。比较性数据和信息一般是通过水平对比法和竞争性比较而获得的。水平对比法指的是在组织所在行业的内部或外部，辨识代表同类活动的最佳水平和绩效的过程和结果。竞争性比较则是将组织的业绩与同一市场中的竞争者的业绩进行比较。之所以强调运用对比数据和信息，是因为组织需要知晓相对于竞争对手和行业最佳水平所处的地位；对比性信息常常为重大的或突破性的改进甚至变革提供动力；对比业绩信息通常可以更好地了解过程及其业绩。比较信息还可以支持经营分析，支持与核心竞争力、联盟和外购相关的决策。

数据的分析还有一个重要的任务就是建立关联模型。所谓关联模型就是描述组织内外部业绩指标间因果关系的模型。比如，能够描述顾客满意度与过程业绩指标（产品质量、员工绩效等）间的关系。在建立了关联模型后，管理者就能够根据想要达到的目标制定相应的措施。此时的管理就是基于事实的管理，否则，就是基于猜测的管理。关联模型的重要意义还在于它可以帮助实现以下目标：忽略那些不重要或者容易引起误导的业绩指标；关注能够提升业绩的关键指标；对业绩水平进行预测；设定业绩目标；更快地作出有效决策；加强组织内的交流。

思考题

1．质量检验有哪些职能？包括哪些内容？

2．试简述常用抽样检验方法及其特点和适用场合。

3．抽样检验中会发生哪两类错误，为什么？

4．设有一批产品，批量为 $N=100$，批不合格品率为 $p=5\%$，采用(30,3)的抽样方案进行验收，试计算其接收概率。

5．什么是质量成本？质量成本包括哪几个方面的具体内容？

6．什么是最佳质量成本？为什么要计算最佳质量成本？

7．有效的质量信息应具有哪些特性？

8．卓越绩效包括哪几方面内容？

9．什么样的业绩测量体系是有效的？

案例讨论

案例 7-1　某公司事业部质量损失分析报告

某公司某家电产品品质非常脆弱，品质问题已成为制约该公司事业部可持续发展的关键瓶颈之一。对于企业而言，所谓质量损失是指企业为确保或提高产品质量而发生的费用支出，以及由于未能达到质量标准而造成的价值损失。它不仅包括为提高质量而实际支出的费用，而且还包括因品质缺陷导致的价值流失。

在 2002 年，事业部显性质量损失已达到 9 653.9 万元，比 2001 年净增 3 826.05 多万元，呈迅速攀升趋势。其中平均单台质量损失达到 33.97 元/台，如图 7-17 所示。

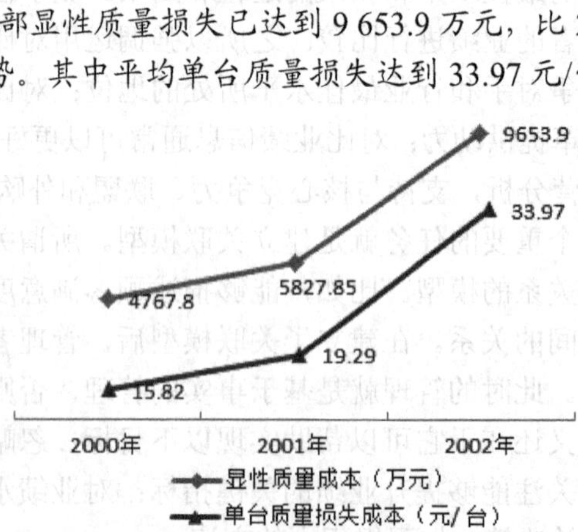

图 7-17　2000—2002 年质量成本趋势图

外部损失呈现出较快的增长速度，在2002年占到了显性质量损失的70%，是攀升过快的主要表现。2002年显性质量损失构成如图7-18所示。

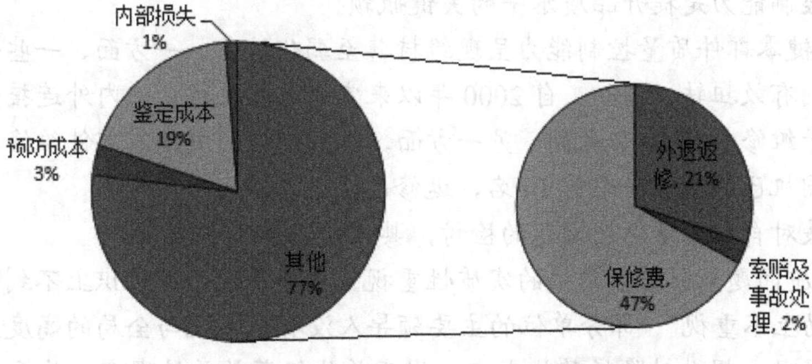

图7-18 2002年显性质量损失构成

根据隐性质量成本估算模型与估量公式计算可知，隐性质量损失约是显性质量成本的2倍以上，其中顾客流失所占比例最大。但相对于品质的“冰山理论”（显性：隐性=1：9）而言，以上对该产品质量隐性损失的估算结果是非常保守的。

剖析质量损失产生的根源，关键是零部件质量问题。

2002年家用电器内销维修率前10名的零部件如图7-19所示。

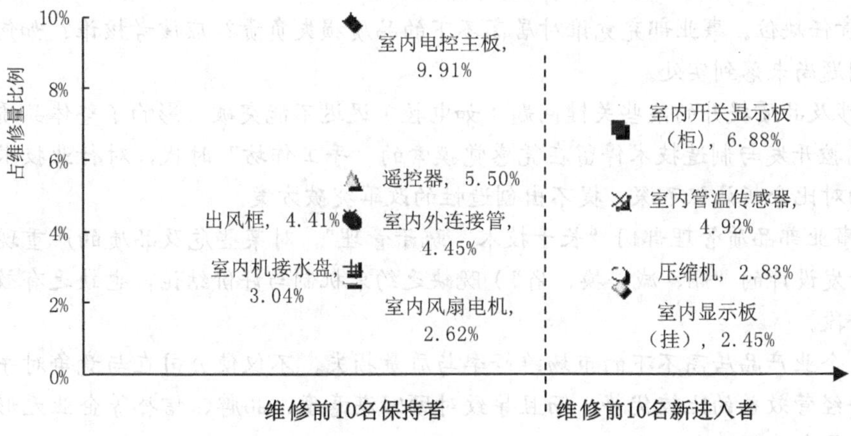

图7-19 2002年维修率前10名零部件结构示意图

从图7-19可以看出：

（1）电子件品质控制能力非常薄弱。近几年，电子件（电控部件、电子元器件）

零部件始终占维修总量 40%～60%，其中室内电控主板、遥控器等一直处在维修率最前列。2002 年内新进入维修前 10 名的四类零部件中有三类即是电子件。这充分表明了电子件品质控制能力是提升品质水平的关键瓶颈。

（2）关键零部件质量控制能力呈现维持甚至弱化迹象。一方面，一些长期性品质问题尚未得到有效扭转。例如，自 2000 年以来室内电控主板、室内外连接管等六类零部件始终位于维修率前 10 名之列；另一方面，以往免检的关键零部件维修率也在迅速上升，如压缩机已跃居维修率前 10 名，返修率高达 2.83%。

企业开展对自身质量管理问题的检讨，具体内容如下：

（1）品质问题未引起各单位的实质性重视。主要表现为“认识上不到位、思想上不关心、行动上不重视”。部分单位的主要领导人没有从系统与全局的高度上认识到现阶段公司产品品质提升对降低整体成本、提高总体经营效益的事实，片面将品质与成本、市场反应速度对立起来，总是按照“非此即彼”的简单逻辑处理品质与成本的关系。在竞争环境恶劣的情况下，往往从部门本位与短期利益出发，采取简单的“竭泽而渔”的方式追求成本最小化而牺牲品质。

（2） 品质决策与监控体系“残缺不全”，系统的“大品质体系”远未形成。在降成本的惯性压力下，影响品质的关键环节（如技术开发、供应链招标、工艺技术改进等）进行相关决策时，几乎听不到品质的声音，因此，成本品质的均衡决策与监控机制在关键环节缺失，造成品质工作的“缘木求鱼”。

（3）责任缺位。事业部究竟谁对居高不下的品质损失负责？应该考核谁？如何考核？这些问题尚未落到实处。

（4）涉及品质提升的某些关键问题（如电控）迟迟不能突破，影响了整体品质水平提升。电控开发与制造技术停留在凭感觉摸索的“手工作坊”时代，对行业技术规律与同行的对比分析认识不深，提不出创造性的改革突破方案。

（5）事业部品质管理部门“长于技术、疏于管理”，对某些危及品质的严重现象（如产品开发设计的“删、减、换、省”）既缺乏约束机制与评价结论，也缺乏有效的管控制止手段。

因此，企业产品居高不下的市场维修率与质量损失，不仅使公司在与竞争对手的相持中失去经营效益的比较优势，而且导致对顾客满意度、品牌、信誉等企业无形价值的损伤与蚕食。

然而，该产品的品质收益弹性较大，即通过提高品质降低总体质量损失而增加经营效益的潜力巨大。在竞争环境极度恶劣，该事业部探索规模与利润平衡增长的盈利模式背景下，提高品质以增加事业部总体收益具有更加重要的现实经营意义与长远战略意义。

在此基础上，品质统括部三五三质量规划提出的市场维修率控制目标如表 7-5 所示，到三五三战略阶段的最后一年，市场维修率将下降为 3.62%，总降幅 30%。但与行业品质水准对比，这个指标仍然不及国际大品牌等企业目前品质水平，也仅比 2003 年国内竞争对手的品质水平强一点。因此树立更为积极、更富有挑战性的质量目标十分必要。

表 7-5　2004—2008 年质量规划目标　　单位：%

质量目标		2004 年	2005 年	2006 年	2007 年	2008 年
质量三五三规划目标	相比 2003 年维修率降幅	10	20	30	30	30
	年度市场维修率	13.19	10.55	7.38	5.17	3.62
更积极的质量目标	相比 2003 年维修率降幅	20	30	30	30	30
	年度市场维修率	11.72	8.20	5.74	4.02	2.81

根据以上质量规划目标中的具体数据及回归方程 $c=281r_o+71$，可得到 2004—2008 年该事业部质量损失曲线如图 7-20 所示。

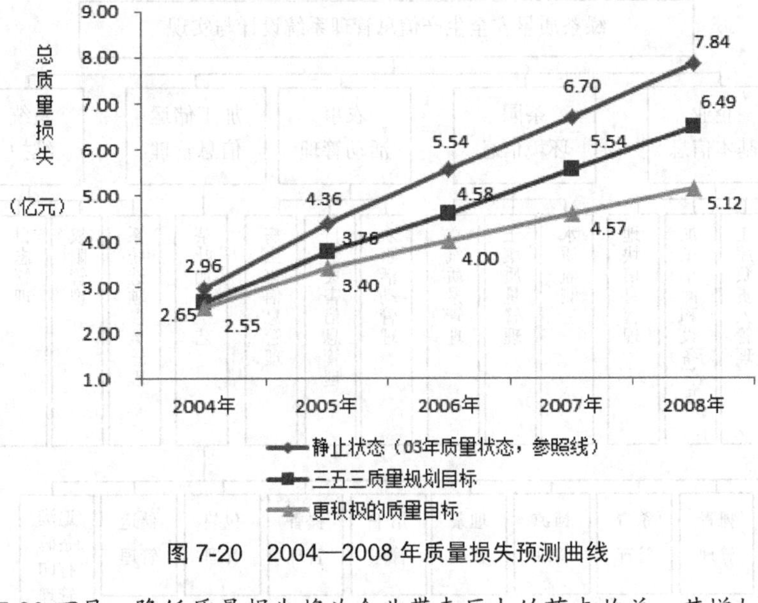

图 7-20　2004—2008 年质量损失预测曲线

由图 7-20 可见，降低质量损失将为企业带来巨大的节支收益，其增加幅度随着经营规模的扩大而不断扩大。在三五三战略实施阶段，该产品质量水平如实现品质统括部规划的质量目标，相比参考状态，累计可节约质量损失 4.4 亿元，平均每年为 8 800 万元；而更积极的质量目标状态将节支达 7.8 亿元，平均每年 1.56 亿元。

（资料来源：公司某事业部质量损失分析报告[EB/OL]. 豆丁网，http://www.docin.com/p-72978461.html，2010-08-22.）

思考题：

1. 企业的质量损失可以划分为显性质量损失和隐性质量损失，请结合本案例论述你对这两种质量损失的理解。

2. 目前该行业策略转折点即将来临，无形资源（如品牌、品质、差异化等）将逐渐取代有形资源（成本、促销等）成为竞争的焦点与主宰力量。为适应行业变革趋势，适应公司与跨国品牌同台竞技的新形势，企业的战略管理部应该对品质管理改革提出怎样建议和措施？

案例 7-2　某茶叶生产企业绿茶生产质量信息管理系统

江西某茶叶生产企业建立起自己的绿茶生产信息管理系统（见图 7-21），来记录并上传茶叶产品质量安全的关键点信息，承担信息承载的条形码由企业完成打印，通过条形码完成产品的溯源。在为茶叶生产加工企业规范化管理提供软件支持的同时，由企业的管理软件提供溯源信息，解决了农产品溯源的信息采集问题。

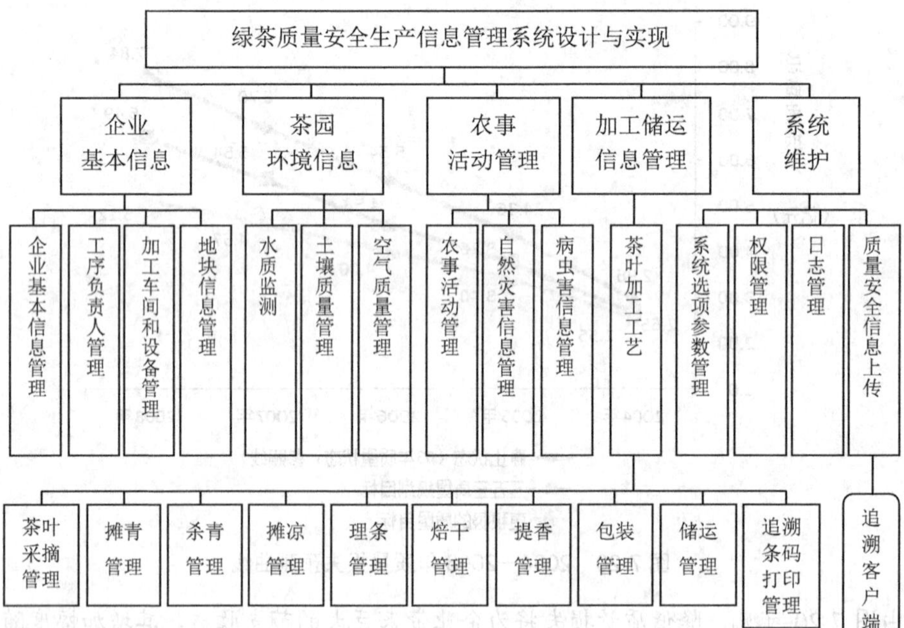

图 7-21　系统结构图（以针形绿茶加工工艺为例）

系统目标

（1）建成覆盖绿茶从种植、加工到包装储运过程生产质量控制关键点的计算机网络化管理信息系统。该系统使绿茶生产企业对其茶叶的生产过程实现信息流、工作流的高度统一与并行运作。

（2）实现企业数据（如生产设备基本信息、原料数据、加工过程数据、产品质量等）统一维护和统一管理。建立和进一步理顺绿茶生产企业的质量管理程序平台，做到管理的制度化、规范化和科学化，同时建立信息反馈和监控体系。

（3）通过对茶叶生产中质量危害的分析与研究，确定从茶园到产品全过程的质量关键控制点，建立绿茶质量安全的全程追溯数据基础，为保证绿茶质量安全信息的全程追溯提供技术保证。

系统功能结构

整个系统包括六个模块，即生产企业的基础数据管理、茶园环境质量信息的管理、茶园农事活动信息管理、茶叶生产加工信息管理、系统信息管理和条形码打印管理等。该系统的功能结构如图7-22所示。

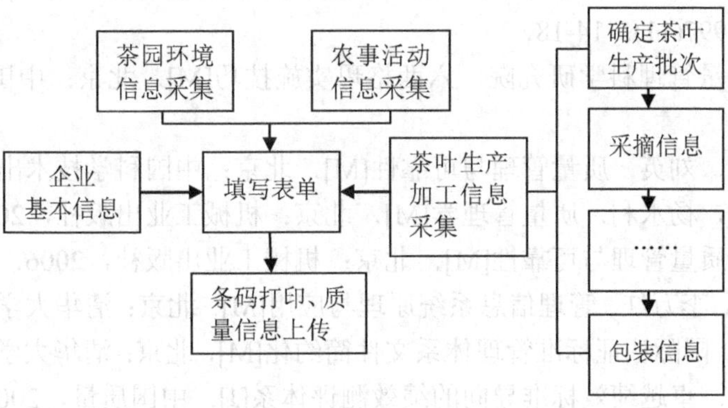

图7-22　系统功能结构图

（1）企业信息管理。管理企业的注册信息、人员信息、厂房信息、制茶设备信息等。

（2）茶园环境信息管理。管理茶园产地环境的土壤信息、空气质量信息和水质信息等，为企业及消费者掌握茶园环境信息提供参考。

（3）农事活动信息管理。管理茶园日常农事活动，如种植过程、植保方法与用药、除草方法与用药、施肥种类与数量等信息。

（4）茶叶生产加工信息管理。管理茶叶加工过程中采用的设备信息、茶青信息、包装信息、储运信息等。

（5）系统信息管理。按用户管理分级分权限级别，在客户端上可以实现茶园、茶叶数据的导入、录入、修改等工作。具有上传与茶叶质量相关信息的功能。

（6）条形码打印管理。实现条形码的打印，为企业产品实现全程追溯提供信息载体。

（资料来源：严志雁，钟家有，苏小波，等. 江西绿茶生产质量信息管理系统设计与实现[J]. 中国茶叶，2011(9): 25-26. ）

思考题：

1．茶叶生产企业建立的质量信息管理系统应符合哪些基本原则？

2．该茶叶质量信息管理系统中存在着哪几类质量信息？这些质量信息在其中的作用又分别是什么？

3．请简要描述在该质量信息管理系统中质量信息流动的过程。

本章参考文献

1．尤建新，浅宇．新形势下我国企业质量成本核算的研究（上）[J]．世界标准化与质量管理，1997(10)：12-16．

2．尤建新，浅宇．新形势下我国企业质量成本核算的研究（下）[J]．世界标准化与质量管理，1997(11)：14-18．

3．上海质量管理科学研究院．六西格玛实施技巧[M]．北京：中国标准出版社，2003．

4．张根保，刘英．质量管理与可靠性[M]．北京：中国科学技术出版社，2001．

5．刘书庆，杨水利．质量管理学[M]．北京：机械工业出版社，2003．

6．苏秦．质量管理与可靠性[M]．北京：机械工业出版社，2006．

7．罗超理，李万红．管理信息系统原理与应用[M]．北京：清华大学出版社，2002．

8．刘宗斌．国际认证标准管理体系文件简约化[M]．北京：清华大学出版社，2003．

9．刘晓宇．卓越绩效标准导向的绩效测评体系[J]．中国质量，2004(7)：22-28．

10．陈运涛．“卓越绩效标准”透视[J]．中国标准化，2004(7)：39-40．

11．中华人民共和国国家质量监督检疫总局，中国国家标准化管理委员会．GB/T 19580—2004 卓越绩效评价准则[S]．2004-08-30 发布，2005-01-01 实施．

第八章　现代质量管理发展应用

本章内容要点

服务质量；服务质量维度；服务质量测量模型；SERVQUAL 模型；关系质量；关系质量维度；客户服务质量
质量管理实践；企业绩效的影响；中国企业质量管理实践现状
研发过程质量管理体系；研发过程质量控制模型；能力成熟度模型
研发过程可靠性评价；质量控制技术

第一节　服务质量与关系质量

一、服务质量的定义及其维度

（一）服务质量的定义

目前，服务质量成了服务营销领域中相对成熟的研究领域。但是，由于服务具有无形性、异质化、易逝性及不可分割性等特点，所以很难定义、具体衡量及控制服务质量，仅能通过一些词语来加以描述。

1982 年，格朗鲁斯首次提出了感知服务质量（perceived service quality）的概念，认为服务质量是顾客对其期望的服务与实际感知到的服务比较的结果。服务质量不能由管理者来决定，它必须建立在顾客的需求和期望的基础之上。更重要的是，服务质量不是一种客观决定的质量，而是顾客对服务的主观感知。

继格朗鲁斯之后，美国服务管理研究组合帕拉苏拉曼（Parasuraman）、泽丝曼尔（Zeithaml）和贝瑞（Berry）（以下简称 PZB）对顾客感知服务质量进行了更加深入的研究。1985 年，他们提出顾客所衡量的不仅仅是服务本身，也包括提供服务的过程，顾客感知的服务质量也是多维的，并利用顾客接受服务前对服务的期望与顾客接受服务后的实际感知的差距来定义服务质量，将其定义为感知的服务与期望的服务之间的差距，同样称之为感知服务质量。

总结学者们对服务质量的定义，我们将服务质量定义为其满足规定或潜在要求（或需要）的特征和特性的总和。特征用以区分同类服务中不同规格、档次、品位的概念。特性则是用以区分不同类别的服务，如疗养院有调理身心、给人愉悦的特性，旅馆有给人提供休息的特性。服务质量最表层的内涵还应包括服务的安全性、适用性、有效性和经济性等一般要求。

（二）服务质量的维度

由于服务过程具有无形性、差异性等特性，服务质量无法实施如制造过程或实体产品质量那样的客观衡量标准，顾客的感知与评价是衡量服务质量优劣的最终标准。由于顾客的大量参与，使得服务具有更多样的质量特性，学者们的衡量维度也各有不同。目前应用比较多的主要有以下两种维度划分方法。

在消费市场（business to customer，B2C）的背景下，PZB 提出了测量质量性能的 10 个维度：可靠性、响应性、服务能力、便利性、礼貌、沟通、可信性、安全、移情性、有形性。在此基础上，他们不断进行简练，并提出了 SERVQUAL 五维度模型，即服务的有形性、可靠性、响应性、保证性和移情性。SERVQUAL 模型至今仍然被许多服务公司所采用以测量质量性能。

随着服务质量的应用不断广泛，在产业市场（business to business，B2B）环境下的服务质量不仅与服务结果有关，也与服务过程有关，从而又将服务质量的维度划分为过程服务能力、过程交互质量、潜在服务能力以及结果质量四个方面。这也是目前比较常用的服务质量维度划分方法。

1．过程服务能力

即服务过程中顾客对服务提供方服务能力的评价。这些能力主要体现在服务人员的仪态仪表、服务态度、服务程序、服务行为是否满足顾客需要等方面。服务提供方提供服务的能力越强，其提供的服务质量就相对越高，因此这是服务质量的一个重要维度。

2．过程交互质量

即服务过程中顾客对双方交互行为的质量评价。在服务的生产和消费过程中，顾客要与服务企业发生多层次和多方面的交互作用。过程交互质量反映的是企业在提供服务的过程中，这种交互作用的程度。过程交互质量越高，说明顾客参与服务过程的程度越高，相应的服务质量就会得以提高。

3．潜在服务能力

即顾客对服务提供方能够持续提供高质量服务的能力评价。比如，某企业具有让顾客信赖的信誉、形象和专业实力，拥有一批经验丰富、专业素质较高的服务人员，并且可以从企业的员工身上感受到其独特的企业文化和管理理念等，这些都会对企业的服务质量产生直接的正面影响。

4．结果质量

即顾客对服务最终结果的质量评价。主要包括服务本身的质量标准、环境条件、网点设置，以及服务项目、服务时间、服务设备等是否适应和方便顾客的需要。一般来说，由于结果质量主要涉及技术方面的有形内容，因此顾客可以通过较为直观的方式加以评估，并且顾客对于结果质量的衡量也较为客观。

二、服务质量测量模型

随着服务质量概念的逐步完善和发展，学者们开始将研究重点转向服务质量的测量上。为了更好地改进服务，提升服务质量，对服务质量进行测量具有重要意义。在传统的服务质量测量的研究中，最具代表性的就是格朗鲁斯的感知服务质量模型，PZB 提出的差距分析模型以及进一步提出的 SERVQUAL 模型。

（一）感知服务质量模型

格朗鲁斯 1982 年提出了感知服务质量的概念，认为总服务质量（total service quality）由企业形象（corporate image）、技术质量（technical quality）和功能质量（functional quality）共同构成。1984 年，格朗鲁斯又对其理论进行了修正，在顾客认知失调理论的基础上提出了感知质量模型（见图 8-1）。在该模型中，顾客感知的服务质量是顾客的期望与亲身体验的服务相比较的结果。服务质量包括技术质量和功能质量，而企业形象对于技术质量和功能质量起到过滤器的作用：如果在消费者心目中企业形象是好的，那么即使消费者遇到某些质量问题，也会由于企业形象而得以缓解。反之，企业形象很糟，那么质量问题很容易被感知比实际更糟。

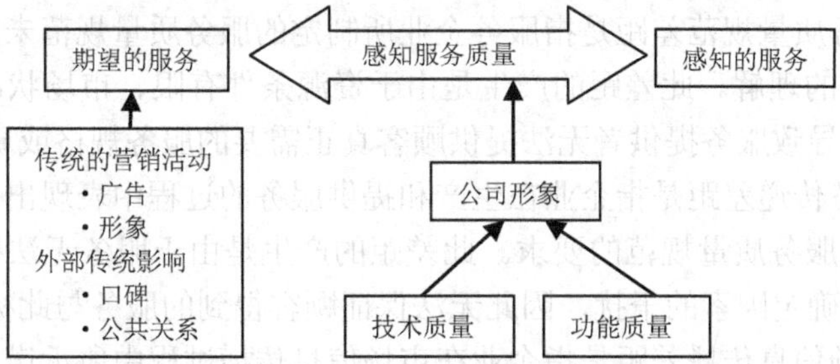

图 8-1　格朗鲁斯的服务质量模型

（二）差距分析模型

1985 年，PZB 在格朗鲁斯提出的感知服务质量模型的基础上，提出了服务质量研究中最广为使用，最经典的差距分析模型（gap analysis model），如图 8-2 所示。该模型区分了服务质量的五种差距，用来分析服务质量问题产生的根源，并帮助管理者了解如何改进服务质量。

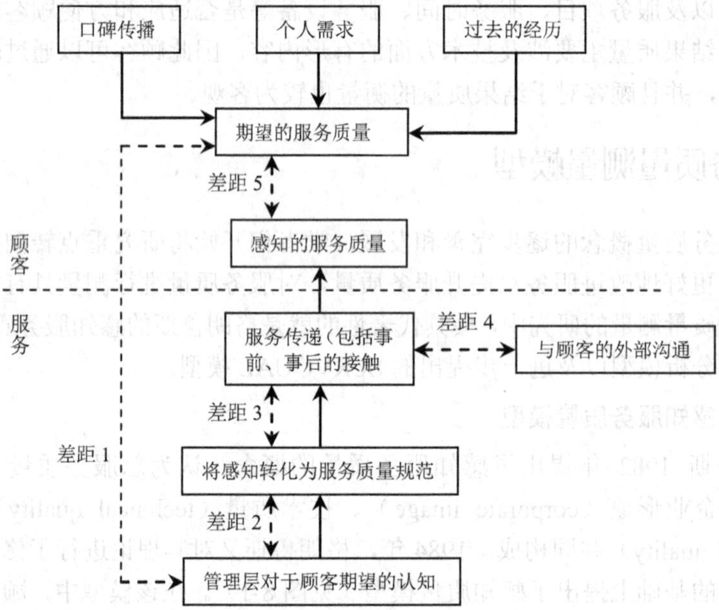

图 8-2　服务质量差距分析模型

该模型指出了在服务质量形成过程中可能存在的五个方面的差距。

差距 1：管理层认识差距是指服务企业管理层没有准确理解顾客对服务质量的期望。此差距产生的原因是服务提供者不能充分了解顾客对服务的期望。

差距 2：服务质量规范差距是指服务企业所制定的服务质量规范未能准确反映出管理层对顾客期望的理解。此差距的产生是由于资源条件有限、市场状况不确定或管理者疏忽等原因，导致服务提供者无法提供顾客真正需要的服务规格或质量。

差距 3：服务传递差距是指企业在生产和提供服务的过程中表现出的质量水平未能达到企业制定的服务质量规范的要求。此差距的产生是由于服务无法标准化，服务传递系统受太多不确定因素的干扰，因此无法保证顾客得到的服务与此标准吻合。

差距 4：市场信息传播差距是指企业在市场信息传播过程中所承诺的关于服务质量的信息与企业实际提供的服务质量不一致。此差距的产生是由于顾客对服务的期望和感知受到大众传播的影响而发生变化。承诺或保证可提高顾客的期望，但是当顾客接受实际服务而无法达到设定的期望时，则会降低对服务质量的感知。

差距 5：可感知服务质量差距是指顾客体验和感觉到的服务质量与预期的服务质量

不一致。此差距是顾客消费前对服务的期望与消费后对服务的感知之间的差异所形成的，如果顾客消费后对服务的感知高于消费前对服务的期望，则顾客对服务质量感到满意；否则就会降低对服务质量的评价。

其中，差距 5 是差距 1 到差距 4 的函数，受到这四个差距的大小和方向的影响。在该模型中，服务质量可以表示为服务质量=实际感知服务−期望的服务。因此，降低或消除前四个差距有助于弥补服务质量差距。

（三）SERVQUAL 模型

在格朗鲁斯研究的基础上，PZB 借鉴差距理论，提出了著名的 SERVQUAL 服务质量测量模型，包含五个主要维度，22 个项目，其理论核心是“差距模型”。SERVQUAL 量表有很好的信度和效度，广泛应用于服务行业，可以定期跟踪服务质量趋势，也可以评估企业的每个维度的服务质量和最终质量，确定影响服务质量的各维度的相对重要程度，并依此制定措施改善服务质量。

SERVQUAL 模型包括两部分，即顾客期望和顾客感知，如表 8-1 和表 8-2 所示。将 SERVQUAL 项目归类到五个不同的服务质量维度，如表 8-3 所示。

表 8-1　SERVQUAL 期望调查表

（1）公司拥有现代化设备
（2）公司的硬件设施具有吸引力
（3）公司的员工应穿着得体、整洁
（4）公司制作的与服务有关的材料（例如宣传小册子）很有吸引力
（5）公司会在其约定时间内履行承诺
（6）公司会表现出解决顾客问题的热忱
（7）公司首次即能提供顾客所需的服务
（8）公司会在其承诺时间内为顾客提供服务
（9）公司会保持零缺陷的工作记录
（10）公司的员工会告知顾客其提供服务的确切时间
（11）公司的员工会给顾客提供即时的服务
（12）公司的员工必定乐于帮助顾客
（13）公司的员工绝对不会因太忙碌而忽略顾客的需求
（14）公司员工的表现会使顾客对公司感到有信心
（15）公司的顾客在接受服务时会感到安全
（16）公司的员工永远对顾客保持礼貌
（17）公司的员工能够回答顾客的所有问题
（18）公司会关注每一位顾客
（19）公司的营业时间方便所有顾客
（20）公司拥有能够给予顾客所需服务的员工
（21）公司会考虑顾客的利益
（22）公司的员工了解顾客的特殊需求

表 8-2 SERVQUAL 感知调查表

（1）公司拥有现代化设备
（2）公司的硬件设施具有吸引力
（3）公司的员工应穿着得体、整洁
（4）公司制作的与服务有关的材料（例如宣传小册子）很有吸引力
（5）公司会在其约定时间内履行承诺
（6）公司会表现出解决顾客问题的热忱
（7）公司首次即能提供顾客所需的服务
（8）公司会在其承诺时间内为顾客提供服务
（9）公司会保持零缺陷的工作记录
（10）公司的员工会告知顾客其提供服务的确切时间
（11）公司的员工会给顾客提供即时的服务
（12）公司的员工必定乐于帮助顾客
（13）公司的员工绝对不会因太忙碌而忽略顾客的需求
（14）公司员工的表现会使顾客对公司感到有信心
（15）公司的顾客在接受服务时会感到安全
（16）公司的员工永远对顾客保持礼貌
（17）公司的员工能够回答顾客的所有问题
（18）公司会关注每一位顾客
（19）公司的营业时间方便所有顾客
（20）公司拥有能够给予顾客所需服务的员工
（21）公司会考虑顾客的利益
（22）公司的员工了解顾客的特殊需求

表 8-3 SERVQUAL 的项目和维度

维　　度	项　目
有形性	1~4
可靠性	5~9
响应性	10~13
保证性	14~17
移情性	18~22

SERVQUAL 模型最重要的功能是通过定期的顾客调查来追踪服务质量的变化趋势。在多场所服务组织中，管理者可用 SERVQUAL 判断是否有些部门的服务质量较差。如果有的话，管理者可进一步探索造成顾客不良印象的根源，并提出改进措施。SERVQUAL 还可用于市场调研，与竞争者的服务相比较，确定企业的服务质量在哪些

地方优于对手，哪些地方劣于对手。

使用 SERVQUAL 模型作为评估服务质量的工具具有如下优点：（1）作为评估不同服务质量的标准；（2）适用于多种服务类型；（3）具有可靠性，即不同的人对于问题有类似的解释；（4）该表只有 22 个调查项目，使用简答，顾客和员工可在短时间内填写该表；（5）具有标准的分析过程，便于解释和分析调查结果。

（四）其他模型

1994 年，鲁斯特和奥利弗（Rust & Oliver）提出了服务质量的三因素模型（见图 8-3）。在该模型中，服务质量由服务产品、服务传递和服务环境共同组成。其中，服务产品也就是格朗鲁斯所说的技术质量，是服务的结果；服务传递是格朗鲁斯所说的功能质量，表示服务的提供过程；而服务环境则是 PZB 所说的服务质量的有形性，指服务生产与消费场所的环境。

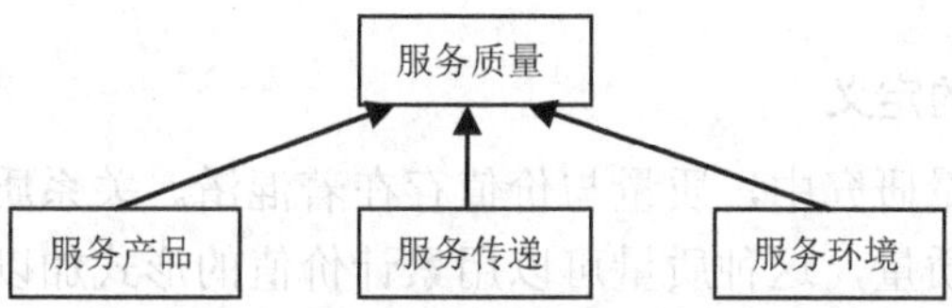

图 8-3　鲁斯特和奥利弗的服务质量模型

2001 年，布雷迪和克罗宁（Brady & Cronin）综合格朗鲁斯和 PZB 等学者们的观点，在鲁斯特和奥利弗提出的三因素模型的基础上，提出了扩展的三因素模型（见图 8-4）。在该模型中，服务质量由交互质量、实体环境质量和结果质量三个维度构成。

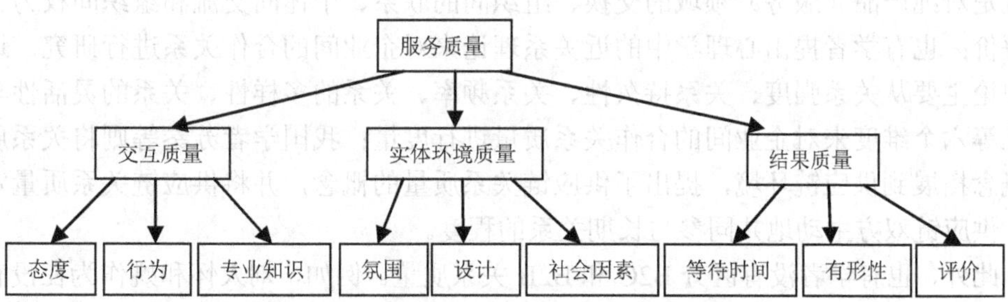

图 8-4　布雷迪和克罗宁的服务质量模型

此外，Ko 和 Pastore（2004）在研究中，以美国大学校园内 241 个体育休闲的顾客为研究对象，研究了这些顾客对服务质量的评价，在布雷迪和克罗宁扩展的三因素服务质量模型的基础上，提出了顾客评价体育休闲服务质量的四维度模型（见图 8-5）。在该模型中，服务质量包含项目质量、交互质量、结果质量和实体环境质量四个维度。

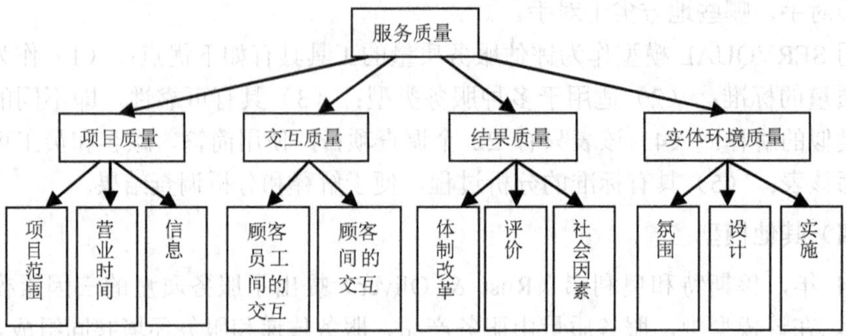

图 8-5 Ko 和 Pastore 的服务质量模型

三、关系质量的定义及其维度

（一）关系质量的定义

在最初的关系质量研究中，质量与价值存在着混淆。关系质量一开始被看作是企业与其顾客间交互的质量，这种质量可以用累计价值的形式加以说明，即高价值就是高质量。学者们在这一基础上做了更深入的研究，基于B2C的视角，认为关系质量是买卖双方关系强度的整体评价，此评价符合双方的需求与期望，而这些需求与期望是以双方过去成功的或失败的事件或遭遇为基础的。

后来的学者在研究关系质量时以此为基础，并将其推广到B2B背景，认为关系质量就是对纯产品（服务）领域的交换、组织间的联系、个体间交流和组织间权力关系的评价；也有学者提出心理学中的近关系理论来对企业间的合作关系进行研究。近关系理论主要从关系强度、关系持久性、关系频率、关系的多样性、关系的灵活性与公平性等六个维度来对企业间的合作关系质量进行度量；我国学者苏秦等则将关系质量的概念拓展到供应链环境，提出了供应链关系质量的概念，并将供应链关系质量定义为：供应链双方主动地共同参与长期关系的程度。

此外，也有学者没有区分B2C和B2B关系质量。例如，刘人怀和姚作为在没有区分B2C和B2B的情况下，认为关系质量是感知总质量的一部分，其实质就是指能够增加企业提供物的价值，加强双方的信任与承诺，维持长久关系的一组无形利益。

综上可以看出，虽然关系质量这一概念已经大量出现在各类研究中，但理论界对关系质量的定义并没有达成共识。由于研究出发点的不同，对于关系质量的内涵尚存争议，对关系质量的定义还缺乏系统的理论框架。造成研究这对关系质量的概念认识不一致的主要原因是在不同的顾客群体和商业市场上存在不同类型的关系，这些关系各自具有不同的特征、特性，因此很难用统一的框架来综合表述。正是由于不同的顾客群体和市场中存在着不同类型的关系，因此在对不同背景下的关系质量进行研究时，应该突出各种关系的行业特点和市场特点。

（二）关系质量的维度

尽管对关系质量的定义存在着一些争议，但大多数学者都认同关系质量是一个高阶的构造，而且和服务质量一样是一个多维度的概念，只是对于维度的组成上，各个学者有着不同的看法。表 8-4 和表 8-5 列出了近十几年来不同学者对于关系质量维度的研究。学术界普遍认可这样一个观点，即在 B2C 背景下关系质量的维度主要由信任、满意和承诺这三者组成。

表 8-4 B2C 背景下关系质量的维度

研 究 者	关系质量的维度	研究的背景
Crosby 等（1990）	1．对销售人员的信任 2．对销售人员的满意	人寿保险业
Lagace 等（1991）	1．对销售人员的信任 2．对销售人员的满意	医疗服务业
Wray 等（1994）	1．对销售人员的信任 2．对关系的满意	金融服务业
Shamdasani 和 Balakrishnan（2000）	1．信任 2．满意	理发行业
Wulf 等（2001）	1．关系满意 2．信任 3．关系承诺	食品和服装业
Wong 和 Sohal（2002）	1．信任 2．承诺	零售业
Roberts 等（2003）	1．信任 2．满意 3．承诺 4．冲突	服务业
Hsieh 和 Hiang（2004）	1．满意 2．信任	照片冲洗行业、银行业

表 8-5 B2B 背景下的关系质量维度

研 究 者	关系质量的维度	研究的背景
Smith（1998）	1．对相关人员的信任 2．对关系的满意 3．对维持长久关系的承诺	企业的采购和供应

续表

研　究　者	关系质量的维度	研究的背景
Dorsch 等（1998）	1．信任 2．满意 3．承诺 4．最少的机会主义行为 5．顾客导向 6．道德形象	供应商的分级
Johnson（1990）	1．信任 2．公平 3．无机会主义行为	企业战略整合
Naude 和 Buttle（2000）	1．信任 2．满意 3．供应链合作 4．权力 5．利益	供应链关系
Parson（2002）	1．信任 2．满意	采购供应关系
Walter 等（2003）	1．承诺 2．信任 3．满意	顾客和供应商关系
Fynes 等（2004）	1．承诺 2．合作 3．信任 4．交流 5．适应	软件行业
Woo 和 Ennew（2004）	1．合作 2．适应 3．关系氛围	工程设计行业

由于在 B2C 背景下对关系质量维度取得的共识，一些学者开始把关系质量的这一概念引入到 B2B 背景中来。而关系质量维度在 B2C 背景下形成的一致性，并没有在 B2B 背景下得到延续。这一方面可能由于关系质量的特征和维度构成依赖于不同的情景，另一方面的原因可能是 B2C 背景下的企业和消费者的关系与 B2B 背景下企业与企业的关系最大的不同是前者比后者拥有更多的情感和社会因素。也就是说，像信任、满意、承诺这三个维度也许在 B2C 背景下很好地描述了企业和消费者之间的关系，但

是在 B2B 背景下也许它们只能描述企业和企业之间关系的一部分。因此就目前的研究现状来看，一方面对关系质量维度的相关研究有必要进一步深入，需要探讨是否存在一个统一的维度以涵盖所有这两个背景领域，另一方面这也提醒我们在处理关系质量的维度时，应该依据背景的不同而对其加以区分。

四、关系质量相关研究应用

（一）B2C 环境下的客户服务质量与关系质量

客户服务可以理解为与顾客交互并依托核心价值的一系列活动。在 B2C 环境下，这种交互活动具有以下几个特点：第一，从交互的形式来看，B2C 环境下的客户服务更多是一种人与人之间的交互。客户服务项目大都是一种顾客与服务者面对面互动的过程，因此在这个过程中服务人员的态度、行为以及自身素质对于交互的效果有着很大的影响。第二，交互环境对于 B2C 环境下的客户服务也十分重要，尤其是一些物理环境。B2C 环境下客户服务的交互活动大多发生在某一固定的场所，只有当顾客亲临这一场所，交互活动才会开始。良好的交互环境可以让顾客感到心情舒畅，有助于和服务人员的交互，因而对于整个交互的效果也会产生影响。第三，从服务链的角度来看，这种交互活动是整条链的"供应"和真正的顾客"需求"直接接触的一个过程，在这个过程中顾客的需求是否满足、顾客的行为取向如何都会充分地暴露出来，因而 B2C 环境下客户服务对于整条服务链的成功、服务链价值的提高都是一个重要的因素。

基于上述分析，可以认为 B2C 环境下客户服务质量主要包括两个部分：一个是与服务人员交互的质量，而另一个是与环境交互的质量。当然，这里的环境因素不仅仅包括了物理环境，一些政策、规则也包括在里面。

苏秦等学者从交互的角度研究 B2C 环境下客户服务质量与关系质量之间的关系，并建立起概念模型，如图 8-6 所示。

在模型中，客户服务的质量由两部分组成：一是与服务员工的交互质量，二是与环境的交互质量。基于以往的研究，与服务人员的交互质量维度主要包括了员工的态度、员工的行为以及员工的专业技能；而与环境的交互质量维度则分成两个部分，环境条件主要指的是一些物理环境，而价格政策和售后担保政策则是指一些软环境因素。需要指出的是这些维度的选择都是基于顾客感知的角度。由于模型研究的是服务商与顾客之间的关系质量（B2C 关系质量），因此选择的维度主要是信任、满意和承诺。下面分别对概念模型中所涉及的各变量的维度进行介绍。

1．满意

满意是顾客在比较了产品的实绩和产品期望之后所产生的一种愉快的感觉。由此可见，顾客满意既包含了认知成分，也包含了情感成分。认知成分指顾客对服务业绩与某一标准进行比较的结果；情感成分指顾客对服务实绩与某一标准比较之后产生的满足、高兴、喜欢等心理反应。

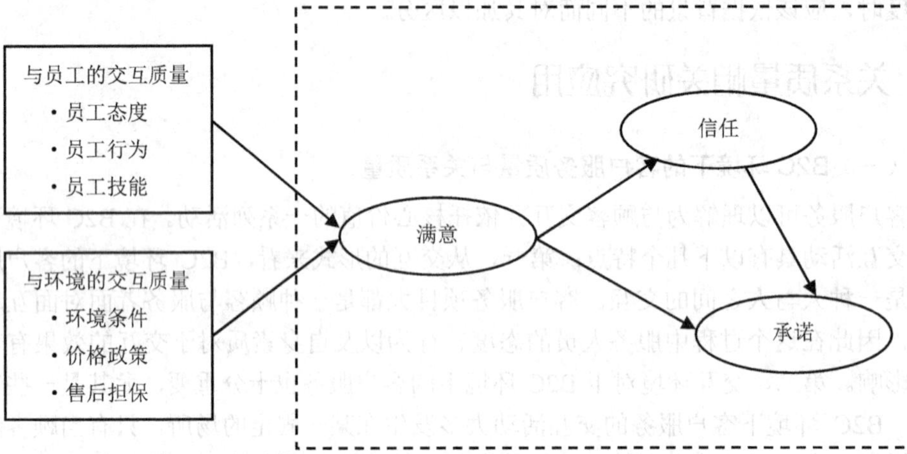

图 8-6　B2C 环境下客户服务与关系质量的概念模型

现有研究为了增加概念的可操作性和可测量性，将满意的可操作性定义为两种：（1）顾客满意指顾客对某一次具体交易的满足感，即顾客在购买某一产品或服务之后对该产品和服务的满意程度；（2）顾客满意指顾客的累积性满意程度，即顾客对自己以往经历的总体满意程度，包括顾客对产品和服务的满意程度，对企业的营销活动的满意程度等。

2．信任

营销领域的研究把信任分为两种，即对另一方诚实的信任和对另一方善意的信任。信任就是一种信念，即认为另一方的言语可靠并且会完成它在交易中的职责。强调一方对另一方言语的可靠性、真实性以及完成角色的有效性和可靠性的相信程度。另一类定义则更注重结果，即一方相信另一方会考虑其福利，不会做出一些对其不利的行为。信任在营销中，特别是在长期销售的关系中显得特别重要。在交易中会存在着一定的风险和信息的不完备性，信任则是有效减少对效率和效益影响的前提条件。同时可以去除彼此的一些短期行为，从而获得一些长期的利益。因此，信任常常和成功关系的发展联系在一起。

3．承诺

对于承诺的研究大多来源于心理学和社会学。在心理学中，承诺被看作是某种决心或认知，这种决心或认知把个人和某种行为紧密的联系在一起。而在社会学中，承诺主要用来分析组织和个人的行为特征。目前，学者将承诺定义为维持一种有价值关系的长久愿望。在这里，“有价值的关系”强调的是一种信念，交易伙伴相信和另一方持续合作的关系如此重要以至于要尽最大的努力来维护它。承诺是彼此长期关系建立的一个基础，也是这种关系中的一个非常重要的特性，交易双方之间的承诺是获得有价值结果的关键，因此双方都会尽力去发展和维护这种珍贵的特性。

4. 员工态度

员工态度主要指在服务过程中顾客所感知的服务员工对于服务的态度。在顾客与员工接触的过程中，顾客可以感受到员工对于服务的态度。员工的服务态度对于一些高接触的服务来说是非常重要的。在一些高接触的服务中，服务人员具有友善的服务态度，就可以消除顾客和服务人员之间的距离感，增进彼此之间的亲密程度，同时也可以增加顾客对服务的满意度。

5. 员工行为

员工行为主要指服务人员在服务过程中所体现出来的一些行为趋势。这些行为可以切实为顾客提供便利，提高顾客对整体服务质量的感知。同时，员工的行为也是员工服务态度的一个具体体现。

6. 员工技能

员工技能主要指在服务过程中顾客所感知的服务人员所具有的专业知识、专业技巧以及一些特殊资质等。员工的技能对于服务的成功是非常重要的，服务人员所具有的专业知识、专业技能水平越高，那么他也越会得到顾客的信任。因此员工技能也常常被用做是确定服务质量和顾客满意的一个标准。

7. 环境条件

环境条件主要包括了两方面的内容，一是服务环境中的硬件设施，二是服务环境氛围。服务环境中的硬件设施主要指服务过程中所涉及的设备、材料等。以上这些因素对服务质量来说是非常重要的，会让顾客对于企业的信任程度产生影响。而服务环境氛围主要指那些对于人的感官产生影响的因素，这些因素对于顾客对某一环境的整体感受产生影响。良好的服务环境会让顾客拥有愉悦的心情，进而可以提高对服务的满意程度。

8. 价格政策

价格政策主要指一些产品的定价策略、折扣政策以及促销方式等。价格政策对于吸引顾客来说是非常重要的，而良好的价格政策既可以真正给顾客以实惠，而且也可以提高顾客的满意程度。

9. 售后担保

售后担保主要是指企业对于产品质量做出的承诺，以及在产品出现问题或者顾客出现不满意时企业所采取的补救措施。由于产品质量的不可预知性，顾客在购买产品前都会面临一定的风险，这些风险的存在可能会使顾客感到不安。而企业对产品质量做出的某种承诺，可以消除顾客的不安情绪。产品出现质量问题固然会让顾客产生不满，但更多的时候让顾客不满的主要原因是企业在产品出现质量问题时并没有采取积极的补救措施。

这一模型经过验证，并得出结论，“顾客—零售商”关系质量是一个高阶的构造，由满意、信任和承诺这三个维度构成。顾客与服务人员的交互质量对顾客满意有着直接的正向影响，顾客与环境的交互质量对顾客满意同样有着直接的正向影响，也就是说，这两者的交互质量越高，那么顾客满意度也会越高。顾客满意对提高顾客对企业的信任及顾客承诺均有直接正向的影响。

（二）B2B 环境下的客户服务质量与关系质量

从交互的角度来看 B2B 环境下的客户服务，可以把它看作是企业与企业之间基于核心价值的一种交互活动。在 B2B 环境下不仅仅存在人际交互，更多的是企业层面的一个交互活动，如物流、信息流、资金流的一个交互；交互活动受到空间限制，因而交互的环境更多地局限于一些交流的媒介，如电话、网络等。从服务链的角度来看，供应商对服务商提供的客户服务是供应商对服务商提供的一种支持，从而使服务商能更为有效地为最终顾客提供服务。

基于已有研究，苏秦等学者提出了如图 8-7 所示的模型来研究 B2B 环境下客户服务质量与关系质量之间的关系。

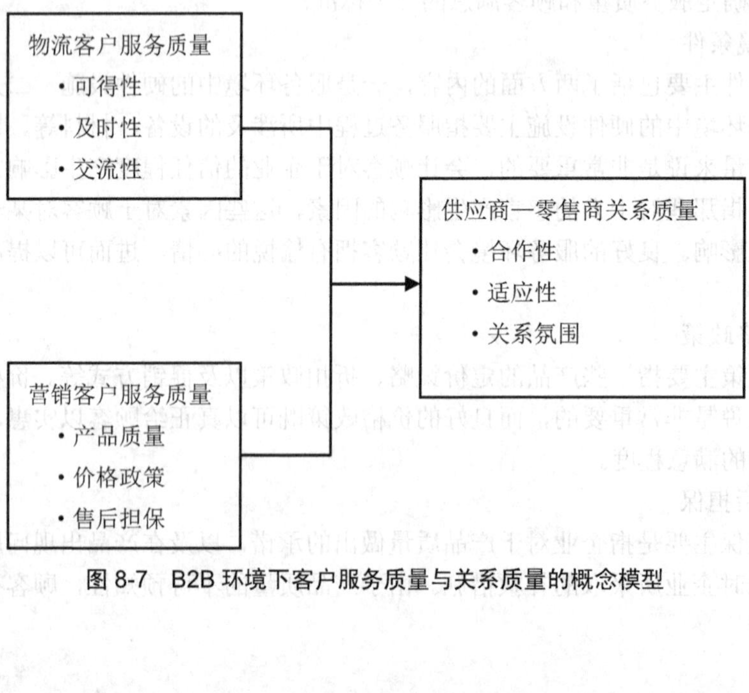

图 8-7　B2B 环境下客户服务质量与关系质量的概念模型

在这一模型中，客户服务的质量由两部分组成：一是物流客户服务质量，二是营销客户服务质量。物流客户服务质量的维度主要包括了可得性、及时性和交流性。而营销客户服务质量的维度则主要包括了产品质量、价格政策和售后担保。需要指出的是，在这里产品质量主要指货物产品在运送过程中的状况，而售后担保主要指产品售后的一系列服务，其内涵则会根据企业之间交易类型的不同而不同。由于模型研究的是供应商与服务商之间的关系质量，因此选择的维度主要是合作性、适应性和关系氛围。下面分别对概念模型中所涉及的各变量的维度进行介绍。

1．合作性

合作性是B2B关系质量的关键维度。合作可以理解为与同样兴趣或利益的一方共同进行的所有活动。从B2B关系的角度来看，企业之间的合作包含的内容很多，如为实现彼此共同的目标而采取的行为，或者为维持和发展彼此之间关系而采取的行为等。

2．适应性

除了合作性以外，企业之间的适应性也是彼此之间关系中非常重要的一个部分。适应性指为了改善企业之间的关系，双方在特定的交易情节中所进行的特殊的投资。关系双方合作的过程也是双方交互的过程，这些交互过程可以看作是双方的适应过程，这一过程需要双方持续地适应对方的需求。适应性可以给双方都创造价值，因为它可以降低成本，增加收入，创造彼此的依赖性。在企业之间适应性的存在，意味着彼此愿意进行长期的交易，而它的缺失则表示双方只是进行短期的交易行为。

3．关系氛围

关系氛围表示了关系所处的一个状态，它存在于双方的交互过程中，在双方建立和发展关系的过程中只要有交互就会产生关系氛围。企业之间的竞争与合作规范是关系氛围这一概念中最重要的一个方面，这些规范既包括了彼此信任的一方面，也包含了彼此之间的一些机会主义行为。企业之间的关系氛围还应该包括企业之间的信任和承诺。

4．可得性

产品的可得性是指当顾客需要产品时企业拥有足够的库存来满足顾客的需求。因此可得性通常和库存能力是同义的。产品的可得性是物流客户服务中一个重要的元素，也是一个企业物流能力的体现。从供货企业的角度来看，通常衡量产品可得性的指标主要有三个：缺货频率、供应比率和订货完成率。

5．及时性

及时性是指供货企业及时把产品传递到顾客的手中，它也是物流客户服务中一个重要的元素。衡量及时性的一个重要指标就是订货周期。订货周期可以定义为从顾客提出订货或购买服务要求，到收到所订购产品或服务所经过的时间。一般来说，顾客都希望自己的订货周期能够相对较短，有一致性以及所订货物能够按时到达。

6．交流性

交流性指在供应商和客户之间准确、及时地传递适当的信息。尤其是今天，货物快速传递的压力越来越大，这些都需要准确的信息。组织间的交流一般包括对共同目标的交流和理解以及对冲突的处理，它能够消除争议，纠正大家错误的认识。因此交流是保证企业间成功交易的最重要的因素，并且交流对关系质量有正向影响。

7．产品质量

产品质量也被称为传递质量，主要关注的是在货物传递过程中的一系列质量问题，如传送货物的质量状况、货物传送的可靠性问题以及送货公司的工作态度等。本研究主要关注的是货物在传送过程中是否受到损伤、货物的包装是否便利以及货物是否符合订单要求。

8．价格政策

企业在采购产品时，除了产品的质量，价格因素也是需要重点考虑的一个问题。如果供应商的产品具有良好的性价比，优惠的折扣政策以及合理的付款方式，那么企业就会考虑长期和该供应商进行合作。因此，在本研究中，以上这些因素都被统称为价格政策。

9．售后担保

在供应商和采购企业之间同样也存在一些售后问题。例如，供应商的产品出现质量问题后，供应商能否及时对这些问题做出响应，能否及时对不合格产品进行回收，能否认真处理好零售商对于自己的抱怨。如果这些问题处理好的话，那么零售商就会更加愿意与该供应商进行合作。

这一模型经过验证，并得出结论，“零售商—供应商”关系质量同样也是一个高阶的构造概念，主要由合作性、适应性和关系氛围这三个维度构成。供应商提供的物流客户服务质量越高，供应商和零售商之间的关系质量也就越高。同样，供应商提供的营销客户服务质量对于供应商和零售商之间的关系质量也有着直接的正向影响。

第二节　质量管理实践

一、质量管理实践的概念

（一）质量管理实践的定义

从 20 世纪 50 年代日本发起的质量革命开始，经过半个多世纪的发展，质量的概念内涵不断地丰富，应用哲理也呈多样化发展，质量管理实践的内容也相应地得到很大的丰富，从解决具体问题的质量测量和控制方法，再到全面质量管理、ISO9000 质量管理体系，进而涵盖所有的质量措施。企业和组织希望通过实施有效的质量管理实践措施来实现卓越的财务绩效和经营绩效，进而在激烈的市场竞争中获取优势地位。那么究竟什么是质量管理实践，至今仍未有一个标准的定义。

通常来说，企业与学者都将质量管理实践（quality management practice，QMP）看作是企业为了改善质量、降低成本和提高生产率所实施的各种管理措施和计划，是企业提高经营绩效与增强竞争力的一种重要手段。

（二）质量管理实践的理论发展

质量管理实践的理论主要来自两方面：

一是质量大师们的贡献。早期研究中的质量管理实践的内容和要素都是质量管理专家根据实践经验和质量管理理念总结得到的，如戴明的“十四点要诀”，朱兰的“质量三部曲”以及克劳士比的“变革管理的六个阶段”等。

二是各种质量奖项所提供的管理实践模型。诸多的国家质量奖模型，如美国马可姆·波里奇国家质量奖（MBNQA）、欧洲质量奖等，为质量管理实践应用及测量提供了基本的框架。但是以美国国家质量奖模型为基本框架所发展衍生出的众多其他国家的质量奖模型，并没有经过充分论证来说明这种跨越国家差异的应用是否适宜、有无重大改进的必要。这里关于质量管理实践实用性的问题将在本节第三目中结合质量管理实践在我国发展应用情况具体阐述。

（三）质量管理实践的分类

质量管理实践从根本上可以分为社会层面和技术层面两个层面：一是作为社会层面的基础实践（infrastructure practices），它是质量管理实践的软要素，主要包括质量管理实践中非机制性的、社会行为等方面的内容，如高层管理者支持、领导承诺、供应商关系、顾客参与和关注、人力资源管理等；二是作为技术层面的核心实践（core practices），指的是质量管理机制、过程和技术等方面的支撑性措施，如过程控制、产品设计、研发过程等。

对于质量管理实践的具体行为，至今仍未有定论。本书在对国内外不同时期不同学者的相关研究总结的基础上，选取了 10 种最为常用的、最受学者与企业接受和认可的质量管理实践。这 10 项质量管理实践分别为：

1．管理者承诺

质量管理实质上是“头”的质量管理。换句话说，质量管理的成功离不开企业高层管理者对质量管理的重视和正确领导。从另一个角度讲，企业的高层管理者应该清楚地认识到，建立、实施质量管理体系并持续改进其有效性是自身重要的职责，也是其在此位置上的承诺。

从管理者承诺的内涵中可以看出，管理者承诺反映的是管理者对质量管理的态度，主要指高层管理者在质量管理工作中要关注顾客需求，在追求利润最大化目标时要兼顾产品质量，同时支持质量持续改进工作以及勇于承担质量管理责任。因此，管理者特别是高层管理者应在识别顾客的需求和期望、提高组织全员的质量意识和鼓励组织全员参与质量管理活动、推动持续改进、策划管理变革以及使相关方满意等方面证实其领导作用和承诺。

2．质量培训

质量改进效果取决于对质量工具的运用，质量工具的运用取决于员工对质量管理工具知识的掌握。通过对管理者和员工进行质量培训，使他们获得质量工作所需的知识和技巧，提高员工的质量意识以及对质量管理工具的掌握水平，从而提高企业产品和服务质量。

3．供应商质量管理

对供应商进行质量管理有助于企业优选供应商和合作者，有助于供应商实施持续改进方案并参与其质量持续改进计划。另一方面，让供应商参与组织的设计和开发活动，共享知识，又能够有效且高效地改进产品和交付过程。通过与供应商建立良好的合作关系，促进相互间的沟通和交流，也有助于问题的迅速解决，避免因延误或争议引发额外的费用，进而提高双方的经营效率和绩效。因此，在对供应商进行质量管理的实践中，一方面，企业应对供应商按组织的要求提供产品的能力进行评价和选择供应商，与供应商共同制定对供方的过程要求和产品规范，同时组织也应该吸收供方参加与产品相关的采购过程，以提高采购过程的有效性和效率；另一方面，企业应明确规定采购的要求，确保提供充分的采购信息，并实施检验或其他必要的活动，以确保采购的产品满足规定的要求。

4．流程管理

流程管理主要是对影响顾客满意度以及实现企业目标的重要活动的管理。这些重要活动主要是指跨职能部门的活动，它由人、原材料、能源、设备和信息组成。提供给顾客的产品和服务都是由各职能部门按照一定的流程顺序通力合作共同产生的。但由于职能部门经理通常只关注实现本职能部门的目标而非整个流程目标，这往往导致各部门之间的职能分界面处出现问题。低质量的流程管理会由于返工等质量问题而消耗过多的企业资源。因此，流程管理是质量管理的一项非常重要的活动，在进行流程管理时，企业要注意选取关键流程，成立流程管理团队，并确立流程管理目标。

5．团队工作

团队也称质量工作小组。通过对员工展开团队培训、小组讨论，使成员在共同参与解决问题的过程中提升相互间关系以及协作水平，激发他们的工作热情，这样团队工作的效果就会令人满意，并且会吸引更多的员工加入团队，同时对员工的态度和行为产生影响，进而提高工作质量。

6. 员工关系

员工关系反映了质量管理工作中企业与员工之间的沟通能力。主要包括员工对质量绩效的态度、质量绩效的反馈制度以及企业内部上下级之间的沟通和交流。这一部分的内容在第五章中有着更为深入的讲解。

7. 顾客关系

顾客是指所有受到产品或流程影响的人，包括企业内部顾客和外部顾客，而对于内部顾客的内容已经包含在员工关系里面了，这里的顾客关系主要针对外部顾客。

与顾客保持良好的关系是企业获取长期收益的一种手段，反映顾客关系的实践包括与顾客保持密切的关系、顾客反馈机制以及让顾客参与到生产过程之中。通过对顾客抱怨、要求、诉讼等质量信息的分析研究，企业可以了解外部顾客的真正需求，进而向顾客提供满意的产品和服务，最终提高顾客的满意度和忠诚度。对现场故障报告、质量信息等内部数据进行分析，企业可以发现生产经营过程中出现的质量问题，通过解决这些问题，有助于企业产品和服务质量的改进。

8. 标杆管理

标杆管理反映了企业向行业内主要竞争对手学习的情况。有效的质量管理应该考虑竞争对手并运用标杆学习方法，是对行业内主要竞争对手的最佳生产和流程进行分析，或对其他行业中运用相同或相似流程的先进组织进行分析，通过与最强的竞争对手或公认的行业领先者进行对照，企业可以持续地对本企业的产品、服务以及经营方式进行衡量，从而对自己的不足进行改进。因此，标杆学习不仅提供了一个比较标准，而且提供了自我评价并随后改进的一种途径，它实质上是质量持续改进的一种方法。

9. 管理者参与

质量管理是全员参与的管理，要想引起整个企业对质量管理工作的重视和员工的参与，最重要的是要向员工表明管理层对质量管理活动的重视和决心，只有高层管理者真正投入到质量管理活动中，才能向员工表明这项活动的重要意义，进而激发员工参与质量改进活动的热情。

另外，企业的管理者也要正确树立对质量奖与质量认证的态度。不少企业在实际操作过程中，其内部都存在着质量管理务虚现象。企业一方面把获得质量体系认证作为宣传广告，仅重视外部认证而忽视内部审核。另一方面，把质量体系认证证书视为推销产品的特别通行证，利益的驱动使质量体系认证日益商业化。企业高层管理者应该对这一现象有清醒的认识。

10．产品设计

设计是指企业将顾客需求转化为产品的具体指标和要求。产品的设计质量决定了制造质量，好的设计有助于企业通过减少生产流程的延迟来提高产品的生产和创新的能力，也会进一步影响产品成本、质量以及产品推向市场的时间。

企业要想提供满足顾客需求的高质量产品或服务，必须注重产品或服务设计，这要求在设计试验阶段对产品进行测试；在推向市场阶段对顾客需求进行分析，然后对产品进行合适的定位，制订详细的产品计划；在制造阶段对生产流程进行管理，对成本控制和对生产进行有效的组织。

二、质量管理实践对企业绩效的影响

（一）质量管理实践对企业绩效影响研究概述

质量管理实践作为一种改进产品质量、提高企业竞争力的方法已经被企业广泛采用。早期学者们关注的是质量管理实践要素的识别和测量。但随着理论发展和研究的深入，从20世纪90年代中期以来，质量管理实践与质量绩效、企业绩效的关系及影响逐渐受到学界广泛关注。但是当前很多研究的结论仍存在分歧，特别是质量管理实践和绩效的相互关系及作用机理还没有一个明确的、被广泛接受的说法。本书综合一些国内外学者关于质量管理实践与企业绩效关系的文献可以看出：在不同时期，对该问题的探讨呈现出不同的特点。

20世纪90年代中期以前，质量管理实践对企业绩效的影响研究都是基于专家经验或案例分析，缺少严格、规范的研究。这一时期，大部分专家普遍认同质量管理实践会对企业绩效的提升有明显的作用，如戴明、朱兰、克劳士比等质量学家提出的经典理论，并在全世界大范围推广质量管理实践行为。

20世纪90年代中期开始，陆续有学者运用实证方法探讨质量管理实践同企业绩效之间的关系。此时已有学者对质量管理实践进行区分，从核心实践和基础实践两方面来探索与企业绩效的关系。研究结果得到的结论有的认为只是部分质量管理实践要素会对企业绩效产生积极影响，但有的研究者则认为二者相关度不高。

近年来，更多的学者采用复杂的统计方法进行实证研究，以此来探寻二者之间的相互影响机制，并开始考虑不同实践行为间的集成效果。此时，有学者对质量管理实践和企业绩效进行了更细致的划分。如有学者就企业绩效划分为财务绩效（销售收入增长，利润增长率，盈利与竞争对手比较等）和非财务绩效（市场占有率，营销效率）两方面；又有学者从质量绩效、运营绩效、财务绩效和创新绩效较综合地来看待企业绩效；还有学者对质量绩效又进行了细致区分，将其分为内部质量绩效（与标准的符合性、设计质量和一致性质量）和外部质量绩效（使用质量和顾客满意度）。这一阶段的研究发现了质量管理实践与企业绩效之间存在某种中介变量，但具体的作用机理仍不清晰。于是，有学者开始将情境因素考虑在内，并据此试图来解释对质量管理实践对企业绩效作用不一致的现象。

综合现有研究成果，得到如图 8-8 所示的质量管理实践对企业绩效影响的概念模型。从图中能够看出，基础实践和核心实践之间用虚线连接了起来，原因在于两者的作用关系尚不明确，而这也是当前研究的重点之一。目前，对于基础实践和核心实践作用关系的研究虽然仍有分歧，但基本上分成了三种观点，分别是中介效应、调节效应及联合效应，如图 8-9 所示，（a）图为中介效应，说明基础实践在直接影响绩效的同时，仍通过核心实践来间接影响绩效；（b）图为调节效应，其含义是基础实践虽然能够直接作用于绩效，但其效果仍受核心实践调节的影响；（c）图为联合效应，表明绩效是受基础实践与核心实践共同作用的影响。

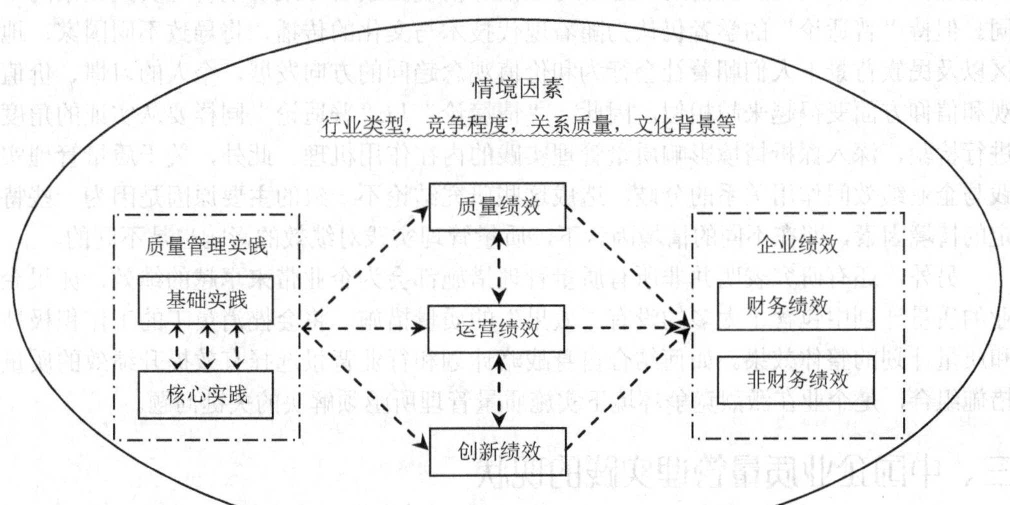

图 8-8　质量管理实践对企业绩效的影响

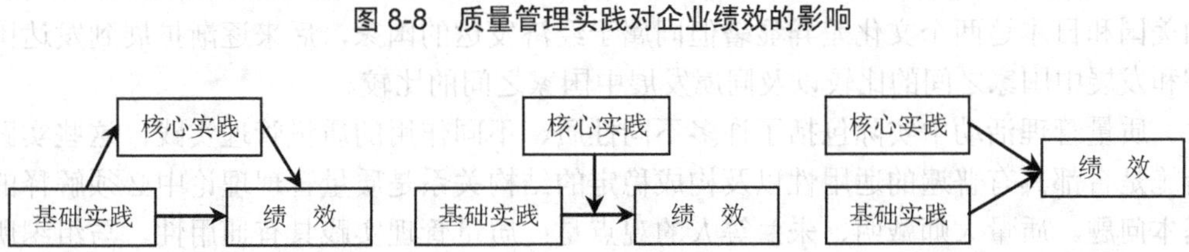

图 8-9　基础实践和核心实践作用关系

此外，图8-8还对绩效进行了详细划分。从图中能够看出，直接与质量管理实践相关的绩效指标都是那些企业运营层面的绩效，如质量绩效、创新绩效，而企业的高层管理者所真正关注的财务、市场方面的绩效，却要受到很多中间因素以及外部环境的影响。

（二）质量管理实践的权变理论

传统上认为，质量管理实践包含一套超越文化边界的通用管理原则，具有普适性，并认为这是全面质量管理、美国马可姆•波里奇国家质量奖（MBNQA）等质量管理理论及实践可在全球普遍推广的基础，因而当时他们并未重视情境对质量管理实践的影响。然而，随着研究的深入和质量管理实践的推广，越来越多的学者开始质疑质量管理实践"放之四海而皆准"的假设。他们认为质量管理实践的普适性假设不能解释实践中质量管理实施效果的差异，必须引入情境变量，考察情境对质量管理实践的影响。

到目前为止，国内外较多学者都从实证的角度证实了质量管理实践具有国家、地区情境性，不同文化、价值观、经济与政治等情境因素会导致质量管理实践效果的不同。但持"普适论"的学者仍认为随着现代技术与文化的传播，将导致不同国家、地区以及民族背景下人们朝着社会行为和价值观念趋同的方向发展，个人的习惯、价值观和信仰方面变得越来越相似。因此，"情境论"与"普适论"同样要从实证的角度进行检验，深入探析情境影响质量管理实践的内在作用机理。此外，关于质量管理实践与企业绩效间作用关系的分歧，造成这些研究结论不一致的主要原因是因为一些特定的情境因素，即在不同的情境因素下，质量管理实践对绩效的影响也是不同的。

另外，还有研究表明并非所有质量管理措施都会为企业带来卓越的绩效，如果企业的质量计划中包含了太多的没有"效果"的质量措施，将会挫消员工的工作积极性和质量计划的整体效果。如何结合自身战略计划和行业背景选择有效提升绩效的质量措施组合，是企业在激烈竞争环境下实施质量管理所亟须解决的关键问题。

三、中国企业质量管理实践的现状

20世纪90年代初，质量管理通用性的研究范围主要集中在发达国家之间的比较，如美国和日本这两个文化差异显著但同属于经济发达的国家，后来逐渐扩展到发达国家和发展中国家之间的比较以及同属发展中国家之间的比较。

质量管理活动中实际包括了许多不同性质、不同作用的质量管理实践，这些实践措施是否都具有普遍的适用性以及构成稳定的结构关系是质量管理理论中必须解释的基本问题。质量大师戴明、朱兰等人的观点是：质量管理实践具有通用性，与组织所处的情境无关。但他们只是提出观点而没有进一步验证。质量管理的趋势是普遍适用，这表明了组织应该同等重视并采取一系列完整的质量管理措施。然而，根据权变理论的解释，由于文化背景、政治信仰、经济环境等特性的差异，不同国家的企业组织面临着不同的环境，这些环境因素能够影响组织的运作方式和管理。因此在不同的国家或地区质量管理实践适用的水平是不同的，质量管理实践应该与情境相关。

发达国家的质量管理理论研究已较为成熟，其质量意识深入文化并积累了丰富的实践经验。中国作为一个发展中国家，在经济转型的过程中质量运动仍处于起步阶段，现有的质量管理研究和实践大多仿效欧美日等国（地区）的经验。我国的质量管理的推广在经过了前几年的应用热潮以后，并没能获得预想中的广泛成功，这和缺乏针对我国环境下的质量管理适用性研究尤其是实证研究较少是有一定关系的。

关于质量管理实践在中国的适用性问题同样存在着结论不明确的情况。目前，国内的质量管理实践通常关注于构建完善的质量管理体系，探索先进的质量管理方法与管理模式在我国的实施途径等。

美国质量管理专家朱兰曾预言“如果 20 世纪以生产率的世纪载入史册，那么 21 世纪将是质量的世纪”。尤其是在全球金融危机之后，中国企业面临的挑战越来越大，在没有硝烟的商业战争中，企业赢得竞争优势的主要武器就是产品和服务质量。但是无论是产品质量还是服务质量，中国企业均与发达国家的企业有较大的差距。中国企业要想在激烈的国际竞争中生存就必须加强质量管理实践，不断提高自身的质量水平。实际上，中国部分企业在提升质量管理方面做出了有益的尝试，借鉴并运用了发达国家一系列成熟的质量管理实践方法和工具，如 5S/6S 方法、QC 小组、零缺陷管理、六西格玛等。但整体来说，中国企业的质量管理实践还处于起步阶段，这些企业在与世界先进理念接轨的同时，仍然保留着鲜明的中国特色，这使得研究中国企业的质量管理实践有很大的现实意义。

第三节　研发过程质量管理

20 世纪中后期以来，世界的市场经济形式发生了巨大的变化。越来越多的企业发现自己处于一个竞争激烈、需求变化迅速且难以预测的市场之中，新技术、新产品，甚至整个市场从出现到消亡的周期越来越短。因此近些年无论是在学术层面还是在实践层面，都对研发创新活动投入了极大的关注。

我国“十一五”规划提出，应逐步建立以企业为主体、市场为导向、产学研相结合的技术创新体系，形成自主创新的基本体制架构。研发活动作为高投入、高风险的“双高”项目，项目的成败极大地影响着组织的生存机会。为了确保研发过程的顺利、高效进行，实施有效的过程管理是非常必要的。研发过程中一个很重要的问题就是质量管理问题。质量管理技术在传统生产、服务过程中的重要性早已得到了广泛认可，为了保证研发活动的产出水平和成功率，实现企业创新绩效和自主创新能力的全面提升，产品研发活动中同样有必要实施有效的质量管理措施。

一、研发过程质量管理体系构建

（一）研发过程质量控制模型

面向研发过程的多重汇聚质量控制模型，是一种专门针对产品研发创新活动中多变量、多阶段和非线性特点的质量控制模型。它利用质量门径方法选取过程中的关键决策点，按属性收集过程信息并逆向应用产品功能进化模型实现经验信息重用，通过评估、改进以达到对过程质量进行控制的目的。多重汇聚质量控制模型的主要内容包括以下两点。

1. 关键决策点的选取

这取决于对过程阶段目标、特征和参数的识别。阶段目标是关键决策点的最基本选取依据，过程阶段的目标不同，决策者及相关利益方、决策对象一般也不相同，其决策过程也就不同。在研发活动的一般阶段内，可以通过抽取过程特征和参数，进一步选取关键决策点。对关键决策点的选取不应该是机械的，而应带有权变思维。

2. 关键决策点的功能实现

这依赖于信息和数据的汇聚和同步，决策点也成为多重汇聚点。根据信息在决策汇聚点内的流动，可以将决策过程划分为汇聚、评估、改进和控制四个步骤。汇聚步骤要求收集市场、财务、产品三大方面的信息，其中市场应该作为主要信息导向。评估步骤的主要内容是利用汇聚信息指标对进入多重汇聚点的可交付成果进行评价，得出过程差距，为改进步骤提供支持。合作研发的趋势赋予了研发活动网络化特征，评估时需要根据各决策相关方对汇聚信息的标准进行，主要方法有层次分析法、模糊评价法和筛孔法，以及用于多目标决策的启发式算法。改进步骤主要是针对评估出的过程差距进行针对性地弥补，还需要根据顾客的新要求对产品作出更新。控制步骤的展开标志着关键决策点功能已经实现，研发活动将进入一个新的高度。需要强调的是，这时应将汇聚点信息进行整理，反馈给研发数据库以实现信息的再同步。

（二）研发过程能力成熟度模型

研发过程能力成熟度模型是基于系统论和变革管理思想展开对研发管理系统的分析。成熟度模型具有四个关键过程域，在关键过程域下可以筛选出42个关键过程，结合系统构成要素即关键过程域的集成和耦合特点，进而划分出成熟度的四个等级水平，分别是初始级、学习级、管理级和优化级。在上述基础上，成熟度综合模型就表现为两个维度，一个维度是成熟度等级水平，另一个维度即是包含若干关键过程的关键过程域。整个模型的相关理论和概念框架如图8-10所示。

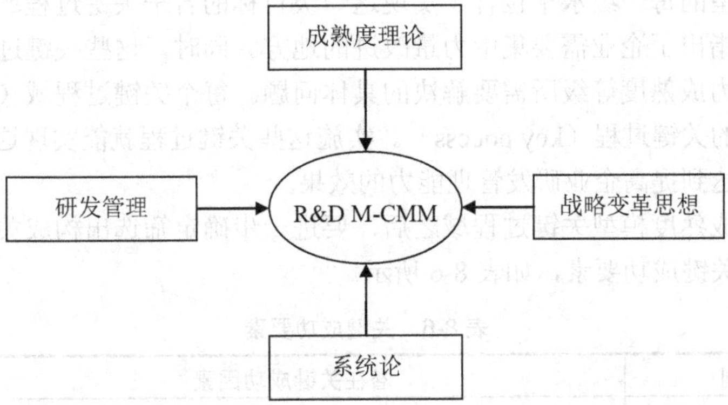

图 8-10　研发管理能力成熟度模型（R&D M-CMM）相关理论和概念框架

从变革管理角度来分析，研发管理系统分为四个子系统，这四个子系统是根据变革管理中常用的 CCP 框架以及 Yeo 的风险管理成熟度模型来划分的，具体是：content 分为技术内容（technical content）和组织内容（organizational content）；context 代表通过一定的流程进行一定的内容所处于的内外部环境；process 代表研发流程管理。因此研发管理系统就可以分为：研发流程管理子系统 Sp；组织管理子系统 So；技术管理子系统 St；内外部环境管理子系统 Sc，如图 8-11 所示。每一个子系统代表企业研发管理某一类的管理能力，因此可以视作成熟度模型研究的关键过程域。

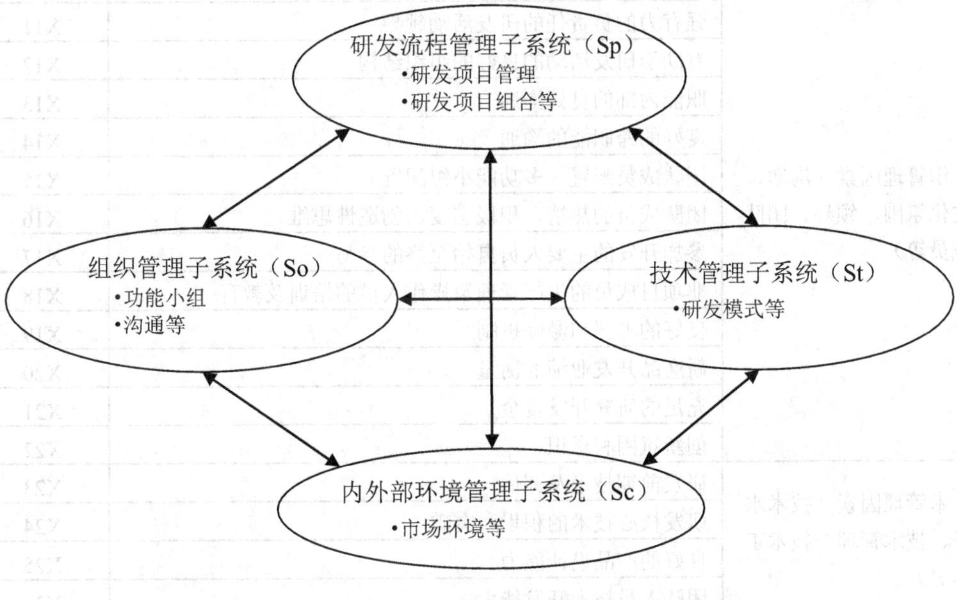

图 8-11　依据 CCP 理论的 4S 研发管理系统分析

成熟度模型的每一级水平包含了实现这一级目标的若干关键过程域（KPA），这些关键过程域指出了企业需要集中力量改进的地方。同时，这些关键过程域指明了为了要达到该能力成熟度等级所需要解决的具体问题。每个关键过程域（KPA）都包含了一组相关联的关键过程（key pocess）。实施这些关键过程就能实现这个关键过程域的目标，从而达到提高企业研发管理能力的效果。

在确定出成熟度模型关键过程域之后，要进一步确定筛选出构成关键过程域的关键过程或者说关键成功要素，如表8-6所示。

表8-6 关键成功要素

类别	潜在关键成功因素	编号
流程管理因素（准备工作过程、项目管理等）	明确的产品及项目定义	X01
	产品概念、特点要求的良好确定	X02
	开发过程的良好的质量意识	X03
	研发过程中的文本信息记录	X04
	多阶段、有章法的新产品开发过程	X05
	项目控制入口	X06
	成功的过程中生杀决策	X07
	产品创新模式（基于市场/平台/快速跟随）	X08
	全流程意识	X09
组织管理因素（沟通、文化氛围、领导、团队成员等）	高层管理资源承诺（资金、时间、人员等）	X10
	强有力的负责任的研发活动领导	X11
	有助于研发活动的良好的组织结构	X12
	职能内部的良好沟通	X13
	良好的跨职能的沟通	X14
	团队成员配置（多功能小组配置）	X15
	团队成员的热情、积极态度、创造性思维	X16
	参加开发的主要人员自始至终的参与	X17
	非项目成员的生产管理及操作人员的培训及教育	X18
	良好的考评和激励机制	X19
	新产品开发业绩的衡量	X20
	充足的研究开发资金	X21
	创新氛围和意识	X22
技术管理因素（技术水平、技术管理、技术工具等）	研发前期技术及评估	X23
	研发核心技术的积累和突破	X24
	良好的产品设计能力	X25
	团队人员技术开发能力	X26

续表

类　别	潜在关键成功因素	编　号
技术管理因素（技术水平、技术管理、技术工具等）	产品平台化及产品线	X27
	适合企业的高效研发模式（IPD/SGS/PACE 等）	X28
	整合过的开发工具（如 QFD、快速原型制造、模拟测试）	X29
	技术的知识管理	X30
环境管理因素（产品特点、竞争对手、市场特点）	研发新产品与企业已有产品的类似或者延伸	X31
	具有竞争力的新产品成本	X32
	销售人员的选择和培训	X33
	具有清晰的市场及动态变化的了解	X34
	强烈的市场导向的新产品开发意识	X35
	明晰、确定的目标市场	X36
	产品开发前的市场评估	X37
	产品对于客户及市场的吸引力	X38
	针对特定产品的良好的市场及营销计划	X39
	良好的了解市场快速变化的能力	X40
	上市及上市后来自客户的反馈意见	X41
	竞争对手的产品分析及市场分析	X42

从系统管理角度，研发管理能力成熟度就是系统所表现出来的不同属性和状态，它的成熟水平实质上取决于其系统构成的要素之间的关联集成程度也即耦合程度。根据研发管理在组织中变化提升的特点，研发管理能力成熟度的系统构成要素的耦合关系如图 8-12 所示。

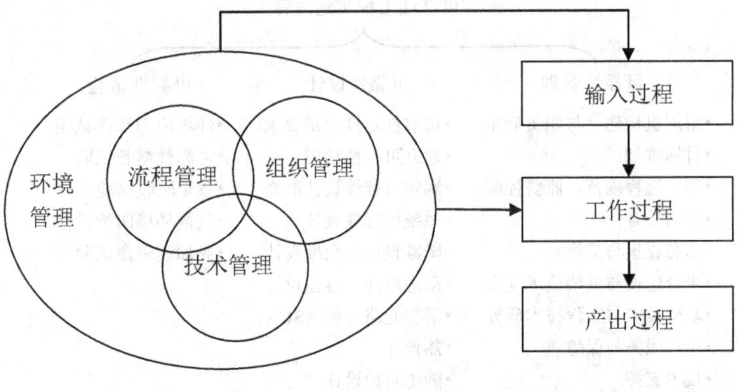

图 8-12　研发管理能力成熟度系统构成要素耦合图

成熟度评估数学模型最后还需要将模糊综合评价应用到研发管理能力成熟度评估之中，模型结构如图 8-13 所示。

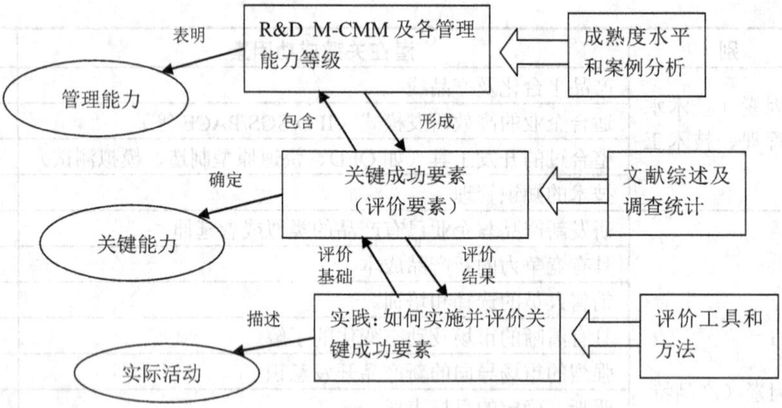

图 8-13　研发管理能力成熟度评价模型结构

二、研发过程可靠性评价

通常人们将可靠性理解为元件、组件、零件、部件、机器、设备等产品在正常的使用条件下，工作是否可靠，性能是否稳定的特性。所谓可靠性其实是指：“产品在规定条件下和规定的时间内，完成规定功能的能力。”它综合反映了产品的可用性、耐久性、寿命以及使用经济性等要求。

在产品研发过程中需要保证产品质量，只有通过在产品研发过程中引入可靠性工程技术，才能对提高产品质量产生行之有效的帮助。可靠性工程实施具体内容如图 8-14 所示。

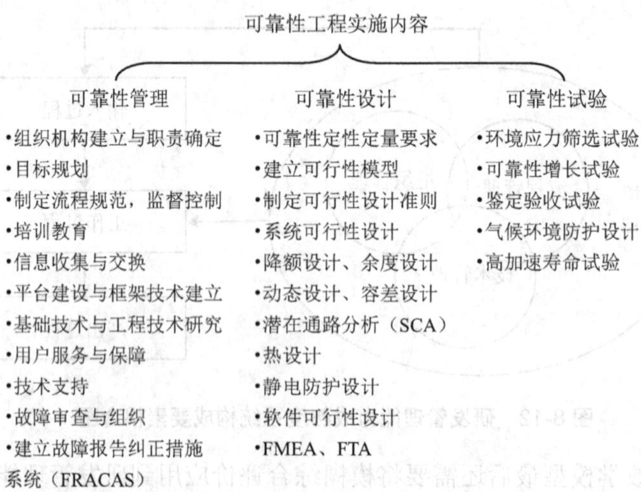

图 8-14　可靠性工程实施的具体内容

从对研发过程的认识可以知道，研发阶段所需面对的一大挑战就是缺少可靠性数据，因此可以利用 IDEF0 方法对研发过程进行建模，采用模糊评价法确定研发过程各要素（包括输入、控制、工具和输出）之间的影响关系。主要内容如图 8-15 所示。

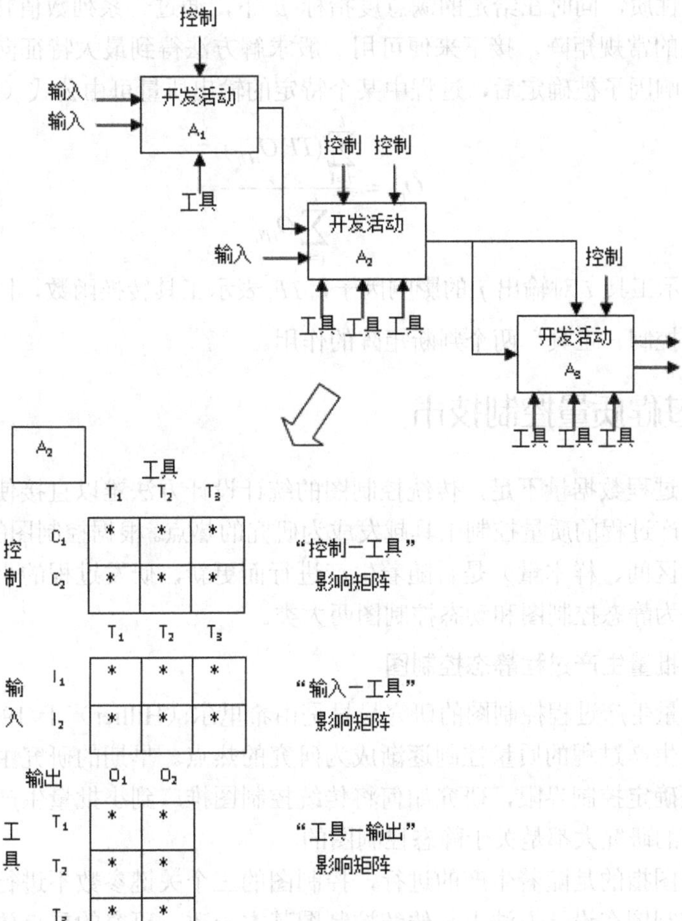

图 8-15　IDEF0 模型

在模型中，过程的输出质量被认作为过程的可靠性，根据图 8-15 所示的 IDEF0 模型可以知道，过程输出主要受到三种途径的影响，即“输入—工具”途径、“控制—工具”途径以及“工具—输出”途径，由于缺乏评价所需的数据，一个可行的思路就是采用模糊评价法对过程进行评判。这是因为，一方面模糊评价法利用专家打分可以解决可靠性数据的来源问题，另一方面又可以克服直接打分法的不精确性。

模糊评价法属于一种特征向量法，即模糊矩阵的最大特征值所对应的最大特征根代表对应矩阵元素的权重。基于此思想，可以通过求解判断矩阵的最大特征向量，然后经过归一化处理来确定影响矩阵的影响因子。由于打分过程中采用的是模糊打分法，因此初始判断矩阵的元素均为模糊数，无法直接求解最大特征向量，因此必须利用模糊矩阵的运算性质，同时在给定的满意度指标 μ 下，通过一系列数值转换便可得到由模糊矩阵转换的常规矩阵，接下来便可用一般求解方法得到最大特征向量以及影响因子。当所有影响因子被确定后，过程中某个特定的输出质量可由公式（8.1）求得。

$$O_{Qj} = \frac{\sum_{i=1}^{k}(TF_i O_{iTIj})}{\sum_{i=1}^{k} O_{iTIj}} \tag{8.1}$$

式中，O_{iTIj} 表示工具 i 对输出 j 的影响因子，TF_i 表示工具转换函数，同时受到“输入—工具”和“控制—工具”两个判断矩阵的作用。

三、研发过程质量控制技术

由于研发过程数据量不足，传统控制图的统计设计方法难以直接使用，因此开发面向小批量生产过程的质量控制工具越发成为研究的热点。根据控制图的三个参数（控制界限、抽样区间、样本量）是否随着生产进行而更新，研发过程的小批量生产过程控制图可以分为静态控制图和动态控制图两大类。

（一）小批量生产过程静态控制图

关于小批量生产过程控制图的研究最早是由希里尔（Hillier）于 1969 年提出的。自此，小批量生产过程的质量控制逐渐成为研究的热点。早期的研究主要关注的是通过一些新办法确定控制界限，研究如何将传统控制图推广到小批量生产过程控制中。事实上，早期的研究大都是关于静态控制图的。

静态控制图指的是随着生产的进行，控制图的三个关键参数不进行更新的一类控制图。这类控制图在设计方法上与传统控制图基本一致，研究的重点放在如何确定控制图的最优参数，即控制效果达到满意的水平。需要说明的是，静态控制图的关键参数并不一定是固定不变的，这其中包括一类时变参数控制图。时变参数控制图的思想其实和计数调整型抽样检验方案是非常类似的。这类控制图在设计时，需要预先给定两组控制参数，这两组参数根据不同的情况选择使用。时变参数控制图因为参数是预先给定的，并且参数的变化并不是伴随过程信息的更新进行的，因此它也被归为静态控制图。

（二）小批量生产过程动态控制图

动态控制图指的是随着生产的进行，控制图的三个关键参数随着过程信息的更新而变化的一类控制图。其中最主要的是使用贝叶斯方法进行更新的贝叶斯动态控制图。贝叶斯动态控制图主要通过对于控制策略的研究，利用贝叶斯方法对过程信息进行更新，以产品期望成本最小为优化目标，寻求最优的控制图参数组合。基本设计模型是

$$\begin{cases}\min C_i(p_i, h_i, n_i, d_i) \\ T(p_i) = f(p_i \mid x_i, h_i, n_i, d_i)\end{cases} \tag{8.2}$$

式中，p_i表示过程失控概率，即当前已知的过程信息；h_i、n_i和d_i分别表示第i次抽样时的抽样间区、样本量和控制界限；成本函数C_i是三者的函数；过程信息的更新$T(p_i)$使用的是贝叶斯方法。

贝叶斯控制图的基本控制思路如下：假设过程的初始阶段处于受控状态，通过成本函数最优确定第一次抽样时的控制参数组合(h_1，n_1，d_1)；进行第一次抽样后，利用贝叶斯方法通过样本信息对过程信息进行更新，然后同样以成本函数最优为目标，来确定第二次抽样时的控制参数组合；重复上述过程直至整个生产过程完成。

研发过程中最显著的特点就是批量小，缺乏过程信息。因此在对小批量生产过程控制时，最大限度地利用样本信息就显得十分重要。贝叶斯方法则可以最大限度地利用样本信息，因此贝叶斯控制图逐渐成为小批量生产过程控制图的研究热点。目前较新的研究是通过最优化模型来寻找控制图的控制参数。首先对过程状态进行划分，然后以马尔科夫链和贝叶斯理论为工具，构造过程状态的概率转移矩阵。然后以成本函数的最优化为目标，通过全局寻优算法找出最优的控制参数，设计面向少数据情形下的控制图。

思考题

1．简述服务质量概念及其发展。观察并思考，当前企业、消费者、政府对服务质量的看法分别是什么？叙述你自己对服务质量的定义。

2．服务质量与制造质量存在哪些区别？

3．简述差距分析模型的主要内容。

4．简要叙述关系质量的概念及维度构成。

5．什么是质量管理实践？结合全面质量管理的内容说一说企业中通常采用的质量管理实践行为有哪些？

6．你认为中国企业在进行质量管理实践的时候应注意哪些问题？

7．研发过程具有什么样的特点？

8．研发过程的可靠性评价与一般过程的可靠性评价有何区别？

9．为什么说贝叶斯动态控制图非常适用于研发过程？

案例讨论

案例 8-1　清华同方的服务质量管理理论

重庆市黄先生购买了清华同方真爱 2000e 电脑一套，5 月 9 日在使用时出现死机现象，立即与经销商和维修服务部进行了联系，在此后的 20 多天里，维修站四次派人上门维修，清华同方电脑技术服务中心北京总部也通过电话对维修人员进行技术指导，经过仔细检查，软件系统一切正常，不存在使用不当的问题，确实存在死机现象且无法排除。6 月 3 日，上一级分销商重庆华方公司为用户更换了同型号的电脑，但仍然出现类似的故障。于是，用户要求退货，但是经销商坚持进行维修，遂与用户黄先生产生了分歧。

在进行了多次维修无法排除故障的情况下，用户黄先生向清华同方电脑北京总部进行投诉，北京总部于当天致电重庆经销商，要求立即给用户办理退机手续，并将货款退给黄先生。

按照同方电脑的退货流程，需要在北京检测之后才能给经销商办理货款冲抵手续，存在着时间差，经销商担心北京检测后如果没有确认故障，可能不办理货款冲抵，因此，该经销商坚持先给黄先生打一张欠条，要等北京确认之后再退给他钱，这样黄先生退机时不能马上从经销商那里拿回货款。

黄先生在十分无奈的情况下给清华同方股份有限公司总裁写了一封信，在叙述了他的遭遇之后，说："如果你了解了我的遭遇，购买电脑还会选择清华同方吗？我认为，这种退货办法是极不公平的，试问顾客能仅凭一张欠条就从商店拿走东西吗？清华同方的这种做法，显然违背了公平交易的原则，若不是亲身经历，我真难以相信在这样一个全国有名的上市公司及其销售网络中会存在这样的问题。我不但未能体会到清华同方高科技产品和服务带来工作上的方便和生活中的乐趣，反而给我在精神上和经济上增加了很大负担。"

由于气愤和焦虑，黄先生在投诉信寄出后第 3 天未等到回音的情况下，在 7 月 3 日下午向《重庆晚报》反映了情况，并于 7 月 4 日在《重庆晚报》"读者之音"栏目刊登出："退货不给钱，清华同方岂有此理"。报道说黄先生反映清华同方电脑有质量问题，经多次维修无法解决，经销商拖延很长时间才答应退货，但在黄先生将有质量问题的电脑送到公司时，得到的答复竟是不能马上退款，要等北京厂家把货款退还给他们以后，才能将钱还给客户。请问，哪有这样的道理？

同方总裁在收到来信后（此时尚不知道《重庆晚报》即将曝光），立即做出以下批示：

“电脑事业部：这是一起很严重的事件，要从服务质量管理上查清制度、程序、思想上的原因，并提出解决办法。另外，要立即与客户联系，解决客户的困难，在合理的范围内给予赔偿，并感谢他对我们的批评，事情查清之后向我报告，由我去向客户道歉。”

同方电脑事业部接到总裁批转的投诉信后，主管客户服务的副总经理立即给黄先生打电话了解情况，转达了同方总裁对此事的关注，对用户在购买同方电脑后的一系列遭遇表示极为关注，并保证一定在三天之内查清此事，处理有关责任人，并对用户的损失进行赔偿，将问题彻底解决。

黄先生对同方总部的态度表示满意，说没想到会如此迅速的反应和这么好的处理，以为这封投诉信寄出以后，还会像以前经销商的做法一样，会拖延很久，所以他已经向新闻媒体做了反映，可能在当天的报纸上报道。如果问题能够圆满解决，他愿意向新闻媒体表示他对此事的满意态度。

当得知新闻媒体即将对此事曝光的消息之后，同方电脑事业部总经理立即给《重庆晚报》编辑部打电话，表示对这件事十分关注，感谢晚报在保护消费者权益方面所做的工作，并保证尽快处理此事，给用户和新闻媒体一个满意的答复。

总经理牵头，包括主管客户服务的副总经理、市场部经理、销售渠道管理部经理、技术服务中心经理、质量管理部经理等人参加的临时处理小组，并做了如下分工：由副总经理负责对经销商的调查和处理，质量管理部经理负责对这一批电脑的质量进行追查，技术服务中心经理负责做好对用户的善后工作。

经查，在同方电脑事业部最近出厂的一批真爱2000e电脑中，确实存在质量隐患，主板的BIOS管理程序存在缺陷，在一般检测环境下一切正常，但在某一特定使用条件下会出现死机现象。因此，尽管维修服务站多次提供上门服务，更换主板，但由于是同一批货，并且使用通用的检测手段，没有从根本上解决问题。

此外，将电脑卖给黄先生的经销商也不是清华同方的签约代理商，属于同方代理商下属的小经销商，刚开始经销同方电脑，未经过严格培训，不熟悉同方电脑对用户的承诺和服务规范。

服务质量管理案例在调查的基础上，临时小组决定立即对此事进行处理：

（1）为黄先生立即办理退款手续，并赔偿用户的损失。

（2）立即通过售后服务体系对已经购买这批电脑的用户进行联系，上门更换BIOS程序，如果用户有顾虑，可以为用户更换其他批次的电脑或者办理退货手续。

（3）对有关经销商进行处理，责令他们向用户道歉，挽回影响。

（4）派清华同方西南大区总经理登门拜访《重庆晚报》编辑部，代表同方总裁和电脑事业部总经理，感谢新闻媒体的监督和关心，并通报清华同方对此事的处理措施和结果。

（5）7月5日晚，清华同方总裁给黄先生打电话，对此事表示十分抱歉，感谢他对清华同方的关心和批评，并表示这件事对于同方改进工作起到了很好的促进作用，请他继续监督清华同方的工作。

（6）7月6日，《重庆晚报》在接到了黄先生的电话之后，在“回音壁”栏目中登出了“问题已经圆满解决，黄先生对清华同方的态度和处理结果表示满意，并对本报表示感谢”的消息。

事件结束后，清华同方电脑事业部对销售体系进行了培训和检查，在流程和制度上做了进一步的改进和完善。同时，在组织结构上提高了用户投诉处理部门的级别权限，直属总经理室领导，并且扩大了人员编制，以便及时接待和处理用户投诉，每周将处理情况向总经理室报告。

（资料来源：服务质量管理案例:清华同方精彩案例分析[EB/OL]. 工学网，http://gongxue.cn/xuexishequ/ShowArticle.asp?ArticleID=117481，2011-11-13. ）

思考题：

1. 在此案例中，你认为应从哪几个方面提升清华同方的服务质量？
2. 根据案例，谈谈自己对服务质量与制造质量的异同的理解。
3. 为了避免这样的事情发生，你认为清华同方应从中吸取什么教训？

案例 8-2 联想与顾客心连心

为了提高顾客的满意度，联想推行“五心”服务的承诺：“买的放心，用的开心，咨询后舒心，服务到家省心，联想与用户心连心”，大大拉近了顾客与公司的距离。

1. 满足营销顾客在各个阶段的需求

在购前阶段，联想不仅采取广告、营业推广和公关等传统的营销手段，而且通过新产品发布会、展示会、巡展等形式来介绍公司的产品，提供咨询服务。在顾客购买阶段，联想不仅提供各种优质售中服务（接受订单、确认订单、处理凭证、提供信息、安排送货、组装配件等），而且帮助零售商店营业人员掌握必要的产品知识，使他们能更好地为顾客提供售中服务。另外还推出家用电脑送货上门服务，帮助用户安装、调试、培训等。在售后阶段，联想设立投诉信箱，认真处理消费者的投诉，虚心征求消费者的意见，并采取一系列补救性措施，努力消除消费者的不满情绪。另外联想还加强咨询、培训、永辉协会及“1+1”俱乐部刊物等工作，经常性举办各种活动，如“电脑乐园”、“温馨周末”等，向消费者传授计算机知识、提供信息、解答疑问。这样，联想创造和保持了一批忠诚的顾客。此外，忠诚的顾客的口头宣传可起到很好的蚁群效应，增强企业的广告影响，也大大降低了企业的广告费用。

2．建立健全的服务网络，提供优质的服务

联想把帮助顾客使用好购买的电脑看作是自己神圣的职责，在“龙腾计划”中提出了全面服务的策略：一切为了用户，为了用户的一切。联想在全国 104 个城市设有 140 多家联想电脑服务站，保证遍布全国的联想电脑用户都能接受到完善、周到、快捷的服务。为提高服务人员的服务质量，联想制定了持证上岗制度，公司的维修人员上岗都必须经过考试，拿到上岗证方可上岗，这对提高维修水平起到了很好的保障作用。

1988 年联想公司进军海外市场的第一步，并不是贸然在海外设立子公司，而是在香港寻找合作伙伴：香港导远公司和中国技术转让公司。因为联想公司深知，联想本身虽然以中国科学院为后盾，有雄厚的技术开发能力，但缺乏海外营销的经验和渠道，所以必须与合作伙伴结盟，以扬“技术”之长，避“国际营销”之短。事实证明，联想走出的关系营销的这一步是十分正确的。三方合资经营的香港电脑公司取得了极大的成功，在开办当年，公司营业额达到 1.2 亿港元，不仅收回全部的投资，还拿出 100 万港元购买了香港一家有生产能力的 Quantum 公司，为香港联想自行研制开发产品建立了一个基地。

现在，联想在研究开发上采用“内联外合”策略：“内联”是指联想加强国内厂商的联合，真正做到资源共享，优势互补。如联想与全国最大的财务管理软件厂商用友公司实行战略性合作，以应用为本，软硬一体，共同开发与销售；与实达公司等签订合作协议，这些公司将在他们的家用电脑中全面安装联想开发的“幸福之家”软件。“外合”是指进一步加强与国际著名厂商的合作，包括技术、产品还有销售的合作。如联想与英特尔（Intel）、微软（Microsoft）的战略合作伙伴关系，有力地加强了联想电脑在技术上的领先地位。同时联想也努力和国际厂商展开更深层次的合作，比如，联合开发、联合定义未来产品等。如 1998 年初，联想与液晶显示的领先厂商日立公司合作开发出了有别于传统台式电脑的新一代电脑——联想“问天”系列。

联想在与盟友的合作中，不仅在贸易、资金积累和技术应用方面取得非常显著的业绩，更重要的是，联想从这些国际高科技企业中学到成熟的管理经验、市场推广、经营理念和严谨、科学的生产动作体系。

（资料来源：联想的关系营销[EB/OL]．豆丁网，http://www.docin.com/p-378754847.html，2012-04-08．）

思考题：

1．从关系质量的维度出发，联想在培养忠诚客户中做出了哪些努力？

2．联想与合作伙伴结盟，给客户服务质量带来的好处有哪些？

3．根据个人观点，你认为联想应采用哪些步骤进一步了解顾客的需求并与其保持密切的关系？

案例 8-3 康柏计算机公司的可靠性实践

1. 简介

康柏的 Tandem 分部主要是设计高可靠性、高可用性的容错计算机，这种计算机无论在何种故障模式和机理下都能够保证数据的完整性。这些“永不停机”（NonStopTM）的系统是当前商务交易和自动银行提款机采用的主流计算机。Tandem 并没有严格按照 MILSTD-490 上规定的国防和航天业的开发过程进行产品开发，而是有其自己的产品生命周期、产品需求、规格，操作计划和设计评审流程。在产品生命周期的每个阶段，都要进行一系列的可靠性工程工作，以帮助确保产品的可靠性。这些工作包括制定目标、进行预计、评估产品、供应商监控和数据分析。

2. 可靠性管理

康柏计算机公司的 TandemTM 分部为商业计算机业建立了一个高效率的可靠性流程。该流程在整个产品设计、生产和现场使用过程中应用可靠性原理。在过程中建立的可靠性目标是：逐步地促进变革和改进产品可靠性。因此要提高的不仅是自己设计的产品，还包括从外部供应商那里购买的产品的可靠性。分部已经建立了一个有效的现场可靠性数据收集和分析过程，使之能够度量可靠性的提高，并确认未来潜在的问题。企业以用最优的费用来实现用户所期望的最高的系统可用性的思想来影响产品设计。企业努力所取得的效果最有力的证据来自于现场数据，即故障率的降低和客户满意度大幅度的提升。

3. 康柏商业计算机高可靠性目标所采用的整个流程

“永不停机”产品生命周期由表 8-7 所示的六个阶段组成。不同生命周期阶段的需求在适应不同的范围和复杂度上具有很好的灵活性，一个流程结构必须在整个生命周期的每个阶段开展各种工作，包括正式的阶段评审，这涉及很多部门。简单的流程更新，如从相同的供应商那里在现有的 4GB 硬盘的基础上增加一个 8GB 的硬盘，可能会跳过或合并一些阶段，整个工作要比原先规定的少很多。但无论范围和复杂度如何变化，每个流程都采用同样的指南和过程。

表 8-7 “永不停机”产品生命周期阶段

阶　段	设 计 工 作	可靠性工作
0	概念	建立目标路标（roadmap）
1	市场调研和需求制定	制定目标；开始建模/分析
2	规格设计	预计和建模/分析；供应商审查
3	实现和验证	预计；开发中的故障跟踪；评估采购的设备
4	试生产	预计；开发和 Beta 测试结果跟踪；评估采购的设备
5	批生产和现场技术支持	现场数据跟踪和报告

可靠性工程在产品生命周期的每个阶段都有所体现。在流程开始时，要创建一个操作计划，其中要定义在流程支持方面要开展的工作。这些操作计划清晰地定义了每项工作的时间周期和完成时间。可靠性工程的工作是根据 MIL-HDBK-785B 为基础的可靠性流程指南确定的，但根据商业计算机业的实际情况进行了裁剪。该指南确定了每个设计阶段应考虑开展的工作，对于其中的工作，根据每个流程的特定需要进行了裁剪。

以下是流程中所涉及的工作类型的简单描述：

（1）可靠性/可用性目标——顶层系统/产品的目标是根据客户期望和市场竞争分析确定的。然后需要将这些目标分解到更低层次的设备，如电路板。

（2）设计权衡——通过建模和分析帮助评估各种设计方案的可靠性、可用性和费效比。评估结果将用于选择最优的设计方案。

（3）可靠性预计——可靠性预计是为了确定设计是否满足目标要求。如果不满足，需要开展一系列的质量或过程改进工作，以最终实现目标。管理工作包括跟踪质量活动和试验数据，以确保流程正在朝达到预期目标的方向进展。

（4）现场数据收集和分析——通过跟踪和分析现场故障率和单元更换率，确定产品是否满足可靠性目标，或揭示可能存在的耗损特性。故障分析的结果可以为确定硬件工程潜在的改进提供反馈。

（资料来源：吴红辉．如何有效地将可靠性工程技术应用于企业产品研发过程中[J]．电子质量．2004(11)：56-59．）

思考题：

1．请简述康柏计算机公司为实现高可靠性目标，在产品生命周期每个阶段进行的可靠性工程。

2．康柏计算机公司开展的可靠性工程，是根据 MIL-HDBK-785B 为基础的可靠性流程指南确定的，但在具体应用时进行了裁剪。这种裁剪对于规范本身的整体性和有效性是否会产生影响？

本章参考文献

1．崔艳武，苏秦，陈婷．价值导向的服务补救决策模型[J]．管理学报，2010，7(2)：248-253．

2．崔艳武，苏秦，李钊．电子商务环境下顾客的关系利益实证研究[J]．南开管理评论，2006，9(4)：96-103．

3．范秀成，刘建华．顾客关系、信任与顾客对服务失败的反应[J]．南开管理评论，2004，7(6)：9-14．

4．刘人怀，姚作为．关系质量研究评述[J]．外国经济与管理，2005，27(1)：27-33．

5．鲁耀斌，周涛．B2C环境下影响消费者网上初始信任因素的实证分析[J]．南开管理评论，2005，8(6)：96-101．

6．宋永涛，苏秦，李钊．供应链关系质量对合作行为影响的实证研究[J]．预测，2009，28(3)：27-33．

7．苏秦，崔艳武，张弛．消费情感对服务质量和顾客满意感影响的实证研究[J]．预测，2008，27(3)：29-35．

8．苏秦，李钊，崔艳武．网络消费者行为影响因素分析及实证研究[J]．系统工程，2007，25(2)：1-6．

9．苏秦，李钊，徐翼．基于交互模型的客户服务质量与关系质量的实证研究[J]．南开管理评论，2007，10(1)：44-49．

10．苏秦，刘野逸，曹鹏．基于服务交互的B2C电子商务服务质量研究[J]．情报学报，2009，28(5)：784-790．

11．苏秦，刘野逸，曹鹏．C2C电子商务服务质量实证研究[J]．商业研究，2010，395：213-216．

12．肖丽，姚耀．关系类型对服务失败后顾客的反应[J]．南开管理评论，2005，8(6)：56-62．

13．徐翼，苏秦，李钊．B2B下的客户服务于关系质量实证研究[J]．管理科学，2007，20(2)：67-73．

14．Anderson J C, Narus J A. A model of distributor firm and manufacturer firm working partnerships[J]. Journal of Marketing , 1990(54): 42-58．

15．Bateson J E G. Self-service consumer: an exploratory study[J]. Journal of Retailing, 1985, 61(3): 49-76．

16．Bienstock C C, Mentzer J T. Measuring physical distribution service quality[J]. Academy of Marketing Science, 1997(25): 31-44．

17．Bitner M J. Building service relationship: it's all about promises[J]. Journal of the Academy of Marketing Science, 1990a, 23(4): 245-251．

18．Brady M, Cronin J. Some new thoughts on conceptualizing perceived service quality: a hierarchical approach[J]. Journal of Marketing, 2001, 65(3): 34-49.

19．Coyle J, Bardi E J, Langley C J. The management of business logistics[M]. Saint Paul: West Publishing, 1992．

20．Cronin J B, Taylor S A. Measuring service quality: a reexamination and extension[J]. Journal of Marketing, 1992, 56: 55-68.

21．Crosby L A, Evans K R, Cowels D. Relationship Quality in service selling: an interpersonal influence perspective[J]. Journal of Marketing, 1990, 54(3): 68-81.

22．Dorsch M J, Swanson S R, Kelley S W. The role of relationship quality in the stratification of vendors as perceived by customers[J]. Academy of Marketing Science, 1998, 26(2): 128-142.

23．Dwyer F R, Schurr P H, Oh S. Developing buyer-seller relationship[J]. Journal of marketing, 1987, 51(2): 11-27.

24．Grönroos C, Heinonen F, Isoniemi K. The netoffer model: a case example from the virtual marketplace[J]. Management Decision, 2000, 38(4): 243-252.

25．Gummesson E. The new marketing-developing long-term interactive relationship[J]. Long Range Planning, 1987, 20(4): 10-20.

26．Su Q, Li Z, Zhang S X, et al. The impacts of quality management practices on business performance: An empirical investigation from China[J]. International Journal of Quality & Reliability Management, 2008, 25(8): 809-823.

27．李钊，苏秦，宋永涛．质量管理实践对企业绩效影响机制的实证研究[J]．科研管理，2008，29(1)：41-47.

28．宋永涛，苏秦．基于贝叶斯网络的质量管理实践对绩效的影响评价[J]．系统工程理论与实践，2011，21(8)：1440-1446.

29．宋永涛，苏秦，姜鹏．关系质量对质量管理实践和绩效的调节效应[J]．科研管理，2011，32(4)：69-75.

30．姜鹏，苏秦，党继祥．中国背景下质量管理实践适用性的实证研究[J]．软科学，2008，22(10)：43-48.

31．姜鹏，苏秦，党继祥，刘强．不同类型的质量管理与企业绩效影响机制的实证研究[J]．中国软科学，2009(7)：134-142.

32．熊伟，张群祥，奉小斌．国外质量管理实践与绩效研究述评[J]．华东经济管理，2010，24(6)：126-129.

33. 熊伟，奉小斌. 基于企业特征变量的质量管理实践与绩效关系的实证研究[J]. 浙江大学学报（人文社会科学版），2012，42(1)：188-200.

34．刘杰，张国军．质量管理实践的实证研究[J]．标准科学，2009(6)：10-16.

35．苏秦，宋永涛，刘威延．中国企业质量管理成熟度研究[J]．科学学与科学技术管理，2010，9：172-177.

36．Zhang P W, Su Q. The Economically Designed Control Chart for Short-run Production Based on Bayesian Method[C]. The 2nd International Conference on Artificial Intelligence, Management Science and Electronic Commerce(AIMSEC), Zhengzhou, China, 2011:4828-4831．

37．张鹏伟，苏秦，刘威延．面向小批量生产过程的贝叶斯控制图经济设计[J]．系统工程学报，2012，27(1)：111-118．